철을 보니
세상이
보인다

나에게 철은
우주의 신비,
인류의 문명,
그리고 사상의 흐름으로
다가가는 창이었다.

권오준

철을 보니 **세상**이 보인다

2020년 6월 10일 초판 1쇄 발행
2020년 8월 25일 초판 2쇄 발행

지은이	권오준
펴낸이	김종대
펴낸곳	㈜페로타임즈
주소	서울시 중구 다산로 43, 서울사대부고동창회관 203호
대표전화	02-707-0507
구매문의	070-4099-7697
팩스	02-702-1493
이메일	ferrotimes2019@ferrotimes.com
출판등록	2020년 1월 15일 제2020-000014호
ISBN	979-11-970588-0-6 (93500)

※ 저작권자와 맺은 특약에 따라 검인을 생략합니다.
※ 이 서적의 출판권은 ㈜페로타임즈에 있습니다.
　　무단 전재와 무단복제를 금합니다.

이 시리즈는
NAEK 한국공학한림원 과 페로타임즈 가 발간합니다.

철을 보니 세상이 보인다

> **철의 문명사적 궤적**
>
> 권오준 공학박사·포스코 전임회장

철을 보니
세상이 보인다

저자 소개 **권오준.**

선비문화 발상지인 경상북도 영주에서 1950년 태어났다. 소년 시절 철의 우주라는 뜻의 철우(鐵宇)라는 아명으로 불리며, 철을 삼킨 산 '철탄산(鐵呑山)' 자락에서 뒹굴며 자라, 철든 뒤부터는 반세기에 걸쳐 '철의 남자'로 살게 되었음은 묘한 인연이다. 서울사대부고 및 서울대학교 공과대학을 졸업하고, 미국 철강산업의 본산인 피츠버그에 소재한 피츠버그대학(University of Pittsburgh)에서 금속공학 박사학위를 받았다. 1986년 포스코에 연구원으로 입사해 기술개발 외길을 걸어 2011년 최고기술책임자(CTO)가 됐고, 이어 2014년 3월부터 2018년 7월까지 포스코 대표이사 회장을 지냈다. 2016년 국내 과학기술분야 최고의 명예와 권위를 자랑하는 '대한민국 최고과학기술인상'을 수상했다.

| 추 천 사 |

정명식
(중우회장 / 포스코 전임회장)

이 책의 저자 권오준 포스코 전(前) 회장은 대학에서 처음 철을 만났습니다. 그리고 평생을 철이라는 소재를 가지고 한 우물을 파 왔습니다. 철강 관련 논문으로 박사학위를 받고 30년이 넘는 세월을 세계적 철강기업 포스코에 근무하며 평연구원에서 연구원장, CTO를 거쳐 CEO를 역임하였습니다. 공학도로서 그의 성가는 탁월합니다. 신기술의 등용문인 'IR52 장영실상'(1996)의 수상이나 '대한민국 최고과학기술자상'(2016년)을 수상한 것만으로도 충분히 입증됩니다.

연구원으로 회사생활을 시작하여 많은 철강 신기술을 개발하느라 끊임없는 노력을 해왔습니다. 그는 단순히 연구실에서만 머무르지 않고 때로는 생산과 판매의 현장에서 끊임없이 뒹굴며 신기술의 상용화를 담금질했습니다. 그러나 현장은 냉혹하며 신기술의 상용화는 쉽지 않았습니다. 예측은 빗나가기 일쑤고 희망은 깨어지기 위해 존재한다고 할 정도입니다. 그럼에도 불구하고, 그는 남달랐습니다. 신제품의 판매를 활성화하기 위해 Solution Marketing이라는 독특한 전략을 창안하여 전사적 협력 체제를 구축하고 성과를 구현하였습니다.

포스코가 자랑하는 혁신공정인 파이넥스의 상업화나 포스코의 세계경쟁력 10년 연속 1위 평가도 그가 기술개발과 경영을 책임지고 있을 때이며, 극저온용 고망가니즈강재의 상용화도 그의 손을 거쳐 나왔습니다. 또한 4차 산업혁명의 커다란 흐름을 내다보고 추진한 스마트팩토리의 구축은 세계경제 포럼에서 등대공장으로 선정되며 세계 철강업계를 놀라게 했습니다. 뿐만 아니라 리튬이차전지의 소재사업을 육성하여 회사의 미래 신성장 동력의 기반으로 구축하였습니다.

이 책에서 필자는 개인의 업적보다는 자신이 몸담았던 포스코의 기업정신과 구성원들을 자랑스럽게 생각했습니다. 포스코 구성원이라면 누구나 매일 아침 마주치는 슬로건 '자원은 유한, 창의는 무한', 이것을 포스코 기업문화의 정수로 각인시킴으로써 구성원들의 정신 속에서 강한 결속력을 만들었습니다. 전 부서의 융합된 노력과 창의력의 발휘로 한때 위기에 빠진 회사의 재무경쟁력을 획기적으로 강화할 수 있었습니다. 필자는 회사가 어려울 때 그들과 함께 할 수 있었음에 깊이 감사하고 있습니다.

포스코 회장을 사임하고 그가 무엇 때문에 바빠했는지 이제야 알았습니다. 철이라는 하나의 금속 물질이 어떻게 지구를 만들었고, 인류문명을 진화시켰고, 문화와 사상에 영향을 미쳤으며, 그리고 미래를 그려 놓을지를 고민했던 것입니다. 현장은 이제 그에게 과거가 되었지만 그의 심장은 여전히 미래를 향해 두근거리고 있음을 느꼈습니다.

이 책에서는 이론이 현장으로 분석되고, 현장은 이론으로 입증되고 있습니다. 철로 본 문명의 궤적이자 공학도가 만난 문명사이기도 합니다. 기술서로서 역사서로서 그리고 무엇보다도 미래 예측서로서 적어도 며칠간은 우리를 잡아 놓을 것으로 생각됩니다. 포스코의 회장을 지냈던 분이 이런 역작을 세상에 내놓을 수 있음을 포스코에 한때 몸담았던 사람으로서 새삼 자랑스럽게 생각합니다.

| 추 천 사 |

권오경
(한국공학한림원 회장 / 한양대 석좌교수)

철은 인간과 동떨어진 존재로 이해하기 쉽다. 하지만 철은 생명유지의 필수요소이자 인류 문명과 사상을 발전시켜온 주역이었음을 확실히 알게 됐다. 포스코 회장을 역임한 권오준 고문님의 역작 『철을 보니 세상이 보인다 - 철의 문명사적 궤적』을 읽은 결과다. 철이 단순한 소재의 하나에 그치지 않았음을, 인류의 생활은 물론 문명과 역사를 이끌어온 동반자였음을 충분히 이해하고 인정하게 되었다.

처음 권오준 회장님이 책을 내셨다하기에 자서전 비슷하게 경험과 생각을 녹여내었을 것으로 추측했다. 하지만 첫 장을 열면서부터 그 생각은 달라졌다. 철에 대한 모든 것을, 철이 인류와 함께 해온 소중한 존재임을 입증한 과학기술서, 역사서, 문명서임을 직감했다. 철의 기원, 특성, 기술 등 철에 대한 깊은 이해에 이어 인류의 문명 발달에 철이 어떤 역할을 해왔는지, 그리고 사상과 예술, 전쟁에 어떻게 함께 해왔는지, 그리고 나아가 철강과 철강산업의 미래에 대한 깊은 통찰이 녹아 있었다.

4차 산업혁명을 스마트팩토리(등대공장)로 선도하고 있는 포스코 사람들의 남다른 정신과 노력을 실감시켜주었다. 특히 전기자동차용 배터리 소재 분야 신성장 사업을 성공시키기 위해 현 CEO를 포함한 3대 회장에 걸쳐 장기간 일관성 있는 역할과 투철한 사명감의 중요성을 일깨워 주었다, 그리고 밀레니얼 세대에 대한 이해와 공감으로 그들의 창의력을 새로운 가치 창출로 승화시킨 회사의 노력은 진정 감명을 주는 내용이었다.

저자는 학업부터 직장생활에 이르기까지 50년이 넘게 철과 함께 해왔다. 그런 경험이 없었다면 이 책을 기술하는 것은 불가능했을 것이다. 여기에 세계적 철강사인 포스코 CEO 경험이 더해져 이 책은 그 누구도 흉내 내기 어려운 깊이 있는 내용들로 가득 차 있다. 이 책을 저자는 직접 저술했다고 한다. 그러니 단어 선택부터 남다른 것이 다 이유가 있다. 여기에 무려 200점에 육박하는 사진과 도표를 직접 고르고 만들었다고 한다. 말 그대로 역작(力作)이다.

철이 인류문명의 견인차 역할을 할 수 있었던 것은 인간만이 지니고 있는 미래에 대한 꿈이 있었기 때문이리라. 철과 관련한 꿈의 실체가 이 책에 녹아져 있다. 부디 많은 이들이 이 책을 통해 철에 대한 이해를 새롭게 하고 미래에 대한 꿈을 다시 한 번 만들어보는 기회를 가져보기를 권한다.

| 일러두기 |

1. 원소명은 1998년 대한화학회가 개정한 '화합물 명명법 기본원칙'을 따름
2. 영어표기는 단어 첫 글자를 대문자로 표기 (예) Duplex, Phase Diagram
3. 띄어쓰기는 한글 맞춤법에 따름(들여쓰기 시행)
4. 숫자는 연도표시 등 특별한 경우를 제외하고 만, 억, 조 만 한글 표기,
   숫자는 천에 (,) 사용. (예) 17만5,456 또는 1억2,740만3,427
   연도 표시에는 (,) 안씀 (예) 1974년
5. 책은 『디스커버』와 같이 『 』 내에 표기, 논문, 발표문은 「 」 내에 표기

CONTENTS

| 저자소개 | 권오준 · 4
| 추천사 | 정명식(중우회장 / 포스코 전임회장) · 6
　　　　　권오경(한국공학한림원 회장 / 한양대 석좌교수) · 8

머리말　글을 시작하며 · 19
　　　　글을 시작하며 · 21

제1장　인류 역사와 함께한 철 · 27
1.1.　철과 인간의 만남 · 29
1.2.　철강의 종류와 이용 · 36

제2장　철의 기원 · 45
2.1.　우주에서 쏟아지는 별들의 잔해, 운석(隕石) · 47
　　　　- 가까스로 지구에 닿은 유성체가 운석이다
2.2.　빅뱅과 원소의 탄생 · 52
2.3.　초신성과 무거운 원소의 생성 · 63
　　　　- 과학자들, 이례적인 초신성을 관찰
2.4.　지구의 생성과 철 · 68

제3장　철의 특성 · 75
3.1.　가장 우수한 인장강도 특성 · 81
3.2.　변형이 가장 용이한 금속 · 90

- 철과 더불어 많이 사용되는 금속 - 알루미늄

3.3. 용접하기 가장 좋은 금속 · 97

- 연합군의 2차 대전 승리는 철의 뛰어난 용접성에 기인

3.4. 가장 우수한 철의 자기적 특성 · 108

- 지구 자력(磁力)이 낳은 장관, 오로라

3.5. 가장 우수한 철의 경제적 특성 · 126

- 철, 재활용성이 가장 높은 소재

제4장 기술의 진화와 철강산업 · 133

4.1. 청동기시대에서 철기시대로 - 고대의 제철 · 137

 4.1.1. 철기시대의 개막, 괴철로(塊鐵爐) 공정

 4.1.2. 인류 최초의 철 문명지, 아나톨리아

 4.1.3. 고대 중국의 제철

 4.1.4. 고대 한국의 제철

 4.1.5. 고대 일본의 제철

 4.1.6. 고대 인도의 제철

- 스리랑카 대장장이, 계절풍을 사용한 제철

4.2. 용광로 기반의 혁신 제철기술 - 중세에서 현대까지 · 167

 4.2.1. 용광로법과 석탄의 이용

  ○ 용광로를 이용한 선철의 제조

  ○ 코크스 제철법

 4.2.2. 선철(銑鐵)에서 강(鋼)으로

- 헌츠먼의 도가니 제강법
- 헨리 코트의 퍼들법
- 크루프의 주강(鑄鋼) 산업

4.2.3. 혁신 제강기술의 진화
- 제강기술의 혁명, 베서머 전로
- 베서머 제강의 경쟁기술, 평로(平爐) 제강법
- 인(燐) 문제를 해결한 토마스 전로
- 현대적 제강공정, 순산소 LD 전로(轉爐)
- 고철을 활용하는 전기로(EAF) 제강공정

4.2.4. 연속주조, 공정 연속화에 의한 획기적인 경쟁력 향상, 연속주조 등
- 연속주조의 역사
- 연속주조기 설비
- 연속주조의 요소기술

4.3. 세계 철강산업의 재편 · 203

4.3.1. 미국 철강산업의 비약적 발전

4.3.2. 미국 철강업의 쇠퇴와 최고의 경쟁력을 확보한 일본
- 미국 철강업의 경쟁력 쇠퇴 요인
- 혁신 기술 개발로 최고의 경쟁력 확보한 일본

4.3.3. 초경쟁 시대에 들어간 세계 철강산업
- 무에서 창조한 철강산업, 한국
- 물량으로 밀어붙인 중국

　　　　　◦ 인도 및 아세안의 철강산업
　　　　　◦ 끝없이 변신하는 유럽의 철강사들
　　　　　◦ 철강산업의 경쟁력 확보

제5장　문명의 발달과 철 · 231

5.1.　철 문명의 발상지, 히타이트 · 235
5.2.　농경문명의 정착과 사회변화 · 241
　　　　　- 철기시대 영국인의 생활
5.3.　산업혁명의 주역, 철 · 248
　　5.3.1.　제철기술 혁신이 산업혁명 이끌어
　　5.3.2.　철제 증기엔진의 개발
　　　　　◦ 증기엔진 발명의 선행 기술 개발들
　　　　　◦ 세이버리 엔진에서 뉴커먼 엔진으로
　　5.3.3.　제임스 와트의 증기엔진이 산업혁명 꽃 피워
　　　　　- 증기의 아버지, 제임스 와트
5.4.　교통을 혁신한 철 · 263
　　5.4.1.　히타이트 전차의 바퀴 축은 철
　　5.4.2.　바퀴의 진화가 자동차로 연결
　　5.4.3.　철도 운송으로 교통혁명 일어나
　　5.4.4.　수천 년 전통의 목선이 철선으로

제6장   사상 및 문화와 철 · 275

  6.1.   그리스와 중국에서 철학(哲學)을 등장시킨 철 · 278

      6.1.1.   잉여 농산물이 그리스 철학 탄생의 기반

          - 다이아몬드 세공에 철을 사용했던 알렉산더 대왕

      6.1.2.   높아진 농업 생산성으로 제자백가(諸子百家) 출현

  6.2.   중세 유럽 철학에 영향을 미친 철 · 285

      6.2.1.   축적한 부가 르네상스의 물적 기반

      6.2.2.   철이 촉발한 인쇄혁명의 영향

      6.2.3.   철이 자본주의 출현을 도와

      6.2.4.   철은 사회주의 발생에도 한몫

  6.3.   철이 깔아준 길을 따라 전진한 미국의 서부개척 · 298

  6.4.   구조물의 기능을 넘어 아름다움을 구현하는 철 · 301

      6.4.1.   세계에서 가장 유명한 철 구조물, 에펠탑

      6.4.2.   수 십 년 간 세계에서 가장 높았던 엠파이어스테이트 빌딩

      6.4.3.   세계에서 가장 아름다운 다리, 금문교

  6.5.   예술적 가치를 구현하는 철 조형물 · 309

      6.5.1.   공공미술의 대표주자, 철 조각품

      6.5.2.   신비스러운 조형미의 철불(鐵佛)

          - 중국과 일본의 철불

  6.6.   한국의 옛 철 문화 · 319

      6.6.1.   철제 무기를 그린 고구려 고분 벽화

      6.6.2.   백제, 우수한 철기 문화 보유

6.6.3. 신라, '철의 나라'로 명성 높아

6.6.4. 가야, 철기 사용이 매우 활발

　　- 철정은 고대에 화폐로도 사용됐다

제7장 전쟁과 철 · 331

7.1. 고대 전쟁과 철 · 337

　7.1.1. 히타이트 제국과 철제 무기

　　- 철을 사용한 히타이트 전차, 청동을 사용한 이집트 전차를 압도

　7.1.2. 고대 대장장이, 괴련철로 명검 제조

　　○ 명검 제조공정

　　○ 고대에 이미 복합재료 사용해 명검 제조

　　○ 철 관련 비법 전승에는 근원적으로 한계가 존재

　7.1.3. 지금도 풀지 못한 다마스쿠스 검(劍)의 비밀

　　○ 십자군과의 전투에서 맹활약한 이슬람 군대의 검

　　○ 1000년 전 다마스쿠스 검, 나노튜브 공법으로 만들어

　　- 세계적 명검(名劍) 이야기

7.2. 로마제국 군사력을 떠받친 철 · 361

　7.2.1. 철은 로마제국 유지와 확장에 기여

　7.2.2. 고대 로마, 제국 곳곳에서 철 제련소 운영

　　- 로마제국 번성의 원동력은 '통합의 힘'

　7.2.3. 세계사를 바꾼 철 조각, 훈족의 등자(鐙子)

　　○ 로마제국을 벌벌 떨게 했던 훈 제국

            ○ 등자를 사용하는 훈족에게 혼쭐 난 로마군대

            ○ 역사 속의 훈족은 흉노족의 후예

            – 독일 공영방송, "훈족은 한국인일 가능성 있다"

7.3. 조선시대의 화포, 뛰어난 철 가공기술의 산물 · 379

7.4. 대영제국의 구축과 철제 기선 및 함포 · 386

    7.4.1. 대영제국 이전에는 스페인·포르투갈이 강국

    7.4.2. 영국, 철포·철선으로 바다 지배하며 제국으로 발전

        – 영국이 건조해준 철선으로 일본이 쓰시마 해전에서 승리

7.5. 전시(戰時) 철강 생산의 극한을 보여준 미국 · 394

    7.5.1. 세계대전 맞아 철강산업의 엄청난 잠재력 과시

    7.5.2. 천문학적 분량의 철제 군수품 생산

        – 2차 대전 거치며 자유진영 지도국으로 위상 확립

7.6. 현대전에서의 특수강 · 411

    7.6.1. 우주·항공용 특수강

    7.6.2. 장갑용 특수강(Armour Steel)

제8장 철강의 미래 · 425

8.1. 철강 제조공정의 미래 · 431

    8.1.1. 신제선 공정

        – 차세대 제철공정, FINEX의 개발

    8.1.2. Near Net Shape Casting 공정

8.2. 철강 제품의 미래 · 443

    8.2.1. 자동차용 미래 강재

    8.2.2. 미래형 고Mn 강재

    8.2.3. 미래형 기능성 강재 - 표면처리 강재 등

8.3. 철강 산업의 미래 · *458*

    8.3.1. 철강의 미래 수요

    8.3.2. 환경친화적 철강산업 - 수소환원 등

        - 수소환원과 FINEX의 활용

    8.3.3. 4차 산업혁명 시대의 철강산업 - 스마트팩토리

        - 포스코의 스마트팩토리 이야기(인터뷰)

맺음말 글을 마무리하며 · *495*

    글을 마무리하며 - "철과 함께 한 삶의 궤적" · *497*

| 삶 속에 철을 녹여낸 멋진 이야기 | 개인사와 문명사의 교차로에서 · *518*

| 참고자료 | · *522*

| 이미지 출처 및 제공처 | · *528*

머리말

글을 시작하며

> 머리말.
글을 시작하며

지금까지 반백년에 가까운 세월을 철과 깊이 인연을 맺으며 살아왔다. 철의 기본 이론을 배우고 철 관련 연구논문을 작성해 학위도 받았다. 신기술도 여럿 개발했으며, 개발한 신기술을 생산에도 활용했다. 국내외 학술대회에서 연구 결과를 발표하고 세계 최고의 전문가들과 열띤 토론도 해보았다. 전 세계 철강업계의 경쟁사들을 모두 망라하는 국제기구의 임원진·회장단에 참여하여 철강 기술과 산업의 현황을 분석하고 전략을 수립하는 일도 했다. 세계 최고 경쟁력 철강회사의 연구소장, CTO, 그리고 CEO 직책을 맡아 두꺼운 책임감과 뜨거운 열정으로 기술개발과 경영혁신에 매진도 하였다. 이렇게 철과 인연을 쌓으며 오랜 세월을 보냈고, 마침내 2018년 여름에 현역 직장생활을 매듭짓게 되었다.

철과의 직접적인 인연을 마무리하고 은퇴할 때에는 엔지니어로서 그리고 경영자로서 성취감과 함께 보람을 느꼈지만 마음 한구석에는 아쉬움도 있었다. 이 아쉬움이 이 저술의 직접적인 집필동기가 되었다. 생각해 보니 이 아쉬움은, 그동안 학습과 경험을 통해 얻은 지식을 체계적으로 정리를 해두어야 한다는 것이었는데, 이는 일종의 자기만족적 의무감이 아닌가 싶다. 그동안 얻은 지식은 무척 많았는데, 이 지식을 얻기 위해 혼자 학습한 것도 있으나 많은 부분은 회사의 선배와 동료, 후배들로부터 듣고 배운 것들이었다. 회사 내부뿐만 아니라 바깥의 국내외 전문가들과의 대화와 토론을 통해서 배운 것들도 무척 많았다. 이러한 지식들이 잘 정리가 된다면 나중에 철강을 업으로 삼아 일하는 후배들이 철강산업을 더 크게 발전시키는데 도움도 줄 수 있을 것으로 생각했다. 또한 이는 여러 경로로 가르침을 받아 지식을 쌓을 수 있는 혜택을 받은 사람의 의무라는 생각이 들었다.

우리가 사는 생활공간을 둘러보면 철을 접하지 않는 경우란 거의 없다. 많은 물건들이 철로 만들어진 까닭에 만일 철이 없으면 우리의 생활이 얼마나 불편해지고 효율성이 떨어질까 걱정스럽다. 눈에 보이는 것 말고도 철은 인간의 삶 속에 존재하면서 큰 역할을 하고 있다. 우리 몸에 3g 정도 들어 있는 철의 역할이 그 중의 하나이다. 미량이지만 이 철이 있어 우리는 에너지를 만들어 생명을 유지할 수 있다. 지구 중심에 집중 분포되어 있는 철도 있다. 이 철은 지구 주위에 자기장을 생성하고 방사선 덩어리인 태양풍을 막아 인간을 위시한 모든 생명체의 생존을 지켜준다. 이 자기장 덕분에 현대인들은 무선통신을 할 수 있고 인터넷을 사용하여 문명생활을 할 수 있다.

그러나 이러한 철의 중요한 역할을 아는 이는 그리 많지 않다. 철이 지구의 최대 구성물이라는 것 역시 흥미로운 사실이나, 그 이유가 잘 알려져 있지 않다. 철이 인간에게 얼마나 필수적인 자원이고, 생명에 미치는 영향이 얼마나 지대한 것이며, 어떻게 형성되어 지구에 존재하게 되었는지 등을 철의 혜택을 받고 있는 모든 사람에게 알리고자 하는 것도 이 책을 집필하는 동기가 되었다.

본서의 '제1장 인류 역사와 함께한 철'은 철과 인간의 운명적 만남과 철의 개요로서 본문의 전개를 위한 일종의 도입부이다. '제2장 철의 기원'은 철의 탄생에 관한 내용으로 천체물리학에 대한 기초적 이해가 다소 필요한 대목이다. 천체물리학이라면 저자로서도 생소한 분야라 시간을 들여 학습하여 지식을 쌓지 않을 수 없었다. 현상을 설명하려면 물리학적 기본 이론의 이해가 있어야 하는데 아직도 지식이 불충분한 탓으로 명쾌한 설명을 할 수가 없는 부분도 있었는데, 이는 다음 세대에 숙제로 넘기지 않을 수 없겠다.

철에서 일어나는 야금학적 현상을 이해하기 위해 꼭 필요한 기초지식은 '제3장 철의 특성'에서 정리하였다. 사용하는 용어조차도 익숙하지 않을 비공학도 독자는 생소한 용어가 등장하는 이론적 설명에 부담을 느낄 수도 있을 것이다. 그러나 이에 대한 이해가 있으면 뒷부분의 이해가 한결 쉬워지기 때문에 포함시켰다. 그러나 비공학도 독자는 상세히 이해할 필요가 없고 문장의 제목이 의미하는 바만 기억해도 전체를 이해하는데 큰 문제는 없을 것 같다. 내용은 가능한 한 최소화하였고, 수식을 이용한 설명은 빼고 정성적인 설명으로 이해가 가능하도록 했다. 일부 기술적인 사항을 제외한 나머지 내용은 일반인의 상식으로도 무난히 이해할 수 있으리라 생각된다.

철강산업은 제철기술의 진화와 그 발전의 궤를 같이하고 있는데, 이 내용을 정리한 것이 '제4장 기술의 진화와 철강산업'이다. 제철기술의 발달로 제조원가가 낮아지고 품질이 좋아지면서 우리 생활에서 철이 차지하는 우월적 위치는 타 소재와 비교할 수가 없을 정도가 되었다. 인류가 사용하는 여러 가지 금속 재료 중에 철이 차지하는 비율은 중량으로 봐서 90% 정도라고 한다. 이는 철이 타 금속에 비해 경제성이 높고 쓰임새가 크기 때문일 것이다. 이렇게 되기 위해 인류는 3천년이 넘는 긴 세월을 기술개발을 해왔고 용도를 개발했다. 그런데 대부분의 기술적인 발전은 최근 500년 동안에 이루어졌다. 16세기 중반에 유럽에서 용광로가 개발되기 전까지는 용선의 대량생산이 불가능해 가격이 높을 수밖에 없었다. 그리고 19세기 중반에 전로의 발명에 의해 강(鋼)의 대량 생산이 이루어지기 전까지는 여전히 비싼 재료였다. 기술의 발전은 그 뒤에도 계속되어 현재까지도 진화하고 있으며, 그 결과에 따라 철강사의 부침도 반복해서 일어나 산업환경도 초경쟁적인 분위기가 조성되었다.

철이 인간의 문명과 문화에 미친 영향은 심대한데 여기에는 많은 가시적 사례가 있다. 이에 대해 정리한 것이 '제5장 문명의 발달과 철'과 '제6장 사상 및 문화와 철'이다. 그러나 철이 사상이나 철학에 미치는 영향은 쉽게 드러나지 않고 간접적이다. 간접적이기 때문에 그냥 지나치면 철의 영향이 있었는지를 알기가 쉽지 않다. 철이 인류의 문명과 문화에 영향을 미쳤다면 인간의 사고방식에도 영향을 줄 수밖에 없었을 것이다. 그리고 사회의 규범과 사람의 사고에도 영향을 미칠 수밖에 없다. 이렇게 생각하고 사상과 철학에 미치는 철의 영향을 간접적인 효과 위주로 유추해 보았다. 예를 들어 유교의 발생을 보면, 철 농기구의 발달로 얻은 잉여농산물로 재력과 무력을 확보한 신흥 지주계층은 지배계층을 위협하게 되었다. 이들 신흥 지주계층을 제어할 수 있는 충효 논리를 제공한 유교 사상에 그 당시 정치 권력자들이 매료될 수밖에 없었을 것이다. 또 노동자 계급의 투쟁을 통해 빈부 격차를 해소하고 유토피아를 건설하자는 마르크시즘은 빈부격차의 원초적인 원인을 제공한 철과 증기기관에 의한 산업혁명과 따로 떼어 생각할 수 없을 것이다.

철이 인류 역사에 미치는 영향 중에서도 가장 두드러진 것은 전쟁이라고 할 수 있는데, 이에 대한 내용이 '제7장 전쟁과 철'이다. 전쟁은 경쟁에서 이기려는 인간의 원초적인 욕망을 달성하기 위한 수단이다. 승리한 자는 인류 역사를 의도하는 대로 바꿀 수도 있기 때문에 전쟁은 끊임없이 일어나고 있다. 그 승패 여부에 따라 생사의 길이 달라지니 목숨을 건 투쟁을 하지 않을 수 없었다. 전쟁에서 승리하자면 힘을 가져야 하는데, 원시시대 이래 전쟁의 승패는 철을 누가 많이, 그리고 얼마나 우수한 특성의 철을 사용한 무기를 보유하고 있느냐에 따라 결정되었다고 해도 과언이 아닐 것이다. 그야말로 철이 국가이었다. 따라서 권력자들은 전쟁에 이기기 위해 우선적으로 철강 제조기술을 개발하였고 고성능의 철강제품을 개발하였다. 인류의 역사는 전쟁의 역사이고, 전쟁의 역사는 철의 역사라고 할 수 있다.

책을 쓰는 것은 결코 만만치 않았다. 알고 있는 지식을 정리하는 것이니 2~3개월이면 마무리할 수 있을 것으로 생각하고 저술을 시작했다. 그러나 막상 알고 있는 지식을 문장으로 표현하려니 확신이 서지 않는 것들이 많이 있었다. 관련 서적을 읽고 전문분야 교수 및 연구원들의 의견을 듣고 이해를 하고 확인을 하느라 의외로 많은 시간이 소요되었다. 이 과정에서 전혀 예상하지 않은 분야의 중요성이 드러나기도 했다. 관련 분야의 정보를 수집하고 서적을 찾아 읽고 전문가의 견해를 들어 보면서 이해를 새롭게 하느라 많은 시간을 보냈다. 때로는 대학에서 배운 기초이론을 다시 살펴보면서 그 의미를 다른 각도에서 해석하기도 했고, 이것이 현장에 활용되는 중요성을 인식하기도 하였다. 과거나 현재에 벌어지는 사안은 관련 정보를 수집해 정리하는 것이 주요 업무라 시간이 걸려서 그렇지 큰 어려움은 없었다. 그러나 '제8장 철강의 미래'의 내용을 작성하면서는 정말이지 고민을 많이 하였다. 어떻게 미래가 펼쳐질 것인지 예측하는 것인데, 워낙 변수가 많아서 예측에 큰 부담을 느끼지 않을 수 없었다. 미래를 예측하려면 현재의 상황을 정확하게 이해하고 문제점을 포착하지 않으면 안 되고 또 이 문제점을 해결할 수 있는 창조적 대안을 찾아내지 않으면 안 되기 때문이다. 특히 인공지능, 빅데이터를 포괄하는 4차 산업혁명이 인류 역사에 미치는 영향이 강조되는 현 시점에 4차 산업혁명이 철강산업에 미칠 여파에 대해서도 언급을 하지 않을 수 없었기에 이 또한 부담이었다.

  일반 독자를 대상으로 철을 자연과학과 인문학의 두 측면을 아우르면서도 가능한 한 상세히 조명해 보겠다는 의욕을 가지고 이야기를 전개했다. 연구논문이나 전략보고서는 여러 차례 작성해 보았으나 상당한 크기의 저술을 내는 것은 처음인 저자로서는 많은 사람의 도움을 받지 않을 수 없었다. 철과 함께 한 나의 경험과 지식을 담은 책을 써보겠다고 하자 누구보다도 아내를 비롯한 가족들이 큰 응원과 기대를 보여주어 시종일관 동기부여가 되었다. 공학계 태두들의 모임인 한국공학한림원(회장 권오경 교수)에서 발간의 취지를 접하고 추천도서로 선정해주어 큰 격려가 됐다. 이미 몇 개의 저술을 발간한 경험을 갖고 있는 막내 동생과 송철복 선생의 조언과 도움 덕분에 시행착오를 최소화할 수 있었기에 고마움이 크다. 원고를 작성하는 과정에서 도움을 주신 분들이 많았는데, 특히 포스코 그룹에서 같이 근무한 전·현직 임직원과 대학에서 철강 연구에 정진하고 계신 여러 교수들이 그런 분들이다. 이 분들께 일일이 감사말씀을 전해 드리지 못했기에, 이 기회를 통해 감사하는 마음을 전하고 싶다. 신생 미디어인 페로타임즈에서 참신한 시각으로 이 책을 편집해 세상에 나오게 됐는데 정하영 전문위원의 노고에 감사를 드린다. 내가 아는 철에 대한 모든 것을 이 저술에 담아 보았으나 아직도 미진한 느낌이 있다. 나중에 누군가가 이 책의 내용을 바탕으로 새로운 내용을 추가해 보완하길 원하며 그럴 경우 온갖 협조를 아끼지 않을 것이다.

권오준
2020년 4월

제2장

인류 역사와 함께한 철

1.1. 철과 인간의 만남

건축물의 뼈대인 철골구조로 쓰이는 일에서부터 식물에 영양분을 공급하고 인체 혈액 속 산소를 운반하는 일에 이르기까지 철은 언제나 지구에서 삶을 떠받치느라 분주하다. 철은 강하고 단단하고 질긴 물질로서 원소주기율표에서 4주기 금속으로 원자번호가 26이다. 철은 질량으로 따져 지구 전체에서 첫 번째, 지각에서 네 번째 많은 원소이며 지구 핵의 대부분을 이룬다. 철은 지구에서 흔히 발견되는 것 외에도 은하계의 많은 별들에서도 풍부하게 존재한다.

철은 생명체의 활동에도 결정적으로 중요하다. 지구 중심에 대부분이 위치한 철은 자전하는 지구 주위에 자장을 형성하여 태양풍을 차단함으로써 각종 방사선의 유해한 효과를 막아주어 인간을 포함한 살아있는 동식물의 생명을 보호해준다. 또 무선 인터넷 통신을 가능하도록 하여 인간이 정보문명의 혜택을 만끽할 수 있도록 한다. 식물에서 철은 광합성을 통해 산소를 만들어 지구에 공급하는 엽록소 생산에서 중요한 역할을 한다. 동물에서 철은, 폐로부터 세포조직에 산소를 운반하는 혈액 속 단백질인 헤모글로빈의 구성요소다.

우리 몸속에는 3g 정도의 철이 들어 있다. 미량이지만 이 3g의 철 때문에 우리는 생명을 유지할 수 있다. 혈액의 구성성분인 적혈구 속에는 철을 포함하고 있는 단백질인 헤모글로빈이 있는데, 이 헤모글로빈은 산소와 반응하여 결합하기도 하고 분리되기도 한다. 헤모글로빈은 허파에서는 흡입되는 산소와 결합하며, 혈액이 산소를 필요로 하는 신체 조직을 통과할 때 산소는 헤모글로빈과 분리되어 신체기관에 전달되어 생명 유지에 필요한 에너지를 생성할 수 있게 해준다. 즉 철은 호흡을 통해 흡입한 산소를 체내 세포기관으로 운반하는 기능을 갖는다. 피가 붉은색인 것은 적혈구 속에 들어 있는 철분 때문이다. 체내의 에너지 생성에 필요한 철분이 부족하면 쉽게 피로해지고 기억력이 떨어지게 된다. 또 빈혈 증세가 나타나게 되며 심하면 목숨도 위태해진다. 미국 과학 잡지『디스커버』의 보도에 따르면, 해마다 전 세계 어린이 5만 명이 철분 부족으로 목숨을 잃는다. 산소가 없으면 사람이 살 수 없듯, 철이 없어도 우리는 생존할 수 없다.

우리의 일상생활을 살펴보면 철보다 더 유용한 다른 물질을 상상하기 어렵다(그림 1-1 참조). 중공업과 건축에 사용되는 구조용 철강은 거대한 교량, 대형 회의장을 갖춘 건물이나 오페라 극장, 세계 주요 도시들의 현대식 초고층 건물, 대륙을 잇는 각종 선박들에 이르기까지, 세계 곳곳에서 매우 튼튼하고 상징적인 구조물들을 세우는 것을 뒷받침했다. 철강은 자동차 차체를 만들고, 철도를 놓고 기차를 만들 뿐 아니라 선박의 핵심소재로 활용되어 인간의 생활 반경과 이동성을 꾸준히 확대해 왔다. 그리고 에너지의 생산과 운반에도 큰 역할을 하고 있다. 철강은 현대 정보통신 사회의 필수 소재로 각종 오디오, 비디오 기기를 만들어 인간의 생활을 윤택하게 한다. 이는 철이 갖는 우수한 자기적 특성 때문이다.

최근 들어 보급이 급속도로 늘어나는 전기자동차의 경우 철의 사용이 크게 증가하고 있는데, 이는 중량을 줄이기 위해 적용이 늘어나는 초고강도강과 더불어 다양한 크기와 종류의 모터와 센서에 적용하는 전장부품이 늘어나기 때문이다. 철은 인간 수명 연장에도 기여해 왔다. 예컨대, 스테인리스강(鋼) 가전제품과 조리 기구는 신선식품의 보관과 건강한 요리를 만드는데 큰 기여를 하고 있다.

<그림 1-1> 철강 제품의 다양한 용도

그러면 철은 어디서 나왔으며, 어떻게 만들어진 것일까? 철은 러시아의 화학자 멘델레프(1834~1907)가 만든 주기율표에 있는 118개 원소 중의 하나이며, 원소가 만들어지는 과정에서 다른 원소와 함께 생성되었다. 우주의 기원은 빅뱅이며 우주 속의 은하계와 별 뿐만 아니라 주기율표의 모든 원소도 빅뱅 과정에서 만들어졌다. 빅뱅 초기에는 기본입자인 쿼크와 전자가 먼저

만들어지며, 우주 팽창이 되면서 양자와 중성자가 쿼크의 합성에 의해 만들어진다. 모든 원소는 양자와 중성자로 이루어진 원자핵과 전자로 만들어진 것이기 때문에 원소는 빅뱅 초기에 만들어진 소립자 합성에 의해 만들어진 것이라고 할 수 있다. 원소기호 1번인 수소는 양자 1개 및 전자 1개가 합해서 만들어지고, 헬륨은 양자 2개, 중성자 2개 및 전자 2개가 합해서 만들어졌으며, 이 두 개가 합해 우주의 대부분인 98%를 구성하고 있다.

우주는 은하계로 구성되어 있고 은하계에는 수없이 많은 별들이 존재한다. 초기 우주는 매우 균질한 분포를 보였으나 38억년이 지나면서 미세한 온도 차이가 생기고 이로 인해 내부에 수축이 일어나면서 별이 만들어졌다고 한다. 별은 끊임없이 변화를 겪게 되는데, 별을 구성하고 있는 원소들은 높은 온도에서 핵융합에 의해 충돌하며 합성되면서 폭발하여 빛을 내며 사라지기도 한다.

무게가 가벼운 별들은 수소나 헬륨을 만들고 폭발이 종료되나, 무거운 별은 지속적으로 폭발하면서 네온, 산소, 규소, 마그네슘 등 무거운 원소가 만들어진다. 별들의 핵융합에 의한 폭발은 최종적으로 철이 만들어지면서 종료되는데, 철 보다 무거운 원소들은 초신성 폭발이 일어나면서 만들어진다. 철과 다른 원소들은 우주라는 냄비의 속이 휘저어지면서 서로 격렬하게 충돌하며 뭉쳐져 다시 은하계와 별을 만든다. 태양계도 우주에 흩뿌려진 원소로 구성된 수많은 바위와 금속 조각들의 일부가 뭉쳐져 지구 등 행성과 소행성을 만들어 형성되었다.

고고학자들에 따르면, 인간은 철을 5천년 가까이 사용해 오고 있다. 그런데 고대에 인간에게 알려진 철은 대부분 하늘에서 떨어진 것이다. 2013년 『고고학저널』에 발표한 한 연구에서 연구자들은 기원전 3200년으로 거슬러 올라가는 고대 이집트 철 구슬들을 조사하고 그것들이 운석으로부터 만들어졌음을 알아냈다. 구약성서에서도 철을 여러 차례 언급하고 있다. 역사에 기록되지 않은 먼 옛날, 어떤 운 좋은 사람들이 반짝반짝 빛나는 운석을 발견했다. 철과 니켈이 주성분인 그 물체는 우주로부터 날아와 무서운 속도로 대기를 뚫고 지상에 추락한 것이었다. 이렇게 해서 인간은 운석을 통해 철과 처음 만났고, 이 만남을 계기로 인간의 철에 대한 집착이 시작되었다.

운석에 실려 온 철인 운철(隕鐵)은 하늘로부터 아주 가끔 배달되는 물질이어서 공급이 극히 제한되다 보니 매우 비쌌다고 한다. 4,500년 전 아시리아 인들은 메소포타미아 북부, 시리아, 아나톨리아 남부 지역 사이에 모여 살았다. 이들의 시장에서 철이 금보다 8배가량 비쌌다고 한다. 인류가 철광석에서 철을 뽑아내는 기술을 갖지 못했던 이때는 철을 '신의 선물'로 여겼다. 따라서 고대의 많은 언어들은 철을 하늘과 연관지었다. 수메르인들은 철을 '안-바르'(하늘의 불), 히타이트인들은 '쿠안'(하늘의 불)이라고 불렀다. 이집트어 '비아-엔-페트'는 '하늘의 벼락'을, 히브리어 '파르-질'은 '신 또는 하늘의 금속'을 뜻했다. 지금도 조지아어로는 운석을 '하늘의 파편'이라 칭한다. 그 당시 철의 종교·정치·군사·경제적 중요성을 가늠케 하는 표현들이다.

고대인들이 외계로부터 날아온 운석이 아니라 지구 표면에 묻혀 있던 철광석에서 철을 뽑아내게 된 것은 운철 시대로부터 수 천 년이 지나 철기시대의 문을 연 히타이트 제국이 출현하면서였다. 기원전 약 2000년, 히타이트 족(族)은 오늘날 터키에 속하는 아나톨리아 지방에 정착해 하투샤에 수도를 정하고 인근 강에서 얻은 사철(砂鐵)에서 철을 생산할 수 있었다. 그렇게 확보한 제철 기술 덕분에 히타이트 족은 제국을 급속히 확장시켰으며, 동(東)지중해 주변의 지역 패권을 놓고 이집트와 경쟁할 정도로 강성해졌다. 히타이트 제국이 멸망한 뒤 기원전 1000년에서 기원전 500년 사이에 농경과 전쟁에서의 철의 사용은 유럽과 아프리카 일부 지역들로 확산되었고 중앙아시아를 넘어 중국에도 전래되었다. 철의 사용은 주요한 문화·정치·사회 변화를 초래하였다. 철은 고대 로마제국의 흥망성쇠에도 관여하였고,

이슬람 세계가 한때 중동과 북아프리카를 넘어 이베리아 반도를 장악하는 데에도 영향을 미쳤다.

철에 관해서는 구약성서에서도 언급되고 있는데, 창세기를 비롯한 구약성서 역사서에서는 40여 회가 언급된다. 역사서에 나오는 철의 사용에 관한 구절을 보면 이스라엘보다는 팔레스타인과 같은 주위의 민족이 먼저 사용을 하여 이스라엘에 위협을 가한 것으로 기술되어 있다. 철은 창이나 칼을 위시해 전차에 해당하는 병거의 제조에 활용되어 전쟁 시 큰 위력을 발휘한 것으로 기록되어 있다. 사사기를 보면 야빈 왕은 철로 만든 병거 구백 대를 보유하고 있어 만여 명의 군사로 이스라엘에 위협을 가했으나 여호와의 은총을 받은 장군 바락은 야빈 왕의 군대를 궤멸하였다고 한다. 이 외에도 철은 구약성서에서 여러 차례 언급되고 있으며 무기뿐만 아니라 농기구나 생활도구로 다양하게 사용되고 있음을 알 수 있다.

인류는 오랫동안 거의 같은 방식으로 철을 제련해 왔다. 고대 대장간부터 17세기 제철소까지, 철을 만들 때 주로 사용된 연료는 목탄이었다. 하지만 목탄 생산을 위해 나무를 대량으로 벌목하는 것은 지속 가능하지 않은 방법이었다. 그래서 고로를 만들어 석탄·코크스를 이용하는 제철법을 개발해 선철의 대량생산 기반을 구축하였다. 그리고 선철보다 모든 분야에서 특성이 우수한 강의 생산에 적합한 기술을 지속적으로 개발하여 전로(轉爐) 및 평로(平爐) 제강기술을 확립하였다. 전로 기술은 베서머 전로, 토마스 전로를 거쳐 순(純)산소를 사용하는 LD 전로로 정착하게 되면서 생산성과 품질을 동시에 확보할 수 있었으며, 이에 따라 러시아 미국 등지에 남아있던 평로 설비는 경쟁력을 잃고 도태하게 되었다.

석탄/코크스를 이용하는 고로법(高爐法)을 발전시킨 영국의 철 생산량은 19세기 중반 세계 생산의 근 절반을 담당하게 되었고, 영국은 산업혁명을 주도하는 강대국으로 부상했다. 수많은 식민지를 거느렸던 대영제국의 위세는 19세기 후반을 기해 한풀 꺾이고 그 자리에 미국이 새로운 강대국으로 떠올랐다. 20세기가 시작되면서 2차 세계대전 이후까지 미국은 뛰어난 제철 역량과 거대한 시장을 활용하여 고층건물과 교량 건설뿐만 아니라 자동차 생산과 무기 제조에서 세계를 지배할 수 있었다. 그와 같은 산업적 진보는 세계 1차 대전 이후 미국이 세계의 강대국으로 등장하는 것을 가속했다. 그러나 역사는 돌고 도는 것이라 했듯이 철강 산업에서 미국의 역할은 일본-한국-중국의 동북아 국가로 넘어 왔다. 기술 측면에서는 일본이, 원가경쟁력 측면에서는 한국이, 그리고 철강 소비량 측면에서는 중국의 위상이 높아진 것이다. 세계 철강 소비는 적어도 2050년까지 계속 증가할 것으로 예상된다. 그때가 되면, 인도와 아프리카 특정 지역들과 같은 개발도상 지역들에서 급격한 인구 성장과 도시화 때문에 철 소비가 현재 속도보다 1.5배 더 빠르게 증가할 가능성이 있다.

현재의 문명은 급속한 산업화와 정보기술(IT)의 과실을 누려왔다. 그런 가운데 철강 산업은 계속해서 진화하면서 연관 산업의 지속적인 진보를 유도해왔다. 철은 여전히 많이 사용되고 있을 뿐 아니라 그 사용량이 증가하고 있다. 이런 사실을 들어 4,000여 년 전 시작된 철기시대는 현재도 진행 중이라고 말하기도 한다. 인류문화사에서 철과 같이 물리적·경제적 기여에 근접했던 다른 재료는 아무 것도 없었다. 철은 운석에서 발견된 이래 인류의 삶, 역사, 문명과 문화의 변천에 끊임없이 심대한 영향을 미쳐왔다. 그리고 우리가 역동적인 미래를 만들어 가는 과정에서 끊임없이 변화하는 새로운 요구를 만족시키기 위해 철은 앞으로도 영원히 더 많은 역할을 할 것이다. 이런 측면에서 철의 미래가 향후 어떻게 펼쳐지는지 철의 미래를 그려 보는 것은 흥미진진한 경험이 될 것이다. 이것이 가능하려면 철의 기원, 특성 및 기술의 진화뿐만 아니라 철이 인간의 문명과 사회에 미친 영향에 대한 지식을 체계화할 필요가 있다.

1.2. 철강의 종류와 이용

철은 탄소 함유량을 기준으로 크게 순철(純鐵), 선철(銑鐵), 강철(鋼鐵)로 구분한다. 그림 1-2는 현대식 일관제철소에서의 철강제품 제조공정의 개요를 보여주고 있다. 용광로에서 광석을 녹여 선철을 만들고 이 선철을 전로에서 정련한 다음 연속주조에 의해 강철의 슬래브(Slab)와 같은 반제품을 제조한 후 가열하여 열연, 후판 또는 선재 압연을 하는 것이 일관제철소의 공정이다.

용광로에서는 철광석, 석탄/코크스 및 석회석을 원료로 녹이면 탄소량 4% 정도의 선철이 만들어지고 불순물은 슬래그(Slag)가 되어 용융 선철 위에 뜬다. 슬래그를 분리한 용융 선철은 제강공정의 전로 정련을 거치면 탄소의 함유량은 0.03% 정도로 줄고 불순물도 제거되는데, 이 용융강철을 2차 정련공정을 통해 탄소함량을 조정하고 필요한 합금도 첨가하여 원하는 조성의 슬래브(Slab), 빌릿(Billet) 등 강철 반제품을 만든다.

철은 탄소가 적게 들어 있을수록 부드럽고 잘 늘어나는 성질을 가지는 반면 탄소가 많으면 경도(硬度)가 높아지고 강해지고 질기게 변하기도 하나 잘 처리하지 않으면 부서지거나 부러지는 경향이 나타나므로 탄소의 함량은 매우 중요한 제조인자(因子)이다. 이 강철 반제품들은 고온 압연공정을 거쳐 열연코일, 후판 및 봉재·선재(棒材·線材) 제품으로 제조된다. 열간압연(熱間壓延)코일, 즉 줄여서 열연코일은 표면의 산화층을 제거한 다음 상온에서 압연, 소둔(燒鈍, 금속을 가열 후 서냉하여 강도 따위의 기계적 성질을 변화시키는 일), 도금을 하면 냉연강판 및 도금강판이 만들어진다. 이렇게 만들어진 박판(薄板), 후판, 선재, 봉강(棒鋼) 등 제품들을 이용해 다리, 배, 자동차, 기계, 생활용품 등 각종 구조물과 부품을 제조한다. 오늘날 제조되는 모든 금속의 90%는 철강이다.

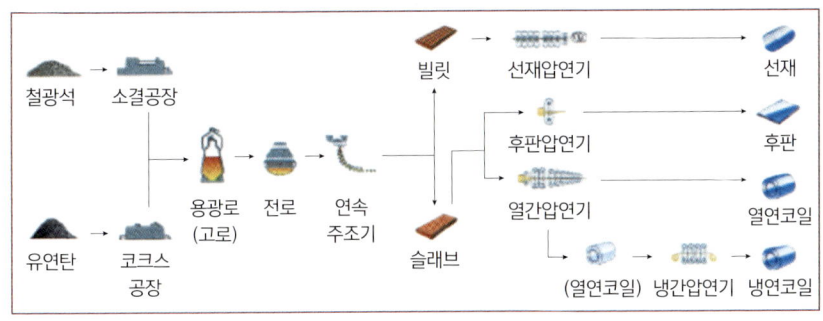

<그림 1-2> 일관제철소의 철강제품 제조공정

순철(純鐵)은 탄소 함량 측면에서 상업적 설비를 이용해 대량생산이 안 되는 고순도(高純度)의 철을 말한다. 순철은 불순물(규소, 망가니즈, 인, 유황 등)이 거의 없는 순도 99.9% 이상의 철로서, 대부분의 순철은 전기분해를 해서 만들어진다. 순철의 종류로는 암코철(Armco Iron, American Rolling Mill사의 제조에 의한 순철의 상표명), 전해철(電解鐵, 철을 전기분해하여 공업적으로 만드는 순철), 카보닐(Carbonyl)철 등이 있으며 카보닐철이 가장 순수하다. 상온에서 전성(展性)·연성(延性)이 풍부하며 항복점(降伏點)·

인장강도(引張强度)가 낮아 구조용 재료로는 쓰이지 않으나, 투자율(透磁率)이 높아 전기재료(변압기, 발전기용)로 많이 사용된다. 순철의 물리적 성질은 비중이 7.87, 용융점이 1,538°C, 열전도율이 67Watt/m·K, 인장강도 18~25N/㎟, 브리넬 경도는 60~70N/㎟이다.

고체(固體)의 순철에는 α철, γ철, δ철 등 3개의 동소체(同素體)가 있어 온도의 변화에 따라 격자 구조가 변하는 동소변태(Allotropic Transformation)가 일어난다. A3 변태점(變態點)은 910°C로 이 온도에서는 α철 ↔ γ철 변태반응이 일어나고 A4 변태점인 1,400°C에서는 γ철 ↔ δ철 변태반응이 일어난다. 따라서 아주 낮은 저온에서 A3 변태점 사이의 온도구간에서는 체심입방격자(體心立方格子, BCC-Body Centered Cubic)의 α철이 안정한 상(相, Phase)이다. 그리고 A3 변태점과 A4 변태점 사이의 온도구간에서는 면심입방격자(面心立方格子, FCC-Face Centered Cubic))인 γ철이 안정하며, A4 변태점 이상에서는 다시 체심입방격자의 δ철이 안정한 변태상이다.

순철은 또 상온에서는 강자성체(强磁性體)이나 가열하면 자성(磁性)이 점점 약해져서 급격히 상자성체(常磁性體)가 된다. 이러한 변태를 자기변태(Magnetic Transformation)라 하고 자기변태가 일어나는 온도를 A2 변태점이라고 부르는데 A2 변태점은 768°C이다. 위의 동소변태는 원자배열의 변화가 생기므로 가열 및 냉각 시 어느 정도의 시간을 요하는 반면 자기변태는 원자배열의 변화가 없으므로 시간 지체가 없다. α철에서는 추가로 A0 변태점(210°C)과 A1 변태점(723°C)이 있는데, A0 변태점은 세멘타이트의 자기변태 온도이고 A1 변태점은 공석반응 온도이다.

일반적으로 우리가 철이라 부르는 것은 선철과 강철(鋼鐵)이나, 이 중에서도 대부분은 강철이다. 용광로에서 만들어지는 선철은 철광석의 제련과정 중 코크스가 열원(熱源)으로 사용되기 때문에 탄소를 3.5~4.5% 정도로 많이 함유하고 있으며, 전성과 연성이 거의 없어 그대로는 가공할 수 없다는 단점이 있다. 선철은 주물(鑄物)을 만드는 주철(鑄鐵)의 원료로 사용되기도 하는데, 과거 우리가 쓰던 무쇠 솥을 망치로 쳐서 충격을 주면 쩍 갈라지는 이유가 바로 이 때문이다. 대부분의 선철은 전로에서 정련하여 탄소와 불순원소의 함유량을 줄이고 비금속(非金屬) 개재물(介在物)의 혼입(混入)을 최소화하는 처리를 한다.

강철은 선철을 정련하여 탄소 함량을 2.0% 이하로 낮춘 것이다. 강철은 충격에 강하고, 질기며, 늘어나는 성질이 있어 자동차, 조선, 가전, 건축용 소재 등 산업 현장에서 가장 많이 사용된다. 탄소 함량은 0.04~0.6% 정도인 것이 가장 많이 쓰이며, 용도에 따라 열처리를 하여 원하는 물성(物性)을 확보한다. 강철에는 탄소강과 특수강이 있는데, 순수 철에 다른 금속 원소가 많이 포함되지 않고 주로 탄소만 함유된 것을 탄소강 또는 보통강이라 하고, 니켈, 크로뮴, 망가니즈, 텅스텐, 몰리브데넘 등의 특수한 금속 원소가 포함된 강을 특수강 또는 합금강이라 한다. 합금강은 저(低)합금강과 고(高)합금강으로 나누는데, 저합금강은 합금 첨가 총량이 2% 이하인 강으로 구조용으로 많이 사용된다. 고합금강은 합금의 총 첨가량이 30%가 넘어가는 것도 있는데 내식성(耐蝕性)이 강한 스테인리스강(鋼)을 비롯해 항공우주용, 군사용, 화학산업, 건물, 주방용품, 가전제품의 제조에 널리 쓰인다.

오늘날 현대인은 철에 둘러싸여 생활하면서도 철의 존재를 좀체 실감하지 못한다. 철골조 건물의 경우 철이 많이 사용되고 있음에도 불구하고 건축자재로서의 철은 대부분 콘크리트 속에 철근 형태로 묻혀 있어 거의 눈에 띄지 않기 때문이기도 하다. 또 주위를 돌아보면 너무나 많은 물건들이 철로 만들어져 있어 쉽게 눈에 띄기 때문에 그 존재 자체를 무시하기 때문이기도 하다. 우리가 일상적으로 사용하는 자동차 차체의 경우 그 덩어리의 반 이상이 철로 제작되어 있음에도 철이 표면에 쉬 드러나지 않는데 이 때문에 철의 존재가 잘 인식되지 않는다. 이처럼 어디에나 있지만 사람들이 그 존재를 충분히 인식하지 못하는 철을 좀 더 잘 이해하기 위해 철의 최종 생성물을 한 번 상기해 볼 필요가 있다.

　철강 제품은 생김새에 따라 크게 열연·냉연코일 및 박판, 후판(厚板), 봉강(棒鋼), 형강(形鋼), 선재(線材)코일로 나뉜다(그림 1-3 참조). 박판과 후판은 모두 판재류에 해당한다. 열연 및 냉연코일을 절단해 만드는 두께가 얇은 판재가 박판이다. 열연강판은 연속주조 슬래브를 1,200℃ 정도의 고온에서 가열한 다음 압연(壓延)하여 만든 판재이다. 열연강판은 코일을 잘라서 그대로 산업소재로 쓰기도 하지만, 상온에서 추가적인 압연 가공을 통해 냉연강판을 만들어 사용하기도 한다. 냉연강판은 열연강판의 표면 산화층을 제거하고 더 얇게 가공한 강판을 말한다. 가공성이 높아 원하는 모양으로 만들기 쉬워 자동차·가전제품 등에 많이 쓰인다.
　열연·냉연강판의 단점은 녹이 생긴다는 점이다. 그래서 녹이 쉽게 슬지 않도록 열연·냉연강판의 표면에 다른 물질을 덧씌워서 사용하는데, 이 제품이 도금강판이다. 도금강판은 어떤 물질로 표면처리를 했느냐에 따라 쓰임새가 달라진다. 아연도금강판은 주로 자동차·전자 제품, 건축용 내·외장재에 쓰이고, 주석도금강판은 통조림 통 제조에 사용된다. 후판(厚板)은 연속주조 슬래브를 이용하여 1,200℃ 정도의 고온에서 가열한 다음 후판 전용 압연공장에서 직접 만든 판재인데, 두께가 최소 6㎜ 이상의 두꺼운 판재이다. 후판은 일반 구조용 강판으로 압연한 그대로 적절히 잘라서 사용해 왔으나, 최근에는 대형 교량, 초고층 건물, 석유 저장탱크, 유조선 등 산업소재로 많이 쓰이는데, 이 경우 용도에 따라 압연 중 또는 압연 후 열처리를 하여 용도에 맞는 기계적 특성을 만들어 내는 것이 중요해졌다.
　철봉처럼 생긴 봉강은 절단면이 원형인 것도 있고 육각형인 것도 있다. 봉강을 고온에서 계속 압연하여 반지름을 줄인 가늘고 긴 제품은 선재인데, 선재코일로 생산한 다음 후속 가공하여 피아노 선(線)이나 용수철·바늘·못·철사 등을 만든다. 부품을 서로 끼워서 흔들리지 않도록 고정하는 볼트·

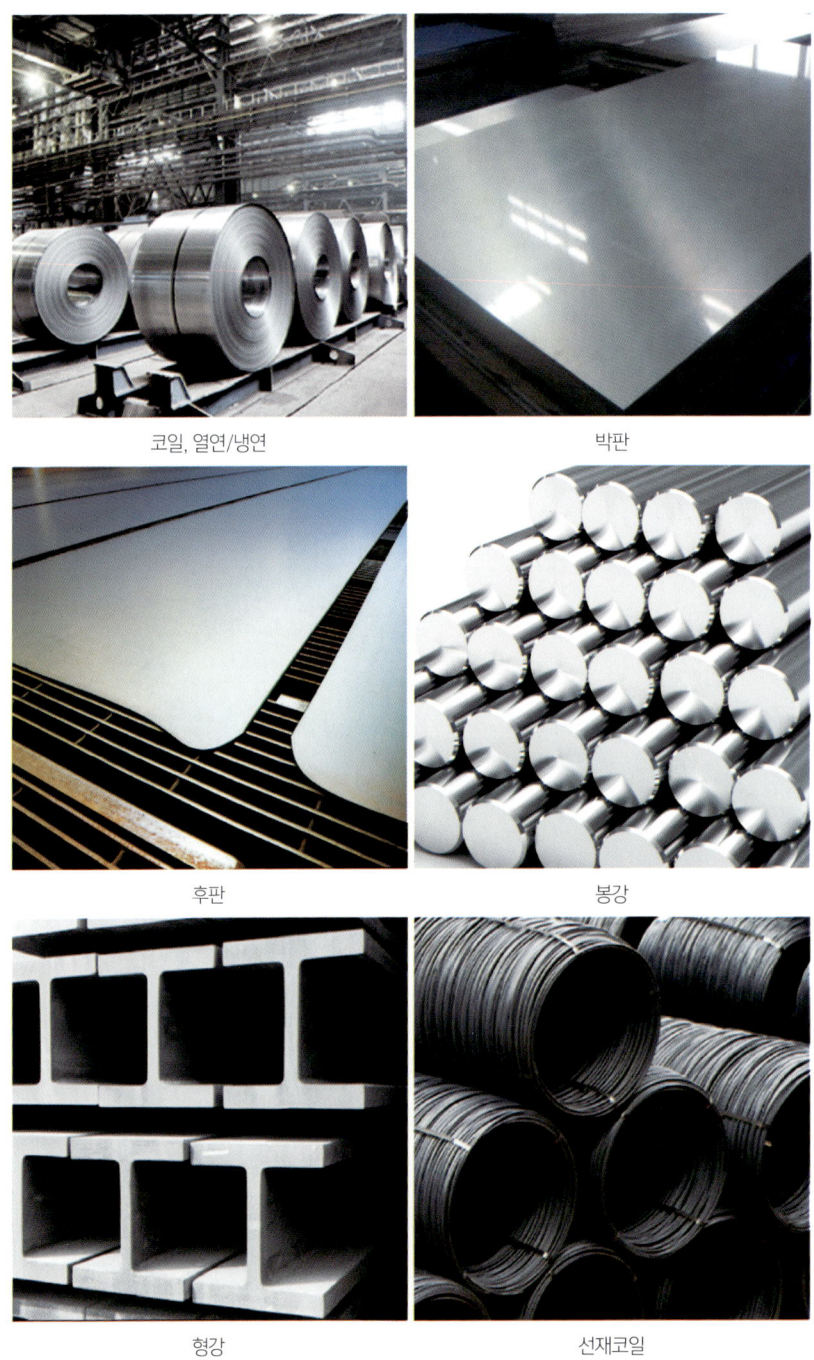

<그림 1-3> 여러 가지 철강 제품 : 열연/냉연코일, 박판, 후판, 봉강, 형강 및 선재

너트는 그 크기에 따라 봉강 또는 선재를 소재로 만들어진다. 형강 제품은 단면을 잘랐을 때 절단면의 모양에 따라 이름을 붙인다. 절단면이 영어 알파벳 'H'자 모양이면 H형강이라 불리며, 한글 자음 모양을 딴 ㄱ형강(앵글) 및 ㄷ형강(채널)도 있다. 형강은 주로 다리·건물·공장·지하철 등의 골조나 기초공사 등에 쓰인다.

봉강, 선재 및 형강 역시 구조적 안정성을 증진시키기 위해 많이 사용되는데 이 경우 사용 목적에도 부합하고 후처리 공정에서의 편의성이나 기능성을 향상시키기 위해 다양한 열처리 및 표면 처리기술이 개발되어 적용되고 있다. 예를 들어 자동차 타이어 제조에 사용되는 타이어코드 선재의 경우 강도를 최대한 높여 수명, 안정성 및 승차감을 향상시키는 것과 함께 두께를 최소화하여 자동차의 연료소모를 줄이는 것이 중요하다. 또한 고무 재질인 타이어와의 접착능력을 향상하기 위해 구리(Cu) 코팅 등 표면처리를 하지 않으면 안 된다.

니켈(Ni), 몰리브데넘(Mo), 크로뮴(Cr) 등의 합금원소를 다량 첨가한 고합금강은 내열, 내식, 내마모 등 특수 목적용으로 제조되어 발전(發電), 광산, 항공, 압력용기, 원자력 산업에 요긴하게 사용된다. 대표적인 것이 녹이 슬지 않는 강철인 스테인리스강이다. 스테인리스강은 약 11% 이상의 크로뮴을 함유한 철계 고합금강으로 내식성이 탁월하게 우수한 특성을 지니고 있다. 스테인리스강의 표면에는 얇은 부동태 피막이 형성되어 있는데, 이 피막이 철과 부식 환경 사이의 이온 이동을 어렵게 하여 철이 산화되는 것을 억제한다. 부동태 피막은 대개 Fe와 Cr의 결정질 산화물로 되어 있으며 그 위에 비정질 수산화물이나 염이 석출된 이중층으로 되어 있기도 한다. 이 피막의 두께는 수nm 정도로 매우 얇으며 조성은 합금성분, 분위기에 따라 달라진다.

스테인리스강은 일반적으로 미세구조에 따라 오스테나이트계, 페라이트계, 마르텐사이트계 등 3가지로 분류하나 오스테나이트와 페라이트가 거의 동일한 분율을 차지하는 이상(Duplex) 스테인리스강도 있다. 오스테나이트 스테인리스강은 가공성과 용접성이 좋아 가장 많이 사용되고 있는데(전체의 3/4 정도), 일반적인 내식성은 우수하나 염소 분위기의 응력부식에 취약한 편이다. 페라이트 스테인리스강은 니켈이 첨가되지 않아 가격이 저렴하고 이 때문에 차량 배기계 등에 수요가 많다. 마르텐사이트 스테인리스강은 고강도·고경도를 요구하는 용도에 적합한 강재로 탄소 함량이 많은 편이다.

특수목적으로 개발된 고합금강은 다양한 종류가 있다. 먼저 우주항공용 강재나 장갑차용 강재를 빼놓을 수 없다. 대표적인 우주항공용 합금강으로는 머레이징강을 들 수 있다. 이 합금은 상온뿐만 아니라 고온 기계적 특성도 우수해 로켓 구조체와 엔진, 비행기 랜딩기어 등의 용도로 많이 사용된다. 장갑용 강재는 경도가 중요한 인자이기 때문에 마르텐사이트 조직의 합금을 단독 또는 다층 압연하여 제조한다. 타이타늄(Ti)이라는 금속과 니켈을 섞어서 만들어진 형상기억합금도 합금강이다. 발포제를 넣어 물에 뜨도록 만든 스폰지 금속도 있고, 진동에 따른 소리가 나지 않도록 만든 제진합금(制振合金), 1,000℃의 고온도 견디는 내열(耐熱)합금 등이 있다.

특수 합금강은 기술이 발전하고 새로운 용도가 나오면서 점점 늘어나는 추세이다. 그러나 역시 철강이 경제에 미치는 영향 측면에서 볼 때 범용강(汎用鋼)을 고급화하여 부가가치를 향상시키는 것이 중요하다. 대표적인 제품은 자동차용 강재이며, 이밖에 에너지산업용 강재, 토목건축용 강재, 전기차용 강재 등이 있다.

제품의 고부가가치화(化)와 더불어 추진해야 하는 것은 제조원가의 절감과 품질 향상이다. 최근 빅데이터(Big Data)와 인공지능(AI)의 중요성이 부각됨에 따라 철강 산업도 스마트화(化) 하는 시도가 활발히 진행되고 있는데, 이는 매우 바람직한 동향이며 원가 절감과 품질 향상에 큰 기여가 예상된다. 소위 철강산업의 4차 산업화 활동의 일환이다. 고부가가치 제품이 개발되는 경우 신뢰를 바탕으로 고객들에게 제품의 성능과 용도를 이해시켜 상호 윈윈(Win-win) 관계를 만들어 가는 것이 매우 중요하다.

부가가치를 올리기 위해 새로이 개발되는 신제품의 경우 조기에 고객의 신뢰를 얻는 것이 무엇보다 중요한 만큼 긴밀한 협력과 노력으로 원가와 품질 경쟁력을 확보하지 않으면 안 된다. 대량생산을 기반으로 하는 철강산업의 경우 시장과 주문을 확보해 충분한 물량을 확보하지 않으면 성능 평가를 위한 시험생산은 불가능하고 가격경쟁력이 있는 제품을 생산하는 것이 곤란하다. 그래서 제품의 고부가가치화와 판매 확보를 위해서는 새로운 차원의 고객관계를 정립하지 않으면 안 된다.

제2장

철의 기원

2.1. 우주에서 쏟아지는 별들의 잔해, 운석(隕石)

다음은 1964년 개봉한 영화 '빨간 마후라'(감독 신상옥)의 주제곡 가사 제3절이다.

빨간 마후라는 하늘의 사나이 / 하늘의 사나이는 빨간 마후라 /
빨간 마후라를 목에 두르고 / 유성처럼 흐른다 나도 흐른다 /
부르지 말아 다오 내 이름 석 자 / 하늘에 피고 질 사나이란다

이 영화는 전투기 조종사로 6.25 전쟁에 참전해 빛나는 무공을 세웠으며 지금까지도 한국 공군의 전설로 통하는 유치곤 공군 준장(1927~1965)이 주인공이다. 한운사(1923~2009) 작사, 황문평(1920~2004) 작곡의 이 노래는 4인조 남성 중창단 자니브러더스가 불러 크게 히트했다. 위의 가사에서 특히 '유성처럼'이라는 구절에 주목해 보자. "유성처럼 흐른다"는 말은 목숨 바쳐 조국 하늘을 지키겠다는 전투기 조종사의 비장한 각오와 굳건한 충성심을

나타낸다. 유성(流星)은 '지구 대기권 안으로 들어와 빛을 내며 떨어지는 작은 물체'로서, 노래 가사처럼 흐르기도 하지만 우주 속에서 떨어지는 과정에서 대부분 소멸한다. 다시 말해 죽는다(그림 2-1).

<그림 2-1> 유성우(=NASA)

순 우리말로 별똥별인 유성은 천문학에서 유성체(流星体)라고 부르는 우주 바위다. 바위처럼 생긴 우주의 별똥별이 지구를 향해 떨어지면 가해지는 공기 저항 때문에 바위가 극도로 뜨거워진다. 우리가 보는 것은 하늘에 정지한 별이 아니라 흐르는 별, 그것도 초속 10~18km로 빠르게 움직이는 별, 즉 유성인 것이다. 유성을 관찰할 때 우리가 밤하늘에서 보는 밝은 줄(条)은 실제로 우주 바위가 아니라 뜨거운 바위가 대기를 뚫고 무서운 속도로 전진할 때 작열하는 뜨거운 공기다. 지구가 한꺼번에 많은 유성체를 조우(遭遇)할 때 우리는 그것을 유성우(流星雨)라고 부른다. 밤하늘에 동시에 쏟아져 내리는 우주의 파편들은 보는 이를 황홀하게, 그리고 숙연하게 만든다. 대부분의 유성체는 지구를 향해 접근하는 과정에서 소멸하지만, 엄청난 열(熱)을 견디고 지구에 착륙하는 데 성공하는 유성체도 있다. 이런

유성체를 천문학에서 운석(隕石)이라고 부른다. 고대 인류가 철을 처음 접하게 된 것은 운석을 통해서이다.

인류가 철을 처음 마주친 것에 대해서는 대체로 다음 세 가지 설이 있다고 한다. 첫째가 채광착오설(採鑛錯誤説)로서, 청동의 원료인 황동석($Cu_2Fe_2S_4$) 대신 비슷한 색깔의 적철석을 잘못 채취하여 제련하게 되면서 철을 알게 되었다는 설이다. 두 번째는 산불설이다. 즉 지구 표면에 불거진 철광석이 산불에 녹아버려 철을 알게 되었다는 설이다. 산불에 의해 겉으로 드러난 철광석이 환원된 상태로 된 것, 즉 자연의 힘에 의해 저절로 제련된 것을 인간이 가져다 두드려 다른 모양으로 만들어 사용했다는 것이다. 세 번째는 운석설인데, 즉 하늘에서 떨어진 운석에서 철을 발견했다는 설이다.

이들 세 가지 설 가운데 인류가 제일 먼저 철을 마주친 사실과 부합하는 것은 당연히 '운석설'이라고 할 수 있다. 왜냐하면 운석은 태초에 우주가 창조되고 태양계와 지구가 생기면서 일찍부터 지구상에 떨어질 수 있었기 때문에 인간이 지구에 살기 훨씬 전부터 지구상에 산재해 있었다고 봐야 한다. 뒤에 원시인이 생겨나 운석을 발견했다면 가장 먼저 철을 마주칠 수밖에 없었다. 이때는 인간이 철 제련 기술을 개발하기 오래 전이다. 운석은 많은 경우 순수 철과 니켈의 합금으로서, 누군가가 발견하면 추가적인 가공 없이 발견 당시의 상태 그대로 쓸모 있게 사용할 수 있었다. 이에 반해 채광착오설이나 산불설에 근거할 경우 이들 각각의 시나리오에서 얻을 수 있는 온도는 철을 정련할 수 있을 정도의 높은 온도는 되지 못했을 것으로 추정되기 때문에 인류와 철의 첫 만남에 대한 설명으로 운석설이 더욱 설득력을 갖는다고 할 수 있다.

운석은 구성 성분에 따라 3종류로 나뉜다. 석질(石質)운석은 주로 규산염 광물로, 철질(鐵質)운석은 철과 니켈의 합금으로 이루어진 운석이다. 그리고 석철질(石鐵質)운석은 철질 성분과 규산염 성분이 반씩 섞인 것이다. 철질운석과 석철질운석은 지구 표면에서 발견되는 암석과 구성 성분이 크게 달라 쉽게 구별이 가능하다. 전체 운석의 94%는 석질운석이다. 실제로 지구에 떨어지는 운석 중에는 철 성분을 많이 담고 있는 운석이 많은데, 이를 '운철(隕鐵)'이라고 부른다. 운철은 철(Fe)과 니켈(Ni)의 합금이다. 운철에는 철 이외에도 니켈 성분이 4~20% 함유되어 있고 코발트(Co) 성분이 0.3~1.6%로 구성되어 있는 것으로 보고되고 있다. 그림 2-2는 이제까지 지구에서 발견된 운석 중 가장 큰 '호바(Hoba)'라는 운석인데, 1920년 발견되었다. 이 운석은 8만 년 전 아프리카에 떨어졌으며, 성분을 분석해 본 결과 니켈이 16% 함유된 철-니켈 합금이었다.

<그림 2-2> 1920년 발견된 지구상 최대 운석 '호바(Hoba)'

이렇게 철이 인류에게 발견되어 비로소 '탄생'되었다고 볼 수 있는데, 철을 광물에서 제련하여 인공적으로 만들게 된 것은 훨씬 후대였다. 철강 제조가 최초로 시작된 곳은 터키의 아나톨리아 지역으로 시기적으로 기원전 2000년경이다. 그 이전의 철은 일부는 채광착오설이나 산불설에서 설명하는 것처럼 우연히 정련되어 나중에 발견될 수 있었겠으나 대부분은 운석에서 얻은 것으로 생각된다. 지금까지 발견된 가장 오래된 철제 물건으로는,

5,200년 된 이집트의 한 무덤에서 나온 목걸이에 들어간 운철(隕鐵) 구슬(그림 2-3)과 기원전 2560년 무렵 세워진 이집트 '기자의 대(大)피라미드'에서 발견된 운철 칼(그림 2-4)이 있다. 땅에서 철광석을 캐내기 훨씬 전 하늘에서 날아든 운석 속에서 인류는 철을 찾아내 사용했던 것이다.

기록에 나오는, 운석을 지칭한 옛말을 보면 이집트인은 '비아 엔 펠트', 수메르인은 '안 바르', 히브리인은 '파르 질', 그리고 하이티인은 '쿠안'이라고 불렸다는데, 이 모두가 철은 '우주가 준 선물' 또는 '하늘의 별'이라는 의미로서 분명 운석이 하늘에서 날아온 것임을 인지하고 있었던 것으로 보인다. 고대 중국에서도 기원전 14세기 유물에서 청동기의 칼날 부분에 운석을 붙여 사용한 제품이 나온 것으로 알려져 인류가 최초에 사용했던 철이 운석이었음을 뒷받침하고 있다.

<그림 2-3> 고대 이집트 목걸이 제작에 사용된 운철

<그림 2-4> '기자의 대피라미드'에서 발견된 단검(아래, 칼날이 운철)과 황금 칼집

2.2. 빅뱅과 원소의 탄생

앞 절에서 인류는 우주에서 날아온 운석에서 철을 처음 접했다고 했다. 그러면 운석의 철은 어떻게 해서 생성된 것일까? 이에 대한 답을 얻기 위해 먼저 우주를 이루고 있는 원소의 탄생에 대해 알지 않으면 안 될 것이다. 우주에 존재하는 모든 물질은 그림 2-5 멘델레프의 주기율표에 나오는 118개의 원소로 구성되었다. 이 중에서 천연으로 존재하는 원소는 92개이며 나머지는 인공적으로 합성된 것이다. 합성 원소는 불안정하여 붕괴하면서 방사선을 내뿜으며 다른 원소로 변환하기도 한다. 원소의 수명은 즉 붕괴하는데 걸리는 시간은 원소마다 다른데, 그 중에는 한 순간에 사라지는 원소도 있다. 그러나 대부분의 원소들은 안정성이 충분하여 자연 상태로 존재한다.

원자번호 26인 철(鐵) 역시 주기율표 상 118개 원소 중의 하나로 다른 원소와 마찬가지 경로를 통해 만들어졌다. 우주 창조론에 의하면 모든 원소는 빅뱅이 일어나고 우주가 만들어지는 과정에서 생성된다. 그런데 지구상의 철은 다른 어느 원소보다 많이 존재하는데, 이는 철의 생성 기원이 다른 원소와는 다르며 차이가 있다는 것을 의미한다. 따라서 철의 생성 기원은 원소의 기원을 이해하는데서 출발하기 때문에 먼저 이에 대한 설명부터 하고자 한다. 또한 철이 어떤 점에서 다른 원소와 다른가를 이해할 필요가 있다.

족\주기	1	2	3	4	5	6	7	8	9	10	11	12	13	14	15	16	17	18
1	1 H																	2 He
2	3 Li	4 Be											5 B	6 C	7 N	8 O	9 F	10 Ne
3	11 Na	12 Mg											13 Al	14 Si	15 P	16 S	17 Cl	18 Ar
4	19 K	20 Ca	21 Sc	22 Ti	23 V	24 Cr	25 Mn	26 Fe	27 Co	28 Ni	29 Cu	30 Zn	31 Ga	32 Ge	33 As	34 Se	35 Br	36 Kr
5	37 Rb	38 Sr	39 Y	40 Zr	41 Nb	42 Mo	43 Tc	44 Ru	45 Rh	46 Pd	47 Ag	48 Cd	49 In	50 Sn	51 Sb	52 Te	53 I	54 Xe
6	55 Cs	56 Ba	*	71 Lu	72 Hf	73 Ta	74 W	75 Re	76 Os	77 Ir	78 Pt	79 Au	80 Hg	81 Tl	82 Pb	83 Bi	84 Po	85 At	86 Rn
7	87 Fr	88 Ra	*	103 Lr	104 Rf	105 Db	106 Sq	107 BH	108 Hs	109 Mt	110 Ds	111 Rg	112 Uub	113 Uut	114 Uuq	115 Uup	116 Uuh	117 Uus	118 Uuo
*란탄족 Lanthanoids			*	57 La	58 Ce	59 Pr	60 Nd	61 Pm	62 Sm	63 Eu	64 Gd	65 Tb	66 Dy	67 Ho	68 Er	69 Tm	70 Yb		
*악티늄족 Actinoids			*	89 Ac	90 Th	91 Pa	92 U	93 Np	94 Pu	95 Am	96 Cm	97 Bk	98 Cf	99 Es	100 Fm	101 Md	102 No		

<그림 2-5> 주기율표

인간을 포함한 모든 생물과 식물, 흙이나 바위를 포함하여 지구를 이루고 있는 모든 자연계, 그리고 우주에 있는 별을 포함한 모든 물질들은 그림 2-5에서 보여주는 주기율표를 구성하고 있는 원소들로부터 만들어진 것이다. 그렇다면 이 원소들은 어디에서 어떻게 생긴 것일까? 이 물음에 대답하기 위해서는 우주의 창조가 시작된 빅뱅으로 거슬러 올라가야 한다(그림 2-6 참조). 빅뱅은 지금으로부터 138억 년 전에 일어났는데, 우주에 엄청나게 큰 밀도의 작은 점으로 뭉쳐져 있던 에너지가 폭발과 함께 팽창하면서 물질로의 변환이 시작되는 현상이다. 즉 태초에 우주에 존재했던 에너지가 이 세상 삼라만상의 모든 물질을 이루고 있는 원소로 변환한다는 것인데, 만져지

지도 않는 에너지가 질량을 가진 물질로 바뀔 수 있고 반대로 질량을 가진 물질이 에너지로도 바뀔 수 있다고 하는 것은 매우 흥미로운 사실이다.

그러나 우리 인류는 이미 오랫동안 이 원리를 활용하고 있음을 알고 있다. 즉 원자력 발전을 한다든가 원자폭탄과 수소폭탄과 같은 핵무기를 만들어 원자핵의 융합과 분열을 통해 에너지를 만들어왔다는 점을 생각하면 적어도 현재는 그리 생소한 현상은 아니다. 참고로 빅뱅 이후에 원소의 생성과 관련해 주요한 사항을 정리하면 다음과 같다.

- 우주 나이~1초 : 급팽창 및 소립자(쿼크, 전자, 양성자, 중성자, 중간자 등)의 탄생
- 우주 나이~3분 : 핵 합성 및 수소, 헬륨의 생성
- 우주 나이~4억 년 : 성운의 생성, 최초의 별 탄생 및 철보다 가벼운 원소의 생성
- 우주 나이~90억 년 : 초신성 폭발, 태양계의 탄생 및 철보다 무거운 원소의 생성
- 우주 나이 138억 년 : 현재의 우주

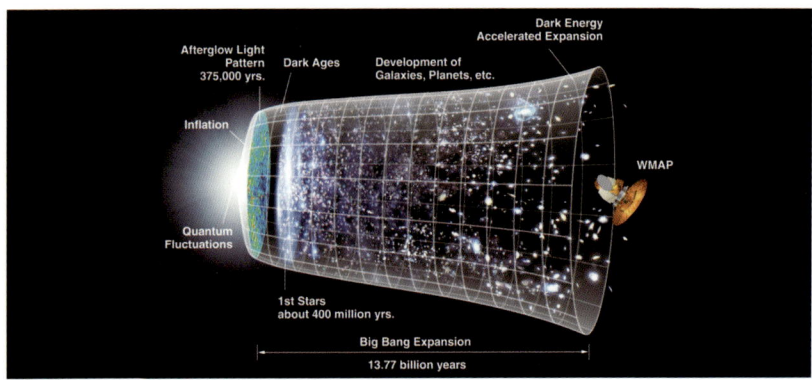

<그림 2-6> 빅뱅, 우주의 기원(=NASA)

빅뱅이론에 의하면 최초의 우주는 초고온, 초고밀도로 작열하며 급팽창하는 빅뱅으로 시작하였다. 폭발 중에 우주 최초로 생긴 것은 쿼크와 전자 등 소립자들이다. 이 소립자들은 빅뱅 폭발 시 발생하는 에너지에 의해 질량을 가진 물질로 만들어진 것이다. 소립자 생성 현상은 에너지와 물질은 등가(等價)로 서로 변환할 수 있다는 알베르트 아인슈타인(1879~1955)의 특수상대성원리로 이해가 가능하다. 1905년 발표된 아인슈타인의 특수상대성원리는

$$E = mc^2$$

로 표현되는데, 이 식에서 E는 에너지, m은 질량, 그리고 c는 상수로 빛의 속도(30만 km/s)이다. 즉 여건이 만들어지면 에너지는 물질로 변환할 수 있고, 반대로 물질도 에너지로 바뀔 수 있다는 것이다. 에너지와 물질이 등가로 서로 변환할 수 있다는 아인슈타인의 특수상대성원리 발표는 1774년 라부아지에(1743~1794)가 주창한 질량보존의 법칙이 무너지는 순간이 되었다. 이때까지는 질량보존의 법칙이 중요한 물리법칙 중 하나였고, 에너지 보존 법칙 역시 널리 알려진 독립적인 열역학의 법칙이었다.

  질량에너지 등가원리의 핵심은 질량과 에너지의 대칭성이다. 즉 외부에서 유입되거나 밖으로 빠져나가는 무언가가 없다면 질량과 에너지는 항상 총합이 일정하다는 진리를 담고 있었다. 아인슈타인은 이 개념을 확장하여 위의 공식으로 간명하게 정리하였는데, 이 공식을 통해 질량과 에너지가 사실상 동등하며 상호 교환될 수 있음을 설명했다. 이전까지는 우주의 정지 물체는 아무런 에너지를 지니지 않는다고 여겨졌는데 아인슈타인은 정지한 물체는 그 질량에 상응하는 에너지를 지닌다고 생각했다. 즉, 질량을 지닌 물체가 순수하게 에너지로 바뀔 수 있다는 것이다.

  이런 아인슈타인의 아이디어는 특수상대성이론으로 정리되어 양자 역학

으로 발전하는 동기를 제공하는 한편, 기초 이론을 제공하여 핵물리학이 발전할 수 있는 토대를 마련했다. 또한 원자폭탄, 수소폭탄 및 원자력발전의 이론적 기초가 되었고, 태양과 같은 별들이 핵융합을 통해 어떻게 많은 에너지를 계속 낼 수 있는지를 설명해주었다. 즉, 이 공식으로 우리는 이제 에너지와 물질을 예전과는 다른 방법으로 이해하게 되었다.

빅뱅 폭발과 함께 우주는 팽창하는데, 팽창하면 온도는 내려가기 때문에 우주 탄생에서 100만분의 1~10만분의 1초 뒤에는 2조K 이하까지 떨어졌다. 이 때 단독으로 날아다니던 쿼크가 서로 모여 융합하는 현상이 나타났으며 이를 통해 원소가 만들어졌다. 예를 들어 쿼크가 3개 모여 양성자와 중성자가 만들어지고, 양성자, 중성자 그리고 전자가 결합하여 원소가 만들어졌다. 원소의 내부 구조를 보면 중간에는 원자핵이 있고 그 주위를 전자가 돌고 있으며, 원자핵은 양성자와 중성자가 결합한 형태로 존재한다(그림 2-7 참조).

수소는 가장 구조가 단순한 원자로 원자번호가 1인데, 한 개의 양성자로 만들어지는 원자핵과 핵 주위를 회전하는 한 개의 전자로 구성된다. 그리고 원자번호 2인 헬륨은 두 개의 양성자와 두 개의 중성자로 만들어지는 원자핵과 핵 주위를 회전하는 두 개의 전자로 구성되어 있다. 원자번호는 원소 내의 양성자 수와 일치하도록 정한 것인데, 주기율표의 모든 원소는 고유의 원자번호가 있고 이 수가 증가하면 그에 따라 양성자뿐만 아니라 중성자 및 전자의 수도 증가한다.

원소의 생성이라는 관점에서 보면 모든 원소는 양성자와 중성자를 융합해 핵을 만들고 그 주위에 전자를 가져와 궤도를 만드는 일이다. 결국 모든 원소는 빅뱅 초기에 생성되는 소립자들, 즉 쿼크, 양성자, 중성자 및 전자의 입자 융합 반응에 의해 만들 수 있다고 볼 수 있다.

과학자들은 원소를 구성하고 있는 양자, 중성자 및 전자 사이에는 중력(重力)과 전자기력(電磁氣力), 그리고 강력(強力)과 약력(弱力)이라는 네 종류

◀ H = 1P + 1E
◀ He = 2P + 2N + 2E
◀ Li + 3P + 3N +3E
．　．
◈ Above elements were formed by nuclear fusion!

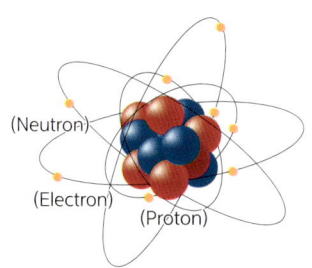
(Neutron)
(Electron)
(Proton)

<그림 2-7> 양성자(P-Proton), 중성자(N-Neutron), 전자(E-Electron)로 구성된 원자의 구조
(H = 수소, He = 헬륨, Li = 리튬)

의 기본 힘이 작용하고 있음을 알아냈다. 네 종류의 기본 힘 중 중력과 전자기력은 물리학을 전공하지 않은 일반인들에게도 친숙한 힘이다. 중력은 물체를 땅으로 떨어지게 하고 달이 지구 주위를 공전하게 하는 힘이며, 별이 수축하면서 사라질 때 거대한 초근거리 폭발이 일어나 초신성을 일으키는 데도 중요한 역할을 한다. 전자기력은 원자핵과 전자를 결합시켜 원자를 만들거나 원자와 원자를 결합시켜 분자나 결정을 이루게 하는 힘이다.

강력과 약력은 중력과 전자기력보다는 뒤늦게 발견된 낯선 힘으로, 원자핵 내부와 같이 극히 작은 세계 안에서만 작용하는 근거리 힘이다. 강력은 양성자와 중성자 내부에 있는 쿼크들을 결속시키는 동시에 양성자와 중성자를 원자핵 속에서 강하게 결합시켜 주는 힘이다. 약력은 우라늄이나 라듐 같은 원소들이 방사능 붕괴를 일으키도록 작용하는 힘인데 전자기력의 10^{-12} 정도로 세기가 약하다. 결국 원소의 안정성이란 원소를 구성하는 소립자 간의 상호 힘이 어떻게 균형을 이루고 있느냐에 따라 결정된다고 할 수 있겠다.

원소 중 가장 단순한 구조를 지닌 수소는 빅뱅 이후 제일 먼저, 가장 많이 생긴다. 양성자 하나로 구성된 수소 원자핵은 우주의 탄생 초기 1~3분 정도에 대량으로 생성되었다. 소립자 융합 핵반응이 계속되어 두 개의 양자와 두 개의 중성자가 결합하면 헬륨 원자핵이 된다. 이런 핵융합 현상이 지속적으로 일어나면 주기율표에서 헬륨보다 더 무거운 원소가 만들어질 수 있 겠지만 우주 팽창에 의한 온도, 압력 강하 등의 이유로 어느 시점에서 반응이 멈추었다.

우주에 어떤 원소가 얼마나 있는지는 분광기(分光器)로 별빛을 분석하면 알 수 있는데, 분석 결과에 의하면 우주에서 가장 많은 원소는 수소이다. 그냥 많은 것이 아니라 다른 모든 원소보다 압도적으로 많다. 질량으로 보면 70%, 원소의 수로 보면 90%가 넘는다. 그 다음으로 많은 원소는 헬륨이다. 질량으로 28%, 원소의 수로는 9%를, 다른 원소는 모두 합해도 질량으로 2%, 원소의 수로 0.1%에 지나지 않는다.

빅뱅 초기의 우주는 수소가 대부분이고 헬륨이 일부 섞여 있다고 했는데, 각각의 존재량에 이렇게 차이가 큰 것은 무슨 까닭일까? 물리학자에 의하면 원자핵 합성은 한정된 온도조건에서 아주 짧은 시간 동안만 일어날 수 있는데, 그 온도 범위는 수백만~수조K 라고 한다. 우주 초기에는 에너지가 너무 크고 온도가 너무 높아 양성자와 중성자가 너무 빨리 움직이기 때문에 서로 결합할 수 없다. 따라서 핵반응은 우주의 온도가 어느 정도 식은 후 시작되지만 불과 5분 정도 밖에 지속될 수 없다고 한다. 왜냐하면 우주가 빠르게 팽창하고 있기 때문에 시간이 지나면 우주의 온도가 너무 내려가 양성자와 중성자가 핵융합을 할 수 있을 정도의 속도를 가질 수 없기 때문이다.

따라서 빅뱅 초기에 많이 생긴 수소 중 일부만이 헬륨으로 변한 것으로 여겨진다. 핵융합을 결정짓는 중요한 인자는 중성자와 양성자의 충돌 단면적이라 불리는 양이다. 이것은 어떤 입자가 다른 입자에게 얼마나 큰 목표물인가를 나타내는 척도가 된다. 타율이 좋은 타자는 공이 크게 보인다고 하는데 그 선수에게는 충돌 단면적이 큰 셈이다. 원자핵 합성에서 가장 핵심적인 문제는 중성자와 양성자가 서로에게 얼마나 큰 충돌 단면적을 갖는가이다. 여기에는 복잡한 물리학적 계산이 필요하다.

조지 가모브(1904~1968)와 랠프 애셔 앨퍼(1921~2007)는 초기 우주의 조건을 추정하고 거기에 원자핵물리학을 적용하여 시간이 지남에 따라 우주가 어떻게 진화하는지, 원자핵 합성이 어떻게 진행되었는지를 알아내려고 했다. 오랜 노력과 계산의 결과 이들은 빅뱅 후 몇 분 만에 헬륨이 형성되는지 그리고 생성되는 비율이 어떻게 되는지 예측하는 모델을 개발하였고 실제 현상과 매우 유사함을 보여주어 큰 과학적 진보를 이루었다.

빅뱅 이후 우주는 핵융합에 의해 수소나 헬륨 등 가벼운 원소들이 주로 만들어지면서 초기에는 전 우주에 걸쳐 균일한 분포를 보인다. 그러나 우주 일부에 온도, 압력의 불균일이 생기면서 곧 평형이 깨지고 중력이 작용하면서 서로 단단하게 뭉쳐 별이 만들어진다. 뭉친 덩어리가 커지게 되면 중력은 더욱 증가하고 응집이 가속되는데, 이런 현상이 수없이 반복되면서 별 중심부의 원자들은 핵융합 반응을 통해 더 무거운 원자를 형성하면서 열을 내게 된다. 발생되는 열에 의해 온도가 1,000만°C를 넘게 되면 별은 대규모 폭발이 일어나면서 생애를 마감하게 된다. 빅뱅 이후 2억 년경부터 우주는 수십 억 개의 별들로 가득하게 되며, 이 별들이 모여 은하를 형성한다. 우주에는 이런 은하가 1,000억 개 이상이 있다고 한다.

우주에 생성된 대부분의 별들은 수십 억 년의 생애 중에서 수소를 태우는 핵융합 반응으로 90% 이상의 기간을 보낸다. 별들의 수명은 질량에 의존하는데, 질량이 태양의 절반 이하인 작은 별들은 내부의 수소를 모두 태워버리면서 수십 억 년 이상 서서히 그냥 사그라진다. 하지만 질량이 태양의 2분의 1에서 8배에 이르는 큰 별들은 작은 별과는 달리 중심에서 2억°C에 이르는 높은 온도를 만들어 내어 수소를 다 태운 뒤 헬륨을 생성한다. 수소 연료가 바닥난 별은 계속 고온을 유지하기 위해 중심부의 헬륨을 융합해 태우기 시작한다. 헬륨 원자들은 온전한 상태로 융합하여 짝수 번호의 원소를 만들기도 하고, 때로는 양성자와 중성자가 분해되면서 융합이 일어나 홀수 번호의 원소가 생성되기도 한다.

이렇게 핵융합 반응이 진행되면 별 내부에는 리튬, 붕소, 베릴륨, 탄소 등 원소들이 쌓이게 된다. 헬륨을 태울 때 발생하는 에너지는 수소를 태울 때 나오는 에너지보다는 작다. 이 때문에 대부분의 별은 수억 년 안에 연료가 바닥이 나게 되고 이 단계에서 수명을 다해 적색거성(赤色巨星) 및 백색왜성(白色矮星)의 단계를 거쳐 사라지게 된다.

질량이 태양의 8배 이상인 무거운 별은 탄소를 연료로 사용해 그 다음 단계의 핵융합 반응을 계속 일으키며 수백 년 동안 더 버텨나간다. 이 과정에서 질소, 산소, 플루오린(불소), 네온, 나트륨, 마그네슘 등의 원소가 만들어지면서 핵융합 에너지가 공급되어 온도는 10억 ℃ 이상까지 올라간다고 한다. 이 단계에서 많은 별들이 수명을 다해 사라지지만, 일부 매우 무겁고(태양의 10배 이상) 뜨거운(내부온도가 50억 ℃) 별들에서는 생성된 원소를 핵융합으로 태우며 수백 만 년을 유지하며 마그네슘보다 무거운 원소들인 실리콘, 칼슘, 망가니즈, 철, 니켈 등을 생성한다. 이 때 별의 온도는 무려 30억 ℃ 이상에 달하는데, 결과적으로 매우 큰 별만이 철 등의 무거운 원소를 만들 수 있는 셈이다.

1957년 발표된 유명한 B2FH(Geoffrey Burbidge, Margaret Burbidge, William Fowler, Fred Hoyler) 논문에서는 이 다양한 핵융합 반응을 일일이 추적하면서 별 내부에서 철에 이르기까지의 모든 원소가 만들어지는 과정을 자세히 설명하고 있는데, 이로써 원소의 생성에 관한 신비가 많이 풀렸다고 볼 수 있다.

태양보다 무거운(>10배 이상) 별에서 연속적으로 핵융합 반응이 일어나는 경우에 궁극적으로 철이 만들어 지는데, 그 이유는 철의 원자핵 구조가 가장 안정적이기 때문이다. 과학자들은 원자핵을 구성하고 있는 핵자(Nucleon) 간의 결합에너지를 이론적으로 계산하였는데 그림 2-8에는 그 결과를 보여주고 있다. 핵자 간의 결합에너지는 원자번호가 증가함에 따라 점차 증가하는데 원자번호 26인 철에 이르면 최대치에 이르러 더 이상 증가하지 않고 점진적으로 감소하는 경향을 보이고 있다. 철의 핵자 간 결합에너지가 가장 높다는 사실은 철의 안정성이 가장 높다는 것을 말한다.

이는 수소, 헬륨 등 가벼운 원소의 핵융합 반응이 일어나면 철이 만들어지기까지는 계속되어야 한다는 것으로, 철이 많이 생성되는 열역학적인 타당성을 말해주고 있다. 흔히들 철보다 무거운 원소의 생성 가능성은 이 단계에서 없다고 하는데, 전혀 불가능한 것으로 해석할 수는 없어 보인다. 단지 생성 가능성 측면에서 확률이 낮다고 할 수 있는데, 만일 철보다 무거운 원소가 만들어지면 이 원소는 철보다 안정성이 낮기 때문에 철로 다시 되돌아가려는 경향이 생길 수밖에 없다. 이 경우에는 철보다 무거운 원소는 핵분열이 일어남으로써 철로 변환될 수 있다. 이 때문에 궁극적으로 태양의 질량보다 10배 이상 큰 별에서는 철이 존재할 가능성이 상대적으로 높아진다고 할 수 있다. 그러나 우주 전체로 볼 때 그 양은 수소나 헬륨에 비해서는 매우 적다.

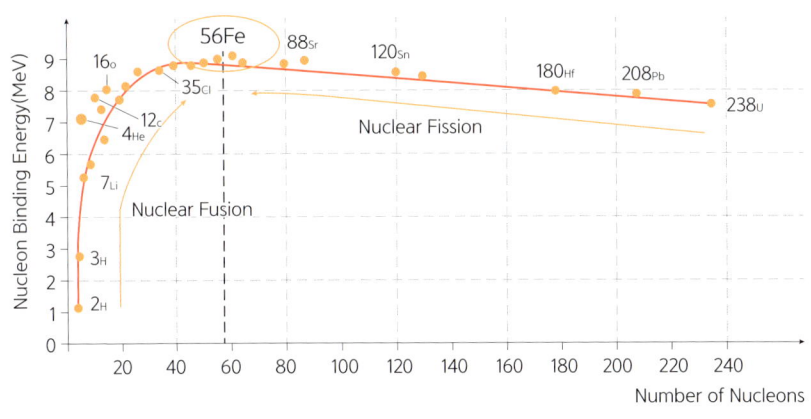

<그림 2-8> 원소의 원자핵 결합에너지 및 핵반응

핵융합(Nuclear Fusion) 반응이 되든지 핵분열(Nuclear Fission) 반응이 되든지 반응은 온도, 압력 등의 외부 조건이 만족돼야만 진행될 수 있다. 빅

뱅 이후에 우주의 팽창이 일어나면 온도가 내려가고 압력도 낮아져 핵반응 조건이 맞지 않을 수가 있으며, 이런 조건에서는 반응의 진행이 멈추게 되고 더 이상 원소의 생성은 없게 된다.

이 때 마지막 단계에서 생성되는 무거운 원소는 항성을 만들 때 중간에 모이게 되고 그 주위에는 가벼운 원소가 형성되어 항성은 양파 모양의 층상(層狀) 구조를 형성하게 된다고 할 수 있다(그림 2-9 참조). 층상 구조의 별에서 몇 개의 원소 층이 어떻게 겹쳐서 나타나는지는 별의 질량에 의존하지만, 가장 중심부에는 철이 대부분인 구조를 보이고 그 외각(外殼)에 철보다 가벼운 질량의 원소 층이 만들어진다고 볼 수 있다.

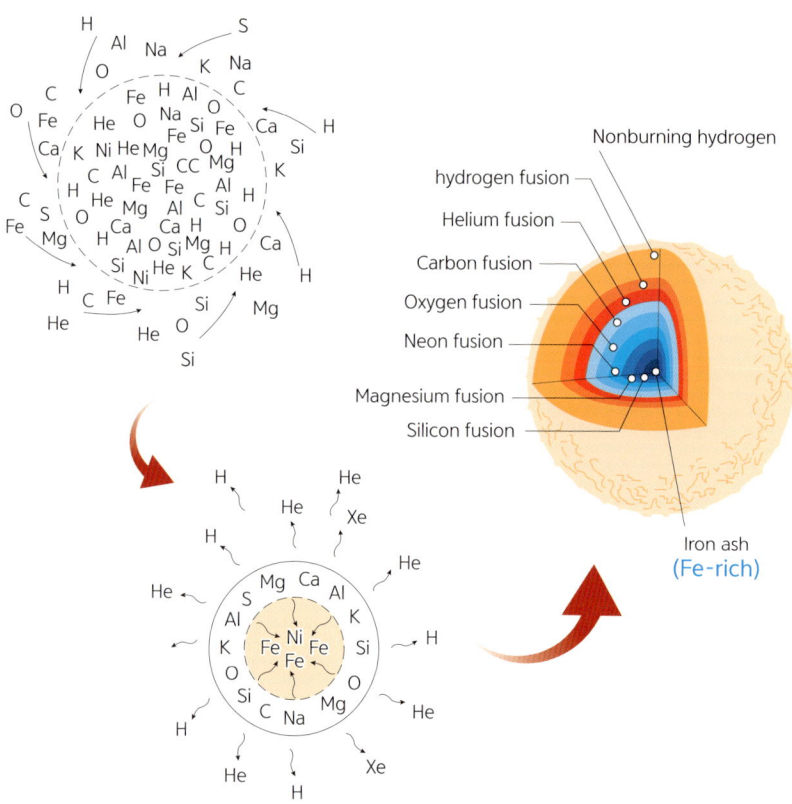

<그림 2-9> 내부의 핵반응에 의한 별의 진화. 왼쪽에서 오른쪽으로 최초 형성 → 수축 → 양파 구조

2.3. 초신성과 무거운 원소의 생성

　주기율표에 나와 있는 118개의 원소 중 자연계에 존재하는 원소는 원자번호가 92로 가장 큰 우라늄을 포함해 66개가 있다. 앞 절에서 우리는 빅뱅 이후 1단계 별 내부 핵반응에서는 원자번호가 철보다 작은 원소와 철까지 26개가 만들어진다고 했는데, 나머지 40개의 무거운 원소는 어떻게 만들어질까? 이 원소들은 초신성이라는 거대한 폭발에 의해서 만들어져 현재의 은하계 내에 존재하는 것으로 보고되고 있다.

　초신성은 별이 중력붕괴에 의해 생명을 다해 큰 빛을 내며 파멸적인 죽음을 맞는 현상이다. 우주에 존재하는 별들은 자체질량에 의해 수축하는 중력과 핵융합반응에 의해 생성되는 입자가 만들어내는 팽창하는 압력 간의 평형이 유지되고 있다. 만일 핵융합 반응이 줄어들면 평형이 깨어지면서 중력이 만들어 내는 엄청난 힘에 의해 강력한 충격파를 형성하면서 별은 산산조각이 나 깨어지는 현상이 나타나는데, 이 현상을 중력붕괴라고 한다. 대부분의 별들은 연료인 수소를 태우는 가운데 불이 '쉬잇' 하고 피식 꺼지는 반면,

중력붕괴를 일으키는 초신성에서는 일부 별들이 글자 그대로 '쾅' 하면서 요란하게 폭발하면서 생명을 다한다.

별의 진화 과정 중 마지막 단계에서는 초신성이 일어나면서 지름이 태양의 수십 배 내지 수천 배로 커지고 표면온도가 낮은 별인 백색왜성이나 적색거성이 생기기도 한다. 이 때 빅뱅 당시 생긴 헬륨(He)은 탄소(C)와 산소(O) 원자로 전환시키고 그 원자들은 이제 핵융합에 의해 별이 생산할 수 있는 가장 무거운 형태의 원자인 철(Fe) 원자로 전환되기 시작한다. 별의 중심부에 만들어지는 철 원자는 더 이상 핵융합 반응으로 에너지를 만들어 무거운 원소를 생성하는 것은 어렵기 때문에 스스로 중력이 발생하여 핵이 수축한다.

그러나 이 별은 바로 수축의 한계에 도달하여 단단한 덩어리가 되고, 이 때 주위에 분포한 물질이 힘차게 중력 낙하하여 단단한 중심부의 철과 충돌해 질량도 증가하고 충격파가 발생한다. 철과의 충돌로 큰 충격파를 발생하는 이 별의 질량이 어느 한계(태양의 1.4배)에 도달하면 핵반응이 폭발적으로 일어나고 이와 함께 원자핵이 해체되고 초신성이 일어나 별의 생명을 다하게 된다.

별 중심에 만들어진 철의 원자핵을 해체하려면 다른 어떤 원소의 핵을 해체하는 것보다 더 많은 에너지가 필요하다. 따라서 핵융합을 통해 철보다 더 무거운 원소를 만들려면 에너지 방출이 아니라 에너지 투입이 필요하다. 이 별은 핵융합 반응으로부터 에너지가 더 이상 공급되고 있지 않기 때문에, 별은 빠른 속도로 중력 붕괴를 시작한다. 그리고 철 원자들은 함께 으깨지면서 핵의 온도가 1,000억℃ 이상까지 오르고 에너지가 공급된다.

원자핵들 사이의 척력(斥力, 두 물체가 서로 밀어내는 힘)이 중력을 이기며, 충격파 속에서 핵이 별의 중심부로부터 튕겨 나온다. 이것이 우리가 보는 초신성 폭발이다(그림 2-10). 이 충격으로 별은 겉껍질 속의 물질과 만나면서 가열돼 핵융합 반응이 급속도로 진행되고 이를 통해 철보다 무거운 새로운 원소들과 방사성 동위원소들을 형성한다.

   철보다 가벼운 원소들 가운데 많은 것들은 별의 핵 속에서 핵융합을 통해 만들어지는 반면, 철보다 무거운 원소들을 형성하는 데에는 초신성 폭발이라는 불안정한 여건이 요구되는 것이다. 충격파로 인해 생성된 이 물질은 전 우주공간으로 퍼져나가 성운(星雲)을 형성한다. 별에서 멀리 떨어져 폭발하는 물질은 이제 초신성 잔해로 알려져 있는데, 이 안에는 철보다 가벼운 원소뿐만 아니라 무거운 원소도 함께 존재한다.

<그림 2-10> 초신성 폭발(=NASA)

거대한 폭발이 일어나 별로서 생명을 마감하는 초신성이 일어날 때 철 원자는 산소 및 탄소 원자와 함께 분해되어 우주 속으로 멀리, 그리고 넓게 내뿜어진다. 엄청난 빛을 내는 초신성의 폭발은 방대한 양의 물질을 우주 공간으로 방출하게 되는데, 이러한 물질은 다시 별의 모태가 되는 성간물질(星間物質)이 된다.

　초신성 폭발 때 함께 방출되었던 원소 가스가 사라진 뒤에는 남아있는 원자핵과 전자가 결합한 '중성자 별'을 형성한다. 이 별은 굉장히 무겁지만 아주 작은 별이다. 태양 질량보다 아주 큰 질량(3배 이상)을 가졌던 별은 폭발한 후 한없이 수축하는데 이때 블랙홀이 되기도 한다. 상대적으로 작은 질량을 가진 별은 중력붕괴를 거쳐 중성자별이 되면서 충격파를 발생하여 초신성 폭발이 일어나며 무거운 원소도 만들어진다.

　초신성의 폭발로 우주에 흩어진 성간물질은 별의 모태가 되고, 만들어진 별은 성년기인 주계열성(主系列星)으로 자라나서 빛나다가 적색왜성을 거쳐 노년기인 백색왜성, 중성자 별, 또는 블랙홀의 과정을 거쳐 다시 생명을 마감하기도 한다.

과학자들, 이례적인 초신성을 관찰

　지구 위에 발을 디디고 선 인간이 검은 밤하늘을 올려다보면 우주는 마치 변하지 않고 그대로 정지해 있는 것처럼 보인다. 하지만 그렇지 않다. 실제로 우주의 정적은, 별들이 엄청난 빛을 내면서 초신성으로 변할 때와 같은 엄청난 폭발에 의해 깨질 수 있다. 초신성은 사실 별이 죽어가는 모습이지만 우리가 보기에는 한동안 새로운 별이 나타난 것처럼 보이기 때문에 아이러니하게도 초신성(超新星)이라고 불린다. 초신성은 은하 하나의 밝기보다 더 밝을 정도로 밝아졌다가 수주(週)에서 수개월에 걸쳐 서서히 어두워진다.

　한 과학자 팀은 미국 하와이 시간으로 2018년 6월 17일 초신성 폭발을 관찰하고 이를 학계에 보고했다. 이들은 새로운 형태의 우주 폭발을 관찰한 것인데 그것에 대한 똑 부러지는 설명을 내놓지 못해 당혹스러워 하고 있다. 그 과학자들은 그 거대한 섬광이 지구에서 2억 광년 떨어진 다른 은하계에서 발생했으며, 그 섬광이 전형적인 초신성보다 10~100배 더 밝았다고 말했다.

　과학자들은 '암소'라고 명명된 그 섬광이 우리 은하에서 발원했으리라고 처음 생각했지만 뒤에 분광기(分光器)를 이용한 관찰을 통해 그 폭발이 헤르쿨레스자리 방향에 위치한 다른 은하에서 일어난 것을 알아냈다. 예사롭지 않은 밝기도 밝기였지만, 과학자들이 더 놀란 것은, 단 이틀 만에 '암소'의 밝기가 최고조에 이르렀다는 사실이다. 그런데 대부분의 초신성은 여러 주만에 밝기의 정점에 도달하는 것으로 관찰돼 왔다. 세계 천문학계에서는 이 이례적인 초신성 '암소'의 발견 이후 그것이 초신성의 한 형태인지, 아니면 더 외래적인 어떤 것인지 가리기 위해 연구가 한창이다.

2.4. 지구의 생성과 철

초신성은 통계상으로 드문 사건이어서, 우리 은하 전체를 통틀어 100년에 단지 몇 차례만 발생한다. 하지만 초신성은 대단히 중요하다. 초신성이 없으면 철, 구리, 금, 납, 우라늄 같이 질량이 큰 원소들을 만들어낼 만큼 충분한 세기의 힘이 존재하지 않기 때문이다. 때로는 이러한 원소들을 포함하고 있는 성운의 초신성 폭발의 특정한 파편이 우주를 통과해 먼 거리를 여행하여 다른 위성에 정착하는데, 이것이 운석충돌이다.

태양계에 존재하는 모든 항성과 행성은 성운의 상호 작용에 의해 합쳐지고, 분해되고, 팽창하고, 수축하면서 형성되었다고 과학자들은 설명한다. 지구는 태양이라는 항성이 구성하는 태양계 내에 존재하는 행성이다. 이 지구가 속한 태양계는 초신성 폭발 이후 비교적 늦게 형성된, 후(後)세대 별이다. 따라서 지구는 철이나 니켈, 우라늄과 같은 무거운 원소들을 함유하고 있으며, 태양계의 수성, 금성, 목성 등과 같은 많은 행성들 역시 철을 위시한 무거운 원소를 포함하고 있다.

지구의 기원은 그 시작이 태양과 동일해 지구는 태양계가 생겨나면서 생겨났다. 태양계의 형성과 진화 이론은 태양계의 탄생에서 죽음에 이르는 일련의 과정을 연구해 그 과정을 이론으로 정립한 것으로, 천문학 및 물리학에서부터 지질학 및 행성과학까지 여러 학문 영역을 종합하는 구실을 했다. 태양계 생성 이론은 수 세기에 걸쳐 발전했지만, 근대적 이론의 틀을 갖춘 것은 18세기에 이르러서였다.

1950년대에 우주 시대가 열리고 1990년대 중반 이후 외계 행성이 본격적으로 발견되면서, 태양계의 생성과 소멸에 대한 기존 이론들은 도전을 받음과 동시에 더욱 다듬어지게 된다. 지구로 전송된 바깥 세계에 대한 정보 덕분에 사람들은 태양계에 대해 더욱 더 많은 것을 알게 되었다. 동시에 핵물리학의 발전은 항성에 대한 지식을 증진시켰고, 항성의 탄생 및 궁극적 최후에 관한 이론 수립에 이바지하게 된다.

헤아릴 수 없을 정도로 많은 항성의 대부분은 태양처럼 행성을 거느린 것으로 여겨지고 있으므로, 태양계의 성인(成因)이 보통 항성의 경우와 다르다고는 생각되지 않는다. 지금까지 알려진 이론에 의하면 태양계는 지금으로부터 약 46억 년 전, 거대한 분자 구름의 일부분이 중력 붕괴를 일으키면서 형성되었다.

붕괴한 질량 대부분은 중앙부에 집중되어 태양을 형성했고, 나머지 질량은 행성, 위성, 소행성 및 다른 태양계 천체들을 형성하게 될 얇은 원반 모양의 원시 행성계 원반(圓盤)으로 진화하였다. 이상의 가설이 성운 모형으로 가장 널리 받아들여진 태양계 생성 이론이다.

태양계의 중심부분은 자체중력에 의하여 수축되어 원시태양을 형성하면서 오늘날의 태양으로 진화해 왔다. 그리고 태양계 성운 원반에서는 티끌들이 생성, 회전하면서 응축되고 밀도가 증가하면서 미행성체(微行星体)가 생성된다. 이렇게 생긴 미행성체는 원시태양계 전체에 걸쳐 약 10조 개 이상 만들어진 것으로 추정되고 있다. 이러한 미행성체가 서로 충돌하며 합쳐지거나 파괴되는데, 이 과정에서 고속 충돌이 일어나 변형되면서 충돌에너지가 흡수되기 때문에 온도가 올라간다. 충돌에 의한 운동에너지로 미행성체의 온도가 올라가면 내부에서는 초신성 폭발 시 만들어진 원소들의 핵반응이 진행되어 추가적인 열이 발생하고 미행성체 전체가 용융상태로 변하며 초고온이 된다.

이 상태에서 일어나는 핵반응은 철의 함량을 증가시키는 방향으로 진행되는데, 이는 철보다 가벼운 원소는 핵융합에 의해, 그리고 철보다 무거운 원소는 핵분열에 의해 철을 생성하기 때문이다(그림 2-8 참조). 미행성체 표면부의 경우 초고온화에 의해 함유하고 있는 물을 포함한 모든 물질들의 가스화가 진행되어 원시 대기(大氣)를 형성하는데, 나중에 원시지구가 식어가면 수증기는 응결되고 강수(降水) 현상이 일어나 바다를 이루게 된다.

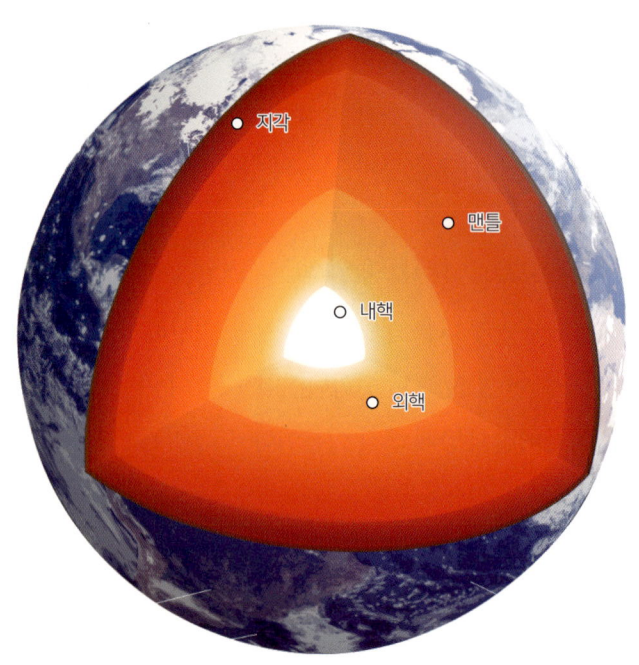

<그림 2-11> 지구의 내부 구조

지구에서 철이 차지하는 비율은 지구 전체로는 35%로 가장 많고, 산소 (30%), 규소(15%) 마그네슘(13%) 및 니켈(2.4%)이 뒤를 잇는다. 지각에서는 철의 비율이 5.2%로 산소(46%), 규소(28%), 알루미늄(8.3%)에 이어 4번째이다. 태양은 태양계 전체 무게의 99.9%를 차지하는데, 그 대부분이 수소와 헬륨이다. 우주에 존재하는 별의 경우도 태양과 비슷해 99%가 수소와 헬륨으로 구성되고 있다. 우주에서 가장 많은 원소는 수소인데 그냥 많은 것이 아니라 다른 모든 원소보다 압도적으로 많다. 질량으로 보면 70%, 원소의 수로 보면 90%가 넘는다. 그 다음으로 많은 원소는 헬륨이다. 질량으로 28%, 원소의 수로는 9%를 차지한다. 다른 원소는 모두 합해도 질량으로 2%, 원소의 수로는 0.1%에 지나지 않는다.

지구에 존재하는 원소의 비율이 태양이나 다른 별에 존재하는 원소의 비율에 비해 차이가 큰 것은 무슨 까닭일까? 그리고 그림 2-11은 지구의 내부 구조를 보이고 있는데, 이 그림은 그림 2-9에서 보여준 양파모양의 층상구조를 가진 별의 내부 구조와 개념상으로는 유사하지만 꼭 같지는 않은데, 그 이유는 무엇일까?

우선 우주 전체로 보면 수소와 헬륨이 대부분이고, 그림 2-9의 별의 구조에서는 철과 이보다 원자번호가 낮은 원소만 존재한다. 이에 비해 그림 2-11의 지구에는 주기율표에 나오는 모든 자연원소가 존재한다. 이 사실은 지구가 초신성 폭발이 일어난 다음에 형성되었음을 입증하고 있다. 철을 비롯하여 이보다 원자번호가 높은 원소는 초신성 폭발에 의해서만 생성되었기 때문이다.

초신성은 자주 일어나는 현상이 아니어서 1세기에 몇 차례만 관찰된다고 하는데, 초신성에 의해 무거운 원소가 만들어지더라도 우주 전체로 볼 때에는 극미한 양밖에 존재하지 않는다는 의미이다. 또 우주에 존재하는 모든 별 중에 초신성을 겪은 다음에 형성된 별도 아주 적을 수밖에 없다는 의미이기도 하다. 따라서 대부분의 별들은 수소와 헬륨이 대부분이고 일부만이 헬륨보다 무거운 원소가 포함될 수 있을 것으로 생각된다.

그림 2-9와 그림 2-11을 비교할 때 또 하나의 차이점은 그림 2-9의 별에는 여러 개의 층상구조가 나타나고 있는데 그림 2-11의 지구는 지각, 맨틀(Mantle), 외핵 및 내핵 등 크게 4개 층으로 구성되어 있다는 것이다. 맨틀 안쪽에 존재하는 외핵은 반지름 3,500km 정도의 액체 상태의 구이며, 내핵은 반지름 1,200km의 고체 구(球) 형태라고 생각된다. 너무 깊어서 직접 탐사가 불가능하기 때문에 과학자들은 지진파를 통과시켜서 무엇으로 이뤄졌는지를 간접적으로 확인했다. 이를 통해 핵의 대부분은 철로 구성되어 있고 전체 구성 물질의 85%를 차지하는 것으로 분석되었다. 그리고 나머지 구성 물질로는 니켈이 10%를 차지하는 것으로 알려졌으나 나머지 5%는 확인되지 않았다.

내핵이 고체인 이유는 내부로 갈수록 온도는 높아지나 동시에 압력도 높아져 용융점이 올라가기 때문이다. 지구의 핵이 원자핵의 안전성 측면에서 가장 높은 철과 니켈 위주의 원소로 구성되어 있다는 것은 지구가 만들어질 때 원자핵 반응이 충분히 진행되어 열역학적으로 평형에 가까운 정도까지 간 것으로 추정할 수 있다. 온도, 압력, 시간 등 모든 조건이 핵융합과 핵분열 반응이 잘 일어날 수 있도록 만들어지지 않고서는 이와 같은 철-니켈 합금의 핵이 만들어 질 수 없기 때문이다. 지구에서는 요행히도 그런 조건이 만족되었다고 볼 수 있다.

핵 외부는 맨틀로서 지구 부피로는 82%이고 무게로는 68%를 차지한다. 철, 규소, 몰리브데넘을 포함한 여러 가지 원소의 복합 화합물인 암석질로 구성되어 있는 것으로 보고되고 있다. 일반적으로 암석질의 용융온도는 철보다는 높은 것으로 알려져 있는데, 액체 상태의 원시지구가 밖에서부터 식게 되면 용융온도가 높은 물질이 먼저 고체화되어 자리를 잡게 되는데, 이것이 맨틀이다.

그러나 맨틀의 외각에는 지진의 원인이 되는 판(Plate)을 갖고 있어 수시로 용암을 지표로 내뿜곤 한다. 이를 보면 맨틀에는 상당량의 용암이 포함된 것으로 보이며, 전체적으로 고체이긴 하지만 외핵 부근에 가까워지면 어느 정도의 유동성도 갖고 있다고 보고되고 있다. 지각은 암석질의 육지와 물이 있는 바다로 구성되어 있으며, 이 중에 육지는 온도 강하에 따라 맨 먼저 고체화되어 여러 가지 광물을 포함하고 있다. 산소, 규소, 알루미늄 등은 지각 전체에 널리 분산되어 있는데 비하여, 철은 광맥의 형태로 일정한 위치에 집중적으로 존재한다.

철이 일정 위치에 광맥으로 존재한다는 사실은 철이 일정 지역으로 모이게 되었다는 것을 의미하는데, 이는 지구의 형성 과정을 이해하면 그 과정을 유추할 수 있다. 지구가 처음 생기면서 원시대양을 형성할 즈음(약 38억 년 전)에 지구 표피에 균일하게 분포되어 있던 철은 폭우가 내리면서 원시바다로 흘러갔다. 이 철이 일정 지역에 모여 퇴적이 일어났다고 한다. 그 당시 지구의 공기에는 산소가 충분치 않아 산화철이 만들어지지 않았으며 철은 순수한 상태로 있었는데 빗물과 바닷물에 씻겨 내려가면서 녹게 되었다. 왜냐하면 이 빗물이나 바닷물은 이산화탄소나 유황이 많이 함유되어 있어 산성도가 매우 높아 철을 녹일 수 있었기 때문이다.

그 뒤에 지구상에 원핵세포의 남조류와 같은 미생물이 만들어지고 탄소동화작용이 활발히 일어나면서 산소가 대량으로 만들어졌는데, 이 산소가 철과 반응하여 바다 밑에 침적되면서 광맥을 형성하였다. 미생물의 활동은 시간과 계절에 따라 다르고 산소의 생성 정도가 다른데, 이런 차이 때문에 형성되는 광물의 종류가 달라져 층상구조를 만든다고 한다.

지구 표피의 철 광맥은 지진작용으로 바다 속의 지층이 솟구쳐 올라온 것인데, 이 광맥을 발견한 인간은 철광석을 채취하고 수천 년에 걸친 기술 발전을 통해 철을 정련하였다. 인류는 이 철을 오랜 옛날부터 유용하게 이용할 수 있었기 때문에 철은 가장 활용성이 높은 금속이 되었고 인간은 지구를 지배할 수 있었다.

철의 원자번호는 26이며, 원자량은 55.85이다. 철의 원소기호 'Fe'는 영어의 'Iron(철)'을 뜻하는 라틴어 '페럼(Ferrum)'에서 유래되었다. 철은 우리가 사용하는 금속의 90% 이상을 차지하며, 우리 생활을 지탱하는 중심적 역할을 하는 금속 원소이다. 철이 없다면 철도, 선박, 자동차도 만들 수 없고, 도로, 고층 건물, 긴 다리도 만들기 어렵다. 또 오늘날 사용하는 거의 대부분의 기계나 도구도 만들 수 없다. 따라서 사람들은 철을 '산업의 쌀'이라고 부른다.

제3장 철의 특성

철의 특성

인간 생활에 활용되는 유용성 측면에서 철(강철)의 주요한 특성으로는 △인장강도(引張强度) △경도(硬度) △소성가공성(塑性加工性) △인성(靭性) △용접성(熔接性) △자성(磁性) △내식성(耐蝕性) △전도성(傳導性) △광택(光澤) 등을 꼽을 수 있다. 각 특성을 간략히 요약해 본다.

[인장강도] 물체의 길이가 늘어나 파단(破斷, 재료가 파괴되거나 잘록하여져서 둘 이상의 부분으로 떨어져 나감)에 이르기 전에 받을 수 있는 최대 압력을 의미하는데, 구조물의 성능을 비교하는 가장 일반적인 재료 특성이다. 인장강도가 높으면 외부 압력에 대한 구조물의 길이가 늘어나는 변형에 대한 저항이 크며 안정성이 증가해 잘 손상되지 않는다.

[경도] 외부에서 국부적인 압축 변형이 가해지는 경우에 저항하는 능력을 반영한다. 일반적으로 강도와 비례 관계인데, 외부 응력(應力, Stress)에 의한 피로나 마모에 대한 내구성을 측정하는 편리한 물성(物性)이다.

[소성가공성] 재료에 힘을 가하는 경우에 파단을 초래하지 않으면서 길

이나 단면적이 늘어나는 능력이다. 인장응력이 작용하는 경우에 길이가 늘어나는 특성을 연성(延性)이라고 부르며, 압축응력 하에서는 단면적이 늘어나는데 이 특성을 가단성(可鍛性)이라고 한다.

[인성] 재료에 힘을 가하는 경우 이 재료가 흡수할 수 있는 에너지의 크기를 인성이라고 한다. 따라서 인성을 높이려면 강도와 연성이 동시에 높아야 하나, 일반적으로 재료는 강도가 높아지면 연성이 떨어지는 경향이 있어 인성을 향상시키는 것은 쉽지 않다.

[내식성] 철의 표면에 녹이 생겨 부식이 일어나는 현상은 철이 가진 거의 유일한 약점이다. 그러나 특정한 성분을 첨가하는 경우 철의 내식성을 현저하게 높일 수 있다. 예를 들어 스테인리스강(鋼)은 내식성을 높여주는 크로뮴(Cr), 니켈(Ni), 몰리브데넘(Mo)을 함유한다. 탄소강의 경우 내식성을 향상시키는 일반적인 방안은 도금을 하는 것인데, 대표적인 방법이 아연도금으로 아연(Zn) 또는 그 합금을 표면에 입히는 것이다.

[용접성] 형상이 복잡한 구조물을 만드는 경우 여러 개의 강판(鋼板)을 이어주어야 하는데, 연결되는 부위의 계면(界面)을 부분적으로 용해, 냉각하여 연결하는 공정을 용접이라고 한다. 용접 시 접합부 근처는 온도가 용융점 이상에서부터 상온까지 분포하게 된다. 이때 온도 이력에 따라 변태(變態)의 양상이 달라지고 미세조직과 물성의 차이가 생기기 때문에 용접부 건전성이 변화하므로 적정 용접조건을 잘 찾아야 한다.

[자성] 외부에서 재료에 자장(磁場)을 가하는 경우 재료 내의 전자스핀 배열이 변함에 따라 상호 당기거나 미는 성질을 가지는 것을 자성이라고 한다. 전기재료의 특성 분석에 널리 사용되며, 현대 정보통신 사회에서는 필수 재료로서 용도가 다양하고 사용량도 늘고 있으며 부가가치도 매우 높다.

[전도성] 철은 열과 전기를 잘 전달한다. 이런 특성 때문에 철은 가정용 취사도구 제조에 좋은 재료이며 전선(電線) 제조에 활용되기도 한다.

[광택] 철의 특성 가운데 하나는 그 매력적인 외관이다. 철은 은(銀)과 같

은 색깔을 띠며 그 표면은 빛나고 광택이 있다.

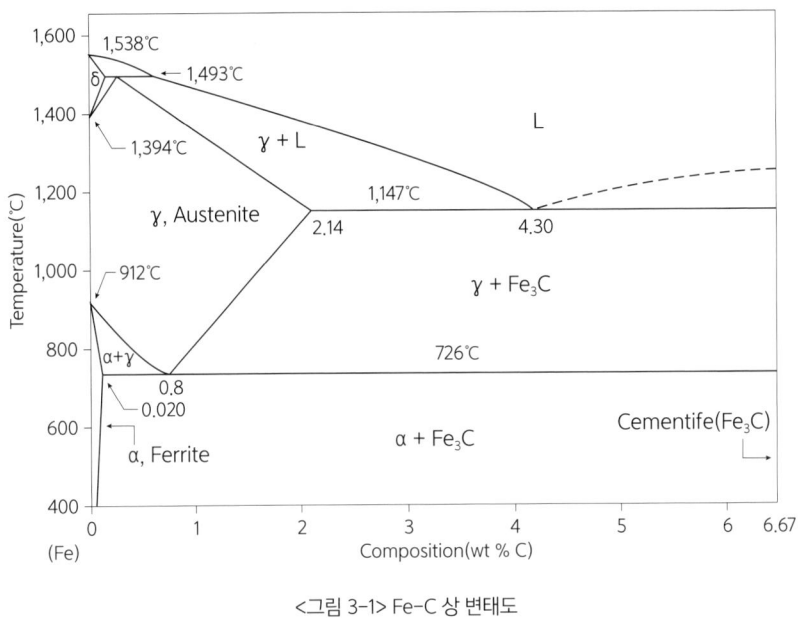

<그림 3-1> Fe-C 상 변태도

이상의 여러 특성 중 다른 재료에 비해 철이 갖는 특별히 우수한 성질은 강도, 소성가공성, 용접성 및 자성이라고 할 수 있으며, 이 네 가지 특성을 좀 더 자세히 설명한다. 철강의 특성을 설명하는 데는 야금학적 지식이 일부 동원되었는데, 공학을 전공하지 않은 독자들은 이해가 좀 어려울 수도 있다. 이런 독자들은 모든 논리를 이해할 생각보다는 다른 금속에 비해 철이 가진 특성이 어떤 것이 있으며 어떻게 다른지에만 관심을 두고 읽는다면 충분할 것으로 생각된다.

철의 물리적 특성은 미세조직(微細組織)과 직접 관련이 있다. 미세조직은 합금, 가열, 냉각, 소성가공 등 제조 조건에 따라 복잡하게 변하는데, 이 현상을 이해하는 첫 걸음은 그림 3-1에서 보여주고 있는 Fe-C 상태도(Phase Diagram)이다.

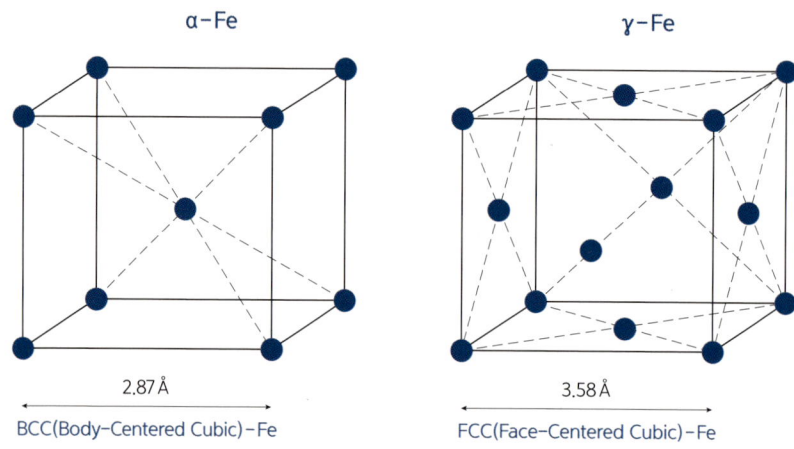

<그림 3-2> 철의 결정구조 : 체심입방(BCC) 구조의 Fe와 면심입방(FCC) 구조의 Fe

순수 철의 경우 상온에서의 결정구조가 체심입방정(體心立方晶 : BCC-Body Centered Cubic)의 α-페라이트(Ferrite) 상인데(그림 3-2 참조), 이 구조는 912℃ 아래에서 나타난다. 이 온도 이상에서는 면심입방정(面心立方晶 : FCC-Face Centered Cubic)인 오스테나이트(Austenite, γ) 상으로 존재하고(그림 3-2 참조), 또 1,394℃ 이상이 되면 다시 체심입방정으로 돌아가 δ-페라이트 상이 된다. 탄소는 철의 중요한 합금원소로 탄소가 첨가되면 그 함량에 따라 나타나는 안정적으로 상이 생기는 온도구간이 변한다.

탄소는 오스테나이트의 안정 온도영역을 확대해 주는 역할을 하며, 또 시멘타이트(Cementite, Fe_3C)라는 준안정상(準安定狀) 카바이드가 생겨 미세조직과 기계적 특성에 크게 영향을 준다. 따라서 탄소강의 경우 상온 영역에서는 순철인 α-페라이트와 시멘타이트가 혼재하고 있고, 고온 영역에서는 오스테나이트 안정 구역이 넓게 자리를 차지하다가 탄소 함량이 커지면 제2의 상(相)인 세멘타이트가 혼재하게 된다.

3.1. 가장 우수한 인장강도 특성

철은 무게로 따져 2.0%까지의 탄소를 함유하고 있는 강철(Steel), 그리고 그보다 많은 탄소를 함유하고 있는 선철(銑鐵, Pig Iron) 또는 주철(鑄鐵, Cast Iron)로 구분한다. 순철은 통상적으로 탄소를 비롯한 불순원소의 총량이 0.1% 이하인 철이다. 우리가 사용하는 철의 대부분은 탄소 함량이 낮은 강으로, 이것은 일반탄소강과 합금강으로 나눌 수 있다. 일반탄소강(Plain Carbon Steel)의 경우 탄소 외에 망가니즈(Mn, 1.65% max.), 규소(Si, 0.6% max.), 구리(Cu, 0.6% max.)와 소량의 유황(S)과 인(P)이 들어 있다.

합금강은 사용 목적에 따라 일정량의 합금 첨가량을 규격으로 정해 의도적으로 첨가하는데, 합금 첨가량이 합해서 대략 2% 이하인 HSLA강(High Strength Low Alloy Steel, 저합금고장력강)과 특수목적용 고합금강으로 구분한다. 최근에는 합금 원소의 총량이 0.2%인 MA강(Microalloyed Steel)이 개발되어 사용이 확대되어 왔다. MA강은 주로 나이오븀(Nb), 바나듐(V), 타이타늄(Ti) 등의 원소가 미소량 들어 있으며 가공열처리(TMCP, Thermo

Mechanical Control Process)를 적용해 생산한다.

지구상에는 여러 가지 금속이 존재하고 있으나 그 중에서 철강이 가장 많이 사용되는데, 그 이유는 철강재가 경제성이 우수하고 강도 측면에서 매우 유용해 활용성이 높기 때문이다. 그림 3-3은 현재 실용적으로 활용되고 있는 여러 철강재의 인장강도와 그 범위를 알루미늄(Al) 및 타이타늄(Ti)과 비교해 보여주고 있다. 철강의 인장 강도는 낮게는 300MPa 이하에서, 높게는 5,000MPa 이상까지로 Al과 Ti에 비해 넓은 범위를 보여준다.

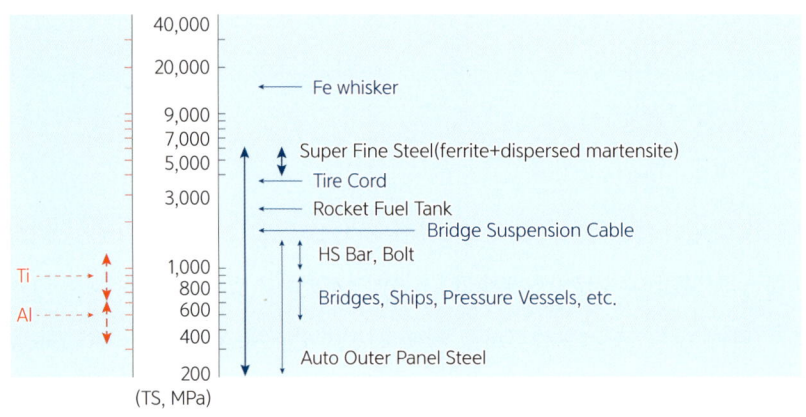

<그림 3-3> 철 합금의 인장강도 범위

탄소는 철강을 제조하는 과정에서 필수적으로 들어가는 성분으로 강력한 강도 증가 역할뿐 아니라 합금원소로서 경제적인 이점이 커 강철 생산에 가장 흔하게 활용되고 있는 중요한 합금 원소이다. 예컨대, 탄소함량이 0.8% 내외인 타이어코드강의 인장강도는 5,000MPa 정도까지 초고강도화(超高强度化)할 수 있다. 또 탄소함량을 수십ppm 정도로 낮추면 알루미늄과 비슷한 정도로 낮은 강도를 갖는다.

교과서를 보면 탄소함량의 최소치를 흔히 0.1%로 기술하고 있으나, 이 값은 제강공정에서 첨단 탈탄(脫炭)기술의 활용이 일반화되기 전의 이야기이다. 최근에는 RH Degassing 설비를 활용한 탈탄기술이 널리 적용되고 있는데, 이 경우 탄소함량은 0.01%에 가까운 극저탄소량 수준까지 내려간다. 이 극저탄소강에 미량의 합금원소를 첨가하여 미세한 석출물(析出物)을 만들면 기지조직 내의 탄소 용해량을 거의 제로(Zero)화 시킬 수도 있다.

IF(Interstitial Free)강은 대표적인 극저탄소강인데, 이 강은 함유된 탄소량도 매우 적을 뿐 아니라(0.02~0.03%) 미량의 타이타늄(Ti), 나이오븀(Nb), 바나듐(V) 등을 첨가하여 탄질화물을 형성함으로써 기지조직(基地組織) 내의 탄소 용해량을 제로(Zero)화시킨 것이다. IF강은 인장강도가 300MPa 정도에서 매우 연성이 높고 심가공성(Deep Drawability)이 좋아서 투피스(Two-piece) 음료 캔(몸체가 한 덩어리로 되어 있어서 캔의 이음새가 없고 위에 뚜껑만 붙인 캔)이나 복잡한 형태의 자동차 외장 부품 등의 제조에 지속적으로 사용이 확대되고 있다.

탄소는 강의 연성을 증가시키기 위해서는 함량을 낮추거나, 고강도 강을 만들기 위해서는 함량을 높이는 등 가장 효율적으로 활용할 수 있는 합금원소이다. 강철의 합금 성분을 탄소와 더불어 변화시키고 다양한 가공 및 열처리 기술을 적용하면 그림 3-3에서 보여주다시피 300MPa에서 5,000MPa의 강도 범위에서 다양한 종류의 강철을 생산할 수 있다. 이들 강철은 구조용 재료로 각종 구조물과 산업 인프라에 널리 사용되고 있다. 구조용 재료로서 철의 가장 강력한 경쟁소재는 알루미늄(Al)이라고 할 수 있는데, Al의 경우 인장강도 범위가 300~600MPa 정도로 강철에 비해서 매우 협소하기 때문에 사용범위가 한정될 수밖에 없다.

강철의 인장강도 범위가 타(他) 금속에 비해 넓은 이유는 무엇일까? 인장강도를 크게 한다는 것은 금속의 소성변형(塑性變形)을 어렵게 하는 것이다. 소성변형은 상온에서 주로 내부에 존재하는 전위(轉位, Dislocation)의 이동에 의해 일어나는데, 전위의 이동을 방해하게끔 미세조직을 제어하면 강도를 향상시킬 수 있다. 널리 사용되는 강화 방법은 고용강화(固溶強化),

석출강화(析出強化), 결정립미세화(結晶粒微細化), 가공경화(加工硬化) 그리고 변태강화(變態強化) 등 5가지가 많이 활용된다. 철강의 경우 이와 같은 강화기구를 모두 다 활용할 수 있는데, 이 때문에 강도 제어 범위가 넓은 것으로 사료된다. 특히 강도 향상에 큰 영향력을 가진 변태강화는 철강재에 주로 활용될 수 있는 유용한 강화 방안인데, 대부분의 철강재는 다른 강화 방안과 더불어 이 방법을 적절히 활용하고 있기 때문에 강도 제어 범위가 넓은 것으로 이해되고 있다.

철에 각종 합금원소를 첨가하는 이유는 우선적으로 **고용강화**를 목적으로 한다고 볼 수 있으며, 고용강화를 위해 첨가되는 원소는 종류에 따라 치환형과 침입형으로 나눌 수 있다. 치환형 합금원소가 철에 첨가되면 결정 내에서 합금원소는 철을 대체해 자리를 차지한다. 이 경우 첨가하는 합금원소의 원자 크기가 철 원자의 크기와는 다르기 때문에 철을 대체해 들어간 합금원소는 결정 내에서 변형을 주고 잔류응력장(Residual Stress Field)을 만든다. 이 때문에 전위의 이동이 어렵게 되고 재료의 강도가 상승한다. 침입형 합금원소로는 탄소나 질소가 많이 활용되는데, 이들 원자의 크기는 철 원자보다 아주 작아서 결정 내에서 철 원자와 철 원자 사이의 빈 공간을 차지하게 된다. 그런데 철 결정의 모든 빈 공간은 침입형 원자보다는 크기가 작기 때문에 침입형 합금 원자는 좁은 공간에 비집고 들어가게 되며, 이 때문에 결정 내에 들어 간 원자 주위에 잔류응력을 주게 되고 강도가 상승한다.

석출강화의 경우 결정립 내부에 미세한 석출물을 만드는데, 많이 사용되는 석출물은 탄화물과 질화물이다. 이 경우 강도 증가 효과는 석출물의 분포에 의해 영향을 많이 받는데, 석출물의 크기가 미세할수록 그리고 석출물의 양이 많을수록 강도 증가 효과가 커진다. 이런 목적으로 많이 첨가되는 합금은 나이오븀(Nb), 바나듐(V), 타이타늄(Ti) 등이 있는데 이들 원소는 탄소 및 질소와 결합해 탄화물과 질화물을 석출시켜 강도 증가에 기여한다.

이 경우에 원하는 만큼의 강도 증가효과를 얻기 위해서는 제품 제조공정에서 적절한 소성변형 및 열처리 조건을 설정해야 하고 합금설계를 잘해 석출물의 분포를 최적화하는 것이 중요하다.

결정립 미세화는 결정립 크기를 작게 하여 입계면적을 증가시킴으로써 강도를 증가시키는 강화법이다. 결정립계는 소성변형 및 전위의 움직임을 방해하는 역할을 하기 때문에 결정립을 미세화하면 강도가 증가한다. 결정립 미세화는 가공열처리 제품에서 많이 활용되고 있는데, 이는 결정립 미세화를 하면 강도가 증가할 뿐 아니라 인성이 향상되는 부가적 효과를 수반하기 때문이다. 결정립 미세화가 아닌 다른 강화기구를 적용하는 경우 대개 강도의 증가와 더불어 인성이나 연성이 나빠지기 때문에, 가공열처리 기술은 구조용 강재의 제조에 많이 활용된다.

가공경화는 소성가공을 가하면 강도가 높아지는 현상인데, 이는 재료 내부에 전위 등 격자결함(Lattice Defect)이 많이 생기기 때문이다. 격자결함이 나타나는 양태는 가해지는 변형량과 적층결함에너지(SFE=Stacking Fault Energy)와 같은 재료의 물성에 따라 달라진다. 저변형의 영역에서는 변형과 함께 전위 밀도가 증가하면서 전위가 서로 만나면서 엉키는 구조를 갖는데 변형이 더 증가하면 전위셀(Cell)이 나타난다. 변형을 더 많이 가하게 되면 마이크로 밴드(Micro Band)나 쉬어밴드(Shear Band)가 생성되며 특정 조건에서는 트윈(Twin)이나 집합조직이 나타나기도 한다. 소성가공에 의해 생긴 격자결함은 가열 시 회복(Recovery) 및 재결정(Recrystalization) 단계를 거쳐 사라지는데, 가열온도가 재결정 온도보다 높으면 변형 전과 같은 결정립이 새로이 생겨 원래 상태로 돌아가게 된다.

변태강화는 고온 안정상인 오스테나이트를 다양한 조건으로 냉각할 때 얻어지는 저온 변태조직인 베이나이트, 마르텐사이트 등을 이용하여 강화하는 방법이다. 그림 3-4는 냉각속도를 달리했을 경우 얻어지는 미세조직과 대략적인 강도 수준을 보여 주고 있는 연속냉각변태도(CCT Diagram,

Continuous Cooling Transformation Diagram)이다.

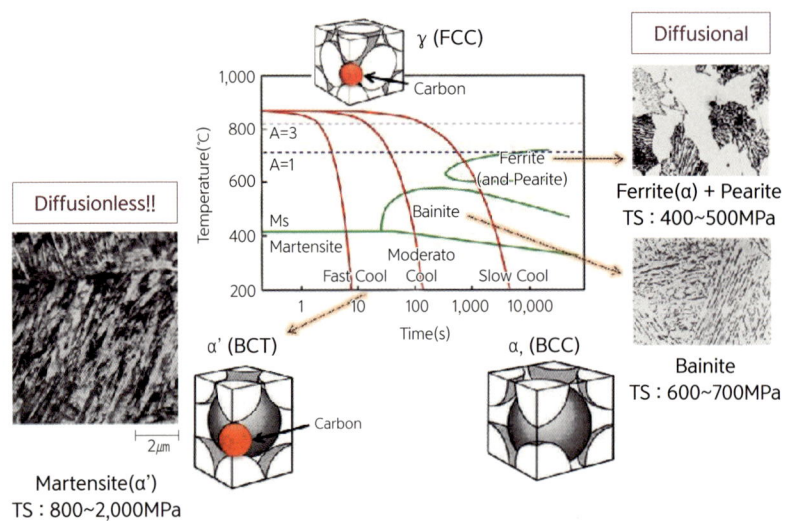

<그림 3-4> 냉각속도에 따른 변태조직 변화

냉각속도가 아주 느리면 페라이트와 펄라이트가 생성되는데, 펄라이트는 페라이트와 세멘타이트의 층상의 공정(Eutectoid) 조직이라 결국은 그림 3-1에서 보여주는 페라이트와 세멘타이트가 생기는 것으로 이해할 수 있다. 중간 냉각속도 영역에서는 펄라이트는 생기지 않고 베이나이트가 생긴다. 베이나이트는 모양이 불규칙한 페라이트 내에 세멘타이트가 다양한 형태로 포함되어 있는 조직인데, 냉각조건에 따라 침상(針狀)베이나이트, 입상(粒狀)베이나이트 등 다양한 종류가 있다.

냉각속도가 아주 빠르면 상변태(相變態, Phase Transformation) 없이 저온까지 내려가 마르텐사이트가 주로 생긴다. 마르텐사이트는 미세조직 내에 많은 전위가 포함되어 있어 강도 및 경도가 매우 높은데, 고강도강을 제조하기 위해서는 급냉 및 템퍼링(Tempering) 열처리를 통해 원하는 강도와 연성을 확보할 수 있다. 그림 3-5는 저탄소강에서 가열 → 급냉 → 항온 유지 → 급냉 처리를 하는 경우 항온 유지온도에 따른 조직과 강도를 보여 주고 있는데, 항온 처리온도에 따라 인장강도를 400MPa에서 1,200MPa 까지 넓은 범위에서 변화시킬 수 있음을 알 수 있다.

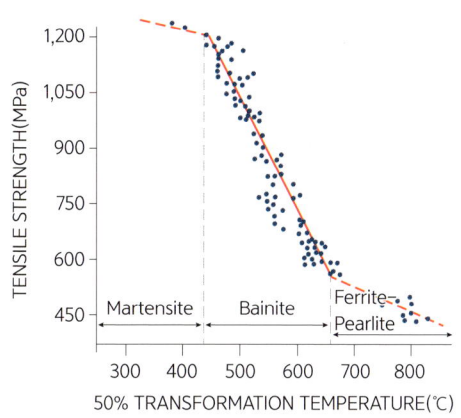

<그림 3-5> 변태온도에 따른 조직 및 강도 변화

마르텐사이트의 형성은 강도 증대 효과가 매우 크다. 그림 3-6은 여러 가지 탄소강에서 마르텐사이트에 따른 경도의 변화를 보여주고 있는데, 마르텐사이트의 경도는 탄소량에 따라 변해 탄소가 1% 정도로 증가하면 경도가 4배 가까이 올라간다. 이러한 현상은 다른 금속에서는 거의 관찰되지 않고 철에서 주로 나타나는데, 이는 급냉 시 생기는 변태상에 부피 팽창이 일어나기 때문에 경도/강도 증가가 일어나는 것으로 이해할 수 있다. 그림 3-7은 온도 변화에 따른 철의 변태와 부피 변화를 보여 주고 있는데, 고온 안정상인 오스테나이트(Austenite)가 냉각 시 910℃에서 부피 팽창을 수반하고 있음을 보여주고 있다.

저온으로 냉각하면서 부피 팽창이 일어나는 현상은 표 3-1에서 보듯이 철에서만 관찰되는 현상이다. 일반 금속의 경우 저온 변태상이 생성될 때는 부피 수축이 일어나는데, 이는 온도가 낮아지면 모든 물질의 부피는 감소한다는 과학적인 상식과도 일치한다. 그러나 철에서는 오히려 고온 안정상인 오스테나이트를 냉각시키면 저온 안정상인 페라이트나 마르텐사이트가 만들어지면서 부피가 증가하는 이해가 어려운 현상이 나타나고 있다.

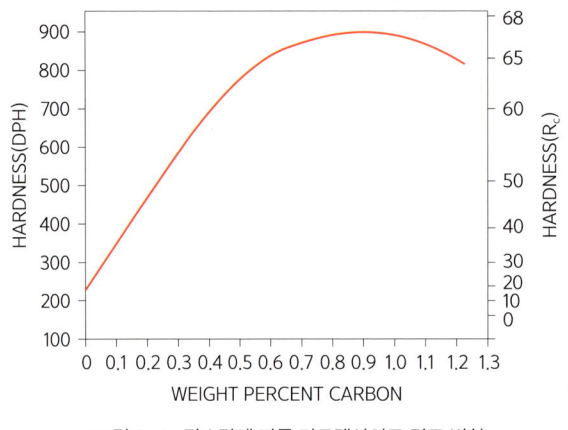

<그림 3-6> 탄소량에 따른 마르텐사이트 경도 변화

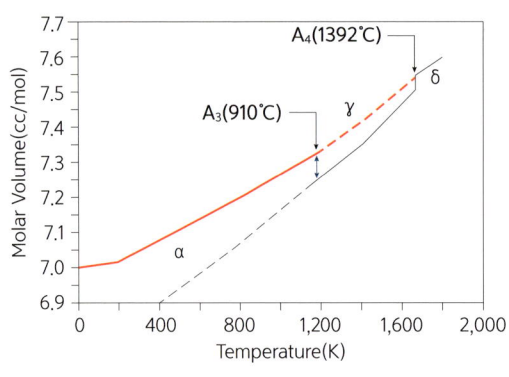

<그림 3-7> 온도에 따른 철의 변태 및 부피 변화

표 3-1은 여러 가지 금속에서 온도가 변하면서 관찰되는 변태와 이에 따른 부피 변화를 보여주고 있다. 이 표에서 보다시피 냉각할 때 부피가 증가하는 현상은 다른 금속에서 관찰되지 않고 철에서만 관찰된다. 이 때문에

철을 급랭(急冷)하여 마르텐사이트가 생성되면 부피 팽창에 의해 응력장이 만들어지고 매우 큰 강도 증가 효과를 얻을 수 있다. 혹자는 급냉에 의해 큰 강도 증가가 얻어지는 현상을 어쩌면 신이 인간을 위해 철에 부여해 준 하늘의 선물이라고 한다.

철을 서냉하는 경우에는 페라이트가 만들어지고 부피 팽창이 일어나 응력장도 만들어지나 서냉 중 회복현상이 일어나 강도 증가는 관찰되지 않는다. 과학자들은 이러한 예외적인 현상이 철에서 왜 나타나는지에 대한 설명을 시도하였는데, 이는 철이 갖고 있는 특이한 자기적인 성질로 반강자성체가 상자성체가 되는 특정 온도인 Neel Temperature와 긴밀한 관계가 있다고 한다. 이는 자기적 성질이 인바(Invar) 합금에 미치는 영향과도 비견된다. 인바는 니켈(Ni)을 30~40% 함유한 철 합금으로 열팽창계수가 제로에 가까운 특이한 재료이다. 인바는 그 합금 조성에서 온도 감소에 따른 자기체적 증가가 가장 큰데, 이 체적 증가가 열 수축과 상쇄되어 전체적인 부피 변화율은 제로에 가깝게 되는 현상이다.

Low Temp phase ↔ High Temp Phase	Metallic Elements
fcc ↔ bcc	Ca, Ce$^{\gamma/\delta}$, Fe$^{\gamma/\delta}$, Min$^{\gamma/\delta}$, etc.
hcp ↔ bcc	Hf, Li, Na, Sr, Ti, Zr, etc.
bcc ↔ fcc	**Fe$^{\alpha/\gamma}$**
hcp ↔ fcc	Co, etc.
Complex phase transformation	Min$^{\alpha/\beta/\gamma}$, Sn, U$^{\alpha/\beta/\gamma}$, etc.

<표 3-1> 각종 금속의 변태 시 부피 변화 거동

3.2. 변형이 가장 용이한 금속

철강 제품을 여러 용도로 사용하기 위해서는 공장에서 나온 판재(板材)나 선재(線材)에 소성변형(塑性變形)을 가해 다양한 모양으로 가공을 해야 한다. 이러한 소성변형을 용이하게 하려면 높은 연성 및 가단성과 같은 소성가공성이 필요하다. 철강소재가 기계·건축을 비롯해 다양한 산업현장에서 널리 사용되는 것은 철이라는 소재 자체의 가격이 상대적으로 싸고 강도가 높아서이기도 하지만 특유의 뛰어난 소성가공성 덕분에 철을 다양한 분야에, 다양한 형상으로, 그리고 다양한 목적으로 인간의 생활에 유용하게 적용할 수 있어서이다.

연성과 가단성은 소성가공성에 해당하며, 일반적으로 상호 비례 관계에 있어, 연성이 우수하면 가단성도 우수하다. 소성가공성이 높다는 것은 응력이 가해졌을 때 그 재료가 파단(Fracture)이 되지 않고 늘어나는 양이 크다는 것을 의미한다. 연성은 인장응력을 가하는 경우 파단 전까지 길이가 늘어나는 상대적 양이고, 가단성은 압축응력을 가하는 경우 파단 전까지 단면적이 늘어나는 상대적 양이다.

파단이 일어나면 재료는 표면 및 내부에 균열(Crack)이 생긴다. 일반적으로 파단은 네 가지 형태로 구분할 수 있는데, 그것은 (1) 소성변형을 수반하는 연성파단(延性破斷, Ductile Fracture), (2) 응력 증가에 따른 급작스런 취성파단(脆性破斷, Brittle Fracture), (3) 점진적인 피로파단(疲勞破斷, Fatigue Fracture), 그리고 (4) 정적(靜的)인 하중 하에서 장시간 유지하면 파괴되는 지연파단(遲延破斷, Delayed Fracture)이다.

연성파단이 일어나는 경우에는 파단 부위 주위에 소성변형이 집중되기 때문에 파단이 어떻게 일어날 것인지를 어느 정도 관측할 수 있다. 그러나 취성파괴의 경우에는 겉으로 관찰할 수 있는 현상이 거의 없어 예측이 어려우며, 이 때문에 간혹 큰 사고를 유발하기도 한다. 2차 대전 당시 항구에 정박해 둔 함정이 겨울에 갑자기 두 동강으로 갈라지는 사고가 나곤 했는데, 이는 취성파괴의 사례에 해당한다.

탄소강의 경우 연성-취성 천이온도(延性-脆性 遷移溫度, Ductile-brittle Transition Temperature, 금속 재료는 온도에 따라 흡수할 수 있는 충격 에너지의 양이 변하게 되는데 이 변화가 급격하게 발생하는 온도)가 있는데, 이는 상온에서 충분히 높은 연성을 지닌 선박의 강판이 저온에서는 취성을 띠기 때문이다. 그림 3-8은 그 경향을 보여주고 있는데, 탄소함량이 높아지면 천이온도가 올라간다. 따라서 겨울에 대기온도가 강판의 천이온도보다 낮게 되면 선박도 조그마한 충격에도 느닷없이 두 동강이 날 수도 있다.

기계부품에서 관찰되는 파단은 대개 응력이 반복적으로 작용하는 피로파단(疲勞破斷, Fatigue Rupture)이다. 피로파단의 경우 작용하는 응력은 재료의 인장강도보다 낮다. 그리고 파단이 발생하는 부위는 기하학적 이유로 응력이 집중되는 부위 또는 재료 내부에 결함이 있는 부위 등 국부적이다. 국부적인 파단은 그 부위에서의 응력이 임계값을 넘어갈 때 일어나는데 그 예측이 매우 힘들다. 피로파단 역시 겉으로 관찰되는 현상이 거의 없어 주의

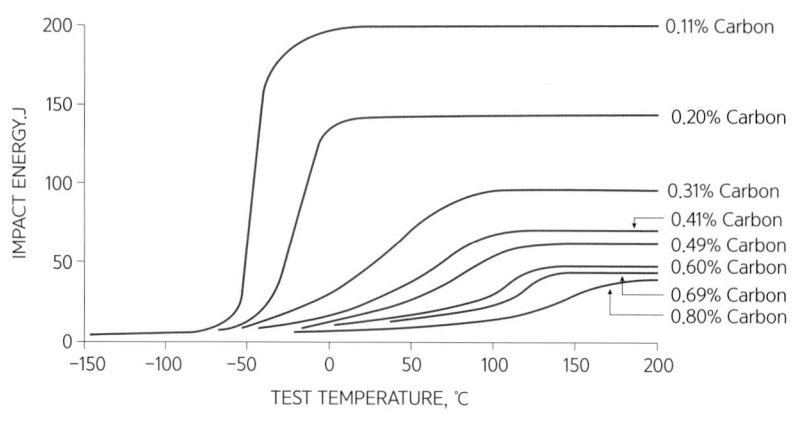

<그림 3-8> 온도 저하에 따른 철의 취화 거동

가 요구되며, 이 때문에 피로파단을 감안해 기계구조물을 설계하는 일은 경험에 의존하는 경우가 많다.

피로파단이 반복되는 응력에 의해 파단이 생기는데 비해 지연파단은 응력이 일정하게 가해지는 상태에서 파단이 일어나는 현상이다. 이 경우에 파단은 상당한 시간을 두고 응력이 가해지며, 파단의 원인은 응력이 가해지는 동안 외부 환경에 의해 내부 미세조직이 변하기 때문인 경우가 많다. 수소취성이 대표적인 지연파괴 현상인데, 이는 철을 제조할 때나 사용하는 중에 강판에 들어간 극소량(수ppm 정도)의 수소 때문에 취성파단이 일어나는 현상이다. 수소가 철에 녹아 들어갈 때는 원자 상태로 존재하는데, 이 수소원자는 상온에서도 쉽게 확산·이동하기 때문에 재료 내부의 빈 공간(Void)이나 결함 주위로 쉽게 모여 분자를 형성하고 결함 주위의 압력이 국부적으로 높아지며 파단이 용이하게 일어나는데, 이를 지연파괴라고 한다.

철보다 사용량은 적지만 철 못지않게 널리 쓰이는 금속으로 알루미늄(Al)이 있다. 알루미늄 소재는 철보다 강도가 낮고 비싸기는 하지만 연하고 내식성이 우수하고 가벼워 널리 사용되고 있다. 이 때문에 알루미늄의 소성가공성이 철보다 우수한 것으로 인식되기도 하는데, 실제로는 그렇지 않다. 표

3-2는 철과 알루미늄의 소성가공성을 비교한 것으로, 항복강도(YS) 및 인장강도(TS)와 더불어 소성가공의 여러 특성을 나타내는 항복비(YS/TS), 연신율(Total Elongation & Uniform Elongation)의 값, 가공경화지수(n), 그리고 심가공성 지수인 Lankford값(r값) 등을 몇 가지 합금에 대해 비교해 보여주고 있다.

Material		Ys-Ts (MPa)	Yield Ratio (Ts / Ys)	Uniform / Total Elong.(%)	n	r
Steel	Hyper EDDQ	145-280	0.52	25.0 / 54.0	0.27	2.9
	TRIP	400 / 610	0.66	22.0 / 33.0	0.23	1.0
	TWIP	500 / 900	0.56	40.0 / 60.0	-	-
	STS 304	306 / 734	0.42	48.3 / 53.1	0.41	1.1
Al	3003Al	56 / 113	0.50	25.2 / 31.4	0.19	0.75
	6061Al	120 / 221	0.54	21.6 / 23.4	0.22	0.64

<표 3-2> 상용 생산되는 철과 알루미늄 합금의 가공성 비교

두 합금의 강도를 비교해 보면 철 합금의 강도가 2~6배 정도 더 높은 것을 알 수 있는데, 그럼에도 불구하고 철 합금은 알루미늄에 비해 가공성이 비슷하거나 아니면 더 높은 것으로 나타나고 있다. 이 표의 데이터로부터 우리는 철이 알루미늄보다 강도가 높을 뿐 아니라 소성 가공성도 우수함을 알 수 있다. 뿐만 아니라 철은 알루미늄보다 가격도 저렴하기 때문에 철이 여러 산업 분야에서 알루미늄보다 더 광범위하게 사용됨을 알 수 있다.

철과 더불어 많이 사용되는 금속 - 알루미늄

　지구의 범위를 지각(地殼)으로 한정할 때 지구에서 가장 풍부한 금속은 알루미늄이다. 하지만 알루미늄 역시 철과 마찬가지로 지각에서 순수한 상태가 아니라 언제나 다양한 다른 물질들과 결합된 상태로 발견된다. 가장 흔히 볼 수 있는 알루미늄화합물은 산화알루미늄(알루미나)인데, 알루미늄 제련에 주로 활용되는 광석은 보크사이트로 알루미나를 52~57% 함유하고 있다. 세계 알루미늄 광석의 대부분은 중국을 비롯해 러시아, 캐나다, 호주, 미국 등에 매장되어 있으며, 생산도 전력비가 낮은 이들 국가가 담당하고 있다. 지구에는 대략 270종류가 넘는 알루미늄 광물들이 있지만, 보크사이트는 1821년 프랑스 동남부의 레보(Les Baux) 부근에서 처음 발견되었다.

　초기의 알루미늄 제조는 화학적 방법을 사용하였다. 독일의 화학자 뷜러(Friedrich Wöhler, 1800~1882)가 1827년 염화알루미늄을 칼륨과 반응시켜 알루미늄을 추출해냈다. 그는 알루미늄의 비중이 철의 3분의 1 정도로 매우 가볍다는 것을 알았고, 다른 물리적, 화학적 성질들도 밝혀냈다. 뒤를 이어 프랑스의 드빌(Henri-Etienne Sainte-Claire Deville, 1818~1881)은 찰흙에서 추출한 염화알루미늄에 나트륨을 작용시켜서 알루미늄을 만드는 방법을 개발하였고, 이것으로 알루미늄 숟가락, 포크 등을 제작하여 1855년 파리 세계박람회에 출품하였다.

　드빌은 자신의 알루미늄 제품들을 '찰흙에서 나온 은(銀)'이라고 지칭하였고, 당시 프랑스 왕이었던 나폴레옹 3세는 거기에 큰 관심을 보였다. 가벼운 금속인 알루미늄으로 군대에서 쓰이는 갑옷이나 투구 등을 만들면 좋겠다는 생각을 했던 것이다. 그러나 드빌의 알루미늄 제조방법은 값비싼 나트륨을 많이 필요로 하였기 때문에, 알루미늄은 은보다 훨씬 비싼 귀금속으로서 귀족이나 부자들의 보물로서 이용되었을 뿐 실용적으로 널리 쓰일 수는 없었다. 알루미늄은 이후에도 한동안 어찌나 귀했던지 미국 워싱턴 D.C.에서 1888년 10월 정식 개관한 조지 워싱턴 미국 초대 대통령(1732~1799)을 기리는 총 높이 170m의 워싱턴기념탑의 꼭대기에 피라미드 모양의 알루미늄 조형물을 올려놓았을 정도였다(그림 3-9).

<그림 3-9> 워싱턴 D.C.의 워싱턴기념탑

오늘날 알루미늄이 실용금속으로 널리 사용되는 것은 미국의 화학기술자 홀(Charles Martin Hall, 1863~1914)의 공로라고 할 수 있다. 홀은 오하이오 주 톰프슨 출생으로, 오벌린(Oberlin) 대학에서 공부할 때 독일유학에서 돌아온 어느 교수의 화학강의를 듣게 되었다. 그 교수는 알루미늄이라는 새로운 금속을 학생들에게 선보였고, 당시에는 알루미늄의 가격이 너무 비쌌기 때문에 알루미늄을 저렴하게 만들 수 있다면 실용적으로 널리 쓰일 수 있고 돈도 많이 벌 수 있을 것이라고 얘기하였다. 그 후 홀은 알루미늄의 새로운 정련법에 도전해 보기로 마음을 굳히고, 밤낮으로 연구에 열중하였다.

그러나 알루미늄을 값싸게 정련하기는 쉽지 않았다. 찰흙에서 나는 보크사이트는 불순물이 포함된 산화알루미늄인데, 철의 경우에는 산화철에 코크스를 섞어서 함께 가열하면 산소가 분리되고 철을 얻을 수 있지만, 알루미나, 즉 산화알루미늄은 산소와의 결합이 매우 강해서 이런 방법으로는 알루미늄이 분리되지 않았다. 그래서 전기분해법을 활용하였는데, 여기에 사용되는 전해액은 보크사이트 광석을 빙정석(氷晶石)과 함께 가열하는 새로운 제조법을 개발하였다.

용융점이 2,050℃인 알루미나를 함유한 보크사이트를 빙정석과 섞으면

1,000℃ 이하에서 용융시킬 수 있는데, 이 전해액을 전기분해 함으로써 알루미늄을 추출할 수 있었다. 대학을 졸업한 지 1년 후인 1886년, 22세의 젊은 나이에 직접전기분해법이라는 새로운 알루미늄 제련법을 발견해낸 홀은 훨씬 값싸게 알루미늄을 얻을 수 있게 되자 자본주와 함께 회사를 차리고, 부사장으로 일하면서 많은 돈을 벌어들이게 되었다. 그러나 그는 51세에 세상을 떠나고 말았는데, 그의 재산은 모교인 오벌린 대학에 기증되었고, 홀의 업적을 기리는 의미에서 오벌린 대학에는 알루미늄으로 된 그의 조각상이 세워졌다고 한다.

알루미늄은 부드럽고 튼튼하며 가벼운 금속으로 쉽게 성형(成形)할 수 있다. 색깔은 은빛 또는 흐릿한 회색이다. 알루미늄에는 자성(磁性)이 없으며 잘 부식되지 않는다. 알루미늄은 금속 중에서는 철 다음으로 많이 생산되어 여러 용도로 사용된다. 예를 들어, 알루미늄과 그 합금은 항공기·건물·자동차 등의 구조재료, 주방기구, 기계부품, 특수 화학설비와 화학물질 저장탱크, 가구 및 지붕재료, 여러 전기·전자기기, 전선, 주화(鑄貨), 알루미늄박(箔)을 비롯한 여러 포장재료, 각종 음료수용기 등으로 널리 사용된다. 또한 빛, 특히 열선(熱線)인 적외선에 대한 반사율이 높아 열 반사체로도 사용된다.

또한 알루미늄 화합물들도 다양한 용도로 요긴하게 사용된다. 예로, '알루미나(Al_2O_3)'는 촉매 및 촉매 지지제(支持劑), 연마제(練磨劑), 내열(耐熱)재료, 크로마토그래피 고정상(固定相) 등으로 사용된다. 그리고 '황산알루미늄[$Al_2(SO_4)_3$]'은 물 처리, 종이 생산과 가죽가공, 식품첨가제, 내화성처리 등에 사용된다. '염화알루미늄($AlCl_3$)'은 가장 강한 루이스산(酸)의 하나로 화학촉매 등으로 사용되고, '수소화리튬알루미늄($LiAlH_4$)'과 '알루미늄수소화붕소[$Al(BH_4)_3$]'는 환원제와 제트연료 첨가제 등으로 사용된다.

3.3. 용접하기 가장 좋은 금속

　용접이란 금속재료의 접촉면에 열이나 압력을 가하여 접촉면의 원자와 원자를 원자간 인력이 작용하는 범위까지 근접시켜서 접합하는 가공법이다. 일반 용접은 접촉면 일부를 고열원(高熱源)을 사용하여 용융··응고시켜 원자단위로 결합시키는 공정으로서, 필요한 경우에는 용가재(熔加材, Filler Metal, 용착부를 만들기 위하여 녹여서 첨가하는 금속)를 써서 접촉면을 접합한다.

　용접은 접촉면의 금속을 용융하기 위해 가열하는 방법에 따라 아크용접(Arc Welding), 점용접(Spot Welding), 전기저항용접(Electric Resistance Welding), 레이저빔용접(Laser Beam Welding), 전자빔용접(Electro Beam Welding) 등으로 구분한다. 접합면에 압력을 가해 접합하기도 하는데 이 방법은 압접법(壓接法)이라고 하며, 열을 가함과 동시에 압력을 부가하는 방법을 가열압접이라고 하고, 상온에서 가압하여 접합하는 방법은 냉간압접이라고 한다. 압접법은 알루미늄이나 구리처럼 연성이 높은 금속에 적용된다. 그 외에 확산용접(Diffusion Welding), 마찰용접(Friction Welding), 폭발용접(Explosive Welding) 등처럼 고체 상태에서 접합하는 기술도 있다.

용접은 가장 일반적이고 실용적인 접합방법이다. 용접 시에는 용융금속이 짧은 시간 안에 응고가 되면서 용접부의 특성이 정해지는데, 용접부의 조직과 성능을 제어하기 위해서는 용접조건과 응고현상을 최적화하지 않으면 안 된다. 용접에서의 응고는 주조에서의 응고와 기본적으로는 유사하나 몇 가지 다른 점이 있다. 우선 용접은 주조에 비해서는 용융부위가 작고 국부적이며 온도 차이에 의한 교반(攪拌, Agitation, 물리적 또는 화학적 성질이 다른 2종 이상의 물질을 외부적인 기계 에너지를 사용하여 균일한 혼합상태로 만듦)도 심한 편이며 응고속도가 대단히 빠르다. 응고속도는 대체로 $10 \sim 10^4$ °C/s.인데, 레이저 또는 전자빔용접의 경우 10^6 °C/s. 정도까지 올라간다.

용접 시의 냉각속도, 온도기울기, 응고계면 이동 등의 용접조건을 정확하게 측정하거나 예측하는 것이 쉽지 않다. 용접부의 조직과 성능은 모재와 용접재료의 화학성분과 용접방법에 크게 의존하며 응고를 포함한 용접조건을 적절히 제어함으로써 최적화할 수 있다. 따라서 성공적인 용접을 위해서는 용접 중 열이력(熱履歷, Thermal History)에 따른 야금학적 변화뿐만 아니라 응력의 발생과 잔류응력의 생성 및 용접부의 화학적 반응 등을 잘 이해할 수 있어야 한다.

용접부(熔接部, Weld Zone)는 크게 용접금속부(Weld Metal Zone)와 열영향부(Heat Affected Zone-HAZ)로 나눌 수 있다. 용접금속부는 모재(母材)와 용접재료가 용융하여 혼합된 영역으로 용접금속부의 대부분 영역에서는 용접금속과 용접재료의 혼합이 충분히 일어난다. 그러나 이 부위는 국부적인 급속용융 및 급속응고가 일어나고 새로운 열이력을 받아 형성되기 때문에 모재와는 전혀 다른 조직이 형성되는데, 이 조직은 용접 조건에 따라 몇 가지 다른 형태를 보이고 있다.

그림 3-10은 용접부의 응고 시 나타나는 미세조직을 다섯 가지로 분류하

여 보여주고 있는데, 이 조직은 고상과 액상 사이의 응고계면에서의 국부적인 과랭(過冷, Supercooling) 및 조성적 과랭과 더불어 계면에서의 온도기울기에 따라 결정된다. 3-10 (a)에서 보이는 평활계면 응고는 계면에서의 온도기울기가 매우 크고 성장속도가 매우 느린 경우 발생하며, 주로 Fusion line을 따라서 매우 좁은 영역에서 일어난다. 그리고 그림 3-10 (e)의 등축수지상 응고는 응고계면 앞의 넓은 범위에서 과랭이 일어날 때 나타나는 현상으로, 용융금속 중앙부에서 주로 관찰된다.

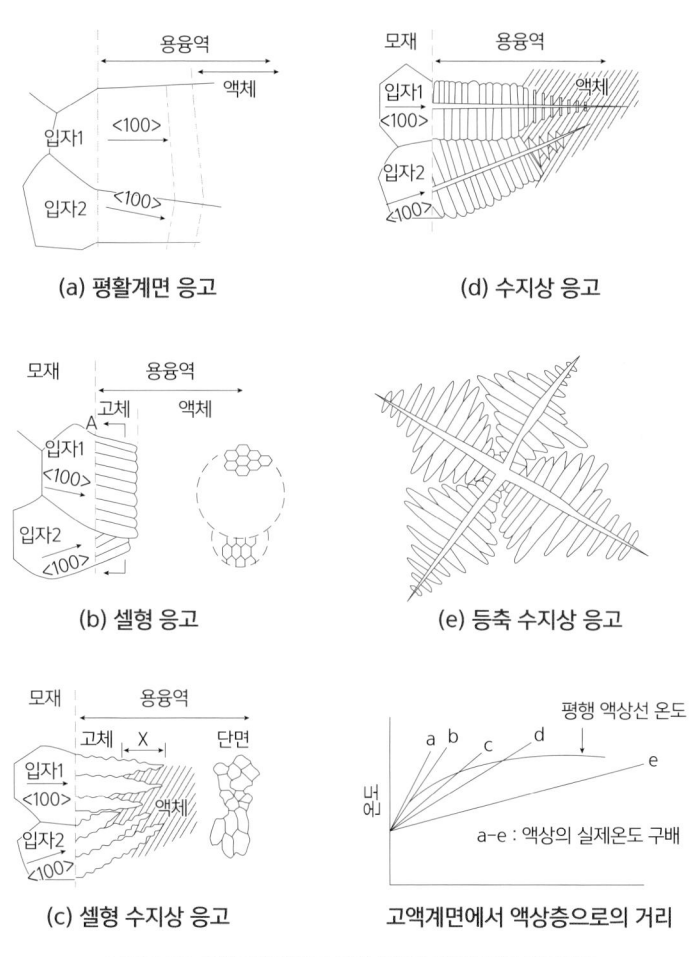

<그림 3-10> 용접조건에 따른 다섯 가지의 용접용융부 응고조직

위의 두 부분을 제외한 대부분의 영역에서 응고는 덴드라이트(Dendrite)가 만들어져 셀형이나 수지형 또는 두 가지 혼합형의 조직을 보이게 된다(그림 3-10의 (b), (c) 및 (d)). 조성적 과냉은 합금원소가 포함되어 있는 경우에 항상 관찰되는 현상으로, 용융부의 응고 시 배출되는 합금원소의 편석에 의해 고액계면에 인접한 액체의 농도가 초기보다 높아지면서 액상온도(Liquid State Temperature)가 낮아지게 되어 발생하는 과냉 효과를 말한다(그림 3-11 참조). 조성적 과냉 효과가 충분히 큰 경우 응고는 우선성장 결정방향인 <111> 방향으로 셀이 형성해 성장하나(그림 3-10의 (b)), 낮은 경우 열전달 방향과 우선성장 방향이 경쟁적이 되어 수지상의 조직을 보이며(그림 3-10의 (d)), 중간 영역에서는 혼합조직이 나타난다(그림 3-10의 (c)).

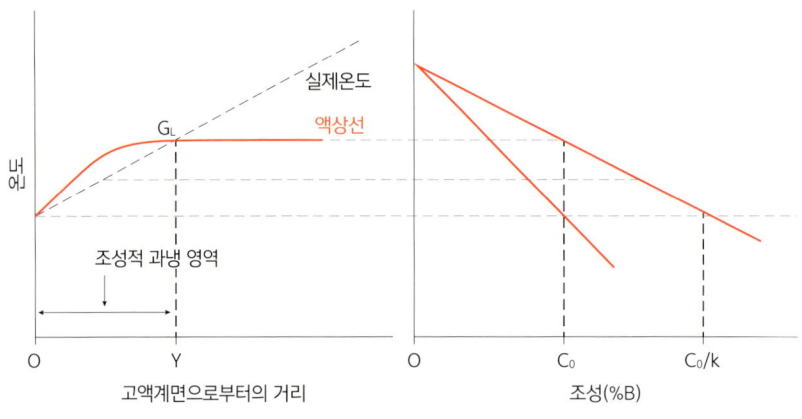

<그림 3-11> 조성적 과냉(Constitutional Super-cooling) 현상

열영향부는 용접 열에 의해 급속가열, 급속냉각 됨으로써 미세조직이 모재와는 다르게 형성되어 인성저하나 크랙을 형성하기도 하는 영역이다. 이때 일어나는 미세조직의 변화는 Fe-C 상변태도(相變態圖)로 유추할 수 있으며 그 변화는 탄소함량에 따라 달라진다. 열영향부 온도가 고온 안정상인 오스테나이트의 고온역까지 올라가는 경우는 결정립 성장이 일어나 조대립

이 생성되며, 이보다 좀 낮은 오스테나이트 변태온도 전후에서는 미세립이 형성된다. 오스테나이트와 페라이트가 공존하는 2상역의 낮은 온도 역에서는 층상 펄라이트의 분해도 일어난다. 이상역 온도보다 낮은 750~300℃ 범위에서는 페라이트 결정립의 조대화가 일어나고 불순물의 편석(偏析, Segregation)으로 취화현상이 일어날 수 있다. 용접 공정에서의 냉각속도는 매우 빠르기 때문에 열영향부에 생성된 오스테나이트는 마르텐사이트 변태가 일어나 경도가 매우 높아져 인성이 감소하므로 냉각속도를 줄이기 위해 예열이 필요하다.

한편 용접금속부와 열영향부의 경계인 용융선과 가까운 좁은 영역부위에서는 용접 시 고상과 액상이 혼재하게 된다. 이 영역에서는 고상-액상의 혼합이 충분히 일어나지 못하게 되어 미혼합역이 발생하는데, 이 경우 용접 품질에 영향을 미치므로 주의를 요한다. 특히 용착금속과 모재의 화학조성이 다른 경우 미혼합역이 잘 나타나며, 합금원소 및 불순물 원소의 증발과 주위의 산소나 질소 등의 혼입에도 영향을 크게 받는다.

용접에 있어서 가장 중요한 것은 용접부에 결함이 없는 양호한 성능의 건전한 용접부를 제작하는 것이다. 용접부의 결함은 용융부위와 열영향부 모두에서 나타날 수 있는데, 흔히 관찰되는 용융부위 주요 결함은 기공(氣孔), 개재물(Inclusion), 크랙(Crack), 용입부족 등이며, 열영향부위에서는 잔류응력에 의한 크랙이 주로 문제가 된다. 결함 측면에서 특히 주의할 사항은 용융금속의 산화이며 생성된 산화물의 혼입을 최소화해야 한다.

용접은 고온에서 하는 공정이므로 산화가 일어나게 마련인데, 이를 최소한으로 줄이기 위해 불활성 가스를 쓴다든가 용제(Flux)를 써서 용융부위 보호층을 만들어준다. 불활성 가스를 사용하는 방법으로는 GTAW[Gas Tungsten Arc Welding, 일명 TIG(Tungsten Inert Gas)], GMAW[Gas Metal Arc Welding, 일명 MIG(Metal Inert Gas)]가 있다. 용제를 사용하는 방법으로는 FCAW(Flux Cored Arc Welding), SAW(Submerged Arc Welding) 등이 있다. 그림 3-12는 열원은 아크를 쓰고 불활성 보호가스를 사용하는 GMAW 에서 Gas Torch 구조와 이 부근의 용접 용융부 단면을 보여주고 있다. 전극의 역할을 하는 용가제가 Torch를 통하여 연속 공급되며 그 주위로 보호가스를 흘려보내 용융부와 열영향부(HAZ, Heat Affected Zone) 모두에서 산화가 일어나지 않도록 만들어져 있다.

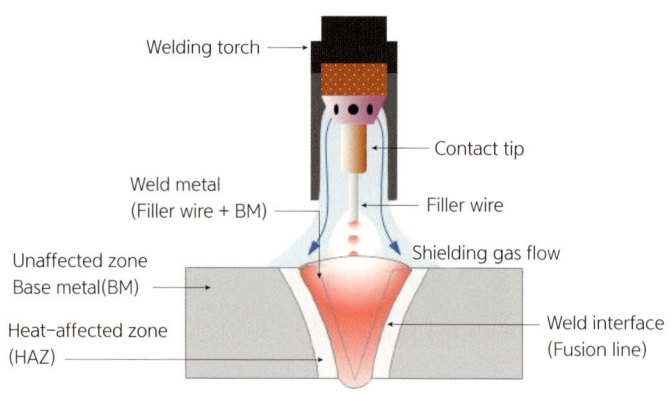

<그림 3-12> Gas Metal Arc 용접의 Torch 구조 및 용접부 단면

용접은 산화(酸化)를 비롯해 야금학, 전기공학, 열공학 등이 결합하는 복잡한 공정이다. 따라서 용접성을 높이려면 산화현상을 비롯해 야금학적, 전기공학적 등 모든 관련 인자들을 최적화해야 한다. 특히 용접은 고온가열이 수반되는 공정으로 용접 후 냉각상태에서 잔류응력이나 변형이 발생하여 용접부에 크랙(Crack)의 생성을 수반하는 경우가 있다. 용접부의 결함 중에서 크랙은 용접구조물 파괴로 연결되는 가장 치명적인 것이기 때문에 크랙을 피하는 것이 용접구조물 설계와 시공에서 큰 과제이다.

크랙은 저온크랙과 고온크랙으로 분류할 수 있는데, 저합금 고장력강이나 탄소강에서는 저온크랙이 주로 발생되며, 스테인리스강이나 고합금강에서는 고온크랙이 흔히 관찰된다. 저온크랙은 수소에 의해 발생하는 크랙으로, 용접 후 용접구조물 사용 중 발생하는 지연파단(Delayed Fracture)의 형태로 주로 관찰된다. 고온크랙은 합금 및 불순물 원소로 인해 저융점 피막이 응고계면에 생성하여 발생하는 것으로 합금설계가 중요하다. 저온크랙의 경우 그 발생을 줄이기 위해서는 용접부의 예열을 충분히 할 필요가 있는데, 예열은 용접 중 불균일 응고 및 온도분포에 의한 응력 발생을 줄여줄 뿐 아니라 용접부에 남아 있는 습기 및 수소를 제거해 주기 때문에 효과적이다. 또 크랙이 발생할 가능성은 용접금속 고유의 취성파단에 대한 저항성에 크게 의존하며, 강중에 용입되는 개재물·산화물의 양과 형태에도 영향을 크게 받는다. 또 강 중 탄소함량이 많은 경우에는 강도가 증가하면서 취성이 증가해 용접성은 나빠질 수밖에 없다.

금속은 거의 대부분 최적의 용접 조건을 선정함으로써 접합될 수 있지만 매우 까다롭고 경제적이며 고품질 용접부를 용이하게 확보할 수 있는 최상의 금속은 철이다. 철의 용접성이 다른 금속에 비해 우수한 이유로는 용접 중에 만들어지는 산화철의 물리적 특성을 들 수 있다. 용접은 고온에서 이루어지므로 철은 산소와 반응하여 산화물을 생성할 수밖에 없다. 철을 용접할 경우 생기는 철 산화물과 알루미늄(Al), 동(Cu), 마그네슘(Mg) 등 비철금속을 용접할 때 생기는 산화물의 용융점을 비교해 보면 흥미로운 점이 발견된다.

철의 주 산화물인 FeO의 용융온도는 1,355°C로 철의 용융온도 1,538°C보다 낮은데 비해, 비철금속의 경우 생성되는 대부분의 산화물은 용융온도가 용접금속보다 높다는 것이다(그림 3-13 참조). 철처럼 산화물의 용융온도가 용접금속보다 낮으면 이 산화물은 용접금속에 녹게 되어 용접부위 품질에 큰 영향을 미치지 않는다. 그러나 알루미늄(Al), 동(Cu), 타이타늄(Ti) 등 비철금속은 산화물의 용융온도가 금속의 용융온도보다 높은데, 이 경우에는 형성된 산화물이 용융금속에 녹지 못하고 고체 상태로 남아있게 된다. 이 고체 산화물은 용접 뒤에도 용접부위에 남아 있게 되어 외부에서 응력이 작용하는 경우 파단 발생의 기점으로 작용하여 용접부위가 취약하게 된다.

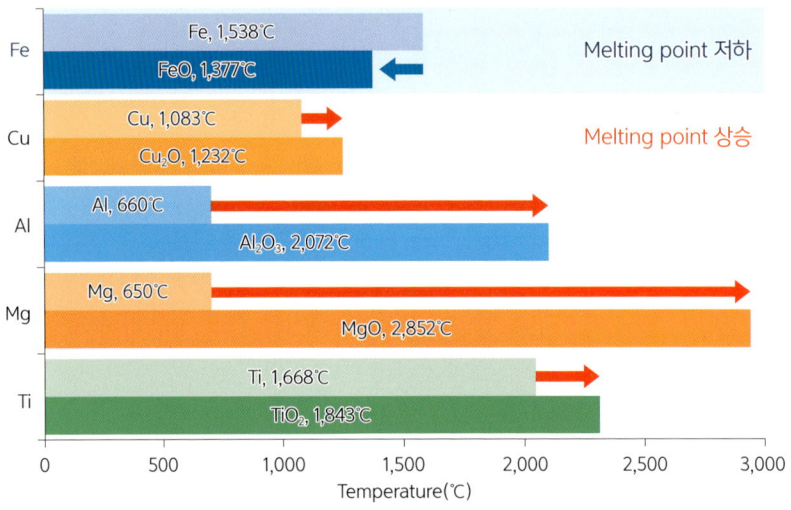

<그림 3-13> 용접 금속 및 용접 중 생성되는 산화물의 용융온도

철의 용접성이 알루미늄(Al), 마그네슘(Mg), 동(Cu), 타이타늄(Ti) 등 비철금속에 비해 우수한 또 다른 이유는 철의 물리적 특성이 용접에 유리하다는 것이다. 표 3-3은 각 원소의 열전도도, 열팽창계수, 탄성계수 및 비열을 비교해 보여주고 있는데, 철의 열전도도와 열팽창계수는 다른 비철금속보다 적으며, 탄성계수는 다른 금속에 비해 크다. 그리고 비열은 알루미늄(Al)이 가장 크며 마그네슘(Mg), 철(Fe), 동(Cu) 순으로 낮아진다. 이러한 철의 특성 때문에 철의 용접성은 다른 실용금속보다 우수한 것이다.

열전도도가 작으면 적은 열량으로 온도를 확보할 수 있어서 가열의 효율성이 증가하며 열영향부가 작아지는 장점이 있다. 열팽창계수가 작으면 용접 후 냉각 시 잔류응력이 작아지기 때문에 용접에 유리하다고 할 수 있다. 그리고 탄성계수가 크면 온도 변화에 따른 응력의 생성이 적기 때문에 잔류응력 역시 적어질 것으로 예측된다. 알루미늄(Al)과 마그네슘(Mg)의 경우는 비열이 높아 가열 시 열 공급이 더 필요한 단점이 있으며, 또 응고 시 수축률이 높고 산화물의 용융온도가 산화철(FeO)보다 높아 기공 발생이나 용착 불량이 일어나기 쉬운 단점도 있다.

	열전도도 (W/(m·K))	열팽창계수 (x 10^{-6}/K)	탄성계수 (GPa)	비열 (cal/g K)	항복강도 (MPa)
Fe	80	11.8	210	0.108	100~1,500
Al	237	23.1	70	0.900	20~500
Cu	401	16.5	130	0.093	100~400
Mg	156	24.8	45	0.243	80~250

<표 3-3> 철 및 비철재료의 용접성 평가를 위한 물리적 특성 비교

결론적으로 철은 용접성이 가장 우수한 금속이며, 이 때문에 인류는 다양한 형상의 구조물을 만드는 데 철을 가장 많이 사용하고 있다. 이러한 현상이 나타나는 데에는 철 자체가 다른 재료에 비해 염가라는 경제적인 이유가 가장 앞서긴 하나, 초고층 건물이나 초장대(超長大) 교량 등의 구조물을 건설할 때 철의 우수한 용접성이 아니면 우수한 안전성을 확보하기 쉽지 않고, 다양한 형상의 디자인으로 예술성이 충만한 아름다움을 구현하는 것이 매우 어렵기 때문이기도 하다.

연합군의 2차 대전 승리는 철의 뛰어난 용접성에 기인

　철의 우수한 용접성을 잘 보여주는 역사상 일화가 있다. 2차 세계대전 초기 대서양을 종횡무진으로 누볐던 독일 잠수함들은 미국과 영국의 선박을 포착하는 족족 격침하였다. 독일 잠수함이 격침하는 선박의 수는 연합국이 선박을 제조하는 속도보다 더 빨랐으며, 이 때문에 연합국은 수송이나 보급뿐만 아니라 보유하고 있는 군함의 척수 면에서도 열세를 면치 못할 지경이었다. 그런데 미국이 용접기술을 새롭게 개발해 선박 제조에 활용하게 되면서 상황이 크게 바뀌었다.

　2차 세계대전까지 독일은 리벳팅(Riveting) 기술을 사용해 철판을 이어가면서 선박을 제조하였는데, 이 방법은 용접에 비해 속도도 느리고 비용도 높았다. 그러나 미국은 선박생산에 용접을 사용하였고 소재와 공정을 표준화하여 조선(造船)의 속도와 품질을 크게 향상시켰다. 또 미국 조선소들은 표준화된 규격으로 용접을 사용해 미리 제작된 선체 조각들을 조립함으로써 조선 생산성을 대폭 향상할 수 있었다. 특히 물속에서도 용접을 할 수 있는 수중 아크용접기술의 개발은 선박 생산성 향상에 크게 기여하였다.

　수많은 용접공이 조선소에서 용접 작업에 동원되었는데, 철 고유의 우수한 용접성 덕분에 미국은 1941년부터 1945년 사이 '리버티(자유) 선박'이라고 불린 표준형 화물선 2,710척을 건조했다(그림 3-14 참조). 하루에 화물선 한 척 이상을 진수(進水)시킨 것이다. 이들 화물선은 미국과 유럽을 오가면서 부지런히 군수물자를 날랐고, 이들의 활약은 연합군이 유럽에서 2차 세계대전에 승리하는데 큰 기여를 했다.

　2차 세계대전을 지휘했던 미국의 프랭클린 D. 루즈벨트 대통령(1882~1945)은 윈스턴 처칠 영국 총리(1874~1965)에게 보낸 편지에서 '리버티 선박'

을 가능케 했던 용접을 자랑했다. 루즈벨트 대통령이 자랑한 용접과 관련하여 전문가들은 수중 아크용접을 언급했는데, 이는 수중 아크용접이 신기술로서 당시 다른 용접 공정들을 활용하는 것보다 선박 생산성을 더 크게 높일 수 있었기 때문으로 생각된다.

<그림 3-14> 2차 세계대전 당시 용접으로 만들어진 리버티 화물선

3.4. 가장 우수한 철의 자기적 특성

철에는 물체를 끌어당기는 신비한 성질, 즉 자성(磁性)이 있다. 쉽게 자화(磁化)되는 성질 때문에 철은 강한 자석을 만드는 데 편리하게 이용될 수 있다. 자성은 지구상에 존재하는 물질 중에서 상당히 제한된 물질에서만 볼 수 있는 특수한 현상이다. 철 말고 다른 강(强)자성 물질로는 니켈과 코발트가 있다. 그러나 철의 자기적 성질은 니켈이나 코발트보다 우수하고, 특히 가격 측면에서 비교가 어려울 정도로 저렴한 까닭에 철은 현대 정보 시대에 광범위하게 사용되고 있다. 그림 3-15는 오늘날 널리 사용되고 있는 강자성 금속의 자성을 비교해 보여주는데, 철의 자기적 특성이 타 금속보다 우수함을 알 수 있다. 인류는 자성을 띠는 철 덕분에 발전기, 전동기 등을 만들 수 있었고 여기에서 나오는 전기로 인해 인류 생활은 혁신적 변화를 맞았다.

인류가 자성을 발견해 생활에 이용하게 된 것은 무척 오래된 일이다. 고대 그리스에서는 기원전 6세기경에 'Lodestone'이라는 자연자석을 발견했

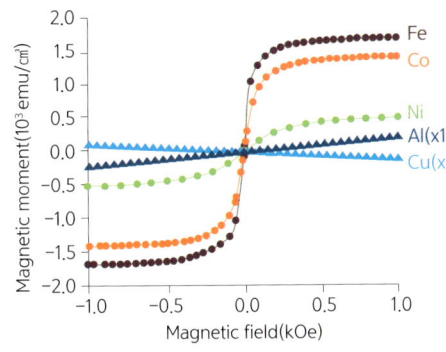

<그림 3-15> 여러 금속의 자기이력 곡선 및 포화자기모멘트(saturation magnetic moment)

는데, 이 광석에는 철과 산소의 결합물로서 대표적인 철산화광물(鐵酸化鑛物)인 Fe_3O_4가 다량 포함되어 있었는데 그 산지가 'Magnesia'이어서 광석의 이름도 'Magnetite(마그네타이트)'라고 지었다고 한다. 기원전 4세기경에는 중국에서도 Lodestone과 유사한 자연자석을 발견하여 이를 이용해 나침반을 만들어 항해술에 적용하였다고 한다. 자연자석의 발견이 비교적 일렀던 데 비해 인류가 인공자석을 개발한 것은 1900년대 이르러서야 가능했는데, 1915년경에는 철 자석, 1930년대에는 Ferrite, 1940년대에는 Amico, 1965년에는 SmCo, 1983년에는 NdFeB 자석이 사용되기 시작하였다.

 오늘날 자석은 전자레인지, 텔레비전, 발전기, 모터, 스피커 등 수많은 것들에 광범하고 다양한 목적으로 사용된다. 인류 문명의 발전은, 특히 정보산업의 발전은 철을 비롯한 자성물질을 효과적으로 이용함으로써 급진적으로 이루어졌다고 해도 과언이 아니다. 서력(西曆) 기원을 전후해 중국에서는 자석의 일종인 나침반이 발명되었으며, 이 나침반은 서양으로 전래되어 유럽의 배들도 먼 바다를 항해할 수 있게 만들어 주었다.

 20세기 초에는 전기강판(電氣鋼板)이 개발되어 이것으로 만든 철심(鐵心)이 변압기, 발전기, 모터 등에 이용돼 전력의 생산, 분배 및 활용에 핵심적인 역할을 하였다. 그리고 20세기 중·후반에는 카세트테이프, 컴퓨터 기억소자(素子) 및 플로피디스크, 신용카드 및 전화카드, 전철표, 스피커, 고속전철, 거대한 입자가속기장치 및 자기부상열차 등 다양한 곳에 자성재료가 활용되어 현대 문명의 핵심 소재로 부상하였다. 철의 신비한 성질인 자성은 지금도 그리고 훗날까지도 인류 문명의 발전에 계속해서 중요한 역할을 할 것이다.

물질의 자기적 특성은 그림 3-16에 보여주는 바와 같이 MH/BH 곡선으로 표현되는데, 외부에서 자장(H, 단위 : Oested or A/m)을 가했을 때 물질에 의해 유도된 자속밀도(B, 단위 : Gauss or Tesla) 또는 자기모멘트(M, 단위 : Wb.m)의 변화를 측정한 자기이력곡선(Magnetic Hysteresis Loop, BH & MH 곡선)이다. 그림 3-17과 그림 3-18은 4개의 서로 다른 자기적 특성 물질의 전자스핀 배열과 자기이력 곡선을 보여주고 있다. 이들은 △강자성체(Ferromagnetic) △상자성체(Paramagnetic) △반강자성체(Antiferromagnetic) △반자성체(Diamagnetic)로 나뉜다.

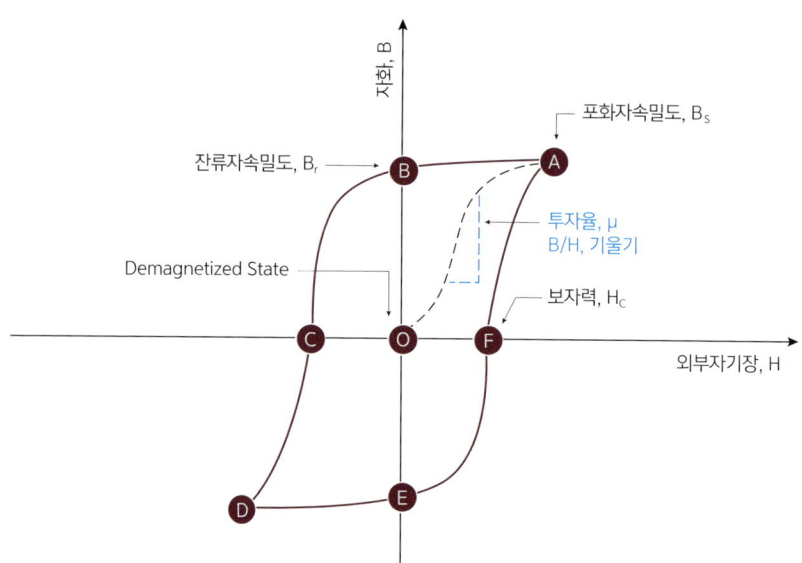

<그림 3-16> 물질의 자기이력 곡선(MH/BH 곡선, 왼쪽) 및 4개의 자기적 특성 물질의 MH/BH 곡선

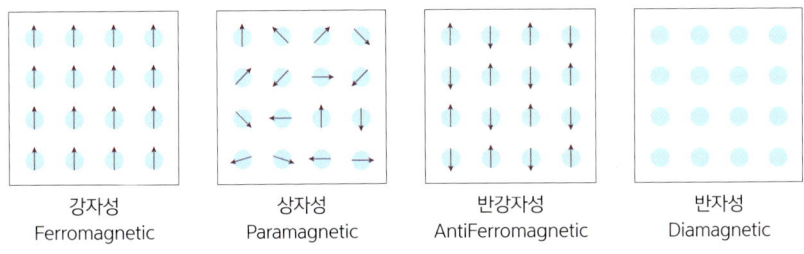

<그림 3-17> 물질의 자기적 특성(강자성, 상자성, 반자성 및 반강자성)의 스핀 구조

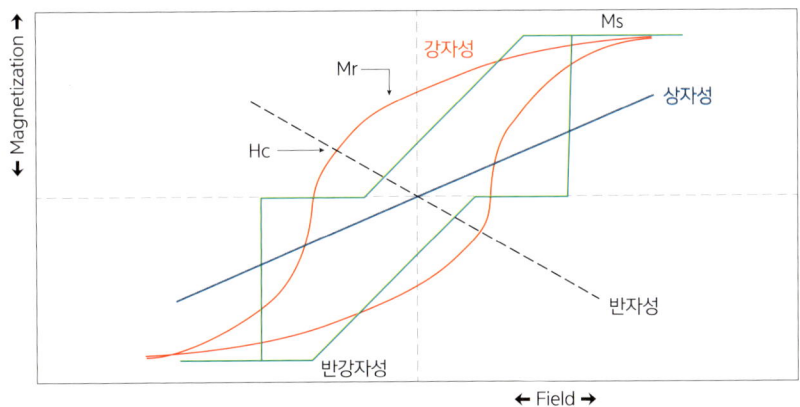

<그림 3-18> 물질의 자기적 특성(강자성, 상자성, 반자성 및 반강자성)에 따른 자기이력 곡선

강자성체는 궤도 운동과 스핀 운동을 하는 전자가 한쪽 스핀 방향으로 정렬되어 원자가 강한 자기 모멘트를 띠는 물질이다. 이 물질은 외부에서 자기장을 걸어주었을 때 그 자기장의 방향으로 강하게 자화된 뒤 외부자기장이 사라져도 자화가 남아 있는데, 철, 니켈 및 코발트 및 그 합금이 대표적 물질이다. 강자성체에서는 자기구역(磁氣區域)에서 평행을 이룬 스핀의 집단이 모여 있는 것으로 여겨지고 있으며, 자기장 안에서는 외부자기장의 방향으로 정렬하고 있는데, 자기장이 없어진 후에도 그 방향으로 장시간 정렬하고 있기 때문에 잔류자화(殘留磁化)가 나타난다. 강자성체를 가열하여 온도를 높이면 열운동 때문에 평행을 이루고 있는 스핀 배열이 흐트러

져 강자성을 잃고 상자성체(常磁性體)가 되는데, 이 온도를 퀴리온도(Curie Temperature)라 한다.

상자성체는 스핀 운동을 하는 전자의 자기 모멘트가 상쇄되지 않고 원자가 어느 한 방향으로 약한 자기 모멘트를 띠는 물질이다. 외부자기장이 없을 경우 원자의 자기 모멘트들은 무질서하게 배열되어 있으며, 외부자기장이 가해지면 자기장 방향으로 약하게 배열된다. 대표적으로 알루미늄, 마그네슘, 타이타늄, 백금, 이리듐 외에 산소 등이 있다.

반강자성체는 자기 모멘트가 인접한 원자들의 자기모멘트와 균일하게 서로 반대 방향으로 정렬되어 전체적인 자기모멘트가 영(零)이 되는 자성체이다. 반강자성체는 외부자장에 대해 자화가 되지 않는 점은 상자성체와 마찬가지이나, 전자스핀 배열을 보면 상자성체가 무질서하게 분포되어 있는데 비해 반강자성체는 전자스핀의 배열이 서로 상쇄하듯이 질서 있게 배열되어 있어 차이를 보인다. 강자성물체가 상자성으로 변하는 온도를 퀴리온도라고 하듯이, 반강자성체가 상자성체가 되는 특정 온도가 있으며, 이를 닐(Neel) 온도라고 한다. 산화망가니즈, 산화크로뮴 등이 대표적인 반강자성체이다.

반자성체는 전자의 궤도 운동과 스핀 운동으로 발생하는 자기 모멘트가 상쇄되어 원자가 자기모멘트를 띠지 않는다. 물체에 외부자기장이 가해지면 유도기전력이 생기는데, 이들의 방향은 서로 반대 방향이다. 이 유도기전력은 모든 재료에서 발생되지만 그 세기는 매우 약하다. 따라서 자기모멘트가 존재하는 상자성, 강자성, 반강자성체의 자화 방향은 외부자기장의 방향과 동일하게 형성되지만, 자기모멘트가 존재하지 않는 반자성체에서는 유도기전력에 의하여 외부자기장의 방향과 반대로 자화 방향이 형성된다. 수소나 물, 규소, 구리, 아연 등 많은 금속과 대부분의 염류 등이 이에 속한다.

반자성은 물질에 자기장을 작용시킬 때, 자화의 방향이 자기장의 방향과 반대로 생기는 현상을 말한다. 반자성이 생기는 이유는 원자핵 주위를 도는 전자가 전류를 만들기 때문이다. 원자에 외부자기장이 가해져 자기장이 변화하면 전류가 흐르는 속도가 달라지면서 유도기전력(誘導起電力)이 생기고, 유도기전력은 외부 자기장에 의한 효과를 상쇄하는 방향으로 작용하기 때문이다. 강자성체와 상자성체는 자석을 접근시키면 자석에 끌려가나, 반자성체의 경우에는 자석에서 멀어지는 힘이 작용한다. 물질의 반자성은 보통 아주 약하므로 그 물질이 조금이라도 상자성을 가지면 상자성의 세기가 커서, 전체적으로는 상자성을 보인다.

초전도체(超傳導體)는 전류에 대해 저항이 전혀 없는 완전도체 물질이다. 가령 초전도체로 된 고리전선에 전류를 흘려주면 전선을 따라 흐르는 전류는 감쇠하지 않고 영원히 흐르게 된다. 또한, 외부에서 자기장을 걸어주면 초전도체 내부는 자속밀도(B)가 0이 되는 완전 반자성체가 된다. 이 현상을 처음 발견한 과학자는 독일의 W. Meissner로, 이 반자성 현상은 발견자의 이름을 따서 마이스너효과라고 부른다. 마이스너효과는 외부에서 자장이 가해지면 가해진 자기장을 상쇄시키기 위한 전류(차폐전류)가 초전도체에 흘러서 외부의 자석과 반대되는 자극을 만듦으로써 나타난다. 이 마이스너 효과에 의해 자기장을 밀어내는 자기부상 효과가 나타나는데, 자기부상열차나 초전도베어링 등을 만드는데 활용되고 있다.

BH/MH 곡선에서 Loop의 면적이 크면 외부 자장을 제거할 경우 잔류하고 있는 유도자기장이 크다. 이런 물질은 강자성체에 해당하며 영구자석으로 유용하게 활용될 수 있다. 성능이 우수한 인공적인 영구자석의 시초는 1920년대에 개발된 KS강으로 이는 철에 탄소, 텅스텐, 코발트를 첨가한 것이다. 1930년대에는 산화물계 영구자석인 페라이트 자석이 개발되었는데, 이는 철산화물에 바륨코발트 또는 스트론튬코발트산화물을 섞어 제조한 것이다. 또한 철, 니켈, 알루미늄 등을 녹인 후 주조하여 만든 알리코 영구자석도 개발되어 널리 사용되기도 하였다.

철이나 코발트에 사마리움이나 네오디움 등 희토류를 첨가한 희토류계 영구자석도 개발되었다. 희토류 영구자석이 개발됨으로써 영구자석은 KS 강이 개발된 이래 90년이라는 기간 동안에 성능이 수 십 배 이상 증가하는 큰 성과를 거두었고 이용도 확대되었다. 그러나 희토류 영구자석은 환경오염과 더불어 중국의 자원무기화 문제가 있어 최근에는 희토류를 포함하지 않으면서 성능이 우수한 영구자석 개발에 관한 연구가 진행되고 있다. 상자성체의 경우는 BH/MH Loop가 가늘고 내부 면적이 비교적 작으며, 대표적인 연자성(軟磁性) 물질은 규소(Si) 첨가 강이다.

페라이트는 가장 널리 사용되는 자성체 물질이다. 원래는 아철산염(亞鐵酸鹽)을 가리키는 말이었으나 산화철계의 자성체(磁性體) 세라믹의 총칭으로 흔히 $MO-Fe_2O_3$로 표현하며, 더 넓은 뜻으로 자성체 세라믹 전체를 나타낸다. 페라이트는 그 자기 특성에 따라 소프트(연성)페라이트, 하드(경성)페라이트 및 반경자성페라이트로 크게 나눌 수 있다. 소프트페라이트는 자계(磁界) 내에서 자성을 나타내는 연자성체(軟磁性體)로서, 금속에 비해 고주파역(高周波域)에서의 와전류 손실이 적은 것이 특징이다. Mn-Zn, Ni-Zn계 페라이트가 대표적이며, 분말야금(粉末冶金)으로 만들어진다.

하드페라이트는 경자성체, 즉 영구자석(永久磁石)이며, 자계(磁界)를 발생하는 데 쓰인다. 바륨(Ba), 스트론튬(Sr)페라이트가 대표적이며, 자기이방성(磁氣異方性)이 크고 값이 싼 것이 특징이다. 반경자성페라이트는 쉽게 자화(磁化)되지 않고, 일단 자화되면 그 상태를 유지하고 자장의 제거도 용이한 것으로, 바늘 모양의 $\gamma-Fe_2O_3$가 대표적이다. 기억 메모리, 매체로서의 테이프, 디스크 등에 이용된다. 또 $\gamma-Fe_2O_3$에 코발트를 소량 피착(被捉)시키면 자기특성이 개량되며, 이 피착형(被捉形) 페라이트가 메모리 장치의 주류를 이루고 있다.

소프트페라이트는 고주파 트랜스의 자심(磁心)으로 불가결하며, 자기헤드코어 등에 사용된다. 또 근년에는 자성유체(磁性流體)로서의 용도가 개발되었다. 하드페라이트는 소결체(燒結體)와 각종 복합재(複合材) 형태로 영구자석으로서 일상 생활용품에도 널리 이용된다. 반경자성분(半硬磁性粉)은 각종 자기 테이프, 카드, 디스크 류(類)를 중심으로 정보기록, 기억매체로서 컴퓨터의 발달과 함께 급격히 수요가 늘어나고 있으며, 새로운 용도인 전자파 흡수재로 이용이 기대된다.

페라이트의 주(主)원료는 산화철이며 부(副)원료로 스트론튬(Sr) 및 바륨(Ba)산화물이 첨가된다. 제조는 필요 성분의 혼합물을 고온에서 가소결(假燒結)한 후 분말 형태로 만들고 나서 틀에 넣고 본소결(本燒結)하는 과정에서 자화의 방향을 정렬시킨다. 여기에 강한 자기장을 가하여 생산되는데, 잔류자기를 없애거나 반전시킬 때도 강한 역방향의 자기장이 필요하다. 이것을 플라스틱과 혼합하여 고체화한 것이 플라스틱본드자석이며 고무와 섞은 것이 고무자석인데, 냉장고 문의 패킹 등에 주로 사용되고 있다.

자석은 영구자석과 전자석으로 나뉜다. 영구자석은 강한 자화(磁化) 상태를 오래 보존하는 자석을 말한다. 자화된 물체라도 시간이 지나거나, 강한 충격을 받거나, 열을 받으면 작은 자석들이 원래의 상태로 되돌아가서 자석의 성질을 잃어버리게 된다. 영구자석은 전류가 흐르지 않아도 자력을 띠는 자석으로 항상 자석의 성질을 가지고 있으며 극의 위치가 바뀌지 않으나, 자석의 세기를 조절할 수 없다는 단점이 있다. 다양한 물질들이 영구자석을 만드는 데 사용될 수 있지만, 철(Fe)·코발트(Co)·니켈(Ni) 그리고 여타 합금들이 가장 일반적으로 사용된다.

그런가 하면 전류가 흐르면 자기화(磁氣化)가 되고, 전류가 끊기면 자기화가 되지 않은 원래 상태로 되돌아가는 자석이 전자석(電磁石)이다. 이는 전류의 공급과 상관없이 항상 자기(磁氣)를 유지하는 영구자석과 구분된다. 도선(導線)에 전류가 흐르면 도선 주위에 동심원 모양의 자기장이 형성되는데, 이러한 원리를 이용하여 영구자석으로는 얻을 수 없는 매우 강력한 자기장을 얻을 수 있다. 전자석의 철심은 연자성체가 주로 사용되는데, 어느 정도 자기화가 진행되면 전류를 더 높여도 더 이상 자기화가 진행되지 않는다. 이를 자기포화(磁氣飽和) 상태라고 한다. 전자석은 전류를 인위적으로 조정하여 비교적 쉽게 자기장의 세기를 바꿀 수 있다. 그래서 통신기의 계전기부터 무거운 재료를 끌어올리는 전자기식 기중기에까지 널리 이용된다.

자성재료 중 양적으로 실생활에 가장 많이 사용되는 것은 실리콘 강(Si Steel)으로 이는 산업적인 관점에서 중요한 소재인데, 에너지 전환용으로 변압기, 전동기, 발전기에 널리 이용되고 있다. 실리콘 강에서 Si를 사용하는 이유는 Fe의 전기비저항을 크게 향상시켜 와전류의 발생에 의한 에너지 손실을 줄일 수 있기 때문이다(그림 3-19). 뿐만 아니라, Si는 철의 자기이방성과 더불어 자기변형도 줄이는 추가적인 효과가 있기 때문에 널리 활용된다. 현재 생산되고 있는 실리콘강판은 방향성(GO, Grain-oriented) 전기강판과 무방향성(NO, Non-oriented) 전기강판으로 크게 나뉘는데, 방향성 전기강판은 변압기 등 정지(停止)기기에 많이 사용되고 무방향성 전기강판은 모터 등 회전(回轉)기기에 많이 사용된다. 자화는 결정방향에 의존하는데, [100] 방향이 자화가 가장 쉽고 [111] 방향이 가장 어렵다. 따라서 방향성 전기강판은 [100] 방향이 압연 방향과 나란하게 배열시키고, 무방향성 전기강판은 [100] 방향을 무질서하게 분포시킴으로써 효율을 증대할 수 있다.

방향성 전기강판을 제조하기 위해서는 집합조직을 형성하여 자화가 가장 용이한 집합조직을 강판의 압연방향과 평행이 되도록 해야 하는데, 널리 활용되고 있는 집합조직은 (110)[001] Goss 방위이다. Goss 집합조직이 압연방향으로만 [100] 방향과 평행해 자화가 용이한데 비해 (001)[100] Cube 집합조직의 경우 강판의 수평 및 수직방향이 [100]으로 두 개 모두 용이하게 자화할 수 있어 장점이 있으나, 제조조건이 매우 까다로워 아직까지는 활용이 안 되고 있다. 그림 3-20은 강판 내에 Goss 및 Cube 집합조직이 만들어져 있는 상태를 알기 쉽게 보여주고 있다.

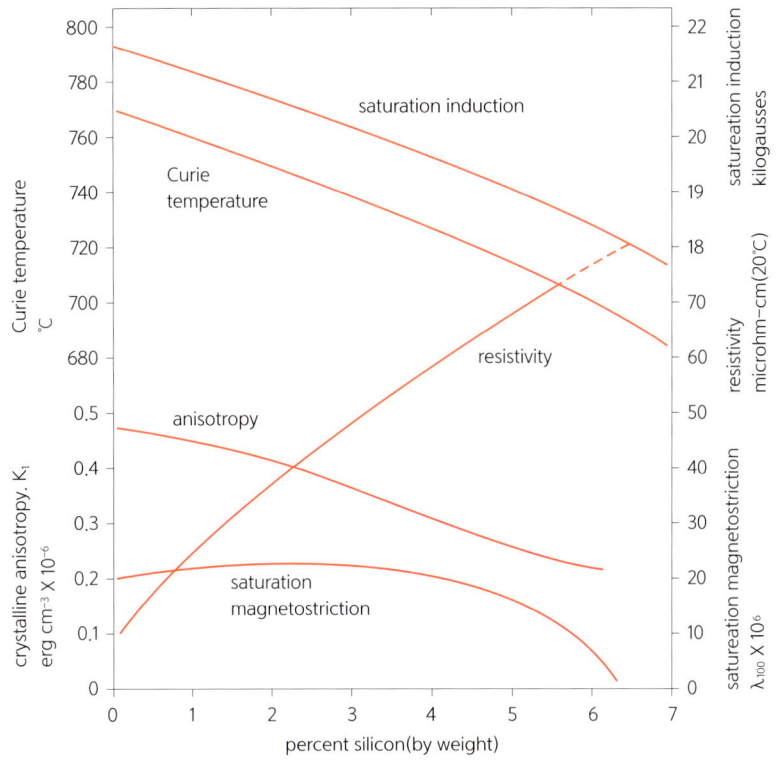

<그림 3-19> Si 첨가가 비저항에 미치는 영향

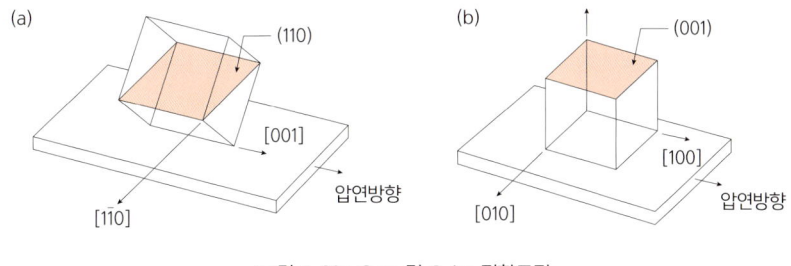

<그림 3-20> Goss 및 Cube 집합조직

    방향성GO 전기강판에 Goss 집합조직을 만드는 것은 복잡한 제조공정을 거쳐야 한다. 먼저 주괴(Ingot)를 연속 열간압연하고 충분히 어닐링

(Annealing)한 뒤 연속 냉간압연과 다단계 열처리를 거쳐 생산하는데, 이 과정에서 압연량, 어닐링 온도 및 시간, 소둔로(燒鈍爐) 분위기 등을 잘 제어하여 Goss 집합조직이 잘 생성되도록 해야 한다. 방향성 전기강판은 냉간압연 후 2단계로 열처리를 하는데, 이 과정에서 2차 재결정을 촉진하여 수㎝ 크기의 조대한 결정립을 만드는 것이 기술의 핵심이다.

방향성 전기강판의 자성 향상을 위해서는 합금 및 공정설계를 잘하여 1차 재결정 처리 시에는 석출물을 만들어 결정립 크기를 잘 제어하도록 해야 하고 2차 재결정 처리 시에는 석출물을 제거하여 조대한 Goss 방위의 결정립이 잘 조성되도록 해야 한다. 이런 목적으로 사용하는 석출물은 MnS, Al_2O_3, AlN 등이 있다. 결정립이 너무 크면 집합조직은 잘 생기나 철손(鐵損)과 같이 자기적 성질이 나빠지는데, 이러한 부정적인 경향을 최소화하기 위해서는 자구미세화(磁區微細化, Miniaturizing Magnetic Domain) 처리라든가, 강판의 두께를 극박화(極薄化)한다든가, 표면피복제의 코팅장력을 부여하여 철손을 감소시킬 필요가 있다.

자구(磁區)는 외부에서 자기장이 영향을 미치지 않은 상태에서 결정립 내부에 구역이 있어 이 구역 내에는 동일한 방향으로 정렬되어 있는 미소(微小)영역이다. 자구 미세화는 레이저, 플라즈마 또는 기계적으로 강판에 선형 흠을 만들어 주는 방법이다. 만들어진 흠이 얕은 경우는 일시 자구미세화라고 하는데, 이 경우는 응력제거 소둔 시 효과를 잃어버리는 경우가 많다. 그래서 치차나 고출력 레이저를 사용해 흠의 깊이를 증대시키는 영구 자구미세화 방법을 적용하는데, 이 때 흠 생성 조건에 충분한 배려를 하여 잔류응력이 과도하지 않도록 해야 한다. 자구미세화에 의해 자구가 좁아지면 자화 시 자벽(磁壁)의 이동거리가 단축되어 이동에 따른 열에너지가 감소하는 것으로 알려져 있다.

무방향성 전기강판은 실리콘(Si)을 3.5%까지 함유하고 있다. 고급 무방향성 전기강판은 3% 정도의 Si를 함유하고 있으며 일반 무방향성 전기강판은

Si를 거의 첨가하지 않는다(Si<0.5%). 고급 무방향성 전기강판은 대형 회전기에 주로 사용되는데 철손이 낮아 에너지 손실을 줄이는 효과가 크며, 일반 무방향성 전기강판은 소형 회전기에 사용된다. 무방향성 강판은 열간압연 → (어닐링) → 냉간압연 → 어닐링 → 표면피막처리 공정을 통해 생산되는데, 고급 무방향성 전기강판의 경우는 열간압연 후 어닐링 처리가 필요하다. 철손을 감소하기 위해서 통상은 Si 함량을 증가시키나 그와 함께 C, N, S와 같은 불순물을 줄이거나 결정립 크기를 조정하는 방법도 병행하고 있다. 그리고 강판의 표면을 전기절연처리 피복을 하여 와전류를 감소시키는데, 사용되는 피복제는 산화물, 인산염 등의 무기화합물이나 수지와 무기화합물을 조합한 반유기피복제를 쓴다.

앞장에서 살펴보았듯이 지구 전체로 보았을 때 철은 지구 중량의 35%를 차지하는 가장 많은 원소인데, 일부만이 지각에 존재하고 대부분의 철은 지구의 핵에 존재한다. 지구 핵의 철의 양은 91%인데 외핵에는 액체 상태의 철이, 내핵에는 고체 상태의 철이 존재한다. 외핵에 비해 내핵의 온도가 더 높은데도 불구하고 고체의 철이 존재한다는 사실은 이 부위에서는 압력의 효과가 온도효과보다 더 크기 때문으로 생각된다.

우리가 접근할 수 없을 정도로 깊은 곳인 핵에 묻혀 있는 철을 인간이 직접 이용할 방법은 없으나 이 철이 우리와 무관하지는 않다. 외핵에 포함된 액체 철은 지구 자전과 함께 회전하면서 지구 주위에 자기장을 만들어내는데, 비록 이 지구자기장의 세기가 우리가 사용하는 자석에서 나오는 자기장과는 비교할 수 없을 정도로 작지만 우리에게는 더없이 유용하다. 우리가 자석으로 만든 나침반으로 남북의 방향을 알아낼 수 있는 것도 바로 지구자기장 덕분이다(그림 3-21 참조).

결정적으로 중요한 지구자기장의 역할은 따로 있다. 즉 지구 핵의 철에 의해 형성된 지구 자기장은 지구를 태양풍에게서 차단하는 역할을 하고 지구

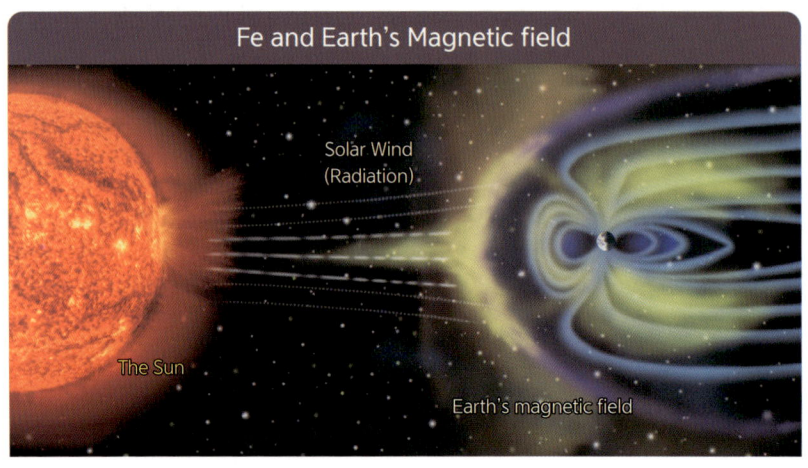

<그림 3-21> Dynamo 현상에 의해 생성된 지구 주위 자기장의 태양풍에 대한 방패 역할

상의 생명체가 안전하게 살 수 있는 환경을 제공해주는 것이다. 지구자기장이 형성되는 원리는 Dynamo이론으로 설명하는데, 이 이론에 의하면 지구의 외핵은 액체 상태로서 운동이 쉽고 또 양도체(良導體)로 구성되어 있기 때문에 이와 같은 액체의 운동에 의하여 전류가 발생되고 이 전류에 의해 자기장이 발생할 수 있다. 태양풍은 태양의 상부대기층에서 방출된 플라스마의 흐름을 말하는데, 이는 전자와 양성자의 흐름이므로 결국 방사선이다.

만약 지구자기장이 없다면 무슨 일이 일어날까? 사람이 이 우주방사선에 노출되면 DNA가 변형되어 암을 유발하기도 하고, 인체를 구성하는 원자에서 전자를 떼어내는 등 원자를 손상하기도 하는데, 이로 인해 피부, 내장 등 인체기관이 망가져 결국 사망하게 된다. 또 X선과 고에너지 입자가 지구로 쏟아지면 전파를 이용하는 무선통신은 물론 발전소 전력 시스템에 피해를 입힌다.

강력한 자기장파가 섞여 있는 태양풍은 인공위성에도 피해를 줄 수 있으며 인터넷 연결을 포함한 무선통신을 차단하게 되는데 이러한 태양풍을 지구자기장이 막고 있다. 즉 지구자기장이 태양풍의 방향을 바꾸게 하여 지구를 보호하는 역할을 하는 것이다. 특히 초연결, 초융합, 초지능의 4차 산업 혁명 시대에서 인터넷이 핵심적인 역할을 하고 있는데, 이 기능이 태양풍에 의해 차단되어 사용이 불가능하게 된다면 인류의 삶은 엄청나게 지장을 받을 수밖에 없을 것이다. 뿐만 아니라 지구의 핵에 철이 없었다면 인간은 말할 것도 없고 생물 자체가 지구상에서 존립할 수 없었을 것이다. 한마디로 철은 지구의 수호자인 것이다.

지구 자력(磁力)이 낳은 장관, 오로라

<그림 3-22> 오로라

푸른색과 녹색,
하늘 속 대양(大洋).
보라색과 핑크색
아주 높은 곳에서 펄럭이네.
이것은 아름다운 오로라,
운 좋은 몇몇 밤에만 하늘에서 빛나지.
그녀는 춤추고 소용돌이치네,
별들에게 합류하라 손짓하면서.
밤을 가로질러 엎질러진 은하수처럼.
이 우주의 빛들은 북쪽 대기(大氣)를 밝히네.
멋진 북극광(北極光)은 공연하러 자주 나오지 않아.
그 아름다움을 흘낏 본 나 자신을 나는 행운으로 여기지.
그래서 나는 해마다 밤 속으로 나가,
높이 하늘의 별들을 우러러 응시하고,
내가 흘끗 볼 수 있기를 우리 창조주에게 기도하지,
그 멋진 빛들을 다시 한 번 말이야.

   이것은 안젤리 워리어라는 서양 시인이 쓴 '북극광(北極光)'이라는 시(詩)다. 지구에서 가장 신비로운 자연 현상 가운데 하나가 바로 우리가 극지방에서 볼 수 있는 오로라다. 숨을 멎게 할 정도로 절묘한 장관(壯觀)을 연출하는 오로라가 철(鐵) 때문에 생긴다는 사실을 아는 사람은 그리 많지 않다. 지구 중심부에는 많은 철이 존재하고 있으며 이 때문에 지구는 거대한 자석이 되는데, 오로라는 이러한 지구 자석에 우주의 대전입자(帶電粒子)들이 끌려 들면서 발생한다.
   오로라 형상은 많은 색깔로 나타나지만 담록(淡綠)과 분홍(粉紅)이 가장 흔하다고 과학자들은 소개한다. 지금까지 빨강, 노랑, 초록, 파랑, 보라 색조(色調)가 학계에 보고되었다. 오로라 형태는 △천 조각 △흐트러진 구름 △장식 리본 △호(弧) △잔물결이 이는 커튼 △발사된 총알의 궤적 등 다양하다.

버킷리스트(죽기 전에 해 보고 싶은 일들을 적은 목록)에 '오로라 구경하기'를 올려놓은 사람이 의외로 많다. 영국의 여행지 비교 웹사이트 '트래블슈퍼마켓'이 자국인을 대상으로 실시한 설문조사의 결과를 영국 일간신문「텔레그래프」가 2013년 12월 보도한 바에 따르면, 북극 쪽 오로라, 즉 북극광을 죽기 전에 꼭 보고 싶다는 소원이 버킷리스트의 맨 윗자리를 차지했다.

남극 쪽 오로라는 남극광(南極光)이라고 부르는데, 남극보다 북극에 가까이 사는 영국인들이 남극광이 아니라 북극광을 보고 싶어 하는 것은 당연하다고 하겠다. 이 조사에서 버킷리스트의 2~5위는 차례로 △이집트 기자 피라미드 구경하러 가기 △미국 대륙을 횡단하는 66번 국도를 따라 자동차 여행해 보기 △중국 만리장성 위를 걸어 보기 △아프리카에서 사파리(야생 동물을 놓아기르는 자연공원에 자동차를 타고 다니며 차 안에서 구경하는 일) 경험하기였다.

영국인들이 사는 곳에서 볼 때 대서양 건너편에 사는 미국인과 캐나다인 사이에서도 오로라 관광은 버킷리스트의 상위 항목에 올라 있다. 미국 오리건 주 포틀랜드에 본사를 둔 생활정보 전문 온라인 매체「더 매뉴얼」이 2018년 11월 보도한 바에 따르면, 북극광을 관광하는 주요 지점인 핀란드, 아이슬란드, 북극에서 지상이 아니라 비행기를 타고 상공에 높이 올라가 눈높이에서 오로라를 보게 해주는 여행 서비스가 캐나다에서 등장했다.

캐나다 여행사인 컨설타 메타는 보잉 737 전세기를 이용해 '북극광이 발생하는 오로라 대(帶)(Aurora Oval) 안으로 비상(飛上)하는 세계 유일의 비행'을 실시하는 '오로라 360 경험'이라는 관광 상품을 2019년 초 출시했다. 이 여행사가 전세기를 띄우는 지역은 지구상에서 오로라를 보기 가장 좋은 곳들에 속한다. 날씨와 대기권 상태에 따라 다르기는 하지만, 이 비행기는 오로라를 보기에 가장 좋은 시점을 골라 관광객들을 태우고 구름 위 약 11㎞ 상공으로 올라간다.

  구름 위로 올라 간 관광객들은 운이 좋으면 황홀한 모습의 오로라를 눈높이에서 보게 된다. 2017년 실시된 시험 비행에 초대된 고객들은 비행기 여행을 시작한지 9분이 지난 시점에 처음 보는 최상의 오로라가 3시간 동안 지속되는 것을 보는 행운을 누렸다. 이 관광 상품의 가격은 오로라만 보는 기본형은 1,045캐나다달러(약 90만 원), 호화로운 지상 관광이 추가된 고급형은 2,939캐나다달러(약 250만 원)라고 한다.

3.5. 가장 우수한 철의 경제적 특성

철은 지구상에서 모든 원소를 통틀어 첫 번째로 많은 원소이지만 인간에 의한 채취가 가능한 지각(地殼)으로 범위를 한정하면 알루미늄에 이어 두 번째로 많은 금속이다. 전기를 많이 소모하는 알루미늄 제련 비용은 매우 높지만 철은 가격이 저렴한 석탄을 주원료로 사용해 정련할 수 있어 가격이 상대적으로 매우 싸다. 대표적인 철강제품인 열연코일은 톤당 약 55만 원으로 물보다 저렴하다. 예컨대 시중의 생수 1ℓ의 가격은 소매가격 기준 1,500원 정도인데, 이것을 톤 단위로 환산하면 150만 원에 달해 같은 무게의 철강재 가격의 약 3배나 된다.

대표적인 대체재라 할 수 있는 알루미늄 가격은 톤당 1,700달러~2,000달러인데, 이와 비교해도 철강제품 가격은 3분의 1 수준에 불과하다. 또 강도에 비해 가격이 어느 정도인지를 나타내는 비강도(比强度) 가격을 추정해보면 철강제품은 4.4로 알루미늄 합금 21.2와 플라스틱 11.3에 비해 크게 낮다. 그만큼 우수한 강도를 갖고 있으면서도 가격이 저렴하다는 의미다. 물론 사용 용도나 제품을 만드는 공정 등이 다르기 때문에 직접적으로 비교하기는 어렵지만 아무튼 철강제품은 다른 소재에 비해 가격이 크게 낮은 것만은 분명하다.

전 세계적으로 가장 많이 쓰이는 소재는 건축물에 주로 사용되는 시멘트로서 그 소비량은 연간 25억톤이다. 철강은 연간 15억톤이 생산돼 시멘트 다음으로 가장 많이 사용되는 소재다. 플라스틱은 연간 3억톤 내외가 생산되고 있고, 알루미늄은 4,000만톤 안팎이 만들어진다. 구리는 연간 사용되는 양이 2,000만톤에 불과하다. 철은 주거용이든 상업용이든 건물을 지을 때 건축가들이 가장 선호하는 건축자재이다. 철은 이점이 매우 많으며, 그 때문에 철골구조물은 건축 산업에서 높은 인기를 누린다.

내구성은 철의 경제성을 증명하는 뚜렷한 특성이다. 철이 튼튼하다고 여겨지는 데에는 몇 가지 이유가 있다. 무엇보다 철은 허리케인·폭풍 같은 험악한 기상조건, 그리고 심지어 지진에도 견딜 수 있다. 주택의 철골구조물은 화재에 견디며 웬만한 고온에도 버틴다. 철은 화재에만 강한 것이 아니라 목재가 지니는 온갖 약점, 즉 벌레 먹음, 변형, 균열, 쪼개지기, 부패 등으로부터 완전히 자유롭다. 게다가 철은 다른 건축자재들만큼 신속하게 감쇠(減衰)되지 않기 때문에 비교적 긴 수명이 보장된다. 건물 확장이나 개보수 시에도 철은 본질적으로 융통성과 유연성이 충분해 손상을 최소화하면서 취급할 수 있다.

건축가들은 철제 반자틀이 목제 반자틀보다 더 긴 간격을 지탱한다는 것을 일찌감치 알아냈다. 이 점은 건축 설계에 더 많은 기회를 제공한다. 건축가들은 이제 철제품을 활용하기 이전에는 가능하지 않았던 공간을 창조하고 있다. 철은 건축가들이 탐구하기를 즐기는 미적(美的) 특질을 갖는다. 예를 들어, 철골구조를 사용하면 기둥 없는 실내를 구현하는 것이 가능해지는데, 이렇게 해서 조성된 공간은 멋진 개방감을 사람들에게 선사한다(그림 3-23 참조).

<그림 3-23> 건축물에 사용되는 철골구조

　멋들어진 건물 형태의 설계가 가능한 것은 철의 강성 덕분인데, 건축가들은 그들의 아이디어를 구현할 때 철 덕분에 더 큰 자유를 누린다. 철은 건축에 사용할 때 비용 대비 효율성이 매우 높은 자재이다. 필자는 여기서 비용 대비 효율성이 높다고 했지 철이 무턱대고 싸다고는 말하지 않았다. 왜냐하면 최초 경비로서 철을 구매하는 것은 결코 싸지 않기 때문이다. 하지만 철은 장기적으로는 그 특성으로 인해 건축주에게 이득을 준다. 그러므로 철에 지급하는 가격은 효과적인 투자가 되는 것이다.

　철의 비용 대비 효율성이 높은, 즉 경제성이 높은 이유를 몇 가지 열거해 보자. △철은 내화성(耐火性)이 강해 화재 위험이 낮다 △건사하기 쉽다 △철의 품질은 예측 가능하며 신뢰할 수 있다 △디지털 모델링 기법을 사용하면 철 구성물이 처음부터 결함없이 제조될 수 있다 △철이 구조적으로 효율적이기 때문에 철골구조 건물은 흔히 더 가벼우며 기초가 더 작다 △콘크리트 같은 다른 건축자재와 비교하여 철골구조를 세우는 것은 공사현장에서 소음, 분진, 쓰레기를 덜 발생시킨다.

건축에 사용될 때 철의 비용 대비 효율성에 가장 크게 기여하는 것은 아마도 절약되는 시간일 것이다. 철골구조는 더 적은 현장인력으로 더 빠르게 세워질 수 있다. 따라서 노동비용은 물론이고 장비 임차와 도로 점유에 따르는 비용을 절약할 수 있다. 또한 건물 건축기간이 더 짧으므로 건축 때문에 사업을 영위하지 못하는 데에서 생기는 기회비용이 줄어든다.

최근에 선진국에서는 최신 정보통신(ICT) 기술과 모듈(Modular) 건축 방법을 활용하여 건축 효율성을 향상시키는 스마트건축(Smart Construction) 기술이 개발, 적용되고 있다. 여기에서 ICT 기술의 적용은 CAD/CAM을 활용한 BIM(Building Information Modelling) 기술, 가상현실(VR)/증강현실(AR)(Virtual Reality/Augmented Reality) 기술을 활용한 프리콘(Pre-Construction) 및 강재를 활용한 Modular 건축 기술을 융합해 설계, 시공, 조립 및 준공까지 공정의 공기를 단축하고 품질을 향상시키고 경비 절감을 추진한다. 여기에 활용되는 Modular 건축은 철강재 부품을 사용할 때 가장 효율성이 높은 것으로 알려져 있는데, Smart Construction이 시대의 흐름이라는 관점에서 보면 철강재의 건축 분야 활용성은 향후 크게 증대될 것으로 사료된다.

전통적으로 철은 국부의 상징으로 표현되어 왔다. 한국의 경우 철강 산업이 국내 총부가가치 창출액에서 차지하는 비율이 2013년 27.1%로 국가경제에서 차지하는 비율이 매우 높다. 또 산업연계효과가 매우 높아 2010년을 기준으로 철강 산업의 전방연관효과를 보면 1.25로 자동차(0.74), 선박(0.53), 전기전자(1.1) 보다 높다.

원료산업 등 후방연관효과 역시 높아 철강이 1.28로 1.15인 자동차와 더불어 가장 높은 수준이다. 특정 산업 생산물의 수요 변화가 타 산업 전체 생산에 미치는 영향인 생산유발계수를 보면, 2010년 기준으로 철강은 2.62로 전

산업 평균인 2.04보다 높다. 즉 철강제품에 대한 신규수요가 100억원 발생할 때 철 수요산업의 생산액은 262억이 증가한다는 것을 의미한다.

　이와 같이 철강 산업은 핵심 기초산업으로 국민경제 주요 부분의 성장에 지속적인 역할을 하고 있으며 일자리 창출에도 기여하고 있다. 뿐만 아니라 수출에 기여하는 바도 커서 부가가치 측면에서 철강 산업은 2016년 전 산업의 1.5%, 제조업의 4.9%를 차지하고 있다. 그러나 수출 여건은 세계적인 보호주의 경향으로 최근 들어 나빠지고 있고 이런 경향이 장기화되고 있어 철강 산업체의 어려움이 커지고 있는 실정이다.

철, 재활용성이 가장 높은 소재

    철의 재활용성은 철이 지속 가능한 소재가 되는 데 기여하는 또 다른 핵심 요인이다. 철은 내구성이 좋기 때문에 철로 만든 제품이나 구조물은 수명이 길다. 뿐만 아니라 수명이 다한 철스크랩(고철)은 경제적인 방법으로 재생산할 수 있고 또 이 과정이 무한 반복될 수 있기 때문에 일단 생산된 철의 수명주기는 어쩌면 무한하다. 철은 자석을 사용해 쉽게 회수할 수 있고, 전기로를 이용해 재생산하면 품질 손실 없이 100% 재활용이 가능하다. 특히 전기로 공정은 철광석을 활용한 용광로 제법에 비해 에너지 소비도 적고 유해가스 발생도 적어 환경 친화적이다. 즉 제품수명 주기의 끝에 회수되어 재생산되는 철은 지속가능한 사회를 구축하기 위한 영구적인 자원이 될 수 있다.

<그림 3-24> 고철로 재활용되는 폐 자동차

철의 우수한 자성(磁性) 때문에 철스크랩은 폐기물 흐름으로부터 쉽게 분리할 수 있어 높은 회수율을 가능케 한다. 회수율은 재활용률과는 다른데, 예를 들어, 자동차의 약 85%가 재활용을 위해 회수되는 반면, 회수된 자동차 속의 철은 거의 100% 재활용된다. 왜냐하면 철의 자성이 철을 다른 소재로부터 분리하는 것을 쉽게 해주기 때문이다. 철의 재활용은 상당한 에너지·원료 절약으로 이어진다. 세계철강협회(WSA) 자료에 따르면 철스크랩 1톤을 녹여 신제품을 만들 때마다 철광석 1,400kg, 석탄 740kg, 석회석 120kg이 절약된다. 철의 100% 재활용성 덕분에 1900년 이래 전 세계적으로 220억 톤이 넘는 철이 재활용돼 왔다. 철스크랩 기반의 철제품 생산은 세계 강철 생산의 약 25%를 차지한다.

부문별로 보면 세계 철 회수율은 건축에서 85%, 자동차에서 85%(미국의 경우 100%에 육박), 기계류에서 90%, 전기 및 가전제품에서 50%로 추산된다. 철제품의 평균 수명은 대략 45년이다. 그러나 재활용까지 걸리는 시간은 다양해서, 철 포장재(깡통)는 여러 주(週)인데 비해 자동차는 15~20년, 기간시설과 건물은 50~200년에 이른다. 철은 고유특성의 큰 손실 없이 거듭 무한히 재활용될 수 있다. 철은 세계에서 가장 많이 재활용되는 산업소재다. 세계인이 소재로서 사용하는 금속의 90%가 철이라는 사실은 철의 뛰어난 경제성을 단적으로 말해 준다.

제4장

기술의 진화와 철강 산업

기술의 진화와 철강 산업

자연 상태에서 철은 철 자체로 존재하는 것이 아니라 모래를 위시하여 여러 가지 원소의 산화물(酸化物), 유화물(硫化物) 등과 섞여 있다. 철이 땅에서 돌과 섞여 있으면 철광석(鐵鑛石), 강에서 모래와 섞여 있으면 사철(沙鐵)이라 한다. 사철은 흐르는 물에 의해 한차례 선광(選鑛)이 된 것이기도 하다. 철광석이나 사철은 한 차례 물리적 선광 단계를 거쳐 고온에서 처리하여 순수한 상태로 철을 분리하는 과정을 거치게 되는데 이를 제철이라고 한다. 인류의 제철 과정은 철 가운데 가장 쓰임새가 크며 따라서 가장 선호되는 강철을 제련해 내기 위한 실험과 도전의 연속이었다고 말할 수 있다.

철의 종류는 철 속의 탄소의 함량으로 결정되는데, 연철(軟鐵, Mild Steel), 주철(鑄鐵, Cast Iron), 선철(銑鐵 Pig Iron), 강철(鋼鐵, Steel) 등이 있다. 연철은 탄소함량이 0.1% 이하이며 말 그대로 연해서 잘 늘어나는 철이다. 선철은 탄소함량이 3.0~3.6%의 범위로 용광로에서 만들어지는 철인데 주철이나 강철의 원료가 된다. 강철은 함유하고 있는 탄소함량이 2.0% 이하인 철인데,

많이 사용되는 강철에는 탄소가 0.1~0.8% 정도 들어있다. 강철은 탄소 외에 제3의 합금원소를 첨가함으로써 다양하게 특성을 변화시킬 수 있는데, 많이 쓰는 합금 원소는 Mn, Ni, Cr, Mo, W, Ti, Nb 등이 있고 합금의 종류에 따라 다양한 소성가공 및 열처리 기법을 적용한다.

강철을 만들기 위한 방법은 두 가지가 있다. 하나는 불순물이 거의 섞여있지 않은 연철의 탄소함유량을 늘려 강철로 만드는 것이고, 다른 하나는 선철의 탄소함유량을 줄여 강철로 만드는 법이었다. 전자의 방식을 취하려면 먼저 연철이, 후자를 취하려면 먼저 선철이 나와야 한다. 연철은 원시 제철법이 적용되면서부터 만들기 시작했으나 대량 생산이 불가능해 선철 제련 기술이 개발되면서 없어졌다. 높은 정련온도가 요구되는 선철 생산은 훨씬 나중에 이루어졌는데, 서양의 경우 15세기에 용광로 기술이 적용되면서야 대량 생산이 가능했다.

제철의 역사를 통틀어 인류의 궁극적인 관심은 용광로에서 제조되는 선철을 원료로 하여 강철을 염가로 생산하는 것이었다. 그리고 그 목표는 19세기 중반, 제철기술의 혁명으로 일컬어지는 베서머 전로(轉爐)의 등장 이전에는 달성될 수 없었다. 여기에 이르기까지 인류는 3,000년이 넘는 세월을 시행착오와 실험으로 보냈으며, 베서머 전로 발명 이후에도 끊임없는 진화를 계속하고 있다. 이 장에서는 인류가 단계적으로 밟아온 제철 기술의 진화과정을 살펴본다. 먼저 고대의 제철을 개략하고, 이어 중세를 거쳐 현대에 이르기까지 제철기술의 진화를 살펴보고 어떻게 철강이 인간사회의 가장 필수적인 소재로 만들어졌는지를 이해할 수 있도록 내용을 전개한다.

4.1. 청동기시대에서 철기시대로 – 고대의 제철

4.1.1. 철기시대의 개막, 괴철로(塊鐵爐) 공정

괴철로 공정은 고로법(高爐法)이 등장하기 전까지 사용된 고대 제철 방법으로서, 철광석과 목탄을 작은 가마 속에 넣어 가열하고 환원하는 방식이다. 괴철로는 처음에는 지면에서 약간 솟아올랐을 뿐인 원형 담장 모양이었지만, 뒤에 가서 대체로 반지름 약 1m, 높이 약 1m의 가마 형태를 갖추었다. 가마의 재료는 진흙이나 돌이었으며 내벽에 진흙을 발랐다. 공기는 손이나 발을 써서 풀무를 작동해 공급되었는데, 가마를 만들 때 바람이 잘 통하는 곳으로 정하는 것도 중요한 고려사항이었다. 이렇게 하면 목탄을 계속 타게 만들 수 있지만, 목탄이 완전히 타지 않도록 공기 공급을 낮게 유지했다.

괴철로 내에는 일산화탄소가 먼저 생성되고($2C + O_2 = 2CO$, $Q = 54.36$ kcal @ 1,273K), 생성된 일산화탄소가 철광석 위층을 통과하면서 산소를 제거하며 이산화탄소가 되면서 철광석이 환원되어 철이 생성된다($3CO + Fe_2O_3 = 2Fe + 3CO_2$, $Q = 8.16$ kcal @ 1,273K). 이 때 환원된 철을 연철(軟鐵)

이라고 하는데 조성은 순철에 가깝다. 탄소가 타면서 생성되는 열은 연철을 용융시킬 정도로 온도가(1,538℃) 높지는 않다. 그러나 여러 가지 불순물과 산화물이 섞여있는 슬래그는 용융온도가 낮아 괴철로 안에서 녹으며 철광석으로부터 분리되어 가마의 바닥으로 흘러 구멍을 통해 밖으로 배출되면 식게 된다(그림 4-1 참조). 이 때 환원 생성된 연철은 해면처럼 기공(氣孔)이 많이 포함되어 있는데 기공 안에는 용융된 슬래그가 포함되어 있어 전체적으로는 반(半)용융상태가 되는데, 이것을 금속학 용어로 괴련철(塊鍊鐵)이라고 한다.

<그림 4-1> 괴철로

인류가 가장 먼저 만들어 사용한 철은 위에 설명한 저온(低溫)환원법에 의해 반(半)용융상태로 제조된 괴련철(塊鍊鐵)이다. 초기 철기 시대에는 철

을 제련할 수 있는 용광로가 없어서 청동을 제련하던 가마를 이용해서 연철을 만드는 것이 아무래도 쉬웠을 것이다. 이 경우 먼저 필요한 일은 연료로 사용될 목탄을 만들 나무를 선택하는 것인데, 중동의 경우 사람들이 목탄 재료로 선호한 재목은 목질이 단단한 아카시아와 피스타치오 나무였다. 단단한 나무로 고품질의 목탄을 만들고 목탄으로 철광석을 완전히 에워싼 다음 연기를 배출할 굴뚝 하나와 공기를 공급하는 풀무를 끼워 넣을 구멍들만 남겨 제련로를 구축한다.

목탄이 먼저 가마 속으로 장입(裝入)되고 그 다음에 철광석과 추가 목탄이 장입되었다. 불을 붙이고 철광석을 녹일 충분한 열을 발생시키기 위해서 풀무를 사용하였으며, 대장장이들은 맹렬하게 풀무질을 하여 분위기 온도를 1,000℃ 정도까지 올라가게 한다. 이 때 온도가 약 800℃ 이상이 되면 목탄 속의 탄소는 광석보다는 공기와 반응하여 일산화탄소가 만들어지고 철광석을 환원하는데, 이렇게 철광석을 환원하는 것을 저온환원법이라고 한다.

저온환원법에 의해 제조된 괴련철은 그물 형태의 해면철(Sponge Iron)을 형성하여 철과 철 사이의 빈 공간에는 철광석에 포함되어 있던 비(非)금속 불순물이 반(半)액체 상태로 존재하는 슬래그(Slag)가 남게 된다. 구리 제련 과정에서처럼 목탄에서 공급되는 탄소는 공기 및 철광석 중의 산소와 반응하여 탄산가스가 만들어지면서 열량을 공급하여 가마의 온도를 높여서 철광석의 환원을 촉진시킨다. 목탄이 다 소모되고 가마가 식은 후 얻어진 철은 검고 구멍이 숭숭 뚫린 덩어리가 되어 가마 바닥에 남은 슬래그를 포함해 불순물이 많은 괴련철이 된다.

괴련철의 생성량은 기본적으로 가열온도와 공정시간에 따라 변하긴 하겠으나 광석의 투입량에 비해서 매우 적을 수밖에 없었다. 괴련철 내의 연철(軟鐵)은 탄소 함유량이 매우 적은(0.1% 이하) 저탄소강인데 연성이 큰 편이어서 소성가공은 용이하나 순도가 높지 않아 강도, 경도 및 인성이 너무 낮아 도구나 무기를 만들어 사용할 수는 없었다. 따라서 연철을 가지고 쓸 만한 철제 도구나 무기를 만드는 데에는 추가 정련공정이 요구되었다. 저온환원법에 해당하는 현대기술로는 직접환원법이 있어 해면철(Sponge Iron), 철분말(Iron Powder), 입철(Luppe) 등을 생산하기도 하는데, 이들은 제선 및 제강 조업 시 부원료로 사용하여 효율을 높이는 역할을 한다.

제철 설비기술의 발달에 따라 원시적인 괴철로는 고로와 유사한 형태로 개선되면서 확보할 수 있는 온도도 높아지게 된다. 고로의 풍구 앞에서 확보할 수 있는 온도가 약 1,000℃ 이상이 되면 목탄 중의 탄소는 공기 중의 산소와 반응하여 많은 열을 발생시킨다($C + O_2 = CO_2$, $Q = 94.45$ kcal @ 1,273K). 이렇게 생성된 CO_2는 1,300℃ 이상의 고온에서 다량의 탄소와 반응하여 일산화탄소 가스를 생성하면서 열을 흡수한다($CO_2 + C = 2CO$, $Q = 40.09$ kcal @ 1,273K). 이 반응은 가역반응으로 고로 내의 조건에 따라 진행방향이 결정되는데, 실제 고로 내에서는 이 반응이 역으로도 진행되어 일산화탄소가 분해하여 이산화탄소와 탄소로 분해되고 분해된 탄소는 환원된 철 속으로 침탄(浸炭) 되어 용융점이 낮아지면서 녹게 된다.

가역반응으로 생성된 일산화탄소는 고온에서 철광석 내의 산소와 반응하여 이산화탄소를 생성하면서 철광석을 환원하고 열을 발생하여 철을 녹이는데($2CO + O_2 = 2CO_2$, $Q = 134.53$ kcal @ 1,273K) 이와 같은 방법으로 용융철을 제조하는 방법을 고온환원법이라고 한다. 고온환원법에 의해 생성된 철은 일산화탄소의 분해로 만들어진 탄소를 활발히 흡수하여 침탄이 되는데, 침탄이 되면 용융점이 점차 낮아져 액체 상태로 노의 하부에 고이게 된다($2CO + Fe = Fe[C] + CO_2$). 이는 순수철의 용융점은 1,538℃이지만 탄소 함유량이 4.3%가 되면 1,140℃로 낮아지기 때문인데, 침탄이 진행됨에 따라 용융점이 낮아지고 용해하는 선철의 양도 증가한다. 이렇게 침탄을 충분히 시켜 만들어진 고탄소의 용융 선철을 냉각시켜 관찰하면 백주철(白鑄鐵) 조직을 띠게 되어 매우 취약해 잘 깨지기 때문에 적절한 후(後)처리를 통해 인성을 향상시켜야 유용하게 활용될 수 있다.

역사 연구자들이 곧잘 간과하는 것 중의 하나는 고대의 금속 장인들은 철이 녹을 정도로 높은 온도를 얻을 수 없었다는 사실이다. 중국을 위시하여 인도, 중동, 로마 등 다른 지역에서도 BC 4세기경 이후 고온을 확보하는 기술을 개발한 것으로 보고되고 있으나 용융선철을 대량으로 생산할 수 있을 만큼 온도가 높진 않았다. 고온을 얻기 위해서는 우수한 품질의 숯이나 코크스와 같은 연료가 필요할 뿐 아니라 공기를 불어 넣을 풀무와 같은 장치가 필요하고 용해로의 구조도 보온이 잘 되어 열이 빠져나가지 않게끔 잘 설계하지 않으면 안 된다.

충분히 높은 온도를 얻어 용융 선철을 연속적으로 제조하는 것은 중세까지도 실현할 수 없었던 매우 어려운 기술이었다. 그러나 세월이 흐르며 온도 확보기술이 조금씩 발전됨에 따라 얻을 수 있는 용융철의 양도 늘어나고 이 용융철을 다시 가공해 품질이 향상된 철강 제품의 생산도 점차 늘어났다. 결국 장인들은 강철의 제조는 용광로를 이용해서는 불가능한 것으로 결론을 내고, 용광로에서는 용융선철을 먼저 만들고 이 용융선철을 초강법이나 관강법의 원리를 적용한 제강 전용설비에서 재처리해 강철을 만드는 방향으로 기술 개발을 추진해 왔다.

고대인들은 나중에 철을 용해할 수 있는 용광로를 발명할 때까지는 철을 반(半)용융 상태의 괴련철로 제조해 이것을 재(再)가열하고 망치로 두드린 다음에야 비로소 원하는 제품을 얻을 수 있었다. 용융상태의 철을 생산할 수 없었기 때문에 거푸집을 사용하여 원하는 형상으로 철을 주조할 수도 없었다. 반(半)용융 상태에서 만들어진 괴련철을 망치로 두들기는 방법을 사용하는 이유는 유해성분이 많아 취성(脆性)이 높은 괴련철에서 불순물을 제거하기 위해서였다.

반복되는 가열과 두들김을 통해 불순물을 제거할 뿐 아니라 블룸 내에 생긴 공격(孔隙)들을 압착(圧着)시켜 제거함으로써 금속 조직의 건전성을 높일 수 있었다. 괴련철을 밝은 오렌지색이 될 때까지 가열하여 불에서 꺼낸 다음 신속하게 망치로 두드려 얇은 철편(鐵片)을 만들고 그 두 조각을 압착하는 공정을 반복하게 된다. 압착한 철편 두 조각을 다시 가열하고 겹쳐서 서로 단단하게 압착되도록 두드리는 일을 반복하는 방법은 고대부터 무기 등을 만들기 위해 사용된 전통적인 방법인데, 이 방법은 19세기 말 또는 20세기 초까지도 행해졌다.

두 개의 철판을 포개어 압착하는 이러한 방식은 오늘날에도 샌드위치강판(Sandwich Steel Sheet)이나 클래드강판(Clad Steel Sheet)을 만드는데 활용되고 있다. 철 한 조각을 납작해질 때까지 망치로 두드렸다가 다시 겹쳐서 덩어리 모양으로 만든 다음 목탄과 섞어 가열하는 공정을 반복함으로써 대장장이는 철판 속의 슬래그와 여타 불순물들을 제거할 수 있었다. 이러한 과정이 충분히 많은 횟수까지 거듭되면 괴련철은 침탄(浸炭)이 되어 탄소 함량이 증가하며 미세조직을 치밀하게 변화시켜 더 질기고 전성(展性)이 더 높은 단철(鍛鐵) 또는 단강(鍛鋼)을 얻을 수 있었다. 그리고 성분이 다른 블룸을 겹쳐가며 가열해서 두들겨 압접(壓接)함으로써 우수한 인성(靭性)에 날카로운 날을 만들 수 있는 적층강(積層鋼)을 제조하기도 했으며, 이것들이 전쟁에 사용되는 칼, 창, 화살촉 등의 재료로 사용되었다.

4.1.2. 인류 최초의 철 문명지, 아나톨리아

인류 문명의 발달과정을 설명하는 지배적인 고고학 이론은 삼시대법(三時代法)이다. 삼시대법은 무기와 도구의 소재로 무엇을 주로 사용했는가를 따져 고대를 석기, 청동기, 철기 시대로 구분하는 방법이다. 석기 시대와 청동기 시대에 이은 철기 시대는 철을 주로 사용하여 도구나 무기를 만들던 시대로서, 고고학에서 선사 시대를 분류하는 세 단계 중 마지막 단계이다. 철기 시대는 아프리카와 아시아에서 기원전 1500년경, 유럽에서는 그보다 500년 늦게 시작되었다는 것이 정설이다. 그러나 철기 시대는 대부분의 지역에서 인간이 문자를 사용한 역사 시대에 들어서면서 시작하였다고 할 수 있으며, 그 이후 철의 유용성이 확대되면서 더욱 많은 발전이 이루어졌다.

초기 대장장이들은 동 제련을 하면서 동광석과 함께 들어간 철광석에서 단단한 금속이 얻어지는 것을 우연히 발견하였으며 이를 계기로 철의 유용성을 알게 되고 철기시대가 시작되었다. 철의 유용성을 처음으로 터득하여 철기 문명이 시작된 곳은 터키의 아나톨리아 지역이었다는 것이 역사적인 정설이다. 지난 2005년 아나톨리아 지방의 카만칼레호육 유적(그림 4-2)에서는 철제 단검이 발견되었는데, 이 단검을 분석한 결과 이 단검은 BC 2100~1950년에 제조되었으며 단검의 소재는 운석이 아니고 철광석을 제련해서 만든 것임이 밝혀졌다.

발굴지 주변에는 제련 후 남은 슬래그도 출토되어 이곳이 인류 최초의 철 제련지라는 사실이 입증되었다. 이로써 인류의 철 생산 시기는 약 500년 이상 당겨졌다. 이 철제 단검 외에 아나톨리아와 가까운 조지아공화국과 아르메니아공화국에서도 초창기 제련시설과 유물이 여러 개 발견된 바 있는데, 이는 초기 철기시대가 아나톨리아 인근의 넓은 지역에서 시작되었음을 짐작케 하는 사례이다.

<그림 4-2> 카만칼레호육 유적 발굴 현장 사진

아나톨리아는 철기뿐만 아니라 청동기 제작도 처음 이루어진 곳으로, 당시 금속 제련기술이 가장 앞선 지역이었다. 이 지역은 히타이트인들이 북쪽에서 내려와 하투샤(Hattusha)를 수도로 하는 도시국가를 형성하고 있었는데, 이 지역의 철기 문명이 특히 우수했던 것으로 알려져 있다. 그 당시 이 지역 문명의 중심은 메소포타미아 지역의 강국인 바빌로니아였는데, 신생 히타이트인들은 이들과의 전쟁에 시달릴 수밖에 없었으며 살아남기 위해서 철을 적극적으로 활용해 자신들을 보호하는 방법을 찾았다.

히타이트인들이 하투샤를 수도로 정한 것은 이 지역에 철광석의 매장이 많기도 했지만 하투샤로 불어오는 황야의 맹렬한 바람을 이용하여 용광로의 온도를 올릴 수 있었기 때문이다. 이들은 자신들이 터득한 원시 제철기술인 괴철로 기술을 이용하여 괴련철을 제조하였으며, 이 철 원료를 가공하여 칼, 창, 방패 등 여러 가지 무기를 만들어 침략에 대비하였던 것으로 알려져 왔다. 그림 4-3은 히타이트의 철 유물인 칼, 투구 및 수레인데 그 시대의 뛰어난 철 문화를 보여준다.

<그림 4-3> 히타이트 철 유물(칼, 투구 및 철수레)

석기시대에는 들판에 널려 있는 돌멩이를 채취해 자연 그대로 사용하거나 깨거나 갈아서 사용하면 되었으므로 돌멩이에 별도로 열을 가할 필요가

없었다. 하지만 청동기 시대와 철기 시대에는 광석을 제련해 원하는 금속인 청동이나 철을 추출할 필요가 있었으며, 그러자면 열을 가해야 했다. 청동의 경우 1,000℃ 정도의 온도로 용융하여 제련이 가능하지만 철을 얻으려면 1,500℃ 이상의 고온이 얻어져야 용융해 분리해 낼 수 있다. 참고로 고대인이 관심을 가진 금속의 용융온도는 은 960℃, 금 1,063℃, 구리 1,083℃, 철 1,538℃이다. 그런데 이 정도의 고온을 달성하기는 당시로서는 쉬운 일이 아니었다.

초기 대장장이들이 광석에서 철을 분리해 그것을 튼튼하고 쓸모 있는 물건으로 전환하는 데 요구되었던 기술은 광석에서 구리를 성공적으로 뽑아내는 데 필요했던 기술보다 훨씬 더 어렵고 복잡했다. 구리 제련의 원리가 철에도 적용되지만, 구리 대장장이들이 썼던 방법을 가지고는 철광석에서 산소를 분리시킬 수 있을 만큼 충분한 열을 공급할 수 없었다. 또한 철광석의 환원 및 용융철 제련을 위해 필요한 일산화탄소의 양이 구리광석에 요구되는 것보다 훨씬 더 많아야만 했다. 철은 구리보다 더 높은 온도에서 녹을 뿐만 아니라, 산화철(酸化鐵)은 산화동(酸化銅)보다 산소와의 결합력이 커 산소의 분리가 쉽지 않았다.

4.1.3. 고대 중국의 제철

철 제련기술은 기원전 8세기 중앙아시아의 스키타이족(族) 유목민들에 의해 서쪽으로부터 중국에 전파되었다는 것이 현대 고고학계에서 유력한 가설이다. 중국 고대사의 권위자인 도널드 B. 와그너 박사(코펜하겐 소재 북유럽아시아연구소 선임연구위원)에 따르면, 중국에서는 은(銀)과 보석이 상감(象嵌)된 청동제 고급 검의 손잡이에 끼워 넣어지는 날로서 운철(隕鐵)이 기원전 11세기부터 사용되었다고 한다. 철제 날이 있는 고급 무기를 만드는 전통은 기원전 5세기까지 지속되었으나, 이 시기에 이르면 검 제작자들은 검의 날을 운철에서 제련된 철로 전환했다.

중국 허난성(河南城) 싼먼샤(三門峽) 부근에서 근년에 발굴된 서주(西周) 제후국의 집단 매장지에서는 대륙 북서쪽과 문화적 연관성이 있는 인공 유물 다섯 점이 출토되었다. 가장자리가 청동과 철로 된, 스타일에서 상호 연관성이 뚜렷한 이 유물 다섯 점을 분석한 결과 세 점은 운철이며 나머지 두 점은 제련된 철로 드러났다. 그림 4-4는 양자강 유역에서 발견된 철 유물로 기원전 8세기경에 만들어진 단검인데 단검의 손잡이가 옥이나 황금으로 되어있다.

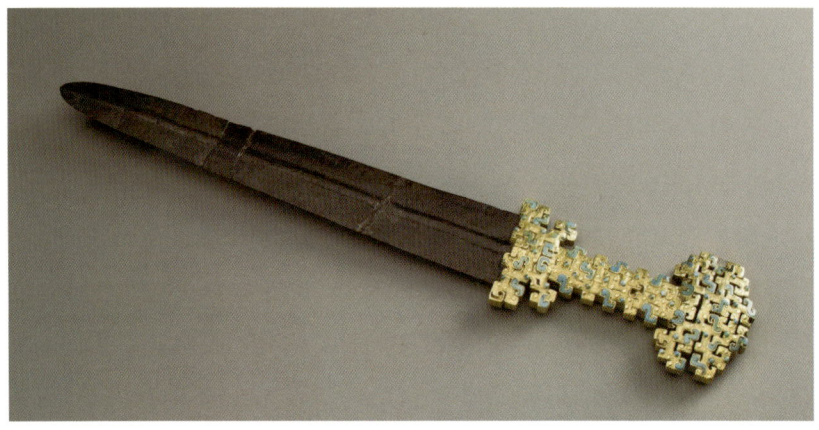

<그림 4-4> 손잡이가 옥과 황금으로 만들어진 중국의 단검

와그너 박사가 중국 제철의 기원을 스키타이족에서 찾는 자신의 이론을 가설이라고 하는 이유는, 아직 이 내용을 다룬 문헌들이 충분히 간행되지 않았을 뿐만 아니라 중앙아시아 스텝 지역에 살았던 스키타이족이 과연 철 제련 기술을 알았는지, 알았다면 그 시기가 언제였는지를 놓고 러시아 고고학자들 사이에 견해가 갈리기 때문이라고 설명한다.

그럼에도 불구하고 와그너 박사는 설득력 있는 가설로서 다음과 같이 주장하였다. 무기 제작을 담당하는 중국의 어떤 장인이 어느 시점에 중앙아시아 스텝 사람들에게서 괴철로(塊鐵爐) 제조를 배웠으며 이 괴철로에서 만든 철로써 운철을 대체하기 시작하여 청동제 무기보다 아마 더 성능이 좋았을 철제 칼날을 갖춘 무기를 제작할 수 있었다는 것이다. 이렇게 만들어진 무기는 초기에는 허술해서 아마도 청동제 무기에 필적하지 못했겠지만 당시 그 무기들은 아마도 실제 전투를 위해서라기보다는 보여줄 목적으로 제작되었을 것이라고 와그너 박사는 추정한다.

히타이트를 중심으로 만들어진 괴철로 제철기술은 당시 서아시아 문명의 중심지였던 바빌로니아를 비롯한 여러 지역으로 전파되었다. 남쪽으로는 도리아인이 살던 그리스를 거쳐 로마로 전해졌으며, 동쪽으로는 중앙아시아를 거쳐 인도 및 중국으로 전해졌다. 그러나 이것은 어디까지나 추정이고 중국인들이 스스로 제철기술을 터득했다는 주장도 있다.

어떻든 중국에서 철기가 처음 만들어진 것은 춘추시대로 추정되며 한나라 시대에는 상당한 규모의 산업이 조성되었으나, 중국의 철기문화는 서아시아보다는 500년 정도 늦다. 그때까지 중국 대부분 지역에서는 청동을 많이 사용하였는데, 청동의 주 용도는 제사용구와 무기였으며 일부 동남부 지역에서는 농기구 제작에도 활용하였다. 그러나 중국에서는 반(半)응고 상태에서 제조하는 괴련철을 활용하는 철제품과 더불어 용광로에서 선철을 완전히 녹인 다음 주조품을 제조하는 기술도 BC 4세기경에 개발하였다.

이러한 제철기술은 중국 동남부로 확산되고 나서야 뭔가 유용한 것을 만드는 데 사용되었다. 그때까지 중국 대부분 지역에서 청동의 유일한 용도는 제기(祭器)와 무기(武器)였다. 그런데 대륙 동남부의 '오랑캐들'은 중국의 영향을 받는 지역에 거주하는 사람들 중에서 최초로 청동을 대거 농기구 제작에 활용한 사람들이었다. 따라서 철은 이 지역 사람들에게 강인하고 저렴한 청동의 대체물을 제공하여 많은 농기구가 철로 제작되었다. 이곳에서는 철 주물의 제조도 처음으로 시도되었는데, 그것은 청동을 녹이는 데 사용되었던 종류의 가마에서 철 블룸을 침탄(浸炭)하고 용융하는 것으로부터 시작되었다. 단조(鍛造)보다는 주조(鑄造) 용으로 철을 공급할 목적에서 괴철로들이 최적화되면서 용광로가 BC 4세기경 세계에서 가장 먼저 축조되어 용융 선철을 생산하였다고 한다.

기원전 300년경, 중국 대장장이들은 철광석과 목탄이 섞여 타는 용광로에서 반(半)용융 상태의 괴련철 대신 걸쭉한 금속 액체가 나오는 것을 발견했다. 이것은 목탄의 탄소가 철에 흡수되어 용융점이 낮아졌기 때문인데, 이는 고대 중국에서 일찍이 고온환원법을 적용해 고탄소의 주철 내지는 주강을 생산할 수 있었다는 것을 의미한다.

실제 탄소함량이 2% 이상이 되면 용융점이 1,400℃ 이하 1,150℃ 범위까지 낮아지므로 용융철이 만들어질 수 있다. 이 온도는 뜨겁게 타는 목탄에 의해 달성될 수 있으며, 여기서 나온 뜨거운 용융철을 모형 틀에 붓고 기다리면 모형 틀 속에서 식어 주조제품이 만들어진다. 이렇게 만들어진 주조제품은 매우 단단하긴 하나 깨지기 쉬워 추가적인 열처리가 필요한데, 고대 중국 대장장이들은 이 비법을 터득한 것으로 추정된다. 그림 4-5는 이런 방법으로 제조된 것으로 추정되는 중국의 주조제품이다.

중국의 대장장이들은 철에 탄소를 공급하여 용융점을 낮추는 목탄의 역할을 이해하지는 못했으나 주철이 연철에 비해 가진 이점을 재빨리 알아냈다. 그들은 주조품의 활용을 확대하기 위해 개선된 특성들을 가진 주철을 생산하는 방법의 다양화를 시도했다. 이

<그림 4-5> 중국 고대 주철 제품

를테면 식었을 때 쉽게 깨지지 않는 주조 방법이나 주조 후 열처리를 해서 물성을 향상시키는 기술을 고안해 내었을 것으로 생각된다. 새로이 만들어진 주조기술을 활용해 복잡한 형태의 도구나 무기를 만드는 데는 청동이나 금의 주조를 위해 이전에 개발되었던 모든 기법들이 채택될 수 있었으며 이는 주철의 활용성이 확대될 수 있음을 의미한다.

복잡한 형상들의 주철 도구와 부품이 이런 작업을 통해 만들어질 수 있게 되어 주철은 이제 중국인의 일상 생활용품과 토목공사 도구를 만드는 중요한 소재가 되었다. 중국인에 의한 주철의 활용은 유럽보다도 훨씬 빨라 진(秦)·한(漢) 시대(BC 221~AD 220)에는 주철 생산이 널리 활성화 되었는데 그 당시 주철 생산량이 15만 톤을 넘어섰다는 기록이 있다.

춘추시대에 철기 생산을 시작한 중국은 진·한 시대에 들어오면서 제철기술도 발전하고 생산량도 대폭적으로 늘어났다. 그 중에 하나가 수차를 이용하는 수력 풀무의 발명이었고 용광로 개념의 용해로를 사용하였다는 것이다. 전술한 바와 같이 제철산업의 발달은 제철로의 온도를 올리는 기술의 발전과 궤를 같이 한다. 한나라 사람들은 수력 풀무를 활용하고 고온에 견딜 수 있는 내화물로 축조한 용광로를 사용함으로써 온도를 높일 수 있었으며 제조되는 선철의 양과 질을 향상할 수 있었다.

수력 풀무를 이용하여 사람이나 말에 의지했던 때보다 훨씬 많은 바람이 용광로 안으로 들어가 온도를 올림과 동시에 지속적으로 생산도 할 수 있어 생산량이 늘어났다. 철 생산이 늘어나면서 한나라는 농업 생산을 늘릴 수 있었을 뿐만 아니라 전쟁에서도 승리하여 번영을 누렸다. 철은 국가 경영의 필수품이 되어 소금과 함께 전매 제도의 대상이 되었으며, 이 때『염철론(鹽鐵論)』이라는 책도 출간되어 철과 소금의 제조와 분배에 대한 정책도 기술하였는데 이는 철의 높은 위상을 보여주고 있다.

고대-중세를 거쳐 세계 제일의 경제력을 보유한 중국에서는 끊임없는 영토 전쟁이 일어났으며 이 때문에 철의 수요도 증가하고 철강산업은 꾸준히 성장하였는데, 그 결과 다른 지역보다 많은 양의 철강을 생산하였다. 철 생산이 최고조에 이른 것은 송나라 때인데, 기록에 의하면 1078년에 12만5천 톤을 생산하였다. 이 양은 6백년 뒤인 18세기에 서유럽 전체 생산량보다 많은 양이다. 또 그 당시 어느 제철소는 1년에 1만4천 톤을 생산하였는데, 이 양은 같은 시기의 유럽 전체 생산량보다 많은 수준이었다.

기술 측면에서도 중국은 유럽에 앞섰는데, 대표적인 것이 주철 제조기술과 수차(水車)를 이용한 송풍기술이고, 용광로 형식 용해로의 개발이다. 또 송나라 시대에는 연료로 숯 대신 석탄을 처리한 코크스를 사용하였는데, 이는 유럽보다 700년 정도 앞선 것이다. 또 초강법(炒鋼法)이라는 제강기술을 한나라 시대에 개발하여 주강 제품을 만든 것으로 보고되고 있는데, 이는 유럽보다 1천년 이상 앞선 것으로 추정된다. 초강법은 용융 선철에 광석 가루로 만든 산화철을 넣으면 선철 중의 탄소가 산화철과 반응해 탈탄이 되면서 반용융 상태의 강을 만드는 기술이다.

전술한 바와 같이 중국은 유럽보다 우수한 철강기술을 오래 전에 개발하여 각종 생활용품, 농기구 및 무기를 제조하였다 그런데 왜 이러한 우수한 기술이 유럽 등 타 지역으로 전파가 되지 않았을까? 유추컨대 중국은 철을 전매제도에 의해서만 거래할 정도로 귀중하게 생각하여 철 기술의 외부 유출을 적극 막은 것으로 보고되고 있다. 특히 일부 제철기술이 거란, 여진, 몽고 등 이민족에게로 흘러나가 이들이 우수한 철제무기로 국경을 침범해오는 사례가 빈번하게 되어 기술 보호에 더 주의를 기울였다.

중국이 철강기술의 보호에 유의하였으나 동북쪽으로는 만주, 몽고, 한반도에 전래되었으며 남쪽으로는 베트남, 인도 등의 주변국에 전파될 수밖에 없었다. 송나라에서 철강기술을 배운 만주 지방의 거란과 여진은 자기들의 특기인 기병전에 이용될 무기를 개발하여 송나라를 지속적으로 침범하였다. 송나라가 영토를 내주면서 거란 및 여진은 송나라 북쪽 지역의 철 생산기반을 차지하게 되었고 철 기술 및 제품을 수출하기도 하였다. 몽고는 이 당시에 철 제련 및 무기제작 기술을 송나라, 거란, 여진으로부터 배우게 되었으며 이를 계기로 소아시아와 유럽 원정에 성공하여 대제국을 건설하였다.

인도의 고대 제철기술도 상당히 높은 수준으로 알려져 있는데 이 기술의 일부는 중국에도 전래된 것으로 보인다. 인도인들은 국내에서 생산되는 우수한 철광석과 제련기술을 이용해 우츠(Wootz)강을 만들었고 아랍인들은 우츠강을 이용해 다마스커스 검과 같은 고성능의 무기를 제조한 것으로 보고되고 있다. 이 기술이 유럽으로 전파되는 데는 오랜 시간이 걸렸는데, 이는 인도인이나 아랍인들은 제철기술에 대한 보안에 많이 신경을 썼기 때문이다. 이들은 유럽인들에게 우츠강은 동방의 먼 나라에서 온 것이라고 하며 아예 유럽인들이 제조기술에 대한 미련을 가지지 못하게끔 유도하였다고 한다. 그러나 일부 기술의 유출은 어쩔 수 없었을 것이며 이것이 결국에는 산업혁명 시대의 영국 제철기술 혁신에 영향을 미친 것으로 생각된다.

4.1.4. 고대 한국의 제철

중국의 제철기술은 기원전 3세기 한나라 시대(BC 206년~AD 220년)에 국가 전매기술로 보호받아 타 지역으로 빠져나가는 것이 매우 제한되긴 했으나 서로 간 긴밀한 왕래가 있었던 한국과 일본으로는 비교적 용이하게 전파된 것으로 보인다. 표의문자인 한자의 글자를 분해해 보면 그 의미를 알 수 있다. 철의 한자인 鐵을 분해해 보면 金 + 哉 + 王 가 되는데, 이는 철 또는 쇠가 금속 중에 왕으로 철의 쓰임새가 여러 가지 금속 중에 가장 중요하다는 것을 의미한다.

철은 銕로도 표기를 했다고 하는데, 이 글자를 풀어 보면 金 + 夷 가 되고 그 의미는 철은 만주와 한반도에 살던 동이(東夷) 민족이 잘 만들고 잘 다루었기 때문에 이렇게 표기한 것으로 해석하고 있다. 예로부터 철 기술은 만주 및 한반도로 전파되어 특히 동이족이 사는 동북아시아 지역에 제철산업이 잘 발달하였는데, 이를 보면 중국의 제철기술은 적어도 중화 문화권에 속해 있는 지역으로는 잘 전파가 되었던 것을 알 수 있다.

동아시아 지역의 고대 야철 유적의 공통점은 유적이 대부분 강변에 위치하고 있었다는 것인데 이는 일본도 마찬가지이다. 그 이유는 하천 상류에서 해안으로 광석이 이동하는 동안에 자연 선광되어 집적되는 사철의 채취뿐만 아니라 숯과 철제품의 원활한 수송을 위해서이다. 생산되는 제품을 보면 괴련철을 가공하여 생활도구나 농기구, 무기를 만들거나 용융상태의 선철을 주형에 부어 주물을 만들었다.

고도의 성능과 품질이 요구되는 제품들은 초강법 등을 이용해 강철에 가까운 가단주철(可鍛鑄鐵)을 만들어 고급 용도로 사용하였다. 그러나 강도도 높고 인성도 좋은 고품질 강의 경우는 무기 등의 용도로 수요는 많았음에도 불구하고 보급이 제한되었는데, 이는 초강법의 경우 대량생산이 곤란하고 소요되는 인적, 물적 자원이 너무 많아 제조원가가 높았기 때문이다. 따라서 철강의 대량생산에 의한 대중화는 베서머법이나 LD제강법과 같은 우수한 제강기술이 개발되는 19세기말까지 미루어질 수밖에 없었으며 그 전까지는 괴련철과 초강법 수준의 제조 방식의 소량 생산체제를 벗어나지 못했다.

한국에서 철기문화의 형성 과정에 대해서는 여러 설명이 있으나 대체로 크게 두 단계를 거쳐 형성되었다고 보고 있다. 첫째 단계는 중국제 철기가 들어온 시기로 기원전 4~3세기경인데, 이는 전국시대 연나라 화폐인 명도전(明刀錢)이 압록강 중류지방에서 서북지방에 걸쳐서 철기류와 함께 출토되었기 때문이다. 둘째 단계는 철기가 본격적으로 생산, 사용되기 시작한 시기로 기원전 108년 한나라 무제(武帝)에 의해 낙랑군(樂浪郡)이 설치된 시기인데, 이때부터 철기문화가 한반도에 본격적으로 유입되었다. 한반도 북부지역에 유입된 철기류는 중부지역을 거쳐 서남부지역까지 파급되었는데 이 시기의 철기는 주조로 된 농기구류가 주류를 이루고 있었는데 도끼·가래·낫 등 철제 농기구 주물이 한반도 전역에 걸쳐 출토된 것을 보면 알 수 있다.

그러나 이 시대가 지나면서는 단검·창·꺾창을 비롯한 무기류가 생산, 보급되기 시작하였으며 이 시기에는 치안을 유지하고 전쟁에 대비하는 용도로 제철기술이 활용된 것으로 추정된다. 중·남부지역 철기문화는 대부분 북한을 거치는 육로를 통해 유입된 문화를 수용하였다. 그러나 북한을 거치지 않고 해로를 통해 서해안 및 남해안을 거쳐 유입하기도 했는데, 이는 남해안 지역 조개더미 유적에서 중국의 남부지역에서 만들어진 화천(貨泉), 오수전(五銖錢) 등의 화폐가 발견되었기 때문이다.

한반도에 제철산업이 발달하고 있었다는 사실은 중국 역사서의 기록에도 나와 있다. 삼국지 동이전에 의하면, 기원전 한반도에는 변한과 진한이라는 (합해서 변진한이라고도 함) 부족국가가 경상도 쪽에 있었는데 변진한에서는 철이 생산되어 한(韓), 예(濊), 왜(倭) 등 주위국가에서 사갔고, 무역에서 화폐로도 사용하였다고 한다.(삼국지 권30 동이전 제30) 변진한의 제철기술은 중국 진(秦)나라에서 이주한 사람들이 갖고 왔으며, 여기서 생산되는 철은 양도 충분하고 품질도 좋아서 주위국가와의 교역품으로 무역이 활성화 되었고 다양한 철기문화를 이루었다고 한다.(후한서 권085 동이열전 제075 한) 이 시대의 주요 철 유적은 배천 석산리, 봉산 송산리, 신천 구원산 등이 있는데, 주로 해면철을 생산했다고 한다.

고구려의 경우는 평안북도 풍전리, 황해도 풍천리 등에서 쇠부리터라고 불리는 제철 유적이 다수 발견되었다. 풍천리 가마의 경우는 높이 188㎝ 직경 80㎝인데, 이는 선철을 생산하였던 용광로로 추정하고 있다. 유적은 노남리 위층, 삼귀리 고분, 풍천리 고분, 아차산 보루 유적 등 여러 곳에도 있는데 여기에서도 무기라던가 농기구가 많이 출토되었다. 아차산 유적에서 나온 화살촉을 분석한 결과를 보면 고구려 제철 기술의 수준을 짐작할 수 있다.

화살촉은 생산과 가공이 용이한 괴련철을 소재로 형태를 만든 다음에, 강도, 경도 및 인성이 요구되는 화살촉 끝은 강을 단접한 후 담금질을 하여 마르텐사이트 조직으로 만들었다. 담금질을 해서 마르텐사이트 조직의 제품을 만들었다는 의미는 화살촉의 소재가 주철이 아니고 가단주철 내지는 주강이었다는 의미인데, 이 당시 고구려인들은 초강법을 이용해 가단주철을 만든 것으로 보인다. 이 방법은 현대에도 대포알 제조 시 끝 부분을 마르텐사이트로 만들어 관통력을 증대시키는 것과 유사한 개념이다. 또 쇠를 녹일 때 강의 인성에 유해한 작용을 하는 유황을 제거하기 위해 조개가루를 사용하였는데, 조개가루는 유황의 함량을 줄이기 위해 요즘에도 사용되는 석회석을 대신한다고 볼 수 있다.

백제의 경우도 경기도 마장리 등 여러 곳의 쇠부리터가 발견되었는데, 이곳 가마는 직경이 1.2m 원형이었다. 충청북도 석장리에서도 가마가 발견되었는데, 이곳의 가마는 형상이 다양해 원형로를 위시해 방형로(方形爐), 장방형로 등 30여기의 제철로와 단조로가 발견되어 당시의 융성했던 제철업을 짐작할 수 있다. 이 당시 백제는 일본과 긴밀한 관계를 유지하고 사신이 오가고 하였는데, 근초고왕(AD 346-375) 때에는 일본에서 온 사신에게 철정 40개 등 여러 가지를 선물로 주었다고 한다. 그리고 백제 왕세자 기생성음(奇生聖音)이 왜왕 지(旨)를 위해 백련강(百鍊鋼)으로 칠지도(七支刀)와 함께 철정 40개를 만들어 주었다는 기록도 있다.

칠지도는 1953년에 일본 국보로 지정되었으며, 현재 이소노카미 신궁에 소장되어 있다. 칠지도를 만든 백련강은 괴련철을 목탄로에 넣어 가열시키며 침탄이 일어나도록 함과 동시에 철편을 두드리며 접는 과정을 수없이 많이 반복하여 제조한 강철과 유사한 특성의 단철이다. 백련강은 2세기경 중국 동한(東漢)에서 만들어진 공법으로 이 시기에 발달한 초강법으로 만들어진 강을 이용하였다고 하는데, 이 기술이 한반도로 전래된 것이다. 이는 중국과 한반도에서의 철강기술 차이가 100~200년 정도임을 알 수 있고 빈번하고 원활한 철강 기술의 교류를 짐작할 수 있다.

신라는 울산의 달천광산 철광석과 경주 북천에서 생산되던 사철을 사용하여 철 생산을 활발히 하였다. 이 일대에는 울산 달천 야철지, 경주 녹동리 야철지 등 여러 개의 유적이 발견되고 있다. 이 지역 야철지의 경우에 제련로, 정련로, 주물로 및 단조로가 모여서 조성된 것이 발견되는데, 이는 대규모 일관 제철공장을 운영한 것을 의미한다. 제련로는 주로 원형로였으며 그 외에도 장방형로와 타원형로가 있다.

　울산 달천의 철광산은 노천광산으로 우리나라 최초의 철광산인데 기원전 1세기부터 채광이 이루어졌으며 규모도 남한에서는 가장 크다. 고대 제련로 유적에서는 슬래그가 항상 출토되는데 이것을 분석하면 사용되는 철광석과 부원료를 짐작할 수 있다. 일반적으로는 결정질의 철감람석(Fayalite), 수지상의 위스타이트(Wuestite) 및 유리질의 Slag가 관찰된다. Slag에는 현대 용광로에 비해 철의 함유량이 많이 섞여 있어 30~50%나 되는데 이는 철 회수율이 매우 낮아 비효율적인 정련이 이루어졌음을 말한다. 달천광에는 소량의 비소가 들어 있으며 여기서 생산된 괴련철이나 선철에도 포함되어 있다. 흥미로운 것은 일본의 주요 야철지에서 발견되는 철 유물에도 비소가 발견된다는 것인데, 이는 달천 철광이 일본으로도 수출되었음을 알 수 있다.

　삼국사기에 의하면 신라는 제철산업의 중요성을 일찍부터 인식하고 철유전이라는 국영공장을 운영하고 철 생산을 국가가 통제하였다고 한다. 573년에는 신라 3보(三寶) 중 하나인 장육존상이라는 대형 석가삼존 불상을 제조하여 황룡사에 조성하였으나 고려 고종 몽고병란 때에 녹아 없어졌는데, 총 무게는 3만5천근(21톤)이고 철이 1만2천근이 들어갔다. 이 불상은 당시 아시아 최대의 철 주조품으로, 주조를 위해서 약 25톤의 용탕이 필요했다. 이는 장육존상의 주조를 위해 근처에 대형 용해로가 필요했고 또 가까이에 대단위 야철 단지가 조성되었다고 판단된다. 그림 4-6은 9세기 통일신라시대에 만들어진 철제 불상으로 서산 보원사지에서 발견된 것인데, 장육존상보다는 작으나 여전히 커 높이가 1.5m나 된다.

　고려와 조선시대에도 철은 여전히 국가가 엄격히 생산을 관리하였으며, 생산규모도 조업공정도 점진적으로 확대되고 개선되었다. 철은 생활용구나 농기구로 사용되었으나 동북해안으로 침범해오는 여진족과 남동해안으로 침범해오는 왜구를 격퇴하기 위한 대포를 만드는 데에도 활용되었으며 이 대포는 함정에도 비치하였다. 고려 말 기록을 보면 1308년에 왜선 500척이 진포구에 들어 왔는데, 해도원사 나세와 최무선이 대포를 비치한 전함 100여 척을 이끌고 가서 적을 소탕했다는 기록이 있다. 이처럼 당시 선내에 화포를 설치하고 해전을 진행한 것은 세계 해전사에도 드문 일이었다. 대포를 만드는데 소요되는 철은 화약의 폭발력을 견딜 수 있을 만큼 강해야 하는데, 이 때문에 종래에 청동으로 만들어지던 대포는 철로 바뀌었다.

<그림 4-6> 서산 보원사지에서 발견된 통일신라시대의 철제 여래좌상

선철을 사용한 주철품을 사용하는 데는 한계가 있어 조선시대에는 초강법으로 제조한 주강을 활용하여 고급 제품을 만들었다. 이 방법들은 모두 조선의 개국과 함께 해군의 전력을 강화하는데 활용되었는데, 이를 기반으로 임진왜란에 왜군을 바다에서 패퇴시킴으로써 나라를 보전하는데 기여하였다. 이 때 혁혁한 공을 세운 이순신 장군은 화포기술도 잘 활용하였을 뿐만 아니라 철판으로 배를 씌운 거북선을 건조해 해전에서 승리를 이끌었다. 이와 같이 철이 국가의 안전을 지키는 주요 물자인 만큼 철의 생산과 유통은 국가가 직접 제도적으로 관리하였는데, 검철법(檢鐵法)과 철장제(鐵場制)가 그것이다.

조선시대에 생산되는 철은 무쇠인 생철(生鐵)과 단철인 숙철(熟鐵)이 있었는데, 생철은 주로 농기구 제작에 사용되고 숙철은 무기 제작에 사용되었다. 세종실록 기록에 의하면 전국적으로 22개읍 23개소에서 철이 생산되었으며 생산량은 15만근/년(90톤/년) 전후로 추산된다. 17세기 말에는 석축형 제철로가 축조되어 반영구적으로 조업을 하였는데, 달천광산을 중심으로 하여 그 일대에 약 60여개소가 밀집되어 분포되어 있다. 석축로의 크기는 길이가 9~20m, 넓이 3~9m, 높이 1.3~3m로 종래의 용해로에 비해서는 대형화 되었다.

4.1.5. 고대 일본의 제철

일본에서 철이 언제 독자적으로 생산되기 시작했느냐에 대해서는 여러 가지 설이 있으나 대략 서기 3세기 야요이 시대 후기에 철을 사용하기 시작하였으며 5세기 이후 고분시대에 철을 제조하기 시작했다는 것이 정설이다. 제철기술의 유래 경로는 중국에서 직접 전래되었다고도 하고 한반도를 거쳐서 전래되었다고도 하는데, 두 경로 모두에서 기술이 전래되었다고 보는 것이 타당성이 높다. 도입 초기의 제철은 소형 가마를 이용하는 매우 원시적인 방법이었는데, 6세기경에 한반도에서 이주민이 넘어오면서 더 발전된 제철기술을 사용할 수 있게 되었다.

일본 장인들은 이주민에게서 배운 제철에 대한 지식을 토대로 고유의 제철법을 개발하였는데 이것이 타타라 제철법(たたら製鐵法)이다. 타타라는 풀무를 밟아 바람을 불어넣는다는 의미인데, 일본인이 개발한 기술의 핵심은 공기 송풍설비로 추정된다. 실제로 어떤 품질의 철을 생산하느냐는 가열온도에 달려 있고 또 가열온도는 숯을 풍족하게 넣었다고 보았을 때 얼마나 효율적으로 공기를 불어 넣느냐에 의해 결정되기 때문이다.

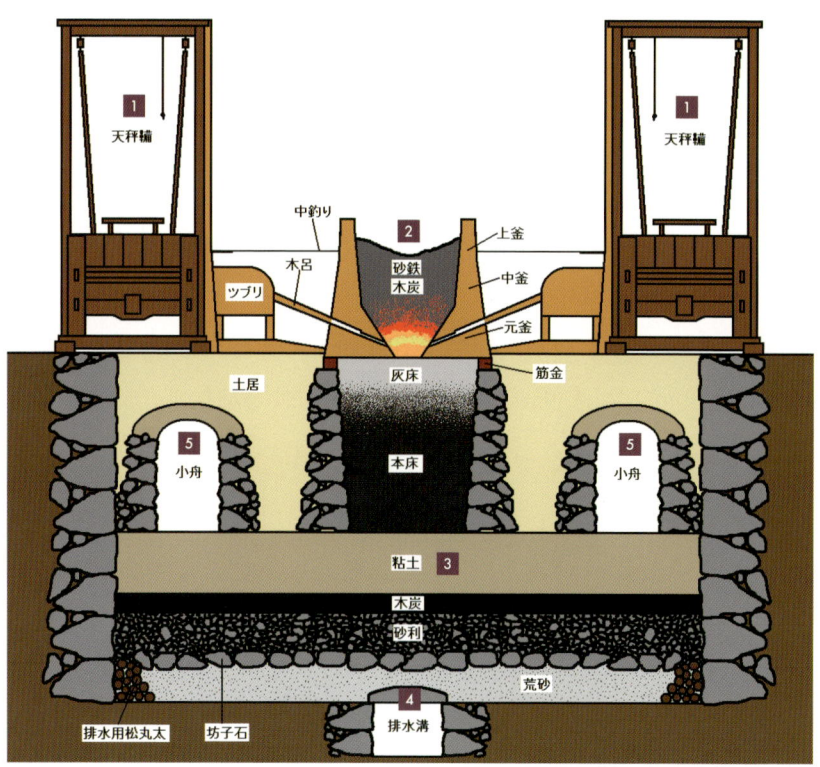

1 텐빈후이고(天秤鞴) : 발로 밟는 풀무로 '로'에 바람을 불어넣는 장치
2 로(爐) : 하부로 갈수록 좁아지는 형태의 '로'
3 지하구조 : 지하 1.5m~2m 깊이로 두꺼운 점토층을 쌓아 지하수와 습기를 차단
4 배수로 : 점토층 아래 목탄과 자갈을 쌓고 최단부에 배수구를 설치
5 소주(小舟) : 습기 배출과 열을 차단하기 위해 작은 배 모양의 공간 설치

<그림 4-7> 타타라 제철법

타타라 제철로(製鐵爐)는 그림 4-7에서 개략도를 보여주고 있는데, 밑바닥은 점토 및 목탄을 두껍게 깔아 수분을 제거하고 열손실을 막도록 하였다. 제철로는 장방형으로 길이는 250~300㎝, 폭은 70~90㎝, 높이는 110㎝ 정도인데, 여기에는 사철 16톤 및 목탄 12톤의 원료가 투입되어 4일간 조업을 함으로써 케라(연철과 슬래그의 반용융 혼합물) 3톤을 생산하며, 선철의 경우 2톤을 생산한다고 한다. 제철로를 구축하는 데에는 4개월 정도가 걸리는데, 그 대부분의 기간은 기초공사에 소요되고 노 자체의 축조는 하루, 이틀이면 끝난다.

 일본에는 타타라 제철로와 같은 제철 유적지가 150여개나 되는데, 그 대부분은 시마네 현에 집중되어 있고 일부가 이즈모 지역이나 쯔루가 지역에 분포되어 있다. 시마네 현에 유적지가 집중되어 있는 이유는 신라에서 흐르는 동해안 해류를 타고 한반도의 제철기술이 전달되었기 때문이며, 그리고 이 지역에 고크로뮴(Cr) 사철이 많이 생성되어 있고 풍부한 산림자원이 있어 목탄 공급이 용이했기 때문이다. 시마네 현에는 제철에 관한 유적을 복원하여 많은 관광객을 유치하고 있는데, 이 지역에는 스기야타타라 유적지, 철 역사박물관, 아사히타타라 유적지, 와코 박물관 등이 있다. 이 지역은 옛날의 타타라 제철공장이 현존하는 마을로, 18세기 중엽부터 20세기 초까지 제철공장을 운영하였다고 한다.

 타타라 제철법은 저온환원법에 의해 철을 생산하는데, 먼저 해면철처럼 구멍이 많이 들어있는 연철과 산화물 덩어리인 슬래그가 반용융 상태로 붙어있는 케라를 제조한다. 케라는 채취 후 분쇄하여 연철을 분리하는데, 분리된 연철은 목탄과 함께 수차례 가열해 침탄 및 단조를 해서 옥강이라는 강철을 만든다. 일본도는 타타라 제철로 조업에서 나온 이 옥강을 이용해 만드는데, 일본이 만든 대표적인 고급 철강제품이다. 일본도를 만든 목적은 호신용이며 전쟁에서 적을 물리치기 위한 것이지만, 일본에서의 일본도는 단순한 무기가 아니라 사무라이 정신을 상징하는 표상이기도 하다.

에도시대가 되면서 일본도는 검술의 연마를 통한 자기수양의 도구 및 이를 통한 신분상승을 위한 수단으로 바뀌어가면서 일종의 정신문화로서 자리 잡았고 사무라이의 상징으로 여겨졌다. 전국시대 말기 도요토미 히데요시는 집권 중에 시행한 가타나가리(刀狩り) 제도에 의해 오직 사무라이만이 칼을 차고 다니도록 하고 그 외에 농민 같은 사람들로부터는 칼을 몰수하여 병농 분리정책이 행해졌다. 쇼군은 유명한 장인에게 일본도의 제작을 의뢰하고 보관하였다가 총애하는 사무라이에게 선물로 주기도 하였다.

일본도 못지않게 일본 역사에 영향을 크게 미친 것은 화승총이다. 화승총은 일본 남쪽의 다네가시마 섬에 표착한 포르투갈 범선으로부터 1543년에 전래된 것인데, 그 성능이 우수하여 도주(島主)가 야이타라는 대장장이에게 복제를 명령함으로써 일본에서 만들어지게 되었다. 야이타가 처음 만든 화승총은 포르투갈 기술자를 초빙하는 등 수많은 시행착오를 거쳐 대량 생산에 성공하였다. 화승총은 오사카 남쪽 구니모도 마을 등지에서 제작이 활발히 이루어졌는데, 이는 그 당시 이 마을에서 조선인 대장장이들이 우수한 품질의 철강을 생산하였기에 가능한 일이었다.

일본을 최초로 통일한 오다 노부나가는 일찍이 화승총의 중요성을 인식하고 총으로 무장한 소수정예 병력을 활용하여 막강했던 다케다 신겐 부대를 굴복시킴으로써 일본열도 통일의 주도권을 확보할 수 있었다. 철포 전래 30년이 지난 16세기 후반 일본이 보유한 총의 수가 수십만 정에 이르러 당시 유럽 전체의 보급량을 넘어섰다고 한다. 일본은 이런 특수 목적의 철강을 개발함으로써 철강기술은 급속도로 발전하였으며, 이 기술을 기반으로 우수한 성능의 무기와 전함을 만들어 20세기에는 아시아 국가를 점령하고 세계대전을 유발한 것으로 보인다.

17세기 중반 이후 활발해진 일본과 네덜란드와의 교역도 일본 철강업에 적지 않은 영향을 미쳤다. 네덜란드로부터 갖가지 기계제품이 소개되었는데, 기계류 제품의 생산기술은 수입했지만 소재가 되는 철강은 국내에서 조달해야 했기 때문이다. 여기에는 일본 전통의 타타라 제철법이 큰 역할을 했는데, 철의 소요량이 대폭 증가함에 따라 제철로의 지하구조가 대형화 되고 천장 풀무가 개발되어 송풍력이 크게 증대되었다. 송풍력이 증가하면서 조업온도가 상승함에 따라 만들어지는 철은 고온환원법의 원리로 정련이 되어 반용융 고탄소 선철이 만들어질 수 있게 되었다.

강철을 제조하는 방법에도 변화가 왔는데, 선철을 재가열하여 용해한 다음 초강법의 원리를 응용해 철광석을 넣어 반용융 상태의 강을 만든다던가, 아니면 고탄소 용융 선철과 불순물이 거의 없는 연철을 섞는 관강법(灌鋼法)의 원리를 적용하여 강을 만든다던가 하는 것이다. 원료 측면에서는 이제까지는 강에 쌓여 있는 사철을 사용하는 대신 화강암이 풍화되어 형성된 풍화토를 물과 함께 통로로 흘러내려 비중(比重) 선광을 통해 사철 생산량을 늘려나갔다. 이러한 철강의 생산체제는 19세기 말에 오오시마 다카토가 유럽기술을 활용한 일본 최초의 임해(臨海) 제철소인 카마이시제철소를 건립할 때까지 지속되었다.

4.1.6. 고대 인도의 제철

인도에서 철의 발견은 기원전 1200년경으로 거슬러 올라간다. 고대 인도인에게 알려진 최초 형태의 철은 철광석이 아니라 자연에 그대로 노출된 단철(鍛鐵)이었다. 이 단철, 즉 천연철(天然鐵)은 철의 자연 상태의 모습으로 지구 표면 위에 놓인 금속 형태였으며 화학 분석을 해보면 6~8%의 니켈을 함유했다. 이 사실을 보면 고대 인도에서 만들어진 철은 인간이 광석을 정제해서 만든 철이 아니고 우주에서 떠돌다가 지구 대기권으로 낙하한 운철이었다. 이 운철을 이용해 가공하는 기술로부터 시작한 고대 인도에서의 제철은 기원전 4세기 처음 시작된 것으로 알려져 있다.

파키스탄과 접한 인도 북부의 라자스탄 주(州)에는 철 생산 유적들이 지금까지도 남아 있다. 많은 외국 왕들은 그들이 인도 왕들에게서 인도산 철과 강철로 만든 검과 장신구, 그리고 주괴(鑄塊)를 선물 받은 사실을 기록해 놓았다. 고대 인도인들은 장신구를 만드는 데 불순물인 인이나 황이 낮은 헤마타이트로 제조한 선철을 사용했다. 고대에는 철이 금보다 비쌌기 때문에 철은 구슬 모양의 장식품을 만드는 데 주로 사용됐다.

인도에서 철은 문명의 근대화를 나타냈다. 인도 수도 델리에는 AD 310년에 제작된 무게 7톤짜리 철 기둥이 지금까지 서 있다(그림 4-8). 이 기념물은 고대 인도인들이 철을 다양한 방식으로 사용했다는 사실을 잘 보여주고 있다. 고대 기록들에 의하면 인도산 철과 강철은 여러 세기에 걸쳐 그리스와 로마 같은 먼 나라들로 수출되었다. 세계 각지에서 인도 철에 대한 수요가 매우 높았다는 것은 외국 왕들이 인도 철을 얻으려고 거금을 지불했다는 기록에서 잘 알 수 있다.

<그림 4-8> 델리의 철 기둥

고대 인도에서 철과 강철 교역은 수지맞는 사업이었다. 인도 철과 강철은 많은 나라 사람들이 선호하였으며 세계적으로 유명한 다리와 기념물도 인도 철을 사용해 세워졌다. 이와 같은 사실이 의미하는 바는 인도에서의 제철기술이 고대에서부터 상당히 성숙한 경지에 이르렀음을 알려주는데, 학자들은 중국의 우수한 제철기술이 서역지방을 통해 인도에도 전해졌을 것이라고 한다.

기원전 400년경, 인도 대장장이들은 어쩌다보니 철에 원하는 분량의 탄소를 결합시키는 제련법과 텅스텐, 바나듐이 포함된 철광석을 사용하여 강철을 제조하였다. 이 기술의 핵심은 용융된 금속을 담는 진흙 용기, 즉 도가니였는데, 대장장이들은 괴철로에서 제조한 작은 연철 막대기들과 목탄 조각들을 도가니 속에 집어넣고 그것을 밀봉한 다음 가마 속에 삽입했다. 그들이 풀무로 바람을 불어넣어 가마 온도를 높이자, 연철은 목탄 속의 탄소를 흡수하고 녹았다.

도가니가 식자 순수 강철 주괴(鑄塊)들이 도가니 내부에 누워 있었다 (그림 4-9 참조). 이렇게 해서 만들어진 강철을 '우츠 강철'이라고 부른다. '우츠'는 인도말로 '철'이라는 뜻이다. 인도 제철업자들은 그들의 우츠 강철을 전 세계에 내다 팔았다. 시리아 대장장이들은 우츠 강철을 사용해 지금까지 전설적인 검(劍)으로 전해 오는

<그림 4-9> 우츠 강철 제조 재현 모습

'다마스쿠스 검'을 제작하였다. 이 '다마스쿠스 검'은 공중에 흩날리는 새의 깃털을 자르기에 충분할 정도로 날카롭다고 전해진다.

인도산 강철은 무역상을 통해 스페인의 톨레도까지 전해졌는데, 그곳에서 대장장이들은 로마 군대를 위해 칼을 만들어냈다. 로마에 강철을 납품하면서 아비시니아(오늘날 에티오피아) 제국의 무역상들은 로마 사람들을 속이기도 했다고 한다. 그들은 로마사람들에게 강철이 중국에서 온 것이라고 거짓 정보를 주었다. 만일 인도에서 온 것이라고 하면 로마 군대가 인도를 침략할 수도 있기 때문에 거짓 정보를 준 것인데, 중국은 강철을 빼앗으러 정복하러 가기에는 너무 멀다고 생각했기 때문이었다. 따라서 로마 사람들은 그들이 구입한 것을 중국 강철이라고 불렀으며 그것을 사용하여 무기를 비롯해 기본적인 도구와 건축 장비를 만들었다. 이로써 철이 귀금속 취급을 받던 시절은 옛일이 되었으며, 세계에서 가장 사나운 로마 전사(戰士)들은 이제 강철 무기를 휴대하게 되었다.

스리랑카 대장장이, 계절풍을 사용한 제철

해마다 6월부터 9월까지 강력한 계절풍이 인도양에서 꾸준히 불어 동남쪽을 향하는 스리랑카의 언덕과 산등성이의 경사면에 몰아친다. 그 바람은 이 나라 곳곳에 장대비를 몰고 오지만 비가 오지 않는 다른 지역은 마치 헤어드라이어로 머리를 매만지는 것 같은 상태로 남긴다. 이런 지역이 바로 건조대(乾燥帶)인데, 스리랑카 섬에서 남쪽으로 치우친 중앙부에 해당하는 건조한 사마날라웨와 지역이 여기에 해당한다.

지난 1996년 고고학자들은 인도양에서 발원하는 계절풍이 기원후 첫 1천년간 스리랑카와 인도 등 남아시아가 강철 생산에서 뛰어난 기량을 발휘할 수 있었던 천연 원동력이라는 놀라운 증거를 찾아냈다. 영국과 스리랑카 고고학자들은 그곳에서 이전에 알려지지 않았던 기술을 통해 고탄소강을 생산하는 데 항풍(恒風)을 이용한 것으로 보이는 철 제련 가마 잔해 41곳을 발견했다. 이들이 이 고대 가마의 복제품을 만들어 실험해보니 제련기술의 기초가 되는 원리가 드러났는데, 그것은 자연 풍압(風壓)을 사용해 목탄 화력을 계속 뜨겁게 유지할 외풍(外風)을 만들어내는 것이었다. 학자들은 이 실험을 통해 그 가마가 품질 좋은 강철을 상당 분량 생산하는 능력이 있음을 증명했다.

스리랑카에서 보여주는 형태의 가마는 7세기에서 11세기 사이에 세계 여러 곳에서 가동되고 있었으며, 강철뿐만 아니라 주철도 많은 곳에서 생산되고 있었다. 이 중에서도 가장 귀하게 여겨지고 널리 거래되었던 것은 인도와 스리랑카의 강철이었는데, 그 품질은 이슬람 문헌에서 높이 평가할 정도로 뛰어났다. 이들이 사용한 가마 가운데 일부는 날카로움과 튼튼함으로 정평이 있는 전설적인 다마스쿠스 검(劍)을 위한 강철을 만드는 데 사용되었을 것으로 학자들은 보고 있다.

　스리랑카 정부에 위촉돼 사마날라웨와 지역 발굴을 지휘한 영국 고고학자 길 줄레프는 "이것은 남아시아의 고탄소강 생산을 보여주는 가장 이른 시기의 현장 증거"라고 밝혔다. 줄레프에 따르면, 조사 결과 이 지역에서 시간적으로 2천년에 걸치는 철 제련 장소 139곳이 발견되었는데, 그 중 적어도 한 곳은 기원전 3세기로 거슬러 올라간다. 풍력 가마들의 수와 특징으로 판단하건대, 이 혁신적인 기술은 당시로서는 엄청난 양이었을 연 10만 톤의 강철을 생산하는 산업을 지탱했을 것으로 추정되었다.

　1996년 1월 과학저널 『네이처』에 실은 보고서에서 줄레프는 이렇게 말했다. "분명 성공적이었으며 잘 조직됐고 아마 중앙에서 통제되었을 그 산업은 사마날라웨에 국한되지 않고 부근 지역들로 확대되었을 것으로 보인다. 9세기에 정점(頂点)에 도달한 그 산업은 11세기에 고고학 기록에서 사라지는데, 아마 남부 인도로부터 침략당한 결과인 것 같다. 그 침략은 정치적·인구통계학적인 대변동, 그리고 결국 스리랑카 '건조대(乾燥帶)'의 종말을 불렀다."

　미국 펜실베이니아 대학 고고·인류학 박물관의 고고(考古) 야금학 전문가 빈센트 피곳 박사는 줄레프의 연구를 높이 평가하면서 '이것은 고고야금학에서 주요한 진전'이라고 말했다. 이 분야의 또 다른 전문가인, 캘리포니아 대학 버클리 캠퍼스의 고고학자이자 야금학자인 텔라 로이는 그 연구가 '과학적 해석의 빼어난 작업'이라고 말했다.

　줄레프를 비롯한 고고학자들이 사마날라웨와 서향(西向) 언덕들의 잔해들 속에서 찾아낸 것은 자연 바람의 다른 적용에 기초한 가마들이었다. 그들의 조사는 그 지역의 많은 부분을 수몰시키게 될 수력발전 댐 건설공사 준비작업의 일환으로 1988년 시작되었다. 고고학자들은 제련장소 77곳에서 가마 구조물 41개를 자세히 조사했으며, 그 지역에 한때 아마 제련공이 3천 명 있었을 것이라고 판단했다.

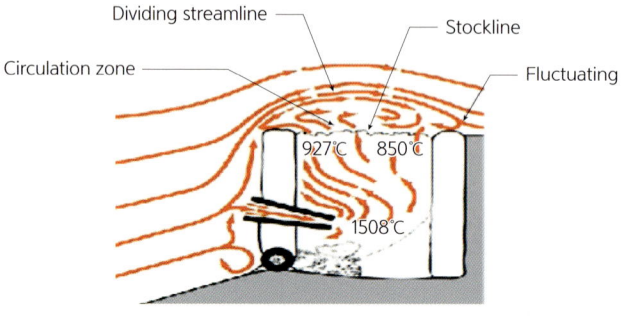

<그림 4-10> 고대 풍력 가마 (=researgate.net)

  그림 4-10에 보여주다시피 오르막 비탈로 흐르는 지상에 근접한 바람은 언덕 꼭대기에서 최대 가속에 도달해 가마와 만났다. 바람이 가마의 앞쪽 벽을 넘으면서 그것은 두 층으로 분리되었다. 가마 정상의 열린 구멍 위를 통과하는 바람은 저기압 대(帶)를 만들었으며, 그것은 앞쪽 벽의 도관(導管)들을 통해 가마 내부로 공기를 빨아들이는 외풍을 일으켰다. 공기 순환 패턴이 그러했으므로 가장 높은 온도와 최상의 제련 조건이 앞쪽 벽 바로 내부에 집중되었고, 거기에서 녹은 철이 광석으로부터 분리됐다.

  경사면에 지어진 복제품 가마들을 가지고 한 시험에서 줄레프는 그 방법에 의해 어느 정도까지 철을 용융하는 데 충분한 꾸준한 온도를 낼 수 있음을 확인했다. 현대식 용광로만큼은 아니지만 많은 풀무 방식보다 자연 바람 방식이 더 나았다. 게다가 이 기술은 짐작컨대 더 비용 효율적이었을 것이다. 왜냐하면 그 방식은 풀무를 조작할 많은 인원을 필요로 하지 않았기 때문이다. 줄레프는 "그 가마를 실제 가동해 강철을 뽑아냈다. 그렇게 해서 만들어진 강철은 많은 경우 비교적 슬래그가 없고 대부분 탄소 함량이 높으며 고탄소강으로 분류될 수 있었다"고 말했다.

4.2. 용광로 기반의 혁신 제철기술 - 중세에서 현대까지

4.2.1. 용광로법과 석탄의 이용

◦ 용광로를 이용한 선철의 제조

고대의 제철에는 전술한 바가 있는 괴철로 기술이 주로 사용되었는데, 이 괴철로를 사용해서는 철광석을 충분히 녹일 높은 온도를 낼 수가 없었다. 그리고 괴련철과 함께 섞여있던 슬래그는 철과 분리되지 않았으며, 분리를 위해서는 노를 깨트려야 하였다. 노에서 나온 반용융상(半溶融狀)의 괴철은 몇 번이고 거듭 단련하여 슬래그를 짜낸 다음 여러 가지 모양으로 가공하였다. 이와 같은 방법은 지역에 따라 차이가 있긴 하나 히타이트, 그리스, 로마, 중국, 인도, 일본 등 동, 서양에 걸쳐 공통적으로 사용되어온 기술이었다. 이 고대 제철기술은 시간이 지나면서 고온을 확보하는 기술이 점차적으로 발전하였고 이에 따라 침탄에 의해 탄소량이 증가하여 용융점이 낮아진 용선의 확보가 가능해졌다.

고온 역에서의 침탄에 의한 제강법과 함께 연철이나 용선을 원료로 하여 초강법이나 관강법과 같은 제강법도 이 시기에 개발되어 강철을 제조하고 전쟁에 쓰는 무기나 생활용품을 제작하기도 했다. 그러나 탄소량 2.0% 이하의 강철을 용융상태로 얻기 위해서는 1,400℃ 이상의 온도가 확보되어야 하는데 아직은 기술의 성숙도가 충분치 않았다. 이러한 기술개발 동향은 지역적으로도 차이를 보이고 있는데, 여기에서 핵심적인 기술적 발전은 어떻게 하면 대량의 용선을 염가로 제조할 수 있는가에 달려있었다. 14세기 초에 이르러 유럽에서 용광로가 발명되면서 종래의 괴철로 공정을 대체하게 되었고, 용광로를 사용하면서부터 용융상태의 철을 대량으로 생산할 수 있었으며 사용했던 정련로를 깨트리지 않고 재사용할 수 있었다(그림 4-11 참조).

<그림 4-11> 초기 용광로(왼쪽)와 현대식 용광로

용광로(鎔鑛爐)는 높이가 높아 고로(高爐)라고도 불리는데 유럽에서의 발상지는 독일의 라인강 유역의 지겔란트 지방이며 시기적으로는 대개 14, 15세기로 추정된다. 종래의 괴철로 제철기술은 로마 시대에 발전하여 남쪽으로부터 전수되었는데, 이 기술이 고로기술로 바뀌면서 점차로 서쪽으로 옮겨가게 되었다. 서부 독일에서 시작한 용광로법은 그 후 점차 서쪽으로 진

출하여 벨기에와 프랑스 서남부로 퍼졌고, 15세기 말에는 영국의 남(南) 서섹스 해안으로 건너갔다.

　제철 산업은 16~17세기를 통하여 여러 지방에서 견실하게 성장하였으며, 특히 영국 서부의 세번 강 하류에 있는 딘 숲속의 제철은 그 강 상류에 있는 버밍엄, 더들리, 셰필드 등 중부 잉글랜드 지대의 철제품 제조와 결부되어 제철 산업의 새로운 규모와 형태를 나타냈다. 당시의 고로를 보여주는 그림을 보면 제철소는 수차가 도는 계곡 하천에 자리 잡고 있으며 그 주위에 광석 처리공장, 정련공장 및 성형공장이 위치하고 있다.

　용광로 옆에 수차가 자리 잡은 것을 보면 종래 인력이나 가축으로 바람을 일으켜 용광로에 송풍하던 것이 수력으로 바뀌었음을 알 수 있다. 이것은 고로의 개발 목적이 용융 선철을 만드는 것이기 때문에 온도 확보 관점에서 이루어진 첫 번째 개선이다. 고로의 송풍에 수차를 이용함으로써 강력한 바람을 대량 취입하게 되면 목탄의 연소가 가속화되고 높은 온도를 발생시킨다. 그러면 목탄의 탄소가 환원철에 활발히 침투하게 되어 용융점이 낮아지고 환원철은 용융상태로 변하게 된다.

　고로로 만들어진 철을 선철 또는 주철이라고 부르는데, 탄소함량은 1.7% 이상이다. 순수한 철의 용융점은 1,538℃이지만 탄소가 증가하여 2% 정도가 되면 용융점은 1,400℃ 가까이 되고 탄소량이 3~4%에 이르면 용융점은 1,200℃ 이하까지 낮아진다. 따라서 탄소량이 2.0% 이상인 선철은 고로 안에서 용융상태로 존재할 수 있게 되었다.

　용융선철을 만들기 용이하도록 취해진 두 번째 개선은 고로의 부위별 형태를 최적화하는 것이다. 이를 위해서도 두 가지 방안이 취해졌는데, 먼저 용광로 송풍구 아래 부분의 지름을 줄여 온도의 집적을 최대화하는 것이다. 또 하나는 풍구에서 노정(爐頂)까지의 길이, 즉 용광로 샤프트 부위를 길게 하여 열효율을 최대화하는 것이다.

　샤프트 부위가 길게 되면 목탄을 연소시켜 나온 환원가스와 강하하는 철광석이 반응하는 시간이 늘어날 뿐 아니라 발생가스의 현열(顯熱)에 의해 광석을 예열하는 효과가 있어 열효율이 높아진다. 이런 이유로 용광로 샤프트의 길이가 늘어나면서 용광로의 전체적인 높이도 늘어나게 되었는데, 이 때문에 용광로를 고로(高爐)라고 부르게 되었다 이와 같이 목탄에서 발생하여 상승하는 환원가스 속으로 철광석과 목탄을 하강시키는 용광로의 작동 원리는 유체역학을 활용하여 고로 내의 반응을 가속화하고 열공학을 적용하여 열효율을 극대화하는 방향으로 발전되었는데, 이는 그야말로 획기적인 발명이라 하지 않을 수 없다.

용광로 조업을 통해 용융된 철을 얻을 수 있게 되면서 이제부터는 주물의 제조라는 신산업이 가능하게 되었다. 이러한 새로운 산업 동향은 유럽 제국들이 성능이 한 단계 향상된 신병기로 주철 대포와 포탄을 만들어 무장하는 계기를 마련하였다. 독일 라인강 유역의 지겔란트에서는 이미 1450년에 포 50문을 만들어 국가에 공급하였다고 하며, 벨기에의 리에쥬 역시 대포 주조로 유명하였다.

탄소가 많이 함유된 선철은 인성이 낮아 고체 상태에서 해머로 치면 깨지기 쉽다. 이 때문에 선철 중의 탄소를 산소로 연소시킴으로써 탄소 함량을 줄이면 인성이 향상되어 오늘날의 주강에 가까운 가단주철을 생산할 수 있다. 이 방법은 고로에서 만들어진 용융선철을 별도의 노(爐)에서 산소를 불어넣어 만들기 때문에 간접제철법이라고 부르는데, 이는 괴철로에서 침탄을 시켜 직접 연강을 만드는 직접제철법과는 구분이 된다.

새로이 개발된 간접제철법에서 제조되는 가단주철은 탄소 4% 내외의 선철을 탈탄시킨 것으로 후열처리에 의해 흑연을 줄이고 펄라이트를 생성함으로써 주강에 가까운 특성을 갖도록 하고 주조성과 절삭성을 향상시켰다. 다만 가단주철을 만드는 과정에 탄소가 감소하면서 용융점이 올라가는데 그 당시에는 온도를 확보하는 수단이 마땅치 않아 가단주철은 반용융 상태로 만들어졌다고 한다. 이렇게 개발된 새로운 철의 주조기술과 간접제철기술은 고로기술이 도버 해협을 건너 영국에 정착하면서 결정적인 위력을 발휘한다.

영국에서 용광로를 이용하는 철강산업이 시작된 것은 15세기 말로 유럽제국보다는 늦었으나 이후 100여 년간의 발전은 훨씬 더 빠른 속도로 진행되었다. 이는 군사력을 강화한다는 국가적인 필요에 있어서 철이 절대적인 역할을 하였기 때문이다. 용광로의 건설은 서섹스와 켄트 지역에 집중되었는데, 이 지역은 용광로를 운영하는데 필요한 숯을 제조하기 위한 나무의 공급이 풍부한 대규모 숲이 있었기 때문이다.

서섹스의 용광로 수는 1500년에 2기에 불과했으나 1550년에는 21기, 1574년에는 51기로 급증하였는데, 이에는 단시일 안에 군사력을 증강하겠다는 정부의 의지가 크게 작용하였다. 영국은 16세기에 간접제철법을 적용하여 탄소함량을 제어한 양질의 가단주철을 사용하여 주철포를 제작하였으며, 이는 대포의 대형화를 통해 사정거리를 증가시켰을 뿐 아니라 큰 포탄을 이용해 폭발력도 크게 늘릴 수 있게 되었다. 영국은 새롭게 제조한 대형 대포를 이용해 한자동맹의 독일 상인을 완전히 국외로 추방하여 유럽 북방지역의 상권을 보호할 수 있었다. 그리고 나중에는 대항해 시대에 바다를 주름잡던 스페인함대를 격파하여 해양의 지배자가 되었고 번영하는 엘리자베스 시대를 열었다.

◦ 코크스 제철법

서방 세계에서 철의 혁신은 대부분 전쟁을 맞아 이루어졌다. 13세기의 대포, 14세기의 소화기(小火器) 발명은 품질이 우수한 철강에 대한 갈증을 불러일으켰다. 간접제철법에 의해 만들어지는 가단주철은 포신(砲身)이나 총열의 모형 틀에 곧바로 부어질 수 있었으며, 유럽은 전에 없이 많은 무기들을 대량으로 만들어내기 시작했다. 뿐만 아니라 서섹스의 용광로 지역을 중심으로 철의 가공 산업이 발전하여 품질이 우수한 철편이나 철봉을 만들어 도시에 보냈으며, 이들 철편이나 철봉은 도시의 노동자에 의해 각종의 철제품으로 만들어져 영국뿐만 아니라 전 세계에 공급되어 대규모 상업이 조성되었다. 이 때 조성된 철강 관련 산업은 영국에서 가장 중요성이 높은 산업으로 알려져 있는 양모 산업에 못지않은 정도였으며, 6만 명 이상의 사람들이 철강 산업에 종사하고 있었다.

하지만 철 선풍은 문제를 낳았다. 유럽의 강국들이 세계 곳곳으로 힘을 뻗기 시작하면서, 그들은 선박을 건조하고 제련용 목탄을 만드느라 엄청난 양의 목재를 사용했다. 미국인 저술가 브룩 C. 스토다드의 저서 『강철 : 광산에서 제철소까지-미국을 만든 금속』에 따르면, 영국의 용광로 1기가 한 해 소모하는 목재는 숲 약 100만㎡에 해당했다. 철강 생산으로 본국의 목재가 거덜나다시피 하자 영국은 국내 생산을 줄이고 그 해결책으로 서유럽, 스웨덴과 식민지 미국뿐 아니라 러시아에서 제련한 철을 들여오기 시작했다. 이에 따라 서섹스 지역의 고로 수도 감소하여 1574년에 51기에서 1600년에는 49기로 되었고 1674년에는 29기, 1717년에는 14기로 줄어들었다.

제철 연료와 관련된 영국의 고민에 대한 해결책으로 석탄을 사용하는 시도는 16세기부터 시작되었다 그러나 석탄을 그대로 사용하는 것은 몇 가지 문제를 야기했는데, 그 중의 하나가 석탄에 들어있는 유황이 선철을 취약하게 한다는 것이었다. 이에 대한 해결책은 무쇠 솥 제작자였던 에이브러햄 다비(1678~1717)에게서 나왔는데, 1709년에 다비는 연구를 거듭한 끝에 새로운 코크스 제조법을 개발하게 되었다. 코크스는 석탄을 코크스로(爐)에 넣어 1,000~1,300℃의 고온으로 장시간 구워서 유황 성분을 대폭 낮춘 것으로, 선철에 들어가는 유황 양을 크게 줄일 수 있었다.

코크스는 철과 산소의 화합물인 철광석을 고로 내에서 녹이는 열원인 동시에 철분을 철광석에서 분리시키는 환원제로서 필수 불가결한 역할을 한다. 다비가 만들어 낸 구운 석탄은 목탄보다 열을 훨씬 더 오래 유지했으며,

대장장이로 하여금 대포 모형 틀 속에 붓기에 완벽한 액체상태의 선철을 만들게 해 주었다. 오늘날 다비의 대형 용광로는 콜브룩데일 철 박물관에 보존되어 있다(그림 4-12 참조). 다비 1세가 코크스를 연료로 하여 용광로로 선철을 제조하는 데 성공한 이래, 코크스 제철법은 그의 아들 다비 2세에 의해 계승 발전되어 1735년 본격적인 코크스 용광로 제철의 확립을 보게 되었다.

<그림 4-12> 다비 용광로

4.2.2. 선철(鐵)에서 강(鋼)으로

제선(製銑) 공정을 거쳐 나온 선철은 탄소함유량이 많고 상당량의 인(P), 황(S), 규소(Si)와 같은 불순물이 함유되어 있어 경도가 높고 취약한 성질이 있다. 이러한 선철을 질기면서도 강도가 높은 강철(鋼鐵)로 만들려면 재차 정련하여 탄소(C)의 양을 줄이고 유해한 불순물을 제거하지 않으면 안 된다. 강철을 만들기 위해 예로부터 사용된 방법은 침탄법(浸炭法), 관강법(灌鋼法), 초강법(炒鋼法) 등이 있었는데 이 방법들은 강철의 소규모 제조에 이용되었다.

침탄법은 괴철로에서 저온환원법으로 만든 순철에 가까운 연철을 목탄과 함께 850~1,300℃로 가열하면서 만들어진 일산화탄소가 철 속의 산소와 반응해 만들어진 유리(遊離) 탄소가 침탄이 되어 강이 만들어지는 방법이다($C + O_2 = 2CO$, $2CO + O = CO_2 + C[Fe]$). 관강법은 고온환원법으로 만들어진 용융선철에 저온환원법으로 만들어진 연철을 혼합하여 제조하는 방법이다. 초강법은 고온환원법으로 제조한 용융선철에 철광석을 첨가해 용융상태를 유지하면서 탈탄을 시켜 강을 만드는 방법이다. 용융상태를 유지하기 위해서는 막대로 잘 휘저어 온도를 유지하고 탈탄반응을 가속화 할 필요가 있는데, 비교적 많은 양의 강철을 제조할 수 있다. 이는 탄소량이 감소하는데 따라 용융점이 높아져 강철을 녹이는 것이 어려워지기 때문이다.

○ 헌츠먼의 도가니 제강법

잉글랜드 중부의 공업도시 셰필드에서 시계공으로 일하고 있었던 헌츠먼은(1704~1776) 시계에 사용되는 스프링의 성능이 늘 불만이었다. 시계공이자 발명가인 헌츠먼은 당시에 시계 스프링 재료로 사용되던 침탄강(浸炭鋼)보다 더 우수한 철강재를 만들 수 없을까 궁리한 끝에 여러 번의 시행착오를 거쳐 '도가니 제강법(Crucible Process)'을 개발했다. 헌츠먼은 철광석을 여러 다른 방식으로 제련하는 것을 실험하여 마침내 고대 인도의 우츠 강철을 만들던 진흙 도가니 사용법과 매우 비슷한 과정을 찾아냈다.

도가니 제강법은 고로에서 만들어진 선철을 도가니에 장입하고 밀폐된 용기 속에서 간접 가열하여 만들어진다. 연료로는 화력이 좋은 코크스를 사용하였으며, 외부에서 가스로 가열해 용기 내의 선철을 용해해 강 속의 기포·편석·슬래그 등을 자연스럽게 부유(浮游)·분리하고 탈탄을 시킴으로써 고급 품질의 용강을 만드는 방법이다. 이 방법은 이미 만들어진 선철을 재용해하여 강의 순도를 높이기 때문에 제강을 위한 일종의 정련기술이라고 할 수 있다.

만들어진 용강은 도가니로(爐)에서 꺼내 쇳물 바가지에 옮겨서 주형에 주조하여 강괴(鋼塊)를 만든다. 또 도가니 속에 합금철이나 성분이 다른 강을 장입하면 정제와 함께 필요한 성분의 강을 얻을 수 있다. 도가니 제강법은 고급강 제조에 주로 사용되었는데, 이렇게 만들어진 강철은 기존 방식으로 제작된 강철에 비해 순도, 균일성, 재질면에서 모두 뛰어났다. 그것은 유럽, 아마도 세계에서 처음 보는 최상의 강철이었지만 한번 정련에 생산되는 양은 수십 kg에 지나지 않고 제조 시간도 많이 걸리는 단점이 있었다.

도가니 제강법은 전 세계 제강산업에 혁신을 가져왔고 근대 제강법의 기초를 이루게 된다. 정확한 시계를 만들겠다는 헌츠먼의 집념이 철강기술의 발전으로 이어진 것이다. 도가니 제강법의 상업화에 따라 셰필드는 1770년 이후 고급 강철 제조의 전국적 거점이 되었다. 그로부터 70년 뒤 영국 전역에 그 공정이 보급되었으며, 잉글랜드는 강철로 유명해졌다.

<그림 4-13> 세계 최초의 런던 박람회에 건설된 수정 궁전(1851)

1851년 세계 최초의 박람회들 가운데 하나가 '모든 국가들의 산업 제품의 대(大) 전시'라는 이름으로 런던에서 개최되었다. 이 행사를 위한 장소로 런던에 '수정 궁전'이 건축되었는데, 이 궁전 내부의 거의 모든 구조물과 많은 전시물은 주철과 주강으로 만들어졌다(그림 4-13 참조). 기관차와 증기

엔진, 분수와 가등주(街燈柱)를 비롯해 녹인 금속으로부터 주조될 수 있는 거의 모든 것이 설치되었으며, 세계인들은 난생 처음 보는 이런 광경을 신기해했다.

○ 헨리 코트의 퍼들법

영국은 고로를 이용해 석탄으로 철을 제련하는 방법을 개발했지만 여전히 강철을 만들지 못하고 있었다. 그러나 많은 사람들은 강철의 우수한 물성 때문에 그 제조법에 큰 관심을 갖고 있었다. 헨리 코트(Henry Cort, 1741~1800)는 영국의 제철 기술자이다. 런던에서 스웨덴 철 및 러시아 철을 수입하여 해군에 납품하는 선박 대리점 주인이었던 코트는 직업상 해외의 철에 대한 영국 철의 열등성을 관찰할 기회를 갖게 되었다.

1775년에 코트는 선박 대리점 직업을 버리고 포츠머스 항의 폰틀레이에 제철공장을 건설하고, 여기서 그는 선철을 강철로 만들 것을 결심하였다. 영국 내에서 질이 좋고 가공성이 풍부한 강철이 만들어져 대량으로 공급할 수만 있다면 막대한 이윤이 약속되었던 것이다. 1784년 그는 그림 4-14에서 보여

<그림 4-14> 퍼들법에 활용된 반사로(爐)

주는 퍼들로(爐)라고 불리는 일종의 반사로(反射爐)를 발명하여 석탄을 연료로 선철을 강철에 가까운 가단철로 전환하는데 성공하였다. 퍼들법은 높아가는 요구에 응하여 새로운 기계 제작용 강철을 풍부하게 생산하여 19세기 초기의 공업을 윤택케 하였다.

퍼들법은 콜브룩데일 제철소의 기술자였던 크레이니지(G.&T. Cranage)와 오니온(Peter Onions)이 개발한 석탄을 사용하여 선철을 정련하는 반사로 방법이 기초가 되었는데, 노 내부의 선철은 화염의 반사열로 간접적으로

용해되므로 코크스와 직접 접촉되지 않아 유황이 철에 배어들어가는 것을 막을 수 있었다. 녹은 선철은 화염의 산소에 의해 탄소가 산화하면서 제거되어 강을 만들 수 있는데, 철은 탄소를 잃으면 용융점이 높아져서 유동성을 잃게 되므로 쇳물을 휘저어서(Puddling) 반응을 진행시켰다.

쇳물을 휘저어 강을 만드는 방법을 퍼들법이라고 부르게 되었는데, 이 방법은 고대 중국에서 개발한 초강법과 유사하다. 퍼들법에 의해 정련된 단철은 품질이 우수해 퍼들철이라고도 불리며 주철 대신 구조물에 많이 사용하게 되었고, 1850년 이후 약 50여 년 동안 퍼들철의 시대를 누렸다. 헨리 코트는 또 이 정련법을 종래의 사람의 두드림에 의한 단조가 아닌 증기기관에 의한 압연공정과 결합시켜 판(板)이나 봉(棒)을 강력한 롤러 사이로 여러 번 통과시켜 압연함으로써 제품을 제조하는 공정을 확립했다.

◦ 크루프의 주강(鑄鋼) 산업

크루프(Krupp)는 독일 에센에 있는 오랜 역사를 지닌 중공업 회사다. 1999년 티센 사와 합병해 거대기업 티센크루프(ThyssenKrupp)가 되었는데 철강, 기계부품, 엘리베이터, 산업 솔루션 등이 이 회사 제품이다. 1810년 창업한 크루프는 도가니 제강법과 연계한 주강기술을 발전시켜 철강을 이용한 산업기계의 사업화에 크게 성공하였다. 예로부터 양질의 강철은 대장장이가 모루에 철재를 올리고 망치로 두드려 단조할 수밖에 없었기 때문에 크기와 모양이 한정되어 있었다. 또 주형에 주물을 흘려 만드는 주철은 큰 것을 만드는 조형의 자유도는 높았지만 잘 깨지고 허약했다. 따라서 18세기 말에는 영국 셰필드에서 용강을 이용해 주형에서 제품을 만드는 주강(鑄鋼) 기술이 개발되자 세계 수요를 독점했다.

프로이센의 탄광도시 에센에 사는 발명가 프리드리히 크루프(1787~1826)는 영국이 독점한 주강 제조기술에 대한 연구를 시작했다. 그는 라인 강변에 작은 목조 물레방아를 지어 수력을 동력으로 하는 연구실을 두고 있었다. 크루프는 1810년 이 물레방아간이 있던 자리에 주강공장을 설립했으며 이 공장을 기반으로 거대기업 크루프가 만들어졌다. 그는 연구실에 틀어박혀 주강 제조방법을 연구해 많은 성과를 얻었으나 사업적인 난관을 극복하지 못하고 거듭 빚을 지며 말년에는 기력을 잃어 노쇠해졌다. 결국 그는 39세에 생을 마쳤는데, 물레방아간에 만든 주강공장을 14살 장남 알프레드 크루프(1812~1887)에게 남겼다.

아버지 프리드리히 크루프는 주강제품 사업에서는 큰 성과를 거둘 수 없었으나 그의 아들 알프레드 크루프는 아버지의 사업을 물려받아 성공한 사업으로 이끌었다. 1856년 크루프 사는 구경 9cm 대포를 주강으로 제조했는데, 그 결과가 좋게 나오자 프러시아는 군용 포를 강철로 만들기로 결정했다. 이런 결정을 내린 나라는 프러시아가 최초였으며, 이를 계기로 크루프 사는 우수한 대포를 속속 생산해 냈다.

크루프 대포는 종래의 대포에 비해 우수한 성능 때문에 러시아, 오스트리아, 오스만제국 군대에서 1860년대에 대량으로 구입하기 시작하였고, 1870년대가 되자 크루프 대포는 세계 모든 나라들이 구입하고 있었다. 그림 4-15는 크루프 대포를 보여주고 있는데, 이 대포는 지상용뿐만 아니라 해군 함정용으로도 개발돼 여러 나라로 팔려나갔는데, 대포 제조에 사용된 철강은 도가니 제강법으로 만든 주강이었다.

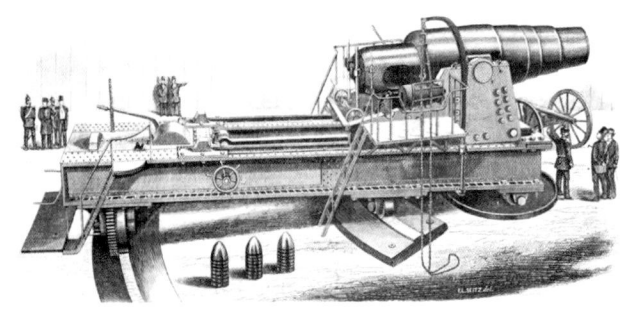

<그림 4-15> 1870년에 제작된 크루프 포

알프레드 크루프는 철도 차륜이나 식기 제조에 사용되는 강철 롤러의 주요 공급자가 되기 위해 신기술에 집중적으로 투자하였고, 이와 함께 베서머 제강법을 비롯한 독자적인 주강 제조 기술에 투자하였으며 독일과 프랑스에서 대량의 광산을 매입하였다. 또한 공장 노동자들에게 주택이나 의료, 퇴직금 등을 제공하는 등 당시로서는 획기적인 복지를 제공하였다. 19세기 중엽에 들어서 미국의 철강 산업이 성장하면서 크루프의 주요 생산품으로 미국에 많이 수출하였던 철도 관련 부품에 대한 수요가 감소하였다.

감소하는 미국 수출에 대응하여 알프레드 크루프는 미국 대신 러시아, 터키, 프로이센에 강철 대포를 생산, 판매하는 등 무기 산업의 비중을 높여 나갔다. 이를 위해 정부가 무기 판매 기업에 제공하는 보조금을 받아 무기 산업을 확대하였으며 1880년대 후반에는 무기 제조를 전체 생산량의 약 50% 비중까지 끌어올리기에 이른다. 이때 크루프 사 직원은 약 2만 명에 달했다. 1903년에는 정식으로 기업법인을 설립하여 주식합명회사가 됨으로서 명실상부한 세계 최대의 철강제품 기업이 되었다.

4.2.3. 혁신 제강기술의 진화

○ 제강기술의 혁명, 베서머 전로

19세기에 접어들어 유럽의 제철은 영국을 선두로 각국이 코크스 용광로, 퍼들 압연법 등을 도입하면서 급속히 발전했고 유럽 내 철도의 확장에 의해 한층 더 가속화되었다. 1828년 제임스 닐슨(1792~1865)은 종래의 냉풍 대신 열풍을 이용한 용광로 조업법을 개발하고, 제임스 스미스(1808~1890)는 증기해머를 발명하여 제철규모는 더욱 확장되었다. 그러나 철 생산에 문제점이 발견되었는데, 이것은 용광로는 열풍을 이용하는 등 기술이 발전되어 대량 생산이 가능하였으나 고로와 압연기 사이에 있는 퍼들로는 대형화가 곤란하여 일관 연속공정 측면에서 미스매치(Mismatch)를 초래하였기 때문이었다. 퍼들로의 작업은 사람의 손에 의한 것이었기 때문에 고로와 같은 진보는 불가능했다.

잉글랜드의 기술자이자 발명가인 헨리 베서머(1813~1898)는 서로 관계가 없는 여러 발명을 한 사람으로 알려져 있다. 그가 발명한 것에는 활자 주식기(鑄植機)의 글쇠판, 사탕수수 분쇄기, 황동 부식 페인트, 전로 등 여러 가지가 있었으나, 제철산업에서 전로의 발명은 획기적인 성과로 평가되고 있다.

소형 퍼들로의 문제점은 1856년 베서머에 의한 전로의 발명으로 해결되었다. 퍼들법은 정련의 특수성 때문에 일반적으로 용융점이 낮은 고탄소강이 제조되었으나 베서머 전로는 노 밑에서 공기를 계속 불어넣어 높은 정련 온도를 얻을 수 있어서 고탄소강뿐만 아니라 저탄소강도 무난히 만들 수 있었다. 또 베서머 전로의 발명은 용광로의 규모에 맞도록 제강 정련로의 크기를 키워 상하공정 간 생산의 밸런스를 이룰 수 있게 하였고, 이를 계기로 고로, 제강로, 압연기 등이 갖추어진 대량생산 체제의 근대제철소가 탄생하게 된 것이다.

크림 전쟁(1853~1856년 러시아 대(對) 영국·프랑스·오스트리아·터키·프로이센·사르디니아 연합국 간 전쟁)이 터졌을 때 베서머는 길게 늘인 신형 대포를 만들었다. 그는 그것을 프랑스 군대에 제공했다. 베서머가 만든 대포는 매우 훌륭했지만, 그 포탄을 사용해보니 포신이 발사 시의 충격을 이기지 못하고 깨지는 것이 문제였다. 베서머는 이를 해결하기 위해서는 우수한 강철을 생산하는 것이 핵심이라고 생각하였다. 물론 당시에도 도가니 제강법이라고 불리는 방법이 있었다. 하지만 도가니 제강법은 대포와 같이 큰 품목들을 생산하기에 너무 비용이 많이 들었다. 그래서 베서머는 강철을 대량으로 값싸게 생산하는 방법을 찾아 나섰다.

1856년 베서머는 용융 선철이 제철소 도랑에 흐르도록 하는 대신 그것을 용기 속에 붓기로 결심했다. 선철을 일단 용기 속에 가둔 다음 베서머는 전로 바닥의 구멍들을 통해 공기를 불어넣었는데, 그러자 약 10분간 모든 것이

조용한 상태를 유지하더니 갑자기 불똥, 불꽃, 녹은 선철이 그 용기로부터 뿜어져 나왔다. 그 혼란이 끝났을 때 전로 용기 속에 남겨진 물질은 탄소가 매우 낮은 철이었는데, 이 폭발성 제련의 영향은 엄청났다.

베서머는 그 방법을 수행하는 기계, 즉 '베서머 전로(轉爐)'를 제작했다(그림 4-16 참조). 그것은 진흙 내벽과 강철 표면을 갖춘 항아리 모양이었는데, 공기가 용광로 안으로 분사되면 꼭대기의 작은 구멍에서 높이 9m의 화염이 뿜어져 나왔다. 베서머 제강법이라고 불리는 전로기술은 산화과정에서 생성된 열을 활용하여 선철에 공기를 불어넣음으로써 탄소를 제거해 철 속에 포함된 탄소 성분을 조절하였다.

<그림 4-16> 영국 잉글랜드 셰필드의 켈햄아일랜드 박물관에 보존된 베서머 전로

베서머 제강법의 장점은 무엇보다 기존기술 대비 10배 이상 빠른 처리시간과 우수한 제강능력이라 할 수 있다. 기존 제강법이 200kg 단위에서 작업

이 가능했던 반면, 베서머 전로는 한번에 20톤까지 작업이 가능하였다. 또한 3~5톤의 선철을 가공하는데 걸리는 시간도 1일에서 10분으로 대폭 단축되었다. 뿐만 아니라 베서머 철로 만든 레일은 기존의 연철 레일에 비해 수명이 20배 이상 길었다. 이는 곧 양질의 강철 생산의 비약적 증대로 이어졌다. 유럽의 연간 강철 생산량은 25만 톤에서 1천만 톤으로 증가했으며, 1만 톤에 불과했던 미국의 생산량도 700만 톤으로 늘었다.

철강 선진국이자 베서머의 조국이었던 영국은 기존 업체들의 견제로 베서머 제강법 도입이 늦어졌지만, 산업혁명의 후발주자였던 독일과 미국은 베서머 제강법을 재빨리 적용하여 제조업 강자로 부상하였으며, 이로써 강대국의 판도도 바뀌게 되었다. 강철의 대량 생산은 선박과 무기 등의 발달 속도에도 영향을 끼쳤으며, 석조 건물의 한계였던 5층 높이를 뛰어넘는 고층 마천루의 출현으로 이어졌다. 베서머는 1879년 영국 정부로부터 업적을 인정받아 기사 작위를 받았으며, 왕립학회의 회원으로 선출되었다. 1874년 제정된 '베서머 금상'은 철강산업의 노벨상으로 불리며 현재까지 이어지고 있다.

○ 베서머 제강의 경쟁기술, 평로(平爐) 제강법

베서머 전로가 등장했을 당시 철강업계는 용강을 제조할 수 있는 또 하나의 효율적인 방법을 개발하고 있었는데 이것이 평로 제강법이다. 이 기술은 독일의 과학자 겸 유리 기술자 카를 빌헬름 지멘스(1823~1883)와 프랑스의 피에르 에밀 마르탱(1824~1915)의 경쟁과 협력에 의해 개발되었다. 지멘스는 종래의 반사로 제강법을 개선하여 온도를 더 올리는 방향으로 기술을 개선하였다. 반사로에서 강을 제조하기 위해서 용융 선철을 탈탄시키면 용융점이 올라가 제조되는 강이 반 용융상태가 되어 퍼들링을 해야 하는데, 이 퍼들링 공정이 생산성을 떨어뜨려 개선하지 않으면 안 되었다. 즉 생성된 용강을 액체 상태로 확보하여 슬래그를 분리하고 정련을 촉진하려면

200~300℃ 정도의 더 높은 온도가 필요했으며, 이렇게 함으로써 퍼들링 공정을 생략할 수 있었다.

정련로 내의 온도를 올리기 위해 이들이 채용한 방법은 축열법이다. 축열법은 연소용 공기를 배가스의 현열을 이용하여 예열하는 방법인데, 지멘스는 유리산업에서의 경험이 풍부한 형제들의 도움을 받아 축열실의 구조를 재설계하여 고온을 얻는데 성공하였다. 축열실의 개선된 구조는 내화벽돌 관을 촘촘히 설치하고 용광로 안에서 밖으로 통하도록 관을 만들어 내부에서 생성된 고온의 기체가 이 관들을 통해 외부로 배출해 외부공기와 혼합한 다음 다시 안으로 들어가는 방식이었다.

하지만 지멘스가 사용했던 내화재는 새로운 고온 분위기를 견디지 못했다. 지멘스는 이즈음에 프랑스의 마르탱을 만났으며 두 사람은 협력하여 축열실을 개축하였으며(그림 4-17 참조) 이 노를 이용하여 용강 제조에 성공하였다. 그러나 이 기술 개발에는 매우 오랜 시간이 소요되어 지멘스의 유리용 축열로 개념을 창안한 이래 용강을 생산하기까지에는 근 20년이 걸렸다.

<그림 4-17> 평로 제강공정을 개발한 카를 빌헬름 지멘스(좌)와 피에르 에밀 마르탱(우)

마르탱은 오랫동안 독자적인 제강기술 개발을 위해 프랑스의 다른 전문가와 같이 국가위원회까지 조직해 노력해 왔는데, 본인이 보유하고 있던 풍부한 경험과 지식을 지멘스의 것과 결합하여 마침내 평로법은 성공할 수 있었다. 마르탱이 지멘스의 설계 방식을 익힌 후 강철 제련용 용광로를 제작한 것은 1860년대이었다. 용광로의 열을 재활용하게 추가 공급하자 기존 베서머 공정에서보다 더 오래 철을 액체 상태로 유지시킬 수 있었다. 그리고 추가 열 덕분에 심지어 철스크랩(고철)까지 녹일 수 있었다.

  마르탱은 개발 기술에 관한 특허권을 자기만의 권리로 등록하여 지멘스를 화나게 하였고 두 사람은 다투게 되었다. 그러나 나중에 두 사람은 결국 화해를 하였는데, 그 뒤로 평로법은 지멘스-마르탱 제강법이라는 호칭으로 불리게 되었다. 이 기술은 단순히 고온을 얻어 용강을 재용해하는데 그치는 것이 아니라 철광석의 산소를 이용해 용강을 탈탄시키는 등 화학 반응을 활성화하여 정련을 극대화하는데 의미가 있다. 이 제조법이 상업화 되면서 평로법은 베서머법과 더불어 근대 용강법의 두 기둥으로 성장하였으며 프랑스를 기점으로 하여 독일, 러시아, 미국 등에 널리 전파되었다.

○ 인(燐) 문제를 해결한 토마스 전로

  베서머 제강법이 선을 보인 직후, 영국 제철소들에는 문제가 하나 생겼다. 대부분의 영국 내 철광상(鐵鑛床)에는 인이 많이 들어 있는데 베서머 제강법으로는 인(燐)을 확실하게 제거할 수 없었으며 만들어진 강은 인성이 좋지 않았다. 베서머는 인 함량이 매우 적은 철광석을 사용함으로써 이 문제를 피해갔으나 이것이 영구적인 해결책이 될 수 없었으며 이 문제는 20년 동안이나 금속공학자들의 애를 태우게 했다.

  인은 반사로나 퍼들법에서는 심각한 문제를 일으키지 않았는데, 베서머 제강법에서 문제가 발생했다. 이는 베서머 전로는 종래의 제강로보다 조업온도가 200~300℃ 높아 1,600℃ 내외까지 올라가기 때문이다. 베서머 제강법에서는 선철의 정련 초기에 인은 P_2O_5로 산화되어 슬래그에 들어가는데, 온도가 높아지면 P_2O_5가 분해되어 인이 용강으로 들어가 최종 제품의 인성을 저하한다. 그러던 중 25세의 영국 재판소 서기이자 아마추어 화학자인 시드니 길크리스트 토마스(1850~1885)가 인 문제의 해법을 찾아냈다.

토마스는 향학열에 불타는 사람으로 낮에는 직장에서 일하지만 저녁에는 화학공부를 열심히 하여 대학의 청강생이 되었다. 1870년 청강생 시절 차로너 교수의 화학 강의 시간에 "베서머 전로에서 탈린(脫燐)할 수 있는 방법을 찾으면 큰 행운을 잡을 것이다"라는 말을 들은 후 이에 대한 연구에 몰두하였다. 토마스는 이 문제의 핵심은 고온에서 P_2O_5의 분해가 일어나지 않는 안정된 화합물을 찾아 P_2O_5가 슬래그와 함께 배출토록 하는 것임을 터득하고 염기성 내화물을 중심으로 연구를 진행하였다.

베서머 전로는 산성 슬래그를 사용하기 때문에 철에 포함된 주요 불순물 가운데 산성인 인을 제거하지 못했으므로 고품위의 강철을 얻는데 부적합하였다. 토마스는 베서머 전로의 내벽을 염기성 내화물로 만들면 인과 반응하지 않는다는 것을 알아내었고 염기성 슬래그와 염기성 돌로마이트 내화물을 사용하는 토마스 전로를 개발했다. 이 방법은 기적같이 성공하여 강 내의 인 함유량을 획기적으로 줄일 수 있었다.

염기성 내화물을 사용하면 강에 들어가는 유황도 줄이는 긍정적 효과를 추가로 얻을 수 있었다. 이 때문에 염기성 제강법은 제철기술의 대세가 되었으며, 평로 제강법에도 적용되어 인이 들어 있는 광석의 처리를 가능하게 하였다. 뿐만 아니라 인이 낮은 광석이 모자라는 유럽의 광산업계에 큰 영향을 주어 그 동안 버려져 있던 대규모 광산을 자원화 하는 효과를 가져왔다. 대표적인 사례가 독일, 프랑스, 룩셈부르크의 국경지역에 대규모 매장량을 갖고 있는 미네트 광석이었다.

미네트 광석은 인을 많이 함유하고 있고 규소는 적은데, 이 성분은 토마스 제강법을 적용하기에 알맞은 광석이다. 규소가 적게 함유되어 있으면 규소의 산화 열을 활용하지 못하는 단점이 있는데 이 경우에 인의 산화 열이 온도 확보에 도움이 된다. 한편 영국에도 그리브랜드 광산은 고인광(高燐鑛)이 대규모로 매장되어 있는데, 이 광석에는 규소의 함량이 많아 초기에는 토마스 제강법의 적용이 어려웠다. 그러나 규소를 1차 처리하는 등 신기술을 개발함으로써 광산 개발도 활성화 되고 양질의 강철 제품도 생산할 수 있게 되었다.

○ 현대적 제강공정, 순산소 LD전로(轉爐)

20세기가 본격적으로 열리면서, 로버트 듀러라는 스위스 기술자가 더욱 좋은 방법의 제강법을 찾아냈다. 듀러는 나치독일에서 야금학을 가르쳤는데, 2차 대전이 끝난 뒤 그는 스위스로 돌아가 제강공정을 실험했다. 그는 공기 대신 순수한 산소를 용광로에 뿜어 넣고 정련을 했는데, 결과를 분석해보니 용융상태의 철에서 탄소가 더 효과적으로 제거된다는 것을 발견했다. 실험에 사용된 노는 장입된 용선 바로 위에서 산소를 수냉 랜스를 통하여 고압·고속으로 뿜어서 강을 취정(吹精)하는 전로인데(그림 4-18 참조), 이 전로는 1946년 듀러의 연구에 기초를 두어 1953년 오스트리아의 Linz 및 Donawitz의 두 공장에서 공업화된 것으로서, 두 공장의 머리 문자를 따서 LD전로라 이름을 붙였다.

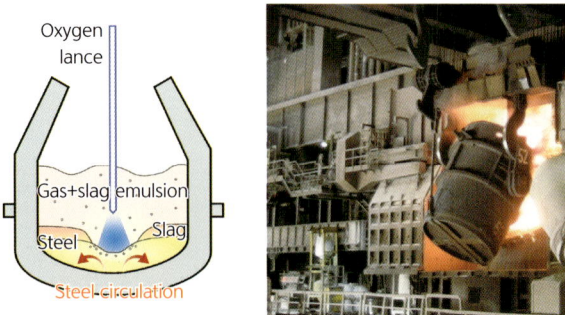

<그림 4-18> 오스트리아에서 개발된 LD전로 공정도 및 실제 설비

LD전로에 의한 제강법은 고순도의 산소를 쓰기 때문에 강(鋼) 중의 질소는 평로(平爐) 강보다도 낮으며, 또 산소가 탕면(湯面)에 접촉되는 곳에서는 2,000~3,000℃의 고온이 되기 때문에 석회의 슬래그화도 신속하며 탈린(脫燐)과 탈탄(脫炭)이 병행적으로 진행된다. 또 탄소 함량이 목표에 달해서 산소 취입을 그쳤을 때에 항상 인과 산소가 낮은 강을 생산할 수 있는 특색이 있다. LD전로가 상업화되면서 기존의 평로공정을 대부분 대체하였는데, 이는 평로에 비하여 생산성이 6배 높고 건설비가 약 30% 낮기 때문이다. 그러나 러시아·미국에서는 많은 평로가 있었기 때문에 전로로 전환하는 데는 오랜 시간이 소요되었다.

인이 많은 광석으로부터 제련한 선철을 강으로 만들기 위해 LD-AC법 등 LD전로에 토마스 전로에 적용하였던 석회를 이용하는 염기성 조업방법이 개발되어 각국의 제강소에 기술이 도입되었다. LD전로에서 만든 제품은 강의 가공성을 해치는 불순물(不純物)이 적으므로 양질(良質)의 강을 얻을 수 있다. 박판용 강재를 만들 때 적합하며, 노의 용량은 5~350톤까지 있다. 최근에 와서 이 전로는 급속히 보급되어 현대 제강용 정련로의 주류가 되어 고로 선철을 원료로 사용하는 제철소는 거의 100% 이 기술을 채용하고 있다.

○ **고철을 활용하는 전기로(EAF) 제강공정**

전기로 공정은 전기에서 발생하는 열을 이용하여 원료인 철스크랩(고철)을 용해하여 강을 제조한다. 전기로 방식에는 전기양도체인 전극에 전류를 통하여 고철과의 사이에 발생하는 아크(Arc) 열에 의하여 고철을 녹이는 아크로와 도가니의 주위를 감은 코일의 유도전류에 의한 저항 열로 정련하는 유도로라는 두 가지 방식이 있다. 후자인 유도로는 1861년 에이젝스(Ajax Noslap)가 발명한 것으로서 노의 용량이 10톤 미만의 소규모이므로 내열강, 고속도강(高速度鋼) 등의 고급 특수강이나 주물을 제조하는데 사용된다. 유도로는 정련 기능이 거의 없으며, 사용하는 전류의 주파수에 따라 고주파 유도로와 저주파 유도로로 구분한다. 그러나 아크로만큼 일반화되어 있지 않기 때문에 대체로 전기로라고 할 때에는 아크로를 지칭하는 경우가 많다.

현대의 철강 생산은 거의 대부분이 전로와 전기로에 분담되어 있는데, 전 세계적으로 볼 때 전체 생산량의 약 30% 정도가 아크전기로에 의해서 생산되고 있다. 이 수치는 국가별로 보면 좀 차이를 보이고 있는데 미국은 60% 정도로 가장 높고, EU는 42%, 일본은 30%, 한국은 38%, 그리고 중국은 10% 밖에 되지 않는다. 이러한 차이는 주로 그 국가의 전기요금과 고철 가격에 기인한다. 아크 방식의 전기로에서 고철을 용해 시에는 막대한 전력이 소요되는 것이 특징이다. 그래서 전기로공장 내에는 고전압 수전(受電)설비가 필수적으로 설치되어 있다. 아크로는 1878년에 평로 제작에 영감을 제공한 독일 과학자 지멘스(1823~1883)가 발명하였고, 1899년 프랑스인 에루가 에루식(式) 전기로를 완성하였다. 현재 흔히 쓰이고 있는 아크로는 대부분 에루식 또는 그 개량형이다.

최근에 들어와서 전기로의 중요성이 점점 증가하고 있다. 이는 전기로 공정에도 각종 정련기능이 개발되어 양질의 철강제품을 제조하는데 큰 역할을 하고 있기 때문이다. 그리고 지구온난화 문제와 더불어 선진국을 중심으로 회수량이 증가되는 고철 때문에 전기로의 필요성이 증가되고 있다. 한동안 전기로에서 생산되는 강은 자동차용 고급 판재나 구조용 고강도강으로는 사용할 수 없다는 인식이 있었으나 전기로 기술의 발전으로 달라지고 있다. 고철에 함유되어있는 트램프 원소(Tramp Element, 강 속에 불필요하게 함유되어 있는 비소, 주석, 구리 등의 원소)가 그 요인의 하나로 지적되었으나, 이 문제는 철원(鐵原)을 고철 대신 DRI(직접환원철)를 사용함으로써 해결된다. 극저탄소강의 제조나 고청정강의 제조는 아크로 뒤에 2차 정련 설비를 갖춤으로써 해결이 가능하다.

지구온난화 측면에서 보면 전기로 조업에서 나오는 CO_2의 양이 고로 조업의 25% 정도이기 때문에 향후 전기로의 비중이 확대될 수밖에 없을 것으로 받아들여지고 있다. 특히 회수되는 고철 양도 지속적으로 늘어나 공급에 안정성이 높아지고 있어서 전기로 조업이 유리해지고 있다. 미니밀(열연코일 등 판재류를 생산할 수 있는 전기로 방식의 소규모 제철 공장) 비율이 높은 미국의 경우 전기로 활용 여건이 더욱 좋아지고 있는데, 미국은 전기 값이 가장 저렴한 나라 중의 하나일 뿐 아니라 최근에는 대량의 셰일가스를 염가로 생산해 대체 철원인 DRI의 확보에도 유리하기 때문이다. 이렇게 전기로 사용이 확대되면 고로 생산을 줄일 수 있으며, 이에 따라 코크스공장과 소결공장을 지을 필요가 없어 CO_2 감소를 비롯해 미세먼지 발생도 줄일 수 있기 때문에 향후 환경친화형 철강 산업 구축이라는 관점에서 전기로 적용이 더욱 적극적으로 추진되고 있다.

4.2.4. 연속주조, 공정 연속화에 의한 획기적인 경쟁력 향상

지난 50년을 되돌아보면 철강 공정에서의 혁신적 변화의 대부분은 제품 품질의 향상과 제조원가를 절감하는 방향으로 전개되어 왔다. 이를 위해 적용되었던 중요한 핵심 개념은 공정 생략 및 통합이었는데, 연속주조, 연속압연, 연속소둔, 연속도금 등이 대표적인 사례이다. 그중 연속주조 공정은 종래의 용해 → 주조 → 잉곳 → 가열 → 분괴압연 → 슬래브로 나뉘어져 있는 다단계 공정을 모두 연결하여 한 개의 단축된 연속공정에서 제조하여 슬래브를 제조하는 획기적인 변화이다.

연속주조 공정을 조업에 적용하면 실수율, 품질, 에너지 비용, 투자비, 인력 등에 있어서 얻어지는 부가가치창출 효과가 매우 크다. 그 때문에 연속주조기술은 1960년대 개발된 이래 빠른 속도로 보급이 이루어져 현재는 모든 철강 제조사에서 채택하고 있다. 이러한 연속주조의 공정 생략·통합의 효과는 다른 연속화 공정인 연속열연, 연속소둔, 연속도금 등에서 얻어지는 효과와 비슷하다.

◦ 연속주조의 역사

연속주조는 종래 조괴법의 단점을 피하기 위하여 1960년대에 개발되었다. 연속주조는 조괴법에 비해 제조원가를 절감할 수 있고 동시에 품질도 향상시킬 수 있는 혁신적 기술로 많은 장점을 갖고 있다. 조괴법을 사용하는 경우 주형예열 등 조업 준비에 장시간이 소요되고, 주형에서 응고가 완료된 강괴를 냉각하고 형발하는 과정이 복잡하고 불연속적이며, 주편 상부에 생기는 파이프 부위의 절단 때문에 실수율도 80% 정도로 낮다. 또 주편 품질은 주형특성, 주입방법의 차이 및 강괴 크기의 제약 때문에 합금원소의 편석이 크고, 길이 방향의 품질 편차가 크다.

필요한 에너지를 보면, 분괴의 가열과 압연 공정이 추가로 포함되어 있어 연주에 비해 에너지 소모가 많다. 따라서 연주법은 지난 60년간 비약적으로 발전하여 현재 제철공정의 핵심 프로세스로 자리 잡고 있다. 연주기는 주편의 형상에 따라 크게 슬래브, 블룸 및 빌릿 연주기 등 3가지로 나눌 수 있는데, 이들 연주기의 특징은 그림 4-19에 나타나 있다. 연속주조의 생산성과 품질 향상을 위해서 많은 종류의 요소기술들이 개발되었는데, 3가지 연주기의 종류에 상관없이 비슷하게 적용되어 효과를 얻을 수 있다.

분류	정의	사각형	원형	기타
슬래브 연주기	- 장변의 길이 > 600mm - 장변 : 단변 = 3>1	 ▭		
블룸 연주기	- 단변의 길이 > 220mm - 직경 > 220mm	 ▭	 ◯	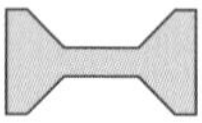 ⋈
빌릿 연주기	- 단변의 길이 ≤ 220mm - 직경 ≤ 220mm	 ◻	◯	

<그림 4-19> 연주 주편의 형상에 따른 연주기의 종류

연속주조의 원리는 1840년 G.E. Sellars(미)가 Pb Tube를 연속 주조할 수

있는 장치를 고안하고 특허를 제출함으로써 공식화되었다. 연속주조의 철강공정에의 적용은 1850년대에 Bessemer에 의해 Twin Roll에 의한 박판주조(Strip Casting) 형태로 처음으로 제안되었으나, 생산성이 낮고 품질이 나빠 상업화 단계로 발전하지는 못했다. 연속주조법이 상업화된 시기는 이로부터 1세기 뒤의 일로, 초기의 원리 제안에서부터 상용화까지는 많은 시행착오를 겪었다.

2차 세계대전을 전후하여 몇몇 선진국들이 시험연주기를 설치하여 기본이 되는 연속주조의 필수 요소기술을 개발하였다. 이때 개발된 요소기술들은 주형 진동 장치, 하부개방 수냉 주형, 주형윤활을 위한 Mold Powder, 침지노즐(SEN-Submerged Entry Nozzle), 무산화 주조 등이다. 요소기술의 개발은 그 뒤에도 계속되었는데, 사례를 보면 EMS(Electro Magnetic Stirring) 기술, Sliding Nozzle 기술, 주형 동판 Ni Coating, 주조 중 폭 변경기술, 경압하(Soft Reduction) 기술, 고속주조, 이강종 연연주 등이다. 이 기술들은 대부분 당시 철강업계에서 최고의 조업 실적을 내고 있는 일본 철강사와 대형 설비 엔지니어링업체를 보유하고 있었던 유럽에서 개발되었다.

연속주조 기술의 발전에 있어서 1950년대까지를 기술의 태동기로 본다면 1960년대는 정착기, 1970년대는 발전기, 1980년대는 성숙기, 그리고 1990년대 이후는 혁신기로 구분해 볼 수 있다. 1950년대까지의 태동기에는 주로 빌릿 연주기를 통한 상업화가 시도되었는데, 독일 Mannesmann사 Huckingen 제철소의 빌릿 연주기 파일럿플랜트 건설, USS Barrow 제철소의 50㎜ 빌릿 연주기 상업화, 일본 스미토모금속의 빌릿 연주기 파일럿플랜트 운영 등이 그 사례이다.

1960년대 정착기에는 주로 슬래브 연주기의 상업화가 시도되었는데, 독일 Dillinger Huette의 수직곡형 슬래브연주기, Mannesmann사 Huckingen 제철소의 만곡형 연주기의 건설과 침적노즐 및 Mold Powder 사용이 시행되었고, 미국 USS Gary 제철소의 수직곡형 연주기가 건설되어 고생산성(210만

톤/년) 조업을 시도하였다.

1970년대 발전기의 성과를 보면, USS에서 Pseudo-rimmed강의 연속주조에 성공하고 턴디시 밀폐주조와 Ar가스 취입기술이 도입되었으며, 일본 NSC Oita 제철소에서는 100% 연주공장의 조업이 시작되었고, 경압하 기술과 고정밀 탕면제어 기술이 개발되었다. 특히 이 시기에는 전 세계적으로 석유파동이 밀어닥치면서 원가절감의 요구가 절실하게 됨에 따라 연속주조가 크게 각광을 받게 되었다.

1980년대는 연주기술의 성숙기라고 볼 수 있는데, 이 시기에 이룬 성과는 다음과 같다. 당시 철강산업계 최고 경쟁력을 확보한 일본 철강사들은 밀폐주조기술을 더욱 발전시켜 고청정강 제조기술을 개발하였다. 연주공정과 열연공정을 동기화시켜 생산의 효율화를 꾀했고, 열전대를 이용해 Breakout 예지시스템을 채용하였으며, Mist에 의한 완냉각 기술을 개발하였다. 또 주형 전자교반에 의한 Rimmed강의 연주화를 달성하였고, 턴디시 내 용강가열 기술, EMBr 기술, 유압장치를 이용한 비Sine 주형진동 기술, 소경 경압하에 의한 내HIC 강을 개발하였다. 한편 미국 Nucor사는 박슬래브 연주기를 채용하여 미니밀 업계의 미래 경쟁력 확보 기반을 구축하였다.

1990년대 이후는 혁신기라고 했는데, 이 시기는 이미 상업화가 안정되게 진행되는 가운데에도 기존의 기술이 쉴 새 없이 개선되고 발전되어 기술의 차원 높은 진화가 일어난다. 특히 품질은 훼손하지 않고 생산성을 향상할 수 있는 고속화 주조기술이나 고도의 용강 유동제어를 통한 주편 품질 향상 기술을 비롯해 고합금강의 고속연주 기술 등이 끊임없이 개발되고 상업화를 시도하고 있다. 그림 4-20은 이 시기에 이르기까지의 30년 간 전 세계 조강 생산량의 변화와 급속도로 증가한 연속주조 비율의 변화를 보여주고 있는데, 그 당시 연속주조 공정의 인기를 이 그림으로 잘 알 수 있다.

제강과 열연의 중간에 위치한 연속주조 공정과 관련하여 최근 경향 중의 하나는 공정 생략·통합화의 지속적인 추진으로 원가절감을 얻고자 하는 것이다. 이에 따라 새로운 제조공정이 개발되고 있는데, 대표적인 것이 박슬래브주조(Thin Slab Casting) 및 박판주조(Strip Casting) 공정이다. 박슬래브주조 공정은 주조 슬래브의 두께가 50~100㎜이고 주조 속도는 3.0~8.0m/min인데, 주로 전기로 제강업체가 판재 생산에 활용하고 있다. 박판주조 공정은 주조 박판의 두께가 2~3㎜이고 주조 속도는 30~100m/min인데, 아직은 상용화의 초기 단계로 향후 수익성 확보 가능성에 대해서는 논란이 있는 상태이다.

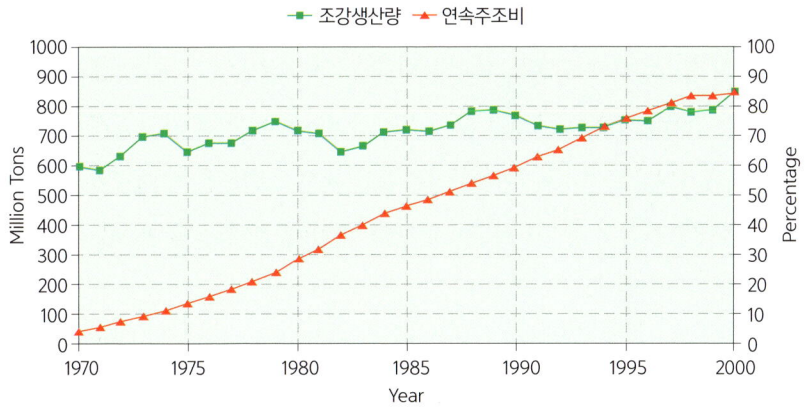

<그림 4-20> 1970년 이후 30년간 연주 비율 증가 추세

○ 연속주조기 설비

슬래브 연주 주편의 두께는 통상 200~300㎜로 주조 속도는 0.6~3.0m/min이다. 이 크기의 주편을 이용한 판재 제조는 1970년대 이후 설치되는 연주기의 대부분에 해당하며 열연 및 후판공정에서 필요로 하는 슬래브를 공급한다. 그림 4-21은 현재 전 세계적으로 널리 사용되고 있는 Two Strand 연주기의 전형적인 구조를 보여주고 있다. Two Strand 연주기가 가장 전형적인 이유는 연주와 열연의 생산량 Match 때문인데, 현재 적용 가능한 연주 속도 범위에서 생산되는 슬래브 양은 연주기 Strand가 2개가 되어야지 고속으로 운영되는 열연공정의 생산량과 비교할 정도가 되기 때문이다.

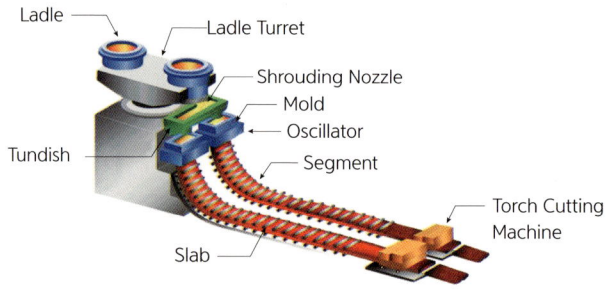

<그림 4-21> Two Strand 연주기

　연주기 설비는 제강공정에서 정련된 용강을 담는 Ladle과 Ladle을 지지하는 Ladle Turret이 주상설비로 있다. Tundish는 Ladle로부터 공급받은 용강을 일시적으로 저장함과 동시에 연주기의 주형으로 공급하는 기능을 갖고 있다. 연속주조기의 주형 구조는 주편의 품질에 큰 영향을 미치는 중요한 인자이다. 주형의 재질은 열전도성이 우수하고, 고온강도가 높아야 하며, 내마모성이 우수하고, 표면처리 시 밀착성이 좋아야 한다. 이 요구를 만족하기 위해 여러 가지 동합금 재료가 개발되었으며, Ni-coating 등 표면처리 기술도 실용화되었다.

　주형에 공급된 용강은 주형 표면에서 응고를 시작하여 표면에 응고 쉘이 만들어지면서 주형을 빠져나간다. 이 주편은 Roll로 구성된 Strand를 통과하며 2차 냉각이 되어 응고가 완료되는데, 이 과정에 Bending 및 Unbending 교정이 이루어진다. 주형에서부터 Unbending 교정까지의 공정이 주편의 품질을 결정하는 핵심 부분이므로 이 단계에 적용되는 많은 요소기술이 개발되었고 현재도 개선이 이루어지고 있다. Unbending 교정을 거친 주편은 절단기를 통과하면서 원하는 길이와 무게로 잘라 슬래브를 생산하게 된다.

　슬래브 연주기는 주형 아래 부분에서 일어나는 응고와 Bending/Unbending 교정의 위치에 따라 크게 3가지 형식으로 구분할 수 있다. 첫째는 연주 Strand가 수직형인 Vertical-type이 있고, 둘째는 수직부가 없이 일정 곡률을 가진 만곡형의 Curved-type이 있다. 그리고 셋째는 전자 두 개의 형이 결합한 수직만곡형인 Vertical Bending-type이 있다. 초기의 연주기는 Bending과 Unbending이 없는 Vertical 형이었는데, 슬래브의 두께가 커지면 높이가 너무 높아지는 단점이 있어 만곡형과 수직만곡형 연주기가 개발되었다. 수직만곡형 연주기는 VSB(Vertical Solid Bending), VSU(Vertical Solid Unbending) 및 VLB(Vertical Liquid Bending) 등 3가지 형식이 있다. 연주기 형식에 따른 Bending 및 Unbending 교정 조건 및 연주 품질에 대해서 정리해 보았는데, 그 결과는 표 4-1에 보여준다.

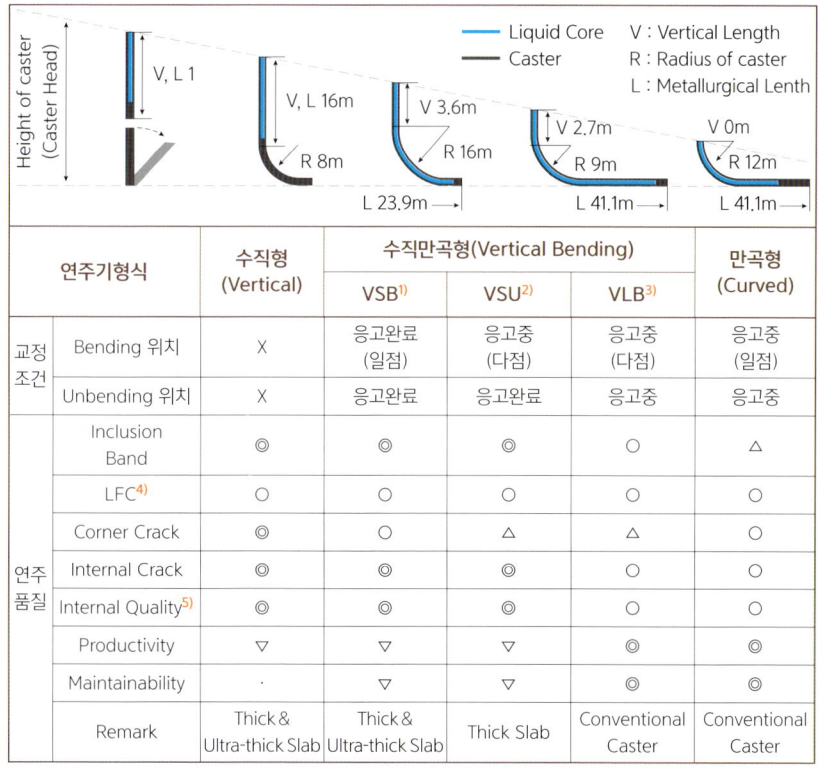

연주기형식		수직형 (Vertical)	수직만곡형(Vertical Bending)			만곡형 (Curved)
			VSB[1]	VSU[2]	VLB[3]	
교정 조건	Bending 위치	X	응고완료 (일점)	응고중 (다점)	응고중 (다점)	응고중 (일점)
	Unbending 위치	X	응고완료	응고완료	응고중	응고중
연주 품질	Inclusion Band	◎	◎	◎	○	△
	LFC[4]	○	○	○	○	○
	Corner Crack	◎	○	△	△	○
	Internal Crack	◎	◎	◎	○	○
	Internal Quality[5]	◎	◎	◎	○	○
	Productivity	▽	▽	▽	◎	◎
	Maintainability	·	▽	▽	◎	◎
	Remark	Thick & Ultra-thick Slab	Thick & Ultra-thick Slab	Thick Slab	Conventional Caster	Conventional Caster

1) VSB : Vertical Solid Bending
2) VSU : Vertical Solid Unbending
3) VLB : Vertical Liquid Bending
4) LFC : Longitudinal Facial Crack
5) Macro-segregation and Porosity in centerline

<표 4-1> 연주기 형식 별 교정설비 및 주편 품질

수직만곡형에 속하는 VSB, VSU 와 VLU의 경우에 있어서, 주조 속도가 낮은 연주의 경우에는 완전 응고 후 Bending과 Unbending 교정을 하는 VSB 법을 사용할 수 있다. 주조 속도가 상승하면 미응고부가 길어지기 때문에 VSU 법이나 VLB 법을 채용하여 Bending 교정은 미응고 상태에서 한다. 이 경우 주편 Bending 교정 시에 내부 터짐이 일어날 수 있기 때문에 이를 방지하기 위해 한 점에서 교정하지 않고 여러 지점에서 다른 곡률반경으로 교정하는 다점 교정 방법을 개발하였다. 또 Unbending 교정은 한 점에서 하는 일점 교정인데, VSU 법에서는 응고 완료 후에 하며 VSB 법에서는 미응고 상태에서 한다. 주조 속도가 더욱 증가하게 되면 만곡형 연주기를 사용하는데, 모든 교정은 미응고 상태에서 하고 일정 곡률반경으로 설계된 주형을 사용함으로써 교정 시 변형량을 현저히 감소시킨다.

　연주기는 원래 Vertical하게 만들어졌는데, 이는 주편의 내부 청정도와 표면크랙 방지 측면에서 유리하기 때문이다. 그 다음에 제작된 연주기는 만곡형인 Curved-type으로 한동안 인기를 끌었는데, 이는 연주 생산성을 크게 하고 정비 원가를 줄이는데 유리하다. 그러나 생산성 증대를 위해 주조 속도를 올리게 되면서 표면 품질을 확보하기 위해 수직만곡형이 채택되었다. 수직만곡형에는 VSB, VSU 와 VLU가 개발되었으며, 주속 및 강종에 맞는 연주기 형태를 채택하고 요소기술을 개발하면서 연주설비가 확대되어 왔다. 최근에는 주편 품질에 대한 수요가들의 요구 수준이 증대되어 고부가가치 고급강의 생산 비율이 증가하면서 주형에서 비금속 개재물을 분리할 수 있도록 2.5~3.0m 정도의 수직부를 갖는 수직만곡형 연주기가 많이 건설되었다.

○ 연속주조의 요소기술

　연속주조 조업에 있어서 개발되는 요소기술을 목적별로 분류해 보면 1) 청정도 향상, 2) 표면 결함 감소, 3) 내부 결함 감소, 그리고 4) 생산성 향상 등 네 분야로 나눌 수 있다. 각 분야 별로 개발된 주요기술에 대해서 다음과 같이 정리해 보았다.

1) 청정도 향상

청정도를 향상시키기 위해서 개발된 기술은 Tundish 밀폐주조, Ar가스 취입기술, Mold Flux Entrapment 방지기술, Electro-magnetic Flow Control 등이 있다. Tundish 밀폐주조와 Ar가스 취입은 용강과 산소와의 접촉을 차단하여 용강의 재산화가 일어나는 것을 방지하는 기술인데, 재산화를 100% 차단할 수는 없으니 형성된 산화물이 용강과 분리되어 조직 내부에 남아있지 않도록 해야 한다. 재산화는 설비가 이어지는 부분에서 일어나는데, Ladle과 Tundish 연결부와 Tundish와 주형 연결부 중에서 전자가 후자보다 재산화 정도가 2~3배 높다고 한다. 이를 방지하기 위해 Ladle의 Long Nozzle은 Gas Shrouding 노즐과 침지노즐을 사용하고 있다.

Mold Flux의 염기도도 청정도 향상에 영향을 미치는데, 염기도가 낮아지면 알루미나의 흡수 능력이 증가하여 청정도를 높일 수 있다. 그러나 Mold Flux에 알루미나의 함량이 커짐에 따라 점도가 증가하게 되는데, 이런 경우에는 Breakout 발생 가능성이 커지므로 주의를 요한다. Mold Flux의 Entrapment를 줄이기 위해서는 Flux의 점도가 낮고 용강의 Flow가 잘 제어되어야 한다.

최근에 전자기적 방법에 의해 용강의 Flow를 제어하는 기술이 다수 개발되었는데, 현재 활용되고 있는 전자기적 방법으로는 EMC(Electro-magnetic Casting), EMS(Electro-magnetic Stirrer), EMBr(Electro-magnetic Breaker) 등이 있다. EMC 기술을 채용하면 초기 응고 시 용강-주형 계면에 Soft Contact를 유지할 수 있어서 Oscillation Mark가 줄어드는 등 주편 표면품질이 개선될 수 있다. 주편 표층 하에서 발생하는 기포는 EMS의 채용으로 그 생성이 억제되고, 비금속개재물이 응고 쉘에 포착되는 것도 EMS의 채용으로 방지할 수 있다. EMS, EMBr 등 전자기적 기술은 내부결함을 제어하는데도 탁월한 효과를 갖고 있다.

2) 표면 결함 감소

연속주조의 주편에서는 4가지의 표면 결함이 있는데, 중탄강에서 흔히 관찰되는 가로 크랙, Cu의 흡수로 인한 Star Crack, 알루미나 흡수로 인한 표면 결함, 그리고 약탈산 강에서 흔히 관찰되는 Pinhole 등이다. 표면 결함의 발생을 감소시키기 위해 개발된 기술은 Mold Powder 최적화, 주형 Taper 형상 최적화, 주형 진동 최적화, 주조 중에 일어나는 표면부 석출제어, 그리고 Champer Mold 사용 등이 있다.

연속주조 공정에서의 Mold Powder 사용은 연주 주편과 주형 벽 사이의 마찰을 줄여 주기 때문에 표면 크랙의 발생 경향이 줄어든다. Mold Powder가 갖추어야 할 물성조건은 낮은 점성, 높은 열전달 특성, 높은 알루미나의 흡수 능력이다. 응고 초기에 충분한 두께의 응고 층을 확보하려면 응고 층과 주형 표면간의 접촉이 잘 이루어져야 하는데, 이를 위해 주형 표면에 Taper를 주는 것도 품질 확보에 도움이 된다.

연주 중에 불충분한 응고제어와 Strand Roll에 의한 압력제어 착오로 인해 Bulging이 일어날 수 있으며, 이 때 과도한 변형이 발생하면 표면 크랙이 발생한다. Unbending 시에도 표면 크랙의 발생이 일어날 수 있으므로 강종별 주편온도와 변형 발생에 대한 상관관계를 잘 이해할 필요가 있다. Star Crack은 주형의 Cu 성분이 주편 표면에 확산되어 들어가면 생길 수 있는데, 주형 표면에 Ni 등의 Coating을 실시하고 마모에 의해 Coating 층이 벗겨지지 않도록 주의를 기울여야 한다.

주형 진동 장치는 주조 중 주편이 주형에 고착되는 것을 방지하기 위해 주형을 상하로 진동시키는 역할을 수행하고 있다. 초기 진동 장치는 지렛대의 원리를 이용한 Short Lever 방식인데, 진동 중량이 좀 높아 제어가 부정확한 단점이 있다. 이후 편심 Shaft를 이용한 4-Cam 방식의 진동 장치가 개발되었으나 여전히 Cam 마모 등의 문제로 제어가 부정확하고 주조 중 진폭을 변경할 수 없는 단점을 갖고 있다.

최근에 개발한 진동 장치는 진동중량을 경량화하기 위하여 진동테이블을 생략하고 유압장치를 주형에 직접 연결하는 방식을 채택하는 등 장치의 개선이 이루어졌다. 이런 개선을 통해 주조조건에 따라 진폭, 진동 수, 진동패턴을 더 자유스럽게 제어할 수 있게 되어 주편 품질 향상에 큰 기여를 하고 있다.

표면 크랙의 발생동향은 고온연성(Hot Ductility)에 직접적으로 영향을 받는다. 온도에 따른 고온연성의 변화는 그림 4-22에서 보여주고 있는데, 고온연성이 낮은 온도 영역이 3개 존재함을 알 수 있다. Region I 은 가장 높은 온도구간의 고온연성의 골(Ductility Trough)로 고상온도(Solidus Temperature) 근처에서 발생하는데, 고온연성 감소의 원인은 액상철의 생성이다. 액상온도 근처에서의 용해는 입계에 우선적으로 일어나 액상철의 양이 아주 적어도 급격히 고온연성이 감소한다.

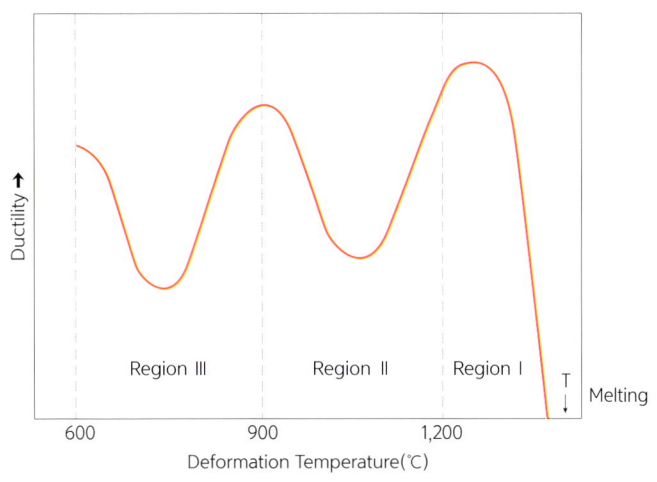

<그림 4-22> 온도에 따른 3개 영역을 보여주는 고온연성

가장 낮은 온도 구역에서 관찰되는 Region Ⅲ는 오스테나이트-페라이트 변태온도 부근인데, 이 온도 근처에서 오스테나이트 입계에 페라이트가 형성하면 고온연성이 급격히 감소한다. 중간온도 영역의 Region Ⅱ는 오스테나이트가 안정한 온도 영역인데, 오스테나이트 입계에 산화물, 유화물, 질화물 및 탄화물이 석출되는 경우에 관찰되는 현상이다.

주조 중 표면 크랙의 발생은 3개의 고온연성 취화 영역과 깊은 관련성을 갖고 있으며 이를 방지하기 위해서는 고온 야금학적 반응에 대한 이해가 필요하다. 그리고 고온연성은 주편의 성분에도 크게 의존하는데, 포정반응을 일으키는 성분에서 고온연성이 낮고 크랙이 잘 생긴다.

3) 내부 결함 감소

연주 주편의 내부 결함은 편석, 수축공, 개재물 등이 있는데, 개재물은 청정도에 관련되는 결함이라서 이미 살펴본 바가 있다. 편석과 수축공과 같은 내부 결함은 관찰하는 것이 쉽지 않고 발생을 제어하는 것이 용이치 않다. 경압하 기술은 내부 결함을 줄일 수 있는 효율적인 방법인데, 연주 Strand 내의 Segment의 Crater End Roll의 간격을 응고 수축량 만큼 감소시켜 응고 말기 부근에서 주편의 응고 수축량을 보상함으로써 덴드라이트 사이의 용강 유동을 억제하는 기술이다. 이 기술의 채용으로 합금강에서 잘 나타나는 중심편석을 감소할 수 있으며, 응고 말기에 발생하는 기공 내에 불순물이 들어가는 것도 줄일 수 있다. 이와 함께 내부 결함을 효과적으로 제어할 수 있는 방법이 최근 여러 가지가 개발되었는데, 위에서 언급한 EMS와 EMBr을 비롯해 FC Mold, EMLA/EMLS 등의 전자기 기술이 있다.

EMS는 주조 중 부가된 전자기적 교반에 의해 응고 시 형성된 덴드라이트를 파괴하는 역할을 한다. 따라서 EMS에 의해 주조조직의 미세화가 이루어짐과 동시에 편석도 감소한다. 또 응고 말기에 생기는 수축공도 숫자가 줄어들고 크기도 감소하는 긍정적인 효과가 있다. EMBr은 비금속 개재물의 부상 분리를 촉진하는 역할을 하는데, 이를 위해서 침지노즐에서 분출되는 용강의 흐름에 정자장(靜磁場)을 가하여 용강의 흐름을 제어한다.

FC Mold는 상하 2단으로 주형 전폭에 걸쳐 정자장을 가하여 주조 시 침지노즐에서의 용강 토출량(吐出量)의 변화에 따른 탕면에서의 유속 변화를 제어하는 장치이다. 이 경우 상부 Core는 용강의 상승류를 제어하여 탕면을 안정하게 유지함으로써 슬래그의 유입을 방지하는 역할을 하며, 하부 Core는 용강의 하부속도를 낮추어 개재물이 깊숙이 침입하지 못하도록 하는 역할을 한다. EMLA/EMLS는 주형 탕면에서 용강의 유속을 적정 범위 내에서 제어하여 유속이 빠르면 속도를 감소시키고, 유속이 느리면 속도를 증가시키는 역할을 한다.

4) 생산성 향상

생산성 향상을 위해 개발된 기술은 궁극적으로는 고속주조 기술인데, 고속주조 조업 하에서 결함의 발생을 줄이고 청정도를 향상하기 위해 노즐 막힘 방지, Breakout 최소화 등의 기술이 적용되었다. 고속주조란 보통 주조 속도가 1.8m/min 이상에서 연속주조를 하는 것을 말하며, 생산성 향상을 위한 가장 직접적인 방법으로 최적의 Mold Powder의 사용과 주형 진동이 필수적이다. Mold Powder의 역할은 주형 벽면과 주편 사이의 윤활을 원활하게 하는 것인데, 이를 위해서는 Mold Powder의 염기도를 낮추고 Na_2O 및 F를 첨가하여 점도를 낮추어야 한다.

Breakout이 발생하면 장시간 설비를 휴지해야하기 때문에 생산성에 미치는 영향이 크다. Breakout은 주형 내에서 응고 Shell이 파단될 때 일어나는데, 주형-주편 접촉면에서 발생하는 응력을 감소하여 Breakout의 발생 가능성을 줄이는 것이 필요하다. Breakout의 발생은 Strand와 Segment 설비의 구조와 Bender/Unbender 등의 교정설비의 운전과 깊은 관련이 있는 매우 복잡한 문제이다. 그리고 Segment를 구성하는 롤(Roll) 작동의 영향이 큰데, 주조 속도의 변화와 철정압의 증감에 따라 주편에 응력이 부가되고 변형이 일어나면 Breakout의 원인이 되기도 한다.

세계 각 제철소는 각자 현장 상황에 맞는 Breakout 발생 예지 시스템을 만들어 운영함으로써 생산성 감소에 대처하고 있다. 이 예지 시스템은 여러 가지 방법을 활용하고 있는데, 대표적인 것은 주형 마찰의 양상, 주형 동판의 온도 변화, 1차 냉각수 열유량의 변화, 주형에 구속된 응고 쉘과 주편의 상대속도 등을 측정하여 Breakout의 발생을 예지한다.

연연주 기술의 확대도 생산성 향상에 크게 기여한다. 연연주는 1대의 Tundish로 Ladle이나 Tundish를 교환하면서 계속 주조하는 기술이다. 이 기술의 적용으로 얻어질 수 있는 효과는 가동율의 향상, 실수율의 증가, 자재류의 원가 절감 등이다. 공정상의 제약으로 동일 강종의 연연주가 불가능한 경우에 대비해 이강종 연연주 기술이 개발되었으며, 압연 스케쥴을 원활하게 하기 위해서 폭가변 연연주 기술도 개발이 되어 생산성 향상에 기여하고 있다. 또 연주공정을 하공정과 연결하여 직결화/단순화 시키는 HCR/HDR(Hot Charge Rolling/Hot Direct Rolling) 기술의 실용화도 생산성 향상에 기여하는 바가 크다.

4.3. 세계 철강산업의 재편

4.3.1. 미국 철강산업의 비약적 발전

미국의 철 생산은 1850년에 영국의 5분의 1에 불과했다. 하지만 남북전쟁(1861~1865) 후 실업가들이 혁신 제강공정인 베서머 전로조업에 관심을 쏟기 시작했고, 이는 향후 그들에게 엄청난 돈을 벌어다 줄 미국 철강 산업의 급속한 발전을 예고했다. 당시 미국에는 도시들을 연결하는 도로를 닦고, 강을 가로지르는 교량을 세우며, 서부 깊은 곳까지 철도를 설치하는 사회기반시설 건설 수요가 많이 있었다.

늘어나는 철강 수요에 대응해 미국은 생산능력을 지속적으로 확장하였는데, 이에 필요한 기술·설비는 모두가 그 때까지 유럽에서 개발된 최신예 기술·설비들이었다. 제선공정에는 현대에도 여전히 사용하고 있는 용광로 법을 채택하였고, 제강공정에는 베서머 전로법과 평로법을 채택하였으며 이에 적합한 철광석과 석탄을 발견하여 품질과 함께 경제성도 확보할 수 있었다. 즉 그동안 유럽에서 개발한 최신예 기술과 설비를 거의 그대로 사용할 수 있었기 때문에 개발에 드는 시간과 노력을 생략할 수 있었던 것은 행운이라고 하겠다.

철강왕 앤드류 카네기(1835~1919)는 '아메리칸 드림'의 상징이다(그림 4-23 참조). 스코틀랜드 출신 이민자인 카네기는 12살 때 미국에 도착해 펜실베이니아 주 피츠버그의 가난한 동네에 정착했다. 전보 배달원을 거쳐 철도회사 직원으로 변신한 카네기는 특유의 성실성을 바탕으로 상재(商材)를 익혔으며 교량 건설 회사, 철로 공장, 기관차 제작소, 제철소 등의 주식을 시의 적절하게 사들였다.

<그림 4-23> 철강왕 앤드류 카네기(=미 의회도서관)

1865년 남부 연방이 남북전쟁에서 항복하자 30살의 카네기는 교량 건설로 관심을 돌렸고 제철소를 소유하게 되었는데, 이 덕분에 그는 자기 마음대로 사용할 수 있는 다량의 주철을 확보할 수 있었다. 하지만 카네기는 튼튼한 교량을 지으려면 주철보다 더 나은 강철이 필요하다는 것을 알고 베서머 공정을 미국에 들여왔으며 강철 생산을 위해 인(燐)이 없는 철을 손에 넣

었다. 그는 펜실베이니아 주 피츠버그 시에 제강공장을 설립하고(그림 4-24 참조) 그곳에서 건축가들이 '마천루(摩天樓)'라고 부르는 새로운 형태의 건물에 필요한 강철을 제조했다. 1889년 카네기 소유의 모든 사업체들은 '카네기 철강 회사'라는 단일 기업으로 통합되었다.

<그림 4-24> 피츠버그 제철 단지

이 시점에 카네기는 영국 전체의 약 절반에 해당하는 강철을 단독으로 생산하고 있었다. 카네기에 이어 다른 철강 회사들이 미국 각지에서 생겨나기 시작했다. 이로 인해 철강·광산 도시들이 여기저기 조성되었다. 여기에는 '칼리베스'라는 이름의 코네티컷 주 광산 마을도 있었다. 고대 철을 만들던 아나톨리아 고원의 마을 이름에서 따온 것이었다. 이윽고 미국은 철강 산업의 선두로 올라서고 있었다. 미국의 철강 산업은 20세기까지 계속해서 폭발적으로 성장했다. 1873년 미국의 강철 생산은 22만 톤이었다. 1900년이 되자 1,140만 톤으로 생산이 폭증했고 이는 영국과 독일 전체를 합친 것보다 많았다.

이 당시에 새롭게 등장한 유에스스틸(USS)은 세계 최대 기업이었고 미국 전체 강철 생산의 3분의 2를 담당하고 있었다. 이 변화는 전 세계적으로 이전에는 볼 수 없었던 생산속도 증가였지만, 미국 철강산업은 이제 막 준비운동을 끝냈을 뿐이었다. 1904년에는 베들레헴스틸(Bethlehem Steel Corp.)이 USS의 대표를 하던 찰스 슈왑에 의해 창설되었다. 베들레헴스틸은 USS 이어 미국에서 두 번째로 큰 철강회사로 성장하였고 조선 부문에서 활발히 사업을 전개하였다. 이 때문에 슈왑은 제1차 세계대전 중 영국으로부터 독일 유보트(제1, 제2차 대전 때 활약한 독일 잠수함)에 대적할 수 있는 잠수함을 비롯한 거액의 군사장비 주문을 받는 등 회사를 키워나갔다(그림 4-25 참조).

<그림 4-25> 베들레헴스틸이 제조한 잠수함

1차 세계대전으로 미국은 연합국의 전쟁 물자를 공급하기 시작했으며 이로 인해 철강 생산은 더욱 늘었다. 1914년 전쟁이 발발했을 당시 미국의 제강 능력은 2,350만 톤으로 14년 전의 2배 이상이었는데, 1918년 1차 대전이 끝났을 때 이 능력은 다시 배증되었다. 연합국에 속하는 미국의 제강능력은 독

일 등 동맹국과의 싸움에서 결정적 우위로 작용했고 전쟁이 끝나자 미국의 철강 산업은 그 어느 때보다 강해졌다.

뉴욕과 시카고의 스카이라인에 아르 데코(1920~1930년대의 장식적인 디자인) 고층건물들이 솟아나기 시작했는데, 여기에 사용된 강철 대부분을 유에스스틸과 베들레헴스틸에서 생산했다. 록펠러 센터, 월도프 아스토리아 호텔, 조지 워싱턴 다리, 금문교는 대부분이 베들레헴스틸의 강철로 건설되었다. 1930년 베들레헴스틸의 강철은 당시 세계 최고층 건물이었던 크라이슬러 빌딩에도 들어갔

<그림 4-26> 1930년 건축 중인 엠파이어스테이트빌딩

다. 최고층 건물 기록은 그로부터 1년이 채 되지 않아 엠파이어스테이트 빌딩에 돌아갔다. 이 빌딩에는 6만 톤가량의 유에스스틸 강철이 들어갔고, 크라이슬러 빌딩을 제치고 맨해튼의 영원한 상징으로 남게 되었다(그림 4-26 참조).

철강 생산 폭발로 일어난 혁신에는 마천루만 있었던 것은 아니었다. 이 소재는 자동차, 가전제품, 식료품 캔의 생산에도 한 몫을 했다. 유에스스틸과 베들레헴스틸의 자산 가치는 포드, 제너럴모터스(GM)보다 높아졌다. 정말이지 강철의 시대가 온 것 같았는데, 하지만 얼마 지나지 않아 문제가 닥쳤다. 주식시장 붕괴에 이어 경제가 대공황에 빠지면서 강철 생산이 둔화되었다.

미국 철강사들은 노동자들을 대상으로 구조조정을 계속했지만 공장이 완

전히 문을 닫지는 않았다. 철로가 여전히 전국적으로 뻗어나가고 있었고, 통조림 식품도 인기가 있었으며, 금주법(禁酒法)이 끝나감에 따라 새로운 강철 제품도 등장했다. 대공황에 뒤이어, 강철에 굶주렸던 세계는 다시 용광로에 불을 지피기 시작했다. 독일은 덴마크, 노르웨이, 프랑스의 영토 일부를 점령해 새로운 철광산 및 제철소를 장악했다. 갑자기 나치정권은 미국만큼 강철을 생산할 수 있는 수준에 올라섰다. 동양에서는 일본이 만주의 철과 석탄 광산을 장악했다.

2개의 세계대전을 치르면서 미국은 세계 철강업계에서 최고의 경쟁력을 확보했고 최대 생산 국가로 변신했다. 2차 대전 중 미국은 연합국이 사용하는 무기를 포함한 군수물자 공급을 전적으로 담당하고 있었기 때문에 철강 수요가 높은 속도로 증가할 수밖에 없었다. 진주만 공격을 받고 2차 대전에 참전하면서, 미국 정부는 전시 비상체제 하에서 강철의 소비재 생산을 대부분 금지했다.

세계 주요 공업국들은 전쟁에 참여하면서 선박, 탱크, 대포, 항공기 같은 몇 가지 용도로 제한해 강철을 배분하기 시작했다. 미국 내 제철소에서는 하루 24시간 금속을 녹였으며 여성 노동력도 동원되었다. 경제는 다시 호황을 누리기 시작했고, 곧 미국의 철강 생산량이 어떤 다른 나라보다 3배 이상 많아졌다. 2차 대전 동안 미국은 1차 대전과 비교해 25배 많은 강철을 생산했으며, 미국산 강철 제품은 연합국 승리에 결정적인 역할을 했다.

마침내 전쟁이 끝났고, 미국은 소비재용 철강 생산 금지를 해제했다. 전 세계 철강 생산 가운데 절반이 미국산이었고, 자동차, 가전제품, 장난감, 건축용 철근 시장이 그 어느 때보다 호황을 누렸다. 남겨진 선박과 탱크를 분해해 얻은 강철을 다시 녹여 교량과 맥주 캔을 만드는 데 재사용되었다. 철강 수요도 계속 늘어나 1973년에는 1억3천만 톤으로 증가하면서 최고의 전성기를 누렸다.

철강이 이렇게 높은 수요를 만들어 낼 수 있는 비결은 국민 소득이 증가하면서 자동차 수요가 지속적으로 늘어났고 경제 발전과 생활수준의 향상으로 사회 인프라 건설이 활발히 추진되어 건축·토목 분야 소비가 늘어났기 때문이다. 또 지속적인 철강기술 발전으로 생산 효율이 증가하고 품질이 향상되었으며, 또 대량생산에 의해 제조원가를 줄여 경쟁소재 대비 경쟁력을 확보할 수 있었다.

생산효율을 증대하기 위한 설비 투자도 활발히 추진되었는데, 전후 90%에 이르던 평로강 생산이 60년대에는 급격히 감소하였으며 이를 베서머 전로 및 전기로 제강으로 치환했다. 신기술 개발도 활발히 진행되어 열간 및 냉간압연의 연속화와 고속화가 빠르게 진행되었고 컴퓨터를 활용한 자동화 조업이 확대되었다.

4.3.2. 미국 철강업의 쇠퇴와 최고의 경쟁력을 확보한 일본

○ 미국 철강업의 경쟁력 쇠퇴 요인

21세기 들어와 2차례의 세계대전을 치르면서 최고의 전성기를 누렸던 미국 철강업은 1970년대에 들어서면서 50%를 오르내리던 세계 점유율도 10% 이하로 떨어지고 경쟁력도 점차 약화되었다(그림 4-27 참조). 미국 철강 경쟁력 약화의 가장 직접적인 원인은 LD전로, 연속주조, 고로 대형화 등의 신기술 설비의 도입 및 운영에 있어서 일본보다 늦었다는 것이다. LD전로의 경우 일본은 1976년에 100% 전환했으나 미국은 1991년에야 전환이 완료되었다. 연속주조의 경우 일본은 1955년부터 전환하여 1990년에는 거의 100%를 달성했으나 미국은 1962년부터 도입을 시작하여 1990년에는 60% 수준에 불과하였다.

LD전로의 도입은 일본 철강업의 신기술에 대한 뛰어난 진취성과 판단력을 보여주는 대표적인 사례인데, 일본은 이 설비를 모든 고로사가 채택하는 데 4년 반이 걸렸으나 미국은 16년이 걸렸다. 또 LD전로는 평로에 비해 제강

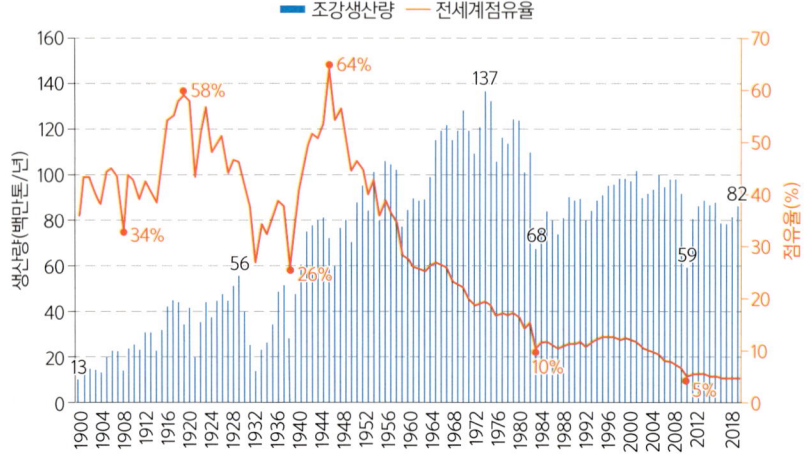

<그림 4-27> 미국의 철강 생산량 및 전 세계 점유율 변화 추이

시간은 1/7, 조업인원은 1/4에 지나지 않았고, 탈탄력이 우수하기 때문에 우수한 냉간가공성이 요구되는 자동차용 강판의 생산에도 유리하다.

일본은 오스트리아에서 개발된 이 신예설비를 단순히 도입하는 것이 아니라 도입 후에 중요한 기술개량을 시행하여 경쟁력을 더욱 높였다. 대표적인 기술 개량으로는 다공랜스와 OG(Oxygen Converter Gas Recovery) 장치가 있고, 생산성 향상을 위해 전로 용량을 Charge 당 150톤 이상으로 확대하였으며 제강 스피드도 30분 이내로 단축하였다. LD전로의 채택 여부는 원가에 지대한 영향을 미치는 것으로 분석될 뿐 아니라 생산 제품의 품질에서도 큰 차이를 보여 일본이 경쟁력을 확보할 수 있는 가장 큰 요인이 되었다.

미국은 전기 값이 가장 싼 국가이기 때문에 전기로제강 조업이 다른 국가보다 유리한데, 이 때문에 미니밀업체가 활성화되어 고로업체의 봉형강 시장을 잠식하였는데, 이것도 미국의 고로업체가 이 시기에 부진하게 된 이유로 들 수 있다. 1906년에 자동차회사로 출발하여 1960년대에 철강기업으로 변신한 미니밀업체인 Nucor는 현재는 USS보다 생산량이 많아 미국 제1의 철강기업으로 대두하였으며, 미니밀 제품 비중도 미국 전체 생산량의 50%

를 넘어섰다.

대립적인 노사관계와 높은 임금도 미국 철강업 경쟁력 하락에 상당한 영향을 미쳤다. 미국은 1950년대부터 전미철강노조(USW)가 노사협상을 맡는 식으로 제도가 바뀌었는데 이때부터 파업이 빈번히 일어났으며, 두 번의 오일쇼크로 임금이 급등하게 되어 경쟁력이 저하되었다. 미국은 철강사가 내륙에 위치하고 있어 임해(臨海) 제철소를 운영하고 있는 일본에 비해 수출 경쟁력이 떨어질 수밖에 없는 것도 경쟁력 약화에 영향을 미쳤다. 그리고 미국 내 철광산이 노후화되고 고품위 광석의 채굴이 힘들게 된 것도 영향을 미쳤으며, 독과점적인 관리가격제도의 붕괴로 가격경쟁이 심화된 것도 한 요인이라고 하겠다.

◦ 혁신 기술 개발로 최고의 경쟁력 확보한 일본

일본 근대 철강업의 근황을 살펴보면 다음과 같다. 일본은 19세기 말까지는 일본의 고유 제철법인 타타라 기술과 유럽에서 배운 반사로 기술로 생활용품과 무기의 소량 생산체제를 유지하고 있었다. 그러나 아편전쟁으로 청나라가 유럽 열강국가에 굴복하는 것을 보고 성능이 우수하고 규모가 큰 근대적 군사장비 제조를 위한 제철설비의 필요성을 절감했으며, 이에 타타라로 + 반사로의 조합에 의한 제철법을 활용하여 대포 등 무기를 제작하였다. 일본 반사로는 니라야마에 1854년 최초로 축조하였고 그 외에도 전국 10여 곳에 축조되어 대포 제작에 활용되었다.

그러나 반사로만으로는 충분한 양의 대포를 만들 수 없다고 생각하고 용광로 축조를 추진하였는데, 난부 번(南部藩)의 오오시마 다카토(大島高任)가 이와테현 카마이시에 일본 최초로 용광로를 건설하고 용광로 + 반사로의 조합에 의한 제철법이 시작되었다. 메이지유신 이후에도 '식산진흥·부국강병'이라는 국가 방침 아래 1886년에는 NSC 카마이시 제철소의 전신인 다나카 제철소가 일본 처음의 선강일관제철소로써 탄생하였다. 그러나 1890

년(메이지 23년) 일본 전국의 선철 생산량은 약 2만 톤인데 그 중 다나카 제철소가 생산한 선철은 겨우 4천톤에 지나지 않았고 나머지 1만6천톤은 타타라 제철법에 의한 사철 선철로 알려져 있다.

제강 생산성이 낮은 도가니로를 대신해 평로와 전로가 건설된 시기는 20세기 초이다. 청일전쟁에서 승리한 일본은 전쟁배상금을 이용해 1901년에는 큐슈에 관영 야와타 제철소가 건립되었으며, 이후 세계대전을 치르면서 소요되는 군수품 제작 등의 철강 수요에 대응해 많은 제철소를 건립하여 1940년대 중반의 조강 생산량은 350만 톤이 넘었다.

전후 일본 철강업은 정책 및 자금 면에서 국가적 지원을 받고 미국으로부터 적극적인 기술 도입을 하고 원료 측면에서 국제적인 협조체계를 구축하여 1950년대 말까지 철강 부흥기를 맞아 점진적으로 발전하였다. 이후 일본 철강업은 1960년대에는 약진기로 부를 수 있을 만큼 비약적인 발전을 이루어 1973년 오일쇼크의 전후에는 세계 최대 생산국에, 최고 경쟁력의 위치를 누리게 되었으며 그 이후 경제 침체로 조정기에 들어갔다(그림 4-28 참조).

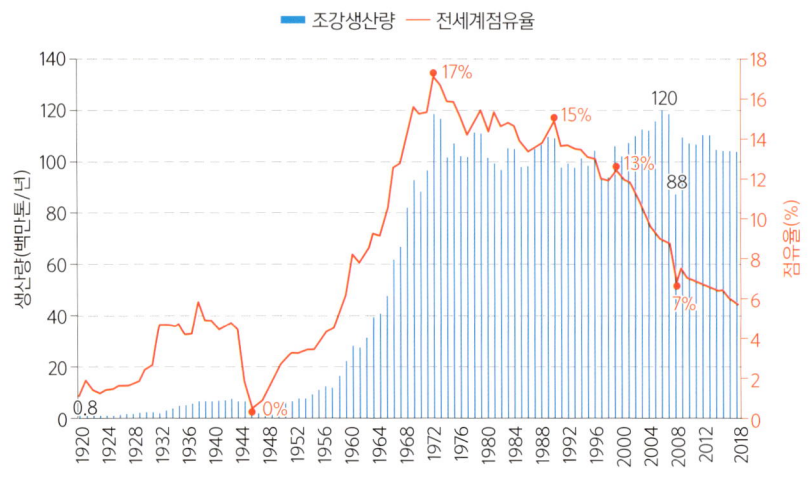

<그림 4-28> 일본의 철강 생산량 및 전 세계 점유율 변화 추이

미국 철강업의 경쟁력은 1960년대에 들어가면서 점진적으로 약화되었고 그 자리를 일본이 차지하게 되었는데, 얼마 전만 하더라도 일본이 미국의 기술을 활발히 배워서 철강업을 키웠는데 어느새 전세가 완전히 바뀌게 된 것을 보면 격세지감을 느낀다. 일본이 1960년대에 부흥기를 맞이하게 된 이유는 전술한 바와 같이 경쟁관계에 있던 미국 철강업계의 쇠퇴 요인이 크게 작용하였으나, 이와 함께 일본은 고유의 기술개발과 생산시스템의 구축을 통해 미국을 능가하는 경쟁력을 확보한 측면이 크다.

일본의 대표적인 생산시스템은 선강일관 대형 임해제철소의 개념이다. 이 대형 임해제철소 건설에 최초로 도전한 사람은 가와사키제철의 니시야마 야타로 사장이었는데, 이 개념은 일본의 전 고로사(高爐社)로 확산되어 후지의 나고야제철소, 야하타의 사카이제철소, 일본강관의 후쿠야마제철소, 가와사키 미즈시마제철소, 고베의 가코가와제철소, 스미토모의 기시만제철소, 후지의 오이타제철소 등이 그린필드 투자로 순차적으로 바닷가에 건설되었다. 이 제철소들은 모두 연산 1천만 톤이 넘고 내용적 4,000㎥ 이상인 대형고로도 갖추고 있어서 규모의 이익(Scale Merit)이 크다.

1960년대 일본의 고도성장 시대 개막에 맞추어 건설된 대형 신예제철소로 인해 일본의 철강 총생산량은 13년 만에 2천만 톤에서 1억2천만 톤으로 6배 확대되었다. 선강일관 대형임해제철소의 개념은 일본 철강업이 세계 처음으로 고안한 혁신체계로 원료를 전적으로 수입해오고 많은 제품을 수출하는 경우에 절대적으로 유리하다. 이 개념은 나중에 한국 포스코의 제철소 건설에 채택되었으며 중국의 담강제철소, 방성항제철소 등의 건설에도 채택되었는데, 이로 인해 신설 제철소는 원가 경쟁력을 확보할 수 있는 기반을 갖추게 되었다.

경쟁력을 확보하기 위해 이 시기에 일본 철강업이 추진했던 일은 비단 설비와 연계된 하드웨어 분야뿐이 아니라 소프트웨어 분야에도 있다. 첫 번째는 우수인재 확보인데, 일본 전통의 종신고용제도 하에서 복리후생을 충실히 실행하는 경영이다. 우수인재의 확보를 위해서 일본 철강업체가 특별히 역점을 두는 것은 교육이며, 이를 통해 사원들의 직무 전문성을 강화하고 성장할 수 있는 기회도 제공한다. 많은 업체들이 단기대학을 운영하고 있으며 직원들은 수시로 교육을 받아 기능직 사원이 기술직 또는 관리직으로 승진하기도 한다.

두 번째는 일본 고유의 소집단 활동인데, 사원이 자주적으로 그룹을 형성하여 리더를 선발하고 또 리더를 중심으로 자주적으로 협의해 활동 목표를 설정하고 또 전원 참여와 협동의 원칙으로 목표 달성에 노력하는 것이다. 이는 집단지향적인 일본인에 맞는 활동으로 품질 및 생산성 향상에 크게 기여하였다.

세 번째는 정부기관인 경제산업성(통산성의 후신으로 한국의 산업통상자원부에 해당)과의 긴밀한 협력이다. 이는 철강뿐만 아니라 중요 산업의 모든 분야에서 정부와 민간 기업이 유기적이고 체계적인 협력을 해나가는 일본 특유의 운영체제이다. 일본 정부는 전후 부흥을 위한 외화 조달을 위해 몇 가지 전략품목을 지정하고 그 중에 철강업을 포함하였는데, 철강업 육성을 위해 정부가 사용한 수단은 가격통제, 수입제한, 기술도입, 재정지원, 원료의 배분 및 설비 확장권 배분 등 전 분야에 걸쳐 있다. 이러한 활동은 공정거래의 개념에서 보면 배치되는 부분이 있으나 일본에서는 사회 특유의 조직문화로 노사 간에 잘 받아들여지고 있으며 산업 경쟁력 확보에 크게 기여하였다.

일본의 철강 산업은 2차 대전 후에 괄목할 만한 성장을 이룩하였다. 2차 대전 직후 1946년에는 일시적으로 연간 생산량이 56만 톤까지 떨어졌으나 1950년에는 484만 톤, 1960년에는 2,214만 톤, 1973년에는 1억2천만 톤을 달성하였다. 세계 철강생산에서 일본이 차지하는 비율은 1960년 6.5%에서 1973년에는 17.1%까지 확대되었다.

세계 수출시장에서도 점유율이 지속 증가되어 1955년 미국이 14.2%, 서독이 9.9%일 때 일본이 6.6%이었는데 1973년에는 일본의 점유율이 28.6%까지 확대되어 세계 최대의 수출국가가 되었는데, 이는 일본 철강업의 높은 경쟁력을 의미한다. 그러나 이렇게 막강한 일본의 경쟁력도 외부 여건이 변하면서 성장이 정체되었는데, 1970년대 있었던 두 차례의 오일쇼크와 1985년의 플라자 합의가 대표적인 요인이다.

오일쇼크로 인한 세계적인 경기침체는 철강 수요의 급격한 감소로 이어져 대규모 설비투자로 부채비율이 높았던 철강업체가 우선적으로 곤란을 겪게 되었으며, 이로써 일본 철강업은 약진기가 끝나고 조정기에 들어가게 되었다. 1973년 1억2천만 톤이었던 조강생산량은 2년 후에는 2천만 톤이 감소하여 1억 톤으로 줄었으며 이후 한동안 이 수준을 유지하였다. 수출은 적극적인 확대정책이 시행되어 거의 3천만 톤 이상으로 유지하였는데, 이를 위해서는 기술개발에 의한 원가 절감과 신제품 개발이 큰 역할을 했다.

공정 측면에서는 연속주조 기술의 보다 적극적인 도입, 노정압발전(爐頂圧発電, 제철소의 용광로 노정(爐頂)에서 발생하는 고압가스의 폐기 에너지를 이용하여 발전하는 시스템) 등 성(省)에너지 기술의 개발, 용광로의 대형화에 맞춘 고압 조업기술 등의 개발이 그 사례이다. 제품의 고급화도 적극 추진되었는데 자동차용 신 고장력·고가공용 강판, 고성능 표면처리 강판과 더불어 조선용 TMCP(가공열처리) 강판 및 대입열(大入熱) 용접강판 등이 이 시기에 개발되었다.

주지하다시피 플라자 합의는 1985년 미국과 G5국가 간에 맺어진 환율 협정인데, 이 협정이 미국과 무역을 하는 G5국가의 위상에 큰 변화를 가져왔다. 이 협정으로 인해 엔고가 급격히 진행되어 달러 당 250엔 대의 엔 시장은 1986년 말에는 160엔 수준이 되었고 나중에 120엔 대까지 가치가 상승하였다. 그 뒤에도 엔고 현상은 한동안 진행되어 1995년에는 79엔 정도로 가치가 상승하였으며, 그 효과는 아직까지도 유지되고 있어 엔 가치가 조금은 떨어지긴 했으나 대략 100엔 이하로 유지되고 있다.

플라자 합의로 인한 엔고 때문에 수출 경쟁력이 대폭 삭감된 가운데 특히 많은 양을 수출하던 일본 철강업계는 어려움을 겪지 않을 수 없었다. 엔고의 위기를 벗어나기 위해 업계는 치열한 노력을 기울였는데, 기술개발 등에 의한 생산 코스트 저감, 정부의 공공지출을 포함한 내수 확대, 그리고 덤핑을 각오한 공격적 수출 추진 등이 사례이다. 이런 노력이 좋은 결과를 만들어 내려면 단순히 업계의 힘만으로는 힘들어 정부-기업-사회의 총체적인 협력이 이루어져야 하는데 여기에도 일본 특유의 협력 개념이 잘 적용된 것으로 여겨진다.

원가절감과 품질향상을 위한 기술개발은 위기를 벗어나기 위해 일본 업계가 추진해 큰 성과를 얻은 분야이다. 원가절감을 위한 고로의 장(長)수명화 및 대형화는 지속적으로 추진되어, 1970년대 5~7년에 불과하던 고로 수명은 20년을 넘기게 되었으며, 2013년에는 내용적 4,000㎥ 이상인 고로의 수가 가동 고로 27기 중 20기이고 5,000㎥ 이상인 초대형 고로도 13기가 되었다. 저가원료 사용, 연속주조의 확대, 성(省)에너지 기술개발 등과 더불어 공정 집약에 의한 제조공정의 효율화, 자동화 등도 적극 추진되었으며, 이와 함께 인력의 다기능화와 합리화, 소그룹 활동의 강화, 협력 작업의 외주화 등을 통한 원가 절감을 추진했다.

제품 개발에도 노력하여 고객사 요구에 부응하여 더 높은 강도, 더 높은 가공성, 더 높은 용접성 및 더 높은 인성의 신제품을 지속적으로 개발하였다. 불황이 지속되고 있는데도 불구하고 표면처리 설비에 지속적으로 투자하여 용접성과 가공성이 우수한 GA(Galvannealing) 생산 설비를 증강하였는데, 2002년 당시 49기였던 GA 설비의 1/3은 이 시기에 구축되었다. 수익이 높은 자동차강판 분야는 고객사와의 긴밀한 협력을 통해 고유의 제품을 개발하여 상용화할 뿐 아니라 Guest 엔지니어(Guest Engineer, 기업이 부품업체와 긴밀한 동반자 관계를 유지하여 고객사에 파견되어 신부품 개발을 함께 수행하는 기술자) 제도의 시행을 통해 고객사와의 긴밀한 협력 체제를 구축하여 후발 철강사의 추격을 저지하였다.

이상 일본 철강업계가 오일쇼크 및 환율로 인한 불황의 어려움을 극복하기 위해 겪은 것을 보면 배울 점이 많이 있다. 즉 일본 철강업계는 어려운 때일수록 조업과 제품에서 오히려 더 큰 기술적인 성과를 거두어 위기를 극복해 나가는 지혜를 발휘하였고 목표를 달성하기 위해 정부-기업-사회가 효율적인 협력 체제를 만들어 나갔다는 것이다.

4.3.3. 초경쟁 시대에 들어간 세계 철강 산업

○ 무에서 창조한 철강 산업, 한국

한국의 철강 산업은 1968년 포스코가 창립하기 전까지는 그야말로 보잘 것 없었다. 2차 세계대전 직전 남북한 전체 조강 생산능력은 35만톤/년이었으나 대부분의 시설은 북한에 소재하고 있어 남한의 생산은 거의 없었다. 남한의 조강생산량은 1961년이 되어도 6만톤/년, 1967년에는 22만톤에 지나지 않았으며 전량 전기로 제품이었다. 포스코가 창립되고 1973년에 제선-제강-열연/후판 설비의 종합준공이 되면서 비로소 조강생산 100만톤 체제를 갖추게 되었다.

1968년 창립한 포스코는 포항과 광양에 두 개의 제철소가 있는데 두 개 모두 임해제철소의 개념을 적용해 건설하였다. 1960년대 후반 1인당 국민소득이 200달러도 안 되는 상황에서 자본도 기술도 경험도 그리고 부존자원도 없이, 그리고 국내외의 반대를 무릅쓰고 시작한 포스코는 현재 국내에 가동 중인 두 개 제철소의 제강 설비용량이 합해서 4천만 톤에 이르는 최정예 종합제철회사로 성장했다. 2010년에는 전기로업체였던 현대제철이 고로를 당진에 건설하였고, 이를 시작으로 대형고로 2개를 추가로 건설하여 대형고로 3개의 일관제철소를 운영하고 있다.

2개의 대형 일관제철소를 보유한 포스코는 단시간에 세계적 수준의 규모와 경쟁력을 가진 철강회사로 성장하였다. 포항제철소의 건설과 조업 안정에는 일본 철강업계의 도움이 컸다. 설비의 기본설계는 일본에서 하게 되었고 이 때문에 자연히 선강일관 대형임해제철소의 개념으로 건설하게 되었다.

포스코가 제철소 건설에 있어서 일본의 협조를 받을 수 있었던 이유는 제철소 건설자금이 대일청구권 배상금에서 나왔기 때문에 일본 정부 및 개별 회사 차원의 협조를 얻어낼 수 있는 분위기가 조성되어 있었던 데 기인한다. 이와 더불어 제철소 건설은 국가 미래 발전을 위해 꼭 필요하다는 당시 현직 국가원수 박정희 대통령의 신념과 범국가적인 지원, 그리고 박태준 창립사장의 불굴의 의지와 탁월한 경영능력과 함께 회사 전 직원의 높은 사명감과 헌신적인 노력이 모두 합쳐져 불가능을 가능으로 만든 대역사였다.

포스코는 1973년에 103만 톤 용량의 포항 1기 설비를 준공하였으며, 그 후 추가적으로 4기 설비 건설까지 추진하여 1981년에는 연산 850만 톤 규모의 제철소를 완성하였다. 연달아 추진된 제2 제철소는 광양에 건설되었는데, 이 제철소 역시 4단계 건설을 추진하여 1,140만 톤 규모의 임해제철소로 탄생하였다.

광양제철소의 건설로 포스코는 창업 이래 약 4분세기 만인 1992년에는 대형 종합제철소 건설의 대역사를 마무리하였다. 이미 완성되어 가동 중인 940만 톤 체제의 포항제철소와 신설 광양제철소를 합쳐 포스코는 2,000만 톤이 넘는 조강생산 능력을 갖게 되었고, 2017년 조강생산은 3,721만 톤으로 생산량으로는 세계 5대 철강회사로 부상하였다. 그리고 경쟁력 측면에서는 세계 최고의 위치를 점하고 있는데, 이는 세계적인 철강 전문 분석기관인 WSD가 매년 발표하는 종합 경쟁력 순위에서 지난 10년간 최고의 위치를 차지한 것을 보면 알 수 있다(표 4-2 참고).

순위	'19년 6월	'18년 6월	'17년 6월	'16년 6월	'15년 6월	'14년 6월
1	POSCO	POSCO	POSCO	POSCO	POSCO	POSCO
2	Nucor	Nucor	Severstal	NSSMC	Nucor	Nucor
3	Voest Alpine	Voest Alpine	Nucor	Nucor	NSSMC	NSSMC
4	Severstal	Severstal	NLMK	SDI	Gerdau	Gerdau
5	NSC	NSSMC	NSSMC	NLMK	Severstal	Severstal
6	NLMK	NLMK	JSW	Severstal	JSW	NLMK
7	JSW	A.Mittal	JFE	Voest Alpine	NLMK	JSW
8	A.Mittal	JSW Steel	A.Mittal	Gerdau	JFE	JFE
9	Evraz	JFE	Voest Alpine	JFE	Hyundai	Hyundai
10	Hyundai	MMK	Bao Steel	JSW	Erdemir	Erdemir

순위	'13년 6월	'13년 2월	'12년 6월	'11년 6월	'10년 6월
1	POSCO	POSCO	POSCO	POSCO	POSCO
2	Severstal	NLMK	NLMK	Nucor	JSW
3	Nucor	Severstal	CSN	NLMK	Nucor
4	NLMK	JSW	Severstal	Severstal	SAIL
5	JSW	NSSMC	Bao Steel	A.Mittal	CSN
6	Gerdau	Gerdau	JSW	NSC	NLMK
7	NSSMC	Nucor	SAIL	JSW	Tata/Corus
8	SAIL	Hadeed	NSC	CSN	Usiminas
9	Jindal	Tata Steel	Nucor	SAIL	Severstal
10	JFE	Bao Steel	Sumitomo	JFE	Gerdau

<표 4-2> WSD가 발표한 지난 10년간의 철강사 종합 경쟁력 순위

포항제철소의 성공적인 건설과 조업으로 생산 제품은 품질 및 가격 경쟁력이 우수하여 세계적인 철강경기 침체에도 불구하고 가동률 100% 이상으로 운영하였으며, 회사는 창립 이래 흑자경영을 유지하였다. 1981년에는 한일 양국 간의 철강교역 사상 처음으로 물량 면에서 한국이 일본을 추월하게 되었는데, 이에 일본 업계는 충격을 받아 포스코에 대한 과거 협력이 부메

랑이 되어 돌아왔다고 하며 견제가 심해졌다.

  1981년에 포스코는 경제 발전에 따라 늘어나는 철강 수요에 대응하여 또 하나의 제철소를 건설하는 계획을 발표하고 제철소 부지는 광양으로 정했다. 이 계획에 대해 포스코는 일본에 협력을 요구했으나 일본은 광양제철소의 기본 설비엔지니어링 계획의 검토 요청조차 거부했다. 이에 포스코는 일본의 협력 없이 제철소를 건설한다는 계획 하에 설비 도입선을 유럽과 미국으로 바꾸고 신설 제철소의 건설 타당성을 설명하여 협력을 얻어내는 데 성공하였다.

  포스코의 신설 광양제철소 건설 추진 상황이 이렇게 진전되자 일본 철강업계는 태도를 바꾸지 않을 수 없었다. 일본 철강업계는 신설 제철소 건설에 대해 간접 참여 방식으로라도 협력하겠다고 결정하면서 설비 공급에 참여하게 되었다. 일본 업체가 태도를 변경한 이유는 외국의 철강사와 협력해 신예 제철소를 만드는 경우 나중에 이 회사의 경쟁력이 높아져 시장을 빼앗길 수도 있다는 우려 때문이었다.

  앞에서 설명한 바와 같이 최신예 제철 설비는 어느 특정 업체에만 공급할 수 있는 상황이 아니었다. 일반강 제조를 위한 생산 기술은 상당 부분 설비 회사가 제공하는 조업 매뉴얼로 확보할 수 있으며, 그리고 다른 선진 철강사와 협력관계를 구축하여 배워 올 수도 있었다. 이런 상황에서 신설 철강회사에게 조업기술을 가르쳐 주지 않고 적대적인 관계를 만드는 것보다는 가르쳐 주어 글로벌 경영의 파트너로 만드는 것이 유리하다고 판단하였기 때문에 일본 철강업계가 협력한 것이 아닌가 여겨진다.

  한국은 포항과 광양 제철소를 합쳐 9개의 용광로를 운영 중인 포스코, 당진과 인천 및 포항에서 3개의 대형 용광로와 1,200만톤/년 생산능력의 전기로를 운영 중인 현대제철, 그리고 다수의 전기로 전용 업체가 모두 매년 7천만톤 이상의 철강을 생산하고 있고, 생산량 측면에서 세계 5, 6위에 랭크되고 있다. 최근의 경향은 양보다는 질에 더 역점을 두고 고부가가치 제품 개발에 노력하고 있는데, 대표적인 고부가가치 제품은 자동차, 조선, 에너지 등의 산업에 사용되는 강재이다. 범용강의 경쟁력이 높은 중국 철강사들과 고급강의 경쟁력에서 강세를 보이는 일본의 철강사들 사이에 위치한 입장에서 포스코는 어느 한쪽도 소홀히 할 수 없는 입장이기 때문에 선택된 제품에 대한 집중적인 기술 개발을 통해 경쟁력을 확보해 나가고 있다.

○ 물량으로 밀어붙인 중국

중국의 철강 생산은 건국 이후 점진적으로 증가하여 1995년까지 1억 톤/년 정도의 수준에 이르렀다. 그러나 그 이후 중국의 경제 규모가 급속도로 증가함에 따라 철강 생산도 증가하여 2018년에는 9억 톤을 초과하여 세계 제 1위를 차지하였고 세계 전체 생산량의 거의 반을 차지한다(그림 4-29 참조). 이는 중국이 강한 제조업 국가로 발전하게 됨에 따라 철강 소비가 크게 증가했기 때문으로, 1990년 대 중반에는 인당 철강 소비량이 500kg 가까이에 이르러 서구 선진국의 인당 소비량을 초과하였다.

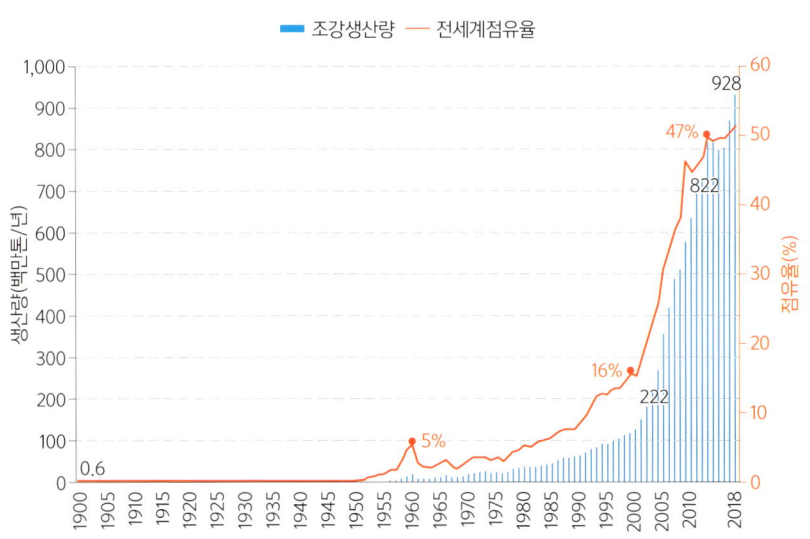

<그림 4-29> 중국의 조강 생산량 및 세계 전체생산량의 점유율 변화 추이

중국의 조강 능력 확장은 중앙정부의 지원을 받아 국영 철강사의 설비 확장이 우선적으로 이루어졌다. 대표적인 회사가 보무강철그룹으로 담강제철소나 방성항제철소 등의 대형임해제철소를 건설하였다. 동시에 내륙에는 많은 중소형 제철소가 운영되고 있는데 지방 정부의 지원으로 설비 증설이 이루어져 늘어나는 철강수요에 대처하였다. 중국 제철소는 크게 보았을 때 2가지로 구분할 수 있다. 하나는 최근에 준공된 선강일관 임해제철소를 포함한 대형 일관제철소이고, 또 하나는 종래부터 존재하던 중소형 규모의 제철소이다. 최근의 보고에 의하면 중국 제철소는 400여 개가 있는데, 후자가 대부분이며 전자는 10여개 남짓하다.

중소형 철강사는 거의 다 내륙의 중소업체로 원료의 공급을 담당하는 회사와 제품을 구매하는 고객이 제철소 근처의 지방에 존재하고 있고 중국 자체의 설비 엔지니어링 능력을 바탕으로 건설되었다. 중소형 철강사는 봉형강류를 생산하는 전기로 업체, 선철을 생산하는 소형 고로업체, 그리고 범용품을 생산하고 용해를 위주로 하는 유도로나 용선로(Cupola) 업체가 있다.

용해 위주의 소형업체는 저급 띠탸오강(地條鋼)을 주로 만들었는데 최근의 정부시책에 의해 대부분 문을 닫은 것으로 알려져 있다. 이에 비해 대형 임해제철소는 원료를 외국에서 수입해 사용하는 것을 원칙으로 하고 있고 생산 제품의 상당량을 수출한다. 중국 정부는 2005년 발표한 '강철산업 발전정책'에 의거해 이런 대형철강사의 건설을 확대하였을 뿐만 아니라 기존 대형 철강사 간의 합병을 통해 초대형화를 추진하고 있다. 대표적인 사례는 최근 인수합병(M&A)을 통해 세계 제 1, 2위 자리를 다투고 있는 보무를 비롯해 하북, 사강, 안산, 수도, 산동 등이 있다.

중국은 기원전부터 인류 최초로 고로를 사용하고 주강기술을 처음으로 채용하여 여러 가지 생활용품과 무기를 제조하긴 했으나 현대 제철산업의 공정이나 기술 관점에서 보았을 때 혁신적인 개발을 주도하지는 못하고 현재 사용하고 있는 대부분의 현대적 공정과 기술은 최근에 유럽 및 일본을 통해 도입하였다. 국내 생산되는 철강재의 품질은 다소 떨어지나 풍부한 철광석 및 품질도 우수하고 매장량도 많은 석탄 등의 자원과 자력 개발한 설비 및 기술을 바탕으로 철강 산업은 지속적으로 핵심 산업으로 성장하여 드넓은 중국 대륙 전역에 비교적 골고루 분산되어 국내 경제에 기여했다. 특히 1950년대 건국 초기에는 공산당 중앙정부의 지시로 각 지방도시마다 초소형 토법고로(土法高爐) 등 소형 용광로를 건설하기도 하고 나중에는 지방정부별로 지역 특성에 맞추어 소규모 제철소를 건설하여 효율성이 낮은 철강 산업이 형성되었다.

중국의 경우 국토도 넓고 투자 주체가 다양하고 또 재래식 설비가 철강 생산에 큰 역할을 담당하고 있었던지라 2000년 전후 대대적인 설비 확대가 이루어질 시점에도 최신예 철강설비 및 기술이 세계적으로 거의 표준화되어 있는데도 불구하고 이를 전면적으로 채용한 제철소를 건설하지는 못했다. 이는 한국의 포스코가 중국보다 더 일찍 1970, 80년대에 설비를 건설하였으나 최신예 설비와 기술에 대한 정보를 제 때에 확보하여 최고 경쟁력의 제철 산업을 육성한 것과는 비교된다. 포스코는 국제 표준의 최정예 제철설비를 시행착오 없이 거의 그대로 채용하여 지금도 활용하고 있는데, 이것이 포스코가 최고의 경쟁력을 확보할 수 있었던 중요한 요인 중의 하나였다.

최근에 들어오면서 중국은 외국에서 최신예 공정과 기술을 도입해 현대식 최정예 제철소를 많이 건설하였다. 그 사례를 보면, LD 제강설비, 연속주조, RH 정련설비, 박(薄)슬래브 주조기술, 연속소둔, 용융아연도금 등 현대적 설비가 설치되었다. 제강의 경우 유럽 및 미국의 철강사가 전로, 평로 설비를 놓고 시행착오 끝에 LD제강법을 채용한데 비해 처음부터 LD제강법을 채용하였고, 연속주조는 초기부터 100% 채용하는 것으로 추진하였다. 그리고 중국은 일본에서 선강일관 대형 임해제철소의 개념을 비롯해 고로 대형화, 노정압 발전, 저품위 원료 사용기술, 연속용융도금, 설비 자동화 등의 신기술을 도입했다.

중국과 일본의 관계는 1972년의 중-일 수교 이전부터 있었으나 본격적인 협력은 수교 이후에 진행되었다. 대표적인 것이 무한강철의 전기강판 제조에 대한 NSC의 협력이 있고, 중국 처음으로 대형 임해제철소의 개념을 도입한 보산강철(현재의 보무강철)과는 최신예 제철소 건설에 있어서 NSC와 JFE가 협력하였다. 이러한 협력의 범위는 단순한 기술지원뿐만 아니라 건설 자금의 지원까지도 포함하고 있다. SMI의 경우는 신예제철소의 건설뿐만 아니라 지역 제철소의 합리화 분야까지 기술지원을 확대하였는데, 안산제철소와의 협력에선 일본 측 기술자 100여 명을 파견하였을 뿐 아니라 중국 기술자의 일본 파견 연수도 받아들였다.

중국의 선강일관 임해제철소의 아이디어는 일본에서 갖고 왔으며 또 건설 및 운영 측면에서도 일본 철강사들이 협조한 것으로 알려져 있다. 일본 철강사는 경제성장에 따라 폭발적으로 증가하는 중국의 철강수요와 위상을 감안해 양국 철강사 간의 협력적인 관계 설정이 필요하다는 인식 때문에 협력에 적극적인 것으로 생각된다. 그리고 포스코와 기술협력 관계를 유지함으로써 실리를 챙길 수 있었던 일본의 경험에서 중국과도 기술 협력을 통해 궁극적으로 실리를 얻을 수 있다는 판단이 작용한 것으로 보인다.

중국은 고부가가치 생산 기술을 확보하기 위해 일본 철강업계의 도움을 받았고 제품 분야에 대한 협력도 이루어졌다. 보무강철이 NSC 및 아르셀로미탈(ArcelorMittal, 룩셈부르크에 본사를 둔 세계 최대 다국적 철강회사)과 협력하여 BNA라는 첨단 용융아연도금 전용회사를 만든 것이 대표적인 사례로, 중국에 진출한 일본 및 유럽 자동차사의 첨단 자동차용 강판의 요구에 대응하였다. 일본 철강사의 외국 제철소와의 협력은 중국뿐만 아니라 대만과도 이루어졌는데, CSC 역시 일본의 대형 임해제철소의 개념으로 건설되어 높은 경쟁력으로 운영되고 있다.

2000년대에 걸쳐 급격히 성장한 중국 철강산업은 현재 생산뿐만 아니라 시장도 전환기를 거치면서 선진국형 구조로 진화하고 있다. 중앙정부 방침에 의해 철강사의 대형화가 빠른 속도로 진행되고 있어, 한때 400개가 넘던 철강사의 숫자가 반 정도로 줄어들고 있고 M&A에 의해 세계 3위 내(內) 생산규모의 철강사도 2개나 탄생하였다. 이와 함께 과잉설비의 폐쇄 등 구조조정이 추진되고 있고, 환경투자도 대대적으로 이루어지고 있다. 철강 소비 산업의 고도화에 따라 고부가가치 제품의 수요가 빠르게 늘고 있고 전자상거래를 통한 유통 혁신도 시도되고 있다. 이런 경향은 2025년까지는 지속될 것으로 보는데, 향후의 진행 추이가 관심의 대상이다.

◦ 인도 및 아세안의 철강산업

인도도 늘어나는 경제 규모에 맞추어 철강 생산능력을 확대하고 있는데, 2018년에는 조강 생산량이 1억 톤을 초과하여 세계 제 2위의 생산규모를 기록하였다. 주요 철강사는 국영인 SAIL 및 RINL을 비롯해 JSW, Tata Steel, Essar, JSPL 등의 개인 기업이 가동 중에 있어 늘어나는 철강 수요에 대응하고 있다. 외국 기업과의 협력을 보면 Tata Steel은 일본의 NSC와 전략적 제휴 관계이며, JSW는 일본의 JFE와 15%의 지분을 공여하여 협력 중이고, SAIL은 포스코와 상(上)공정 분야 기술협력을 진행하고 있다. 인도 정부는 현재 구조조정 중인 Essar의 매각과 자동차강판을 비롯한 고부가가치 제품 기술 확보를 위해 A.Mittal, NSC, 포스코 등 외국 일류 철강사와의 제휴를 독려함으로써 철강 산업의 선진화를 추진하고 있다.

아세안(ASEAN) 지역은 철강 수입시장으로 고급강은 전통적으로 일본에서, 일반강은 대부분 중국에서 수입해 오고 있다. 2000년대 들어와서도 대형 고로 생산체제를 갖춘 국가가 전혀 없이 전기로 위주의 철강사만이 가동되고 있었는데, 2013년에는 인도네시아에 포스코가 건설을 주관한 PT-KP의 제선, 제강 및 후판 설비가 준공되어 대형 일관제철소 대열에 참가하였다. 베트남 역시 전기로 위주의 철강산업을 보유하고 있었는데, 2018년에 대만의 플라스틱 기업인 포모사(Formosa)가 주축이 되어 투자한 포모사하띤

스틸(FHS)이 대형 고로 2개에 연산 700만 톤 생산 규모의 임해제철소를 건설하면서 경쟁력 향상의 계기를 마련하였다. 아세안 각국 정부는 철강설비 투자의 중요성을 강조하고 있으나 높은 투자비와 수요 정체 때문에 추가적인 증설은 쉽지 않은 실정이다.

○ 끝없이 변신하는 유럽의 철강사들

유럽은 오랜 철강 역사를 갖고 있으며 근대 철강산업을 일으킨 본산지라고 할 수 있다. 제1차 산업혁명을 전후하여 시작한 근대 철강산업은 영국에서 발원하여 번성하다가 독일 등 유럽국가로 전파되었는데, 현대에도 여전히 제철소의 표본 공정으로 되어있는 고로, 전로, 연속주조, 열연, 냉연 등의 실용화가 대부분 유럽에서 시도되었다.

영국은 산업혁명의 중심지로서 19세기 중반에는 강력한 철강산업을 육성하여 세계 철강생산의 반 가까이를 생산하였으나, 그 이후 독일 철강업이 성장하고 미국 향(向) 수출이 줄어들면서 세계 1위 자리를 미국에 넘겨주었다. 최근에는 경제구조가 서비스 산업 위주로 바뀌면서 제조업의 경쟁력이 약화되는 가운데 국영이었던 BSC(British Steel Co.)는 네덜란드의 Hoogovens와 합병하여 Corus로 변신하였으나 여전히 수익성 개선에 어려움을 겪어 2007년에는 인도의 Tata 그룹에 매각되어 현재는 TSE(Tata Steel Europe)로 운영되고 있다.

독일 역시 전통적으로 강한 철강산업을 육성해왔다. 독일의 제철소는 철광석과 석탄이 많이 생산되는 루르 계곡(Ruhr Valley)에 주로 건설되었는데, 1850년경에는 50여 개의 제철소가 이 지역에서 조업을 하였다. 독일은 경제구조가 서비스산업보다는 제조업 위주로 발전됨에 따라 철강제품 수요가 증가하고 시장도 확대되었고 생산기술도 고도화하여 높은 경쟁력을 유지하였다. 이에 따라 철강 생산은 20세기로 접어들면서 대폭적으로 증가하여 1918년 1,900만 톤을 생산한 이후 세계대전과 대공황에 따른 부침을 거쳐

1970년에는 4,000만 톤을 생산하였다.

　독일의 많은 철강사는 반복되는 M&A를 거쳐 산업 구조가 재편되었는데, 지금은 일관제철사로 TKS(ThyssenKruppe Steel)와 Salzgitter가 있고 그 외에 소형 단압밀과 특수강 전기로업체가 있다. TKS는 1810년 창립한 크루프(Krupp)사와 1891년 창립한 티센(Thyssen)사가 1999년 합병하여 만들어졌는데 높은 기술경쟁력의 철강사로 명성이 높았다. 그러나 최근에는 경영상태가 나빠져 경쟁력 향상을 위해 역내 경쟁 철강사와의 병합이 추진되곤 했었다.

　다국적기업인 AM(ArcelorMittal)은 프랑스의 국영 철강사 Usinor-Sacilor가 주변국인 벨기에, 스페인, 룩셈부르크 등 국가의 철강사와 합병하여 2006년에 태어났는데, 뒤에 이탈리아, CIS, 남아공, 아르헨티나, 브라질, 미국 등의 여러 제철소를 합병하여 연간 생산능력이 1억2천만 톤이 넘는 세계 최대의 철강사가 되었다. M&A는 아직도 AM에서 끊임없이 일어나고 있는데, 2014년에는 TKS로부터 미국 앨라배마 Calvert 제철소를 사서 NSC와 지분을 공유하여 운영 중이다.

　최근 AM은 이탈리아의 Ilva 제철소의 경영권 확보를 시도하였고, 계속해서 인도 및 중국에서 사업을 확장할 수 있는 기회를 탐색하고 있다. AM은 사업 규모에 어울리는 철강 경쟁력을 보유한 것으로 평가받고 있는데, 회사 내부의 기술진과 유럽의 일류 엔지니어링 업체와의 협력을 통해 끊임없이 신공정 및 신기술을 개발하여 경쟁력을 강화하고 있다. 특히 마진이 높은 자동차용 강판에 노력을 집중해 많은 고유제품을 개발했는데, 2016년에는 판매 중인 200여개의 제품 중에 반 정도가 2007년 이후에 상업화된 것이라고 한다. AM의 제철소는 지구상의 모든 대륙에 분포되어 운영되고 있으나 유럽 본사의 통제 하에 최대의 시너지를 낼 수 있도록 경영하고 있는데 이는 AM의 소유주인 락시미 미탈(Lakshmi Mittal)의 통합 리더십에 기인한다고 평가되고 있다.

○ 철강산업의 경쟁력 확보

앞장에서 요약해 설명한 바와 같이 세계 철강업계는 최근 들어 경영, 기술, 시장 등 모든 측면에서 큰 변화를 겪었으며 이런 변화는 앞으로도 계속될 것인데, 이런 환경 속에서 살아남으려면 경쟁력을 확보하지 않으면 안 된다. 철강 제조공정은 4천여 년의 역사를 갖고 있지만 혁신이라는 측면에서 보면 대부분의 개혁은 18세기 이후에 일어났고 주요 핵심적인 기술의 개발은 지난 100여 년간에 일어나면서 이젠 표준 제조공정이 정립된 상태라고 할 수 있다.

지난 50여 년 간에 세계적으로 많은 신예 제철소들이 건설되었는데, 이들은 최첨단 철강설비와 운영기술을 갖추고 있으며 조업 경쟁력 측면에서도 과거와는 다른 높은 경쟁력을 갖고 있다고 할 수 있겠다. 제철설비 공급은 엔지니어링 전문 업체가 담당하고 있는데, 철강사가 최첨단 철강설비를 도입하는 데는 큰 제한이 없을 뿐 아니라 엔지니어링 업체는 공급하는 신설비의 기본적인 조업 매뉴얼을 제공하기 때문에 빠른 시간 내에 공정을 안정시킬 수 있다. 또 많은 경우 신설비의 조업 경험을 갖고 있는 기존 철강사가 조업기술 지도도 해주기 때문에 시행착오를 줄일 수 있어서 비교적 단기간에 상업화 목표를 달성할 수도 있으며, 적어도 일반강 생산에 있어서만큼은 경쟁력의 차이가 크지 않다고 여겨진다.

신설 철강회사가 단시일에 경쟁력을 갖추면 기존 철강사로서는 경쟁사를 키우는 격이 되어 나중에 경영에 어려움이 올 수도 있다. 그러나 이런 어려움보다는 동종업계에서 협력하는 파트너를 만들 수 있어 글로벌 측면에서 공통의 이익을 만들어갈 수 있다는 점이 더 크게 평가되기 때문에 협력을 추진한다고 생각된다. 이러한 경향은 구미와 일본의 선진 철강사가 글로벌화라는 전략적인 관점에서 선별적으로 회사를 정해 조업기술 지도를 해주었으며 이를 통해 소재의 수출선을 확보하기도 하고 공동으로 사업을 하는 것을 보면 알 수 있다.

또 제철설비는 꾸준히 발전하기는 하나 수천 년의 기나긴 세월을 거쳐 최적화되어 현대의 제조공정인 제선-제강-압연소둔-표면처리로 이어지는 전체적인 공장배치(Layout)는 현재 거의 변하지 않고 있다. 또 각 단위공정 설비에서도 경쟁 판도를 바꿀 수 있을 만한 큰 개혁이 보이지 않기 때문에 일반강을 생산할 수 있는 기본조업 자체가 철강사 경쟁력의 무기가 되기는 힘들기도 하다. 20세기 들어 혁신 철강설비 측면에서 가장 획기적인 기술은 1952년 오스트리아에서 개발된 LD전로 공정이라고 볼 수 있는데, 이 설비는 개발과 함께 급속히 상업화되어 1970년에는 전체 고로업체 조강생산의 80%를 차지하였으며 현재는 제강설비의 기본으로 자리를 잡아 거의 모든 신설 제철소는 이 설비를 구축하고 있다.

최신 설비를 갖춘 신설 철강사의 경쟁력이 빠른 시간 내에 확보되고 철강사 간의 차이가 줄어들면서 생산 제품의 원가나 품질 면에서 큰 차이를 보이지 않는 것은 일반강의 생산에 한정한다고 볼 수 있으나 고부가가치 제품 분야로 들어가면 이야기는 달라진다. 고급제품은 고객사 고유의 까다로운 요구사항을 반영하고 있고 그 제품의 제조에는 그에 맞는 조업 노하우(Knowhow)가 들어갈 수밖에 없고 또 조업 노하우에 대해 철저히 보안을 유지하고 있기 때문에, 경쟁사가 쉽게 그 노하우를 알아내는 것은 힘들 수밖에 없다.

고객사 입장에서 볼 때 구매한 철강재로 제품을 만드는 과정에 있을 수 있는 성형, 절단, 용접, 표면처리 등의 가공공정을 최적화하여 표준화하는 것이 중요하다. 그런데 이 최적화 조건이란 공급처가 바뀌어 철강재의 물성이 달라지면 바뀔 수밖에 없기 때문에 생산성 저하 등의 불이익을 감수해야 하는데, 이 때문에 고객사가 구매 회사를 바꾸는 것을 꺼리는 경향은 당연하다. 이런 경향은 자동차용 강판의 경우에 두드러진 현상인데, 어떤 자동차사가 다른 국가로 진출해 사업을 하는 경우 많은 소재 및 부품 공급사와 같이 진출함으로써 본국에서 자동차를 생산하던 조건을 유지하려고 하는 것을 보면 알 수 있다.

고객과의 관계를 오래 유지하기 위해서는 타 회사가 가지고 있지 않은 고유의 소재, 기술, 공정 및 부품으로 고객사 제품의 부가가치를 높이는 것이 중요한 만큼, 철강사는 고객사와의 협력 차원을 높이는 방향으로 노력하고 있다. 이러한 노력의 일환으로 선진 철강사는 내부 엔지니어를 엄선해 고객사에 파견하는 'Resident Engineer' 또는 'Guest Engineer' 제도를 운영하여 장기적인 마케팅 체제를 구축하기도 한다. 이런 관점에서 보면 향후 철강사의 경쟁력은 조업이나 생산보다는 제품이나 마케팅 능력의 차이에서 나오는 것이라고 이야기 할 수 있다.

앞에서 살펴본 여러 가지를 종합하면 최근 철강업계는 종래와는 다른 초(超)경쟁 시대에 돌입했다고 할 수 있다. 쉴 새 없이 M&A가 진행되는 가운데 고질적인 생산설비 과잉에, 정체되는 수요로 철강사 간의 경쟁은 더욱 치열해지고 있다. 결국 경쟁사 대비 더 우수한 품질의 제품을 더 싸게 공급하는 방안을 찾을 수 있어야 경쟁력이 확보되고 생존이 가능하다.

조업의 일관성이나 성숙도가 원가, 품질 등의 경쟁력에 당연히 영향을 미친다. 그러나 그 영향력의 강도는 적어도 일류 철강사 간에는, 제품 및 마케팅 전략의 영향에 비하면 상대적으로 적을 것으로 판단된다. 이 때문에 고객이 요구하는 품질과 성능을 가진 제품을 개발함은 물론 고객사의 가공공정을 최적화하여 부가가치를 창출할 수 있도록 협력을 강화하는 것이 경쟁력 향상을 위해 무엇보다 중요하다.

제5장

문명의 발달과 철

문명의 발달과 철

철에 대한 고대인의 지식은 서아시아에서 천천히 남쪽과 서쪽으로 이동해 그리스, 이탈리아, 중부 유럽을 거쳐 기원전 8세기에는 마침내 영국 제도(諸島)에 닿았다. 철 문명이 유럽을 가로질러 영국에까지 전파된 데는 켈트족의 역할이 컸다. 켈트족은 전쟁을 통해 철 기술을 유럽 대륙의 많은 지역으로 퍼뜨렸다. 전쟁에서 켈트족은 강한 철제 무기 덕분에 번번이 이겼다. 비록 모든 사례에 있어 평화로운 문화교류라는 형태로 전해진 것은 아니라고 하더라도 철 기술이 한 지역에서 다른 지역에 도달하면 그 기술은 빠른 속도로 주변에 전파되었다.

그때까지 유럽의 많은 부분에서는 사람들이 청동 도구와 석제(石製) 도구를 사용해 땅을 파는 소규모 촌락 생활이 자리를 잡고 있었다. 그런 상황을 딛고 등장한 낫과 쟁기 같은 철제 경작 도구들은 농사일을 더 효율적으로 만들었다(그림 5-1 참조). 그 덕분에 농부들은 더 넓은 땅을 활용하고, 새로운 작물을 심고, 또 다른 활동에 시간을 더 많이 낼 수 있게 되었다. 사람들은 그들이 철 덕분에 새로이 확보하게 된 자유 시간을 활용해 소금을 만들고, 옷을 짓고, 보석 같은 사치품을 만들었다. 이렇게 생겨난 물건들 가운데 많은 것들이 원거리 교역으로 거래되었다.

<그림 5-1> 초기 철기시대의 밭갈이(로마시대 농경 부조)

여러 철제 도구들과 그것들을 만드는 방법은 고대의 초기 철기시대부터 중세의 코크스를 이용하는 용광로 법을 활용할 때까지 거의 바뀌지 않았다. 소재로서의 철은 새로 공장을 짓고 그 공장에 설치할 기계의 제작에 매우 중요한 역할을 했으며, 이 때문에 철 매장량이 풍부한 영국은 철 제련 기법을 가다듬어 일찍부터 산업 강국으로 올라설 수 있었다. 하지만 똑똑한 실업가들은 철로 위를 달리는 기차의 가혹한 흔들림과 격렬한 마모를 감당하기에는 철도로 사용되는 단철이 충분히 튼튼하지 않다고 판단했다.

철도의 마모 문제에 대한 해법은 철에 약간의 탄소나 다른 합금 금속을 첨가해 만드는 강철을 제조하는 것이었다. 강철의 제조는 고대로부터 있어 왔으나 1800년대 후반 베서머 제강법이 활용되면서 처음으로 대량 생산되었다. 철광석이 처음 인간의 호기심에 의해 땅에서 뽑혀 나온 지 4천년이 지난 오늘날 강철은 세계의 가장 중요한 소재가 되었다.

5.1. 철 문명의 발상지, 히타이트

　인류 문명의 출발점은 '두 강(江) 사이의 땅'이라는 뜻을 가진 메소포타미아와 나일강 삼각주였다. 그 지역은 통상 '비옥한 초승달 지대(Fertile Crescent)'라고 부른다. 부메랑 모양의 이 중동 지역은 인류 최초 문명들의 고향이었다. '문명의 요람'이라고 칭하기도 하는 이 지역은 글쓰기, 바퀴, 농업, 관개(灌漑)를 포함해 수많은 기술혁신의 발생지였다. 미국 고고학자 제임스 헨리 브리스테드(1865~1935)는 오늘날의 이집트, 요르단, 레바논, 팔레스타인, 이스라엘, 시리아, 터키, 이란, 이라크, 키프로스를 포함하는, 이 고고학적으로 중요한 중동 지역을 묘사하기 위하여 1914년 미국 고등학교 교과서에서 '비옥한 초승달'이라는 용어를 창안했다(그림 5-2).

　지도에서, '비옥한 초승달 지대'는 초승달이나 상현달처럼 보인다. 그것은 남쪽에서 나일강을 끼고 이집트 시나이반도를 거쳐 북상하여 터키 남쪽 가장자리에 닿는다. 그런 다음 서쪽으로 지중해에, 동쪽으로 페르시아 만에 면(面)하며, 그 한복판에 티그리스 강과 유프라테스 강을 품는다. 이 지역은 역사적으로 대체로 비옥한 토양, 농사에 긴요한 담수(淡水), 소금기 머금은 습지를 포함했다. 이런 자연환경 덕분에 이 지역에는 먹을 수 있는 식물 종이 풍부했다. 수렵·채집 집단으로부터 영구적 농경사회로 전환하면서 인간이 기원전 1만 년경 곡물 경작을 실험하기 시작한 곳이 바로 여기였다.

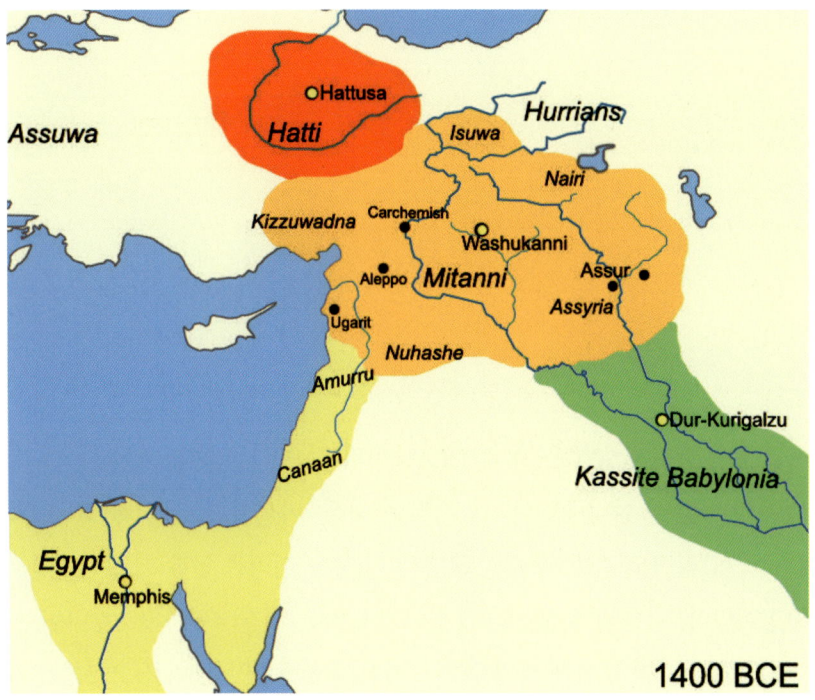

<그림 5-2> 비옥한 초승달 지대와 북쪽의 하투샤(주홍색 지역)

메소포타미아는 오늘날의 이라크와 쿠웨이트, 시리아, 터키, 이란에 걸치는 티그리스 강과 유프라테스 강 사이에 있는 고대의 역사적 지역이다. '비옥한 초승달'의 일부인 메소포타미아는 가장 앞선 인류 문명의 고향이었다. 고고학자들은 농업혁명이 여기서 시작됐다고 말한다. 메소포타미아의 초기 주민들은 티그리스 강과 유프라테스 강 계곡의 언덕을 따라 진흙과 벽돌로 둥글게 집을 짓고 살았다. 그들은 기원전 1만1000년~기원전 9000

년경 양과 돼지를 가축화함으로써 농업을 실행하기 시작했다. 아마(亞麻), 밀, 보리, 편두(扁豆)를 포함해 작물화된 식물이 기원전 9500년경 처음 이곳에 출현했다.

농업의 초기 증거 가운데 일부는 텔 아부 후레이라의 유적지에서 출토된다. 이곳은 오늘날의 시리아에 있는 유프라테스 강을 따라 위치한 작은 마을이다. 이 마을에 사람이 살았던 것은 기원전 1만1500년~기원전 7000년경이었다. 주민들은 처음에는 가젤 등을 사냥했으며 그러다 기원전 9700년경 야생 곡물을 수확하기 시작했다. 곡물을 가는 데 쓰는 대형 맷돌 여러 점이 이곳에서 발견되었다.

메소포타미아에서 가장 오래된 도시들 가운데 하나인 니네베(오늘날 이라크의 모술 근처)는 기원전 6000년경부터 사람이 살았다. 수메르 문명이 기원전 5000년경 티그리스-유프라테스 계곡 저지대에서 일어났다. 농업과 도시들에 더해, 고대 메소포타미아 사회들은 관개(灌漑)와 도수관(導水管), 사원, 도기(陶器), 은행과 대출이라는 초기 금융제도, 재산 소유권, 그리고 최초의 법전을 개발했다.

수메르 문명의 기원에 대해서는 학설이 엇갈리지만, 수메르 사람들이 오늘날의 이라크 남부에 속하는 에리두와 우루크를 포함해 대략 12개의 도시국가를 기원전 4000년까지 수립했다고 고고학자들은 말한다. 수메르는 고대 메소포타미아에서 가장 일찍 알려진 문명이며, 세계에서 가장 앞선 문명이었을 가능성이 있다. 고대 수메르 사람들은 청동을 가장 먼저 사용한 사람들이었다. 그들은 관개를 위해 일찍이 둑과 제방을 사용했다.

수메르 사람들은 글쓰기의 가장 이른 형태 가운데 하나인 쐐기문자를 발명했다. 그들은 또 지구라트라고 불리는 대형 계단식 피라미드를 건설했다. 수메르 사람들은 예술과 문학을 기렸다. 3,000행(行)짜리 시(詩)인 '길가메시 서사시'는 세계에서 가장 오래된 바빌로니아의 서사시이다. 그리스의 『오디세이아』에 비견할 만한 '길가메시 서사시'는 기원전 2000년경 이룩된 것이라 하는데 각기 시대가 다른 별도의 이야기들을 한 사람의 인물인 길가메시에 통일시킨 것이다.

인류 고대 문명이 시작된 '비옥한 초승달 지대'에서 북쪽으로 멀지 않은 곳에서 인류 최초의 철 문화가 꽃 핀 것은 어찌 보면 자연스러운 현상이다. 인류에 의한 최초의 철 생산은 기원전 1300년경 오늘날 터키 아나톨리아 지방에 존재했던 고대 히타이트 제국에 의한 것으로 알려져 있다. 히타이트는 기원전 18세기에서 13세기 사이 아나톨리아 지방을 중심으로 고대 오리엔트를 지배했던 제국이다. 세계 최초로 철기문화를 발달시킨 그들은 직접 만든 철제 무기와 말이 끄는 전차를 이용해 주변국들을 점령하고 지배했다. 당시 히타이트 이외의 지역에서도 철을 만들 수 있었지만, 히타이트에 비해 제련 기술이 떨어져 상당히 조악했다.

터키 수도 앙카라에서 동쪽으로 약 150㎞ 떨어진 고지대 아나톨리아의 장엄한 평원을 배경으로 한 하투샤는 히타이트 제국의 수도였다. 동서 1.3㎞, 남북 2.1㎞의 고원지대에 자리 잡은 하투샤는 너비 8m, 최대 높이 6m 규모의 이중 성벽이 둘러싸고 있었던 성채 도시다. 하투샤는 원래 아시리아인들이 건설한 도시였는데, 기원전 1720년 무렵 히타이트의 아니타 왕에 의해 파괴됐다.

기원전 17세기경 주변 왕국을 통일한 히타이트가 하투샤를 재건했으며, 기원전 1650년경에 등극한 하투실리 1세가 하투샤를 수도로 삼았다. 도시의 동쪽에는 왕궁과 성채 유적이 있으며, 남쪽에는 4개의 신전이 남아 있다(그림 5-3 참조). 북서쪽으로는 유적의 일부인 보아즈쾨이 마을과 로어 타운이 있으며, 성벽 밖 북동쪽의 2㎞ 지점에 바위로 만든 신전인 야질리카야가 있다.

이곳이 그동안 거대한 제국의 수도였다고는 전혀 생각되지 않았던 것은 이해하기 힘든 위치와 지형 때문이다. 건물을 세우기 힘든 가파른 절벽과

<그림 5-3> 하투샤 유적

산봉우리가 많은 지형, 게다가 고원지대 특유의 심한 일교차까지 있어 철기 문화를 최초로 발전시킨 대제국이 왜 이 같은 곳에 수도를 건설했는지는 오랫동안 수수께끼로 남아 있었으나 근년 들어 하투샤 일원에서 철광석이 대거 발굴됨에 따라 그 수수께끼가 풀렸다. 히타이트인들은 철광석 때문에 하투샤를 수도로 선택했던 것이다.

히타이트는 자신들이 개발한 제철 기술을 극비로 관리함으로써 인접국에 누출시키지 않았다. 각종 철기는 당시 수도였던 하투샤 인근의 제철소에서 제조했던 것으로 추정되고 있다. 그러다 기원전 1200년경 히타이트는 정체가 밝혀지지 않은 해상 민족의 침입으로 멸망했다. 이후 히타이트의 철기 문화가 주변 국가로 유출되기 시작했으며, 그로 인해 새로운 힘을 가진 국가들이 탄생했다. 그에 따라 오리엔트 지역의 군사적 균형이 무너지고 다시 군웅할거 시대로 접어들었다.

그런데 최근 연구 결과 히타이트가 철을 최초로 제조한 것이 아니라는 사실이 밝혀졌다. 터키의 카만칼레호육 유적에서 히타이트보다 400년이나 앞선 철기가 출토되었기 때문이다. 따라서 히타이트의 철기 문화는 독창적으로 개발된 것이 아니라 타 민족이 이미 갖고 있던 낮은 수준의 기술을 더욱 발전시킨 것이라는 주장이 힘을 얻고 있다.

5.2. 농경문명의 정착과 사회변화

　철기시대에 유럽, 아시아, 아프리카 일부 지역들에 걸쳐 사람들은 도구와 무기를 철로 만들기 시작했다. 철기시대의 시작은 기원전 1200년~기원전 600년으로 지역마다 다르다. 고대 그리스를 포함해 일부 지역들의 경우 철기시대의 시작은 문화적 쇠퇴를 동반했다. 인간은 청동기시대에도 간헐적으로 철을 제련했을지 모른다고 고고학자들은 보고 있다.

　고고학자들에 따르면 청동기시대 사람들은 당시 철을 청동보다 못한 금속으로 간주했을 가능성이 있다. 왜냐하면 일부의 경우 철제 무기와 도구가 청동제 무기와 도구만큼 단단하거나 튼튼하지 않았기 때문이다. 본격적인 철제 무기의 등장은 기원전 1300년경 히타이트 문명이 정련 기술을 발견하면서부터 시작되지만 그것도 광석에 포함된 전체 철 중 소량만을 이용하는 것에 그쳤다.

　그럼에도 불구하고 철은 값비싼 구리와 주석을 합금하여 만드는 청동에 비해 많이 저렴하고 대량 생산할 수 있기 때문에, 철제 무기의 제작은 히타이트 문명이 주변 국가를 멸망시킨 원동력이 됐다(그림 5-4 참조). 기원전 1200년경 히타이트 문명이 멸망하면서 숨겨져 있던 제철 기술이 세계로 퍼져 나갔는데 무기를 강화하는 수많은 기술들(열처리, 재탕)이 발견되면서 이후 철제 무기는 전 세계 무기의 주역을 차지하게 됐다.

<그림 5-4> 철기시대 도구와 무기

기원전 1300년경 시작된 철기시대의 개막은 그리스의 미케네 문명과 아나톨리아 고원의 히타이트 제국 등 여러 두드러진 청동기 문명의 붕괴와 함께 찾아들었다. 이 지역 전체에 걸쳐 트로이(Troy)와 가자(Gaza) 같은 고대 도시들이 파괴되었고, 교역로들은 유실되었으며 사람들의 읽고 쓰는 능력은 저하되었다. 이 청동기시대 왕국들이 붕괴한 원인은 분명치 않다. 고고학적 증거에 따르면, 기원전 1200년에서 기원전 1100년까지 거의 연속적으로 이어졌던 동(東)지중해 지역의 극심한 가뭄이 왕국들의 붕괴를 초래했을 가능성이 있다. 지진, 기근, 사회·정치적 불안, 유목민에 의한 침략 또한 일정한 역할을 했다. 일부 학자들은 교역로의 와해로 인해 이 시기 청동의 원료인 구리나 주석이 부족해졌을 수 있다고 본다. 그 결과 대장장이들은 청동 대신 철에 주목했다.

후기 청동기시대에 그리스는 지중해 지역에서 활동과 문화의 주요한 중심지가 되었다. 미케네문명은 교역으로 상당한 부를 쌓았다. 미케네 사람들은 거대한 궁전을 지었으며 엄격한 계급 질서를 갖춘 사회를 건설했다. 하지만 기원전 1200년경 미케네문명은 붕괴했다. 그러자 그리스는 역사가들이 흔히 '그리스 암흑시대'라고 일컫는 혼란의 시기로 진입했다. 이 시기 그리스 인구가 급감한 기근의 기간이 있었을 것이라고 고고학자들은 보고 있다. 아테네를 뺀 주요 도시들은 내팽개쳐졌다. 도시들이 쪼개지면서, 그곳에 살던 사람들도 뿔뿔이 흩어져 소집단 단위로 시골로 이동해 가축 사육에 집중했다.

미케네문명은 글을 읽고 쓸 줄 아는 사회였지만 초기 철기시대의 그리스 사람들은 문서기록을 전혀 남기지 않았다. 그래서 일부 학자들은 당시 그리스 사람들이 문맹이었을 것이라고 믿고 있다. 대략 300년간 지속되었던 그 시기로부터 남겨진 인공물이나 유적은 거의 없다. 그러다 후기 철기시대에 이르러 그리스 경제는 회복되었으며 그리스는 '고전' 시기로 진입했다. 그리스 고전기는 파르테논 신전(기원전 432년 완공), 그리스 연극, 소크라테스(기원전 470~399) 같은 철학자들을 포함한 문화적 성취의 시대였다. 고전기는 또 정치개혁을 불러왔으며, '인민에 의한 통치'를 뜻하는 민주주의라는 새로운 정부 시스템을 세계 최초로 수립했다.

기원전 6세기 근동에서는 이란고원지대에서 양·염소·소를 키우는 유목민들이 뒷날 페르시아라고 알려지는 국가를 발전시키기 시작했다. 페르시아 사람들은 인간이 철을 만드는 법을 알아낸 시점 이후 제국을 건설했다. 철제 무기는 이전의 청동 무기보다 더 날카롭고 더 튼튼했다. 고대 페르시아 사람들은 또 말을 타고 전투를 했으며, 그들은 말과 기병이 철제 갑주(甲冑)로 완전히 둘러싸인 기갑부대를 창설한 최초의 문명이었을 수 있다. 키로스 2세(기원전 559~530)에 의해 기원전 550년경 건설된 페르시아 제국은 역사상 최대 제국들 가운데 하나가 되었으며, 그 영역은 동유럽의 발칸반도에서 인도의 인더스 강 유역까지 이르렀다.

철기시대 유럽에서 삶의 터전은 시골이었고 주된 활동은 농사였다. 철제 도구가 농사를 더 쉽게 만들었다. 켈트족은 철기시대에 유럽의 대부분 지역에 걸쳐 살았다. 켈트족은 중부 유럽에 뿌리를 둔 여러 부족들의 집합체였다. 그들은 작은 공동체나 씨족을 이루어 살았으며, 비슷한 언어, 종교적 믿음, 전통, 그리고 문화를 공유했다. 켈트족 문화는 일찍이 기원전 1200년경부터 시작되었다고 믿어진다. 켈트족은 영국, 아일랜드, 프랑스, 스페인 등 서유럽 전역으로 퍼져나갔다. 그들의 유산이 가장 뚜렷하게 남아 있는 곳은 아일랜드와 영국이다. 이들 지역에는 오늘날까지 켈트족 언어와 문화가 두드러진다.

철의 사용은 인류의 경제, 사회, 정치, 종교에 많은 영향을 미쳤다. 철 수요는 자연스럽게 철광석 수요로 이어졌으며, 철광석을 얻기 위해 채굴 같은 경제 행위가 시작되었다. 철은 채굴된 뒤 제련되어 도끼, 괭이, 화살촉, 칼, 장신구 등을 만드는 데 사용됐다. 철을 비롯한 광물은 또 현지인들끼리의, 또는 외지인들과의 물물교환에 사용됐다. 사람들은 철 도구를 써서 단단한 땅을 일굴 수 있었고 그 덕분에 농업생산이 증가하고 덩달아 인구도 늘었다.

철의 사용 덕분에 사람들은 장소를 옮겨가며 경작하는 것이 가능해졌다. 사람들은 철 도구를 써서 나무를 잘라내고 그것을 쌓아 태워 거름으로 사용해 농사를 지었다. 한 장소에서 농사가 끝나면 다른 곳으로 이동해 같은 방법으로 새로이 경작을 시작할 수 있었다. 식사의 질을 높여준 수수, 채소 같은 작물을 재배하기 시작했다.

농업의 발달로 생긴 잉여 식량은 물물교환에 사용되었다. 농기구의 발달은 식량생산의 효율 증대로 이어졌다. 철제 도구 덕분에 같은 면적의 토지에서 이전보다 더 많은 식량을 생산할 수 있게 되면서 사람들이 떠돌이 생활을 그만두고 한 장소에 영구적으로 정착하게 되었다. 사람들이 한곳에 모여 살게 되면서 사회 제도들이 성장했고 갈수록 복잡해졌다. 주술사, 사제(司祭), 사냥꾼, 대장장이, 가축 소유주, 염전 지킴이, 장사꾼이 정치적 영향력을 놓고 서로 경쟁하는 가운데 사회에서 계급이 생겨나기 시작했다.

철 제련공들은 공동체에서 비교적 높은 지위를 누렸다. 철기시대 동안 생산의 기본 단위는 남편, 아내, 자녀로 이뤄진 농가였다. 관리들은 그들의 지위를 강화하기 위해 규칙과 규정을 시행하기 시작했다. 부자들은 그들의 부를 보호하고 빈자들을 억누르려 군대를 기르기 시작했다. 부자들이 부족장도 되고 왕도 되었다. 부족장들과 왕들은 토지에 대한 통제권을 갖고 그것을 재분배했다. 철이 곧 부족국가를 형성하고 이들이 고대국가로 성장하는 근본적인 동력을 제공해준 것이다.

철기시대 영국인의 생활

고고학자들에 따르면, 영국의 철기시대는 기원전 750년쯤부터 약 800년간 지속되었다. 영국 BBC 방송의 온라인 교육 프로그램 '바이트사이즈(Bitesize)'의 신석기 시대 항목에 따르면, 기원전 약 800년경 현재 영국의 본도(本島)인 브리튼 섬의 사람들은 철을 사용하는 법을 배웠다. 이 발견은 주민의 일상생활에 엄청난 영향을 미쳤다. 철 도구들은 농사를 이전보다 훨씬 더 쉽게 만들었고 정주(定住)가 규모 면에서 커졌다.

철기시대 동안 켈트족 사람들은 유럽 곳곳으로 널리 흩어졌으며 그중 많은 사람들이 브리튼 섬에 정착했다. 고대 브리튼 사람들은 켈트족 생활방식을 따랐다. 그들은 정교한 금속 제품을 생산했으며 축제, 음악, 시(詩)를 즐겼다. 철기시대 브리튼 섬은 폭력이 난무하는 곳이었다. 사람들은 전사(戰士) 왕이 지휘하는 부족의 우산 아래에서 씨족 단위로 살았다. 서로 경쟁하는 부족들은 치명적인 철제 무기를 가지고 싸웠다. 많은 사람들이 적의 공격을 효율적으로 막기 위해 언덕 요새에서 거주했다.

고대 철기시대가 끝날 때까지 다수 주민이 거주했던 언덕 요새는 담과 해자(垓子)로 둘러싸였으며, 전사(戰士)들이 적의 공격으로부터 주민을 지켰다. 언덕 요새 내부에서 가족들은 둥근 집에서 살았다. 이 집은 단순한 원뿔 모양의 방 한 칸짜리로서 억새풀로 이어 올린 뾰족한 지붕이 있었고, 벽은 진흙과 잔가지들을 섞어 만들어졌다. 둥근 집의 중앙에는 음식이 큰 솥에서 조리되는 화덕이 있었다.

벽의 안쪽 둘레에는 식량을 저장하는 데 쓰는 단지들, 밀짚으로 만들어 동물 가죽을 씌운 침대가 놓여 있었다. 철기시대 농부들은 곡물과 채소를 길렀다. 그들은 거위·염소·돼지를 쳤으며 규모가 큰 소떼와 양떼를 소유했다.

일부 사람들은 도공(陶工), 목수, 금속공으로 일했다. 성인 남자와 소년은 전사로서 훈련을 받았다. 그들은 언제든 전투할 준비가 돼 있어야 했다(그림 5-5 참조).

<그림 5-5> 철기시대 영국인 주거지 요새 유적 사진 & 집 이미지

철기시대 브리튼 섬사람들은 강력한 영(靈)을 믿었다. 그들은 한데 모여 호반(湖畔)이나 숲의 공지(空地) 같은 신성한 장소에 있는 영을 섬겼다. 드루이드로 알려진 사제가 종교의식을 이끌었다. 그들은 동물을, 그리고 때로 사람까지 제물로 바쳤다. 드루이드들은 검(劍)과 잔(盞) 같은 귀한 공물을 영에게 바쳤다. 그들은 그런 공물을 땅에 묻거나 강·호수·습지에 빠뜨렸다. 로마제국 사람들이 처음 브리튼 섬에 도착했을 때 그들은 고대 브리튼 사람들의 종교에 대해 적었다. 로마인들은 또 브리튼 사람들이 가축의 번식 등을 축하하려 여는 축제 가운데 2·5·8·11월 있었던 것들에 대해 기록했다.

5.3. 산업혁명의 주역, 철

5.3.1. 제철기술 혁신이 산업혁명 이끌어

철은 영국에서 산업혁명이 일어나는 데 결정적인 역할을 했는데, 이는 철이 있었기에 산업혁명을 촉발한 증기기관을 만들 수 있었고 철도와 기차를 만들 수 있었기 때문이다. 증기기관은 방직산업을 일신하여 기계화에 의한 대량생산 체제로 변환되었고, 증기기관의 연료인 석탄 수송을 위해 철도가 구축되고 증기 기관차가 만들어졌다(그림 5-6 참조). 증기기관의 도입으로 각종 가내수공업이 대량생산 산업으로 변환되었고, 만들어진 제품의 수출을 위해서는 철제 수송선이 만들어지는 등 산업혁명의 구동력이 되었다.

한편, 증기기관 등 각종 기계를 제조하는데 사용되는 철의 수요가 대폭적으로 확대되었는데, 이에 대응해 증기기관을 이용하여 광산의 두통거리였던 지하수를 퍼냄으로써 철 제조의 원료인 철광석과 석탄을 용이하게 채굴할 수 있었다. 또 구축된 증기기관차와 철도를 이용해 석탄과 철광석을 산지에서 제철소까지 대량으로 수송할 수 있게 되었다. 그리고 용광로에 공기를 대량으로 불어 넣음으로써 철광석을 녹일 수 있을 정도의 고온을 얻어 정련을 할 수 있었으며, 만들어진 철강제품을 수요가들에게 용이하게 공급할 수 있는 체제가 수립되었다.

철로 만들어진 증기 엔진이 점차 개량되어 대용량을 발휘하는 동력원으로 각종 산업에 응용됨과 동시에 제철산업에도 사용되어 제철 방법의 획기적인 개선이 이루어진 것이다. 철과 증기 엔진은 이렇게 서로 맞물리면서 산업혁명을 개막하고 새로운 산업 시스템을 구축시켜 나갔으며 아울러 제철산업도 혁신하였다.

<그림 5-6> 산업혁명의 동인(動因)이 된 증기엔진을 탑재한 증기기관차

산업혁명과 함께 등장한 철도는 두 가지 중요한 방식으로 경제를 자극했다. 첫째, 값싸고 효율적인 수송 수단의 등장으로 상품 운반비용이 낮아졌다. 이로 인해 산지로부터 대량 수송해 도시의 가게에서 파는 상품의 가격

이 그만큼 싸졌고 그러자 상품 수요가 늘었다. 수요 증대는 더 많은 에너지를 필요로 하는 공장들의 확장으로 이어졌다. 당시 주된 에너지 원(源)은 석탄이었다. 산업혁명이 속도를 내면서, 공장용 엔진, 증기선, 증기 엔진차에 동력을 공급하는 석탄에 대한 요구가 커졌다.

둘째, 철에 대한 수요가 증대되었다. 철은 철도 선로, 증기 기관차, 광산의 배수(排水) 펌프, 공장의 기계 및 에너지를 만드는 증기 엔진을 제작하는 데 필요했다. 그보다 더 뒤에 가서 철은 증기선을 건조하는 데 필요했다. 산업혁명의 원동력이라고 일컫는 증기기관의 산업화와 광범위한 실용화는 철 제조 산업에서 동시적으로 발생했던 발전이 없었더라면 그토록 성공을 거두지 못했을 것이다. 제철과 철주물(鐵鑄物)의 새로운 방법을 창안한 철장인(匠人)들의 노하우가 없었더라면 증기동력을 만들어내는 것이 아예 처음부터 불가능했을 것이다. 산업혁명을 추동한 이러한 모든 발전은 각각의 성공을 서로에게 의존했다. 한 분야에서의 새로운 발명은 다른 분야에서의 진보로 이어졌다. 이것들은 다시 연구와 개발을 추가적으로 자극했다.

초기 철 산업은 목탄이라는 연료를 구하기 쉬운 숲 지역에서 시작되었다. 필요한 방대한 분량의 목탄을 옮기기보다 만들어진 철을 철제품 작업장으로 옮기는 것이 비용이 덜 들었다. 철제품의 제조와 조선(造船) 때문에 숲과 나무가 급속도로 줄어들자, 대체 연료를 찾는 일이 시급해졌는데, 이즈음에 추진된 시도가 석탄을 연료로 사용하는 것이었다. 그러나 철광석을 석탄과 함께 태워서 선철을 녹이는 것이 용이치 않아 1709년에 영국의 철장인 아브라함 다비 1세(1678~1717)는 석탄을 건류해 코크스를 만들어 고로에서 선철을 제조하는 혁신을 이룩하였다.

철제 용기를 만드는 일을 하던 다비 1세는 어느 날 탄광용 펌프로 사용할 증기 엔진을 개발하던 토머스 뉴커먼(1663~1729)에게서 실린더 제작 주문을 받게 된다. 다비는 좋은 실린더를 만들기 위해서는 철의 품질 개선이 필수라고 생각했지만 당시 제철소는 이에 적합한 철을 제대로 생산할 수 없었다. 그래서 다비는 스스로 제철업에 도전하기로 결심했다. 다비는 제철소 건설지로 콜브룩데일(Coalbrookdale)을 선택했다. 콜브룩데일은 철광석이 풍부한 산과 인접해 있고 황(S) 성분이 적은 석탄을 구하기도 쉬운 지역이었다.

다비는 6개월여 동안 실험을 거친 후 1709년 코크스 제조법을 개발하는 데 성공하였으며 이 코크스를 연료로 써서 철을 대량 생산하는 방법을 개발해냈다. 그는 품질이 좋은 석탄을 밀폐된 코크스로(爐)에 장입(裝入)한 후 고온으로 건류(乾溜)하여 코크스를 만들었다. 동시에 철광석과 코크스가 오랫동안 접촉할 수 있도록 적절한 크기의 가마를 제작했다. 그렇게 하면 코크스가 가마 안에서 일산화탄소를 발생시켜 철광석을 충분히 환원시킬 수 있기 때문이다.

다비가 개발한 코크스 법은 그의 아들과 손자인 다비 2세와 다비 3세를 거치면서 기술적 진화를 계속한다. 다비 3세는 세계 최초의 철교인 아이언 브릿지(Iron Bridge)를 건설하기도 했다(그림 5-7). 콜브룩데일의 세번 강(江)에 세워진 길이 60m의 아이언 브릿지는 1950년대까지 실제로 사용되었고, 지금도 원래 모습대로 보존되어 있다.

다비 가문의 노력으로 18세기 후반 코크스 제조법이 확산되었는데, 1760년 14개에 불과했던 코크스 가마는 1790년 86개로 증가했던 반면, 목탄 가마의 수는 더 이상 늘지 않아 같은 해 25개에 불과했다. 제철소의 입지도 석탄 공급이 원활한 지역으로 이동하게 되어 1800년을 전후로 제철소의 약 75%가 탄전 주변에 들어서게 된다. 코크스 법을 발전시킨 영국의 제철산업은 비약적인 성장을 거듭해 세계 철 생산의 절반을 담당하게 되었고, 영국은 산업혁명을 주도하는 강대국으로 부상하게 된다.

한편, 철의 품질을 획기적으로 끌어올린 사람은 영국의 제철 기술자 헨리 코트(1740~1800)다. 1783년 헨리 코트는 선철 정련기술을 완성했다. 헨리 코트가 개발한 퍼들법이라 불리는 정련법은 석탄을 연료로 하는 반사로 속에

<그림 5-7> 세계 최초의 철교, 아이언 브리지

선철을 넣고, 뒤집어서 반죽하는 조작인 퍼들링을 되풀이하여 연철 또는 연강(鍊鋼)을 만드는 방법으로, 기계 제작용 가단철을 용이하게 생산할 수 있는 혁신 제철법이다. 코트는 또한 증기엔진에 의한 압연공정과 결합해 판(板)이나 봉(棒)을 강력한 롤러 사이로 여러 번 통과시켜 단조(鍛造)하는 일관 제조공정을 개발하였다. 퍼들법에 의해 정련된 가단철은 품질이 우수해 퍼들철 또는 연철이라고 불리며 철도 선로, 파이프, 선박용 철판으로 많이 사용되었다.

5.3.2. 철제 증기엔진의 개발

18세기 영국 산업혁명의 가장 기본적 동인(動因)은 철로 만든 증기 엔진이다. 증기 엔진은 대량생산을 가능케 하였으며, 이를 통해 사회 전체를 근본적으로 변화시켰다. 증기 엔진의 확산은 고품질 저비용의 철강 생산을 통해 가능하게 되었다. 영국 철강 생산은 이러한 새로운 기술을 활용하여 1740년 1만7,000톤의 철을 생산하던 수준에서 1852년 270만 톤을 생산하기에 이르렀다. 이는 당시 전 세계 생산의 절반에 달했다. 영국은 산업혁명을 통해 세계 방적 산업을 주도하며 강대국으로 자리를 잡게 된다. 따라서 산업혁명 또한 바로 철강으로 인해 가속되었다고 말할 수 있다.

◦ 증기엔진 발명의 선행 기술 개발들

영국의 산업혁명을 상징하는 발명품인 증기 엔진은 갑자기 생겨난 것이 아니었다. 증기 엔진은 많은 중요한 혁신들을 통합하는 과정을 거친 복잡한 발명이었다. 그것은 대기와 진공상태에 대한 인간의 이해가 깊어짐에 따라 가능해졌다. 1644년 이탈리아의 천문학자·물리학자·수학자인 갈릴레오 갈릴레이(1564~1642)의 제자로서 역시 이탈리아의 물리학자·수학자인 에반젤리스타 토리첼리(1608~1647)는 대기(大氣)에 무게가 있음을 최초로 발견했다(그림 5-8 참조).

수은(Hg)을 이용해 대기압의 크기를 최초로 측정하는 데 성공한 것이다. 한쪽 끝이 막힌 1m 높이의 유리관에 수은을 채워서 수은 그릇에 담아 거꾸로 세워 놓으면 수은이 밑으로 내려오다 표면에서 높이 76cm 되는 곳에서 정지한다. 이것은 대기압이 수은을 눌러 위로 올리려는 힘과 수은 기둥이 누르는 힘의 크기가 서로 같아 평형을 이루기 때문이다. 즉, 대기압의 크기는 수은 기둥 76cm가 누르는 압력과 같다고 볼 수 있다. 만약 외부의 대기압이 더 크다면 수은 기둥은 위로 더 높이 올라가서 정지할 것이다. 이 원리를 이용해 토리첼리가 만든 기압계가 수은 기압계이다.

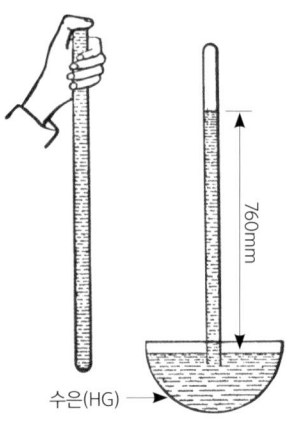

<그림 5-8> 토리첼리 수은 실험

토리첼리가 발견한 대기압이 얼마나 대단한 힘을 가진 것인지를 실증한 사람은 독일의 물리학자·정치가인 오토 폰 괴리케(1602~1686)다. 그는 1654

년 지름 50cm인 반구(半球) 두 개를 사용해 대기압의 크기를 현상적으로 보여 준 유명한 실험인 '마그데부르크 반구 실험'을 했다(그림 5-9 참조). 독일 마그데부르크 시의 시장이었던 괴리케는 두 개의 반구를 기름에 젖은 가죽 고리를 사이에 두고 서로 맞댄 다음, 진공 펌프를 이용하여 반구 사이의 공기를 제거하여 진공으로 만들었다. 이 진공으로 된 반구는 양쪽에서 각 8마리의 말이 전력을 다해 당겼을 때 겨우 떼어낼 수 있었다. 대기의 압력이 매우 강한 힘으로 반구를 밀고 있기 때문이다.

<그림 5-9> 마그데부르크 반구 실험

이탈리아와 독일에 이어 프랑스에서도 증기기관 연구에서 일대 진전을 이루었다. 물리학자인 드니 파팽(1647~1712)은 수증기의 압력과 그 응축(凝縮)에 의한 대기압의 작용을 이용하여 피스톤을 움직이게 하는 증기 엔진을 개발한 바 있다. 파팽이 고안한 장치는 피스톤 위로 외부에서 수증기가

유입되면 피스톤이 아래로 움직인다. 그 수증기가 빠져나가면 피스톤 아래로 들어오는 물에 의해 피스톤이 다시 위로 올라간다. 파팽의 장치는 증기장치이자 물을 위로 퍼 올리는 양수 장치이기도 해, 이 장치를 이용해 분당 27kg의 물을 퍼 올릴 수 있었다. 이 개발은 증기기관으로는 세계 최초의 발명이라고 할 수 있으나 실용화되지 못하고 후세에 세이버리, 뉴커맨 및 와트의 개발로 이어지면서 실용화가 가능하게 되었다.

◦ **세이버리 엔진에서 뉴커먼 엔진으로**

증기기관의 개발을 위한 국제적인 노력은 마침내 두 영국 남자의 작업에서 절정을 이루게 된다. 영국의 공학자·발명가인 토머스 세이버리(1650~1715)는 1693년 증기를 이용한 양수(揚水) 펌프를 발명하고 1698년 특허권을 얻었다. 세이버리는 탄광에서 물을 빼내는 일에 관심을 기울였다. 그는 실린더에 물을 넣지 않고 보일러에서 끓인 물의 증기를 실린더에 보내 식히는 방법을 이용하여 물을 빼내는 기계를 만들었다(그림 5-10 참조). 그는 1700년을 전후해서는 탄광의 배수용과 가정의 저수조용 이외에 도시의 급수용과 수차의 동력용으로 쓸 수 있는 데까지 연구를 계속했다.

세이버리는 이 기관을 3단으로 겹쳐서 쓰면 깊이가 70m나 되는 굴속의 물도 끌어올릴 수 있으며, 비용도 3분의 1밖에 들지 않는다고 하였다. 그러나 몇 군데의 탄광에서 써 보니 70m는 고사하고 20~30m 깊이의 물도 끌어올릴 수가 없었다. 증기의 힘을 더 세게 하면 잘 될 것 같았지만, 압력이 커지면 그릇이 터지거나 땜질한 곳이 열 때문에 녹아 버려 역시 성공을 거두지 못하였다. 그러나 몇 년 뒤 그는 뉴커먼과 함께 이러한 문제점을 해결한 새로운 기관인 뉴커먼 엔진을 만들어 냈다.

1712년 선보인 뉴커먼 엔진은 최초의 효율적인 증기 펌프였다(그림 5-11 참조). 17세기 말엽이 되자 영국에서는 전국적으로 나무가 부족해져 대용 연료로 석탄에 대한 수요가 크게 일었다. 영국의 석탄 매장량은 엄청났지만,

석탄 채굴을 위해서는 탄광을 깊이 파야만 했다. 그런데 탄광은 팠다하면 물이 차는 경향이 있었다. 뉴커먼은 확실한 펌프를 제공함으로써 엄청난 산업 팽창의 촉매제가 된 장비를 석탄 산업에 공급했다. 게다가 그 도구는 탄광에서 내다 버리는 폐기물인 '분탄(粉炭)'이 연료였다. 이것은 영국 산업에 엄청난 영향을 미쳤으며, 무엇보다도 영국 산업체들 사이에서 석탄연료로의 급속한 전환으로 이어졌다.

1712년 영국 더들리캐슬 탄광에 토머스 뉴커먼에 의해 실용적인 증기 엔진이 처음 도입된 것으로부터 20세기 초엽 비행기와 자동차에 내연엔진을 대량으로 적용하는 것이 성공하기까지, 증기 엔진은 산업화의 영감(靈感)이었고 산업화의 사역마(使役馬)였다. 뉴커먼의 증기 엔진은 실린더 내에 증기를 도입하여 피스톤을 상승시키고 증기가 냉각하면 실린더 내의 압력이 저하되어 피스톤을 대기압(大氣壓)으로 내리누르는 대기압 방식이었다.

 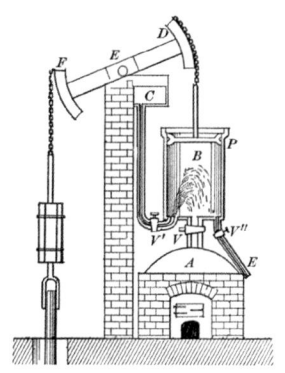

<그림 5-10> 세이버리의 증기엔진   <그림 5-11> 뉴커먼의 증기엔진

5.3.3. 제임스 와트의 증기엔진이 산업혁명 꽃 피워

뉴커먼의 증기 엔진은 제임스 와트(1736~1819)에 의해 더욱 발전하였다. 글래스고 대학의 수리공장에 근무하던 제임스 와트는 대학의 소유물인 뉴커먼 기관의 모델을 수리해달라는 요청을 받았다. 그러나 수리 후에도 이

엔진은 작동 효율이 낮아 제대로 성능을 낼 수 없었고 경제성이 매우 나빴다. 콘월의 구리 광산에서 처음 사용된 뉴커먼 증기기관은 실린더 안의 수증기 압축과 팽창에 따라 피스톤이 왕복 운동하는 방식이었다. 대기압만으로 물을 빨아올리기 때문에 대기압 기관으로도 불린다. 그러나 뉴커먼 기관은 증기 압축을 위해 물이 한 번 분사될 때마다 실린더 전체가 냉각되기 때문에 열 손실이 많았고 석탄 소모량도 많았다.

와트는 대폭 개량에 착수하여 1769년 1월 5일, '화력 기관에서 증기와 연료의 소모를 줄이는 새롭게 고안한 방법'에 관한 특허를 취득했다. 그는 증기를 실린더 안이 아니라 실린더와 연결된 별도의 응축기에서 압축시키고, 피스톤을 대기압이 아니라 증기압력으로 움직이는 방식을 고안했다. 응축기만 냉각되고 실린더의 열은 보존되어 효율성이 매우 높았고, 석탄 소모량도 뉴커먼 기관에 비해 4분의 1 이하로 줄일 수 있었다. 와트는 여기에 만족하지 않고 피스톤의 양 방향 모두 힘이 작용하도록 해 상하운동 모두 동력으로 활용하게 하여 증기기관의 힘을 강화시킨 '복동식(複動式) 증기기관'도 개발하였다.

와트는 잉글랜드 버밍엄 출신의 제조업자이자 엔지니어인 매슈 볼턴 (1728~1809)과 손잡고 1775년 엔진 생산을 시작했다. 엔진은 철로 만들어졌으며 그 당시 용광로 제철법이 실용화되면서 철의 품질도 좋아지고 가격도 저렴하게 되어 고효율 증기 엔진 제조에 큰 힘이 되었다. 특히 벤자민 헌츠먼의 도가니 주강법이 개발되면서 가단주철이 생산되고 이어 헨리 코트 (1740~1800)에 의해 퍼들법에 의한 용강 제조에 성공함으로써 증기기관은 효율을 높일 수 있었다.

와트의 동업자 볼턴은 1781년 와트에게 보낸 편지에서 "런던, 맨체스터, 버밍엄 사람들이 '증기 공장'에 환장했다"라고 말했다. 이에 자극받아 와트는, 일습의 '유성(遊星) 톱니바퀴 장치'에 의해 빔으로부터 구동되는 속도 조절 바퀴를 그의 엔진에 장착함으로써 회전운동 생성 방법을 고안해냈다. 이 시스팀은 면직물 제조업자 리처드 아크라이트(1732~1792) 같은 실업가들에 의해 급속히 채택됐다. 그들은 그때까지 공장의 무거운 기계를 돌리는 데 수력이나 동물의 힘에 의존했다.

증기 엔진의 개발과 적용분야 확산은 이후에도 지속적으로 이루어졌다. 엔진의 속도를 조절하는 증기 조속기(調速機), 그리고 피스톤을 실린더 내부에서 똑바로 유지시키는 평행운동 장치를 와트가 추가로 정교하게 다듬자 이 엔진은 일대 성공작이 되었다. 볼턴과 와트는 1775년에서 1800년 사이 모두 합쳐 약 500대의 엔진을 생산했다(그림 5-12 참조). 그들은 그 기계를 단순한 펌프에서, 광범한 산업 과정들에 적용될 수 있는, 고성능의 다용도 원동기(原動機)로 변모시켰다.

<그림 5-12> 제임스 와트의 증기엔진

볼턴과 와트의 증기엔진 개선으로 공장의 기계나 증기기관차, 증기선, 자동차 등 다양한 기계의 개발이 가능하게 되었으며, 증기기관을 통해 증기기

관차와 증기선이 등장했고 덕분에 사람과 물자의 이동 시간은 이전보다 훨씬 빨라졌다. 또 공장 기계를 가동하는 동력으로도 증기기관이 사용되었음은 물론이다. 와트는 평소에 "증기기관이 제대로 작동한다면 세상에 큰 변화가 올 것"이라고 말했는데, 와트의 도전 정신과 열정으로 탄생한 증기기관은 그의 말대로 세상을 획기적으로 바꿨다.

증기 엔진은 1800년 이후에도 진화를 계속했다. 영국 남서부 콘월 출신의 기술자 리처드 트레비식(1771~1833)은 와트에 의해 채택됐던 것보다 훨씬 더 높은 압력에서 증기가 안전하게 사용될 수 있음을 증명했다. 따라서 기관차 증기 엔진의 개발을 북돋운 사람은 와트라기보다 트레비식이었다. 그가 처음 제작한 증기 엔진은 1804년 웨일스 주 남부 페니다렌의 궤도에 사용됐다. 트레비식은 효율이 높은 증기 양수기(揚水機) 개발에서도 선구적인 역할을 했다. 이 양수기는 고압 증기의 팽창력을 이용하기 위해 각 행정(行程)에의 증기 전달을 일찍 차단하는 방식을 채택했다. 이것은 전 세계 광산들과 공익사업체들에서 사용되면서 '코니시 엔진'으로 알려지게 되었다. '코니시(Cornish)'는 '콘월의'라는 뜻이며 '콘월(Cornwall)'은 과거 영국 웨일스 주 남서부 지방을 가리켰던 지명이다.

증기 엔진은 갈수록 더 많아진 개선점과 고객들의 선호를 채택한 끝에 다양한 기능을 수행하는 엔진이 되었다. 19세기 중반이 되자, 증기 엔진은 육상과 해상 수송을 지배하였으며, 산업화된 세계에서 크기에 상관없이 모든 공장의 필수 구성요소가 되었다. 증기 엔진은 모든 시대에 걸쳐 가장 성공적이고 유용한 발명품들 가운데 하나로서 위상을 완전히 굳혔다. 뉴커먼의 최초 증기 엔진이건, 와트의 진정한 의미의 증기 엔진이건, 그리고 트레비식의 증기 엔진이든지 그 소재는 철이다.

철은 급속하게 산업화하는 영국 경제의 가장 기본적인 요구물(要求物) 가운데 하나였으며, 영국은 그 철 생산을 위한 광물자원을 확실하고도 풍부하게 보유하고 있었을 뿐만 아니라, 산업혁명이 확산되면서 영국은 철 생산에서 세계적으로 독보적인 경지에 다다르게 되었다. 특히 19세기 중반에 베서머에 의해 전로 조업법이 상업화되면서 철의 생산성은 획기적으로 향상되었으며, 또 토마스에 의해 염기성 제강법이 개발되면서 품질의 획기적인 향상을 이루면서 증기기관의 성능은 크게 증가하고 가격도 낮출 수 있었다. 철이 산업혁명을 떠받치고 산업혁명이 더 높은 단계로 발전하는 가운데 철을 더 많이 요구하면서, 철과 산업혁명이 서로를 추동하는 관계를 이루게 되었다.

증기의 아버지, 제임스 와트

　뉴커먼의 앞선 노력에도 불구하고 제임스 와트는 언제나 증기 엔진의 발명과 동일시되어 왔다. 와트는 1736년 영국 스코틀랜드 주 렌프루셔의 그린록에서 태어났다. 그는 런던에 있는 한 제도(製圖) 기구 제작소에서 견습생으로 일한 뒤 스코틀랜드로 돌아가 글래스고 대학교에서 기구 제작자로 자리를 잡았다. 1764년 그에게 수리해 달라며 뉴커먼 증기 엔진이 도착했다. 그 일은 와트로 하여금 기본적인 엔진의 효율을 더 높일 수 있겠다는 생각을 하게 했다. 그는 1765년 어느 일요일 오후 산책하다가 엔진 개량을 고안해냈다.

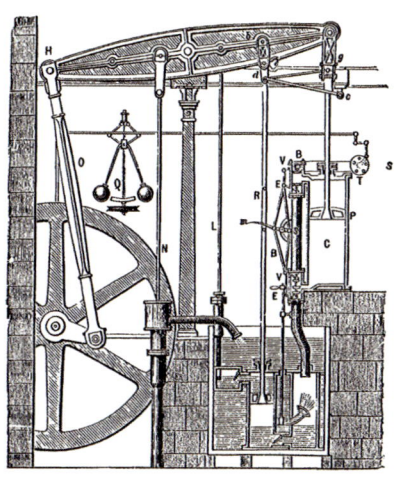

<그림 5-13> 제임스 와트 및 와트의 증기기관 모식도

1781년 와트는 가마 풀무에 동력을 공급하거나 기계를 돌리기 위하여 증기 엔진의 왕복운동을 회전운동으로 변환하는 기계장치를 발명했다. 와트는 이듬해 그의 사무실을 데우기 위해 증기난방을 발명했으며, 1788년 자동제어 기계를 도입했는데 이것은 자동화의 씨앗을 뿌렸다. 그의 '원심조속기(遠心調速機)'는 회전하는 물체의 원심력을 이용하여 원동기의 회전 속도를 자동적으로 일정한 값으로 유지시키기 위한 장치로, 실린더에서 증기의 주입을 조절하며 증기기관을 제어한다.

  1783년 와트는 마력(馬力, HP-Horse Power) 단위를 고안했다. 그는 말 한 마리가 1초 안에 75kg의 중량을 1.0m 끌어올릴 수 있음을 알아내었으며 1마력(HP)을 75kg-m/sec 또는 550ft-lb/sec로 정하게 되었는데, 이는 오늘날까지 지켜지고 있는 측정법이다. 사람들은 보통 제임스 와트라고 하면 '진정한 의미의 증기 엔진을 탄생시킨 발명가'라고만 이해하는데, 와트가 인간의 생활에 미치는 영향으로 보면 그는 단순한 발명가가 아니라 사회개혁가라고 할만하다.

  와트에 관해 잘 모르는 사람이라도 일상생활 속에서 그의 성(姓)을 말해 본 경우가 적지 않을 것이다. 예컨대 "그 전구 몇 와트지?"라고 물었다면 말이다. 영국과학진흥협회는 제임스 와트의 공적을 기려 1889년 '와트'를 단위 시간에 이루어지는 일의 양, 즉 일률(率)과 동력 단위로 채택했고, 와트는 1960년 제11차 도량형(度量衡) 총회에서 국제단위계(單位系)의 하나로 채택되었다. 즉 1.0kw는 102kg-m/sec이다.

5.4. 교통을 혁신한 철

5.4.1. 히타이트 전차의 바퀴 축은 철

철이 사람의 탈것에 주요 부품으로 처음 사용된 것은 기원전 13세기 오늘날 시리아의 오론테스 강(江) 주변 지역인 카데시 평원에서 이집트 제국과 히타이트 제국 전차병들 사이에 벌어진 전투에서였다. 말이 끄는 전차가 대거 동원된 이 전투에서 승리한 것은 히타이트 제국 군대였다. 상대적으로 더 튼튼했던 히타이트 전차에는 2명이 탑승한 이집트 전차와 달리 3명이 타고 상대적으로 우월한 전투를 펼칠 수 있었다(그림 5-14 참조). 이때 사용된 히타이트 전차의 바퀴 축은 목재로 만든 이집트 것과 달리 철로 만든 것이었다.

철이 부품으로 사용된 히타이트 전차는 평상시 교통수단으로도 사용됐지만, 일상적인 탈것이라기보다는 권력자들이 그들의 힘을 과시하는 데 사용한 일종의 위세품(威勢品)이었던 것으로 고대 기록에 적혀 있다. 따라서 히타이트 전차를 인류 교통 발달사(發達史)에서 철이 주요한 역할을 한 대표

사례들 가운데 하나로 꼽기에는 다소 무리가 있으나 철제 바퀴의 사용이 전차의 성능을 향상시킨 것은 틀림없다.

<그림 5-14> 독일 성서학자 파울 볼츠(1871~1941)가 이집트 점토판에서 옮겨 그린 히타이트 전차

5.4.2. 바퀴의 진화가 자동차로 연결

물자와 사람을 이동시키는 수송 수단으로서 인간이 창안한 가장 위대한 발명품으로 역사가들은 바퀴를 지목하는 데 주저하지 않는다. 고고학자들에 따르면 최초의 바퀴는 기원전 3500년 경 메소포타미아에서 발명됐다. 수송 목적의 최초 바퀴는 기원전 3200년경 등장했으며 그 목적은 메소포타미아 전차를 움직이는 것이었다. 역사적으로 더 엄밀하게 따지면 바퀴의 시작은 구석기 시대(75만 년 전~1만5000년 전)로 거슬러 올라간다. 당시 인간들은 커다란 화물을 옮기는데 통나무를 사용했다. 이러한 수송 방법의 주된 문제는 굴림대가 많이 사용될 뿐만 아니라 굴림대들이 정확한 방향으로 굴러가게 하기 위해서는 세심한 주의가 필요하다는 점이었다.

기원전 3500년경 등장한 수송 목적의 바퀴가 한 단계 진화하는 데 1,500년이 걸렸다. 기원전 3500년에서 기원전 2000년까지 바퀴는 그냥 나무를 깎아 만든 원반이었다. 그랬던 바퀴가 기원전 2000년 이집트 사람들이 만든 전차에 달리면서 살이 달린 바퀴로 변신했다. 이집트 사람들은 나무 바퀴의 양면을 파내 살 모양을 만들었다. 하지만 살을 외부에서 끼워 넣는 바퀴, 다시 말해 가로장 바퀴를 처음 도입한 것은 그리스 사람들이었다.

철을 처음으로 테에 덧댄 바퀴는 기원전 1000년경의 켈트족(族) 전차들에서 관찰되었다. 이런 형태의 바퀴는 이후 2000년 가까이 거의 원형 그대로를 유지했다. 다만 바퀴에 철이 갈수록 많이 적용돼 바퀴 테와 액슬에 쓰이는 비율이 높아졌다. 그러다 1802년 G.F. 바우어가 최초의 철사 장력(張力) 살을 특허로 등록함에 따라 바퀴의 모양이 획기적으로 바뀌었다.

철사 장력 살의 바퀴는 긴 철사로 바퀴 테를 꿴 다음 철사의 양 끝을 바퀴축에 묶어 고정시키는 방식이었다. 그로부터 몇 년에 걸쳐 이 철사 살은 오늘날 우리가 보는 둥근 장력 살로 진화했다. 철사 장력 살과 거의 같은 시기에 이루어진 또 다른 주요한 발명은 공기 타이어였고, 이것이 마차 바퀴에 적용되어 마차의 승차감을 크게 개선시켰다. 공기 타이어는 또 1817년 처음 발명됐으며 이후 개선·보급된 자전거에도 적용됐다.

바퀴의 진화가 계속되는 가운데 독일의 기술자이자 기업가인 카를 벤츠(1844~1929)는 작은 모형의 고속 엔진을 연구하여 1878년 가스 엔진을 발명하고, 1885년 최초의 가솔린 엔진을 이용한 삼륜차 모토바겐(Motorwagen)을 만들었다(그림 5-15 참조). 그는 독일 바덴뷔르템베르크 주 만하임에 벤츠 공장을 만들었다가, 1926년 다이믈러의 공장과 합쳐 다이믈러-벤츠 공장을 세웠다. 벤츠의 개발은 오늘날의 자동차 산업의 효시가 되었다. 벤츠가 처음 내놓은 세 바퀴 자동차는 자전거 같은 철사 바퀴를 사용했으며 단단한 고무를 바퀴 테에 둘렀다.

자동차가 가장 먼저 만들어진 곳은 독일이었지만 대량 생산은 미국에서 이루어졌다. 미국의 기술자이자 사업가인 헨리 포드(1863~1947)는 1890년 에디슨 조명 회사 기사로 근무하던 중 내연 기관을 완성하여 1892년 자동차를 만들었다. 이후 1903년 포드는 세계 최초의 양산(量産) 대중차 포드 모델 T의 제작을 시작하였다. 모델 T는 처음에는 목제 대포 바퀴를 사용했으며 이 바퀴는 1926년과 1927년 용접된 강철 살 바퀴로 대체되었다. 그뿐만 아니라 모델 T는 컨베이어 벨트 조립에 의한 대량생산으로 제조원가가 파격적으로 낮아지면서 자동차의 대중화 시대를 열며 국가 전체 산업에서 차지하는 비중이 크게 증가하였다. 1908년 생산을 개시한 모델 T는 1927년까지 1,500만대 이상이 팔렸다.

<그림 5-15> 1885년 독일의 벤츠   <그림 5-16> 1910년 미국 포드 자동차사의 모델 T

5.4.3. 철도 운송으로 교통혁명 일어나

철이 산업혁명 시기에 본격적으로 그리고 대량으로 철도 제조에 사용되기 시작하면서 인류에게 교통혁명이 일어났다. 이에 앞서 근대 철도의 원형(原型)은, 마차가 시골을 더 쉽게 가로지르도록 만들려고 독일이 궤조(軌條) 도로를 부설하기 시작했던 1550년 대 초 근대 세계에 처음 모습을 드러냈다. 마차 길이라고 불린 이 원시적인 궤도 도로는 나무로 만든 궤조로 이루어졌다. 이 궤도 위로 말이 끄는 마차나 화물 수레가 맨땅 위에서보다 한결 더 수월하게 움직였다. 그러다 1770년대가 되자 철이 궤조, 그리고 마차 길에 사용되었던 수레바퀴의 목재를 대체했다. 철제 마차 길은 이후 전차 선로로 진화해 유럽 곳곳으로 확산됐다.

철은 철도수송에서 전동차, 철로, 기반 시설을 제작하는 데 사용된다. 철도 여행은 거의 모든 다른 형태의 수송에 비해 여행시간을 단축시키고 승객

1인당 이산화탄소 배출을 감소시킨다. 철은 고속열차 질량의 20~25%를 차지한다. 바퀴, 액슬, 베어링, 모터와 같은 이들 열차의 주요 부품은 모두 철이다. 화물칸은 거의 전적으로 철로 만들어진다. 철은 수송망을 구성하는 교량, 터널, 열차 궤도에 사용되고 주유소, 기차역, 항구, 공항의 건축에 쓰인다. 기반 시설에 사용되는 철의 약 60%가 철근이며 나머지는 판재와 형강이다. 철은 또 항공기에서 착륙 장치에 사용된다.

철도가 먼저 깔린 상황에서 사람과 화물을 더 많이 더 멀리 수송할 수 있는 증기 기관차가 영국 산업혁명이 진행되는 가운데 마침내 등장했다. 1804년 리처드 트레비식이 영국에서 증기기관으로 궤도를 달리는 차량을 내놓으며 철도가 부상한다. 최초 상업운전에 성공한 철도는 1812년 톱니바퀴 구동방식으로 운행한 살라망카(Salamanca)라는 열차였다. 1821년, 영국인 줄리어스 그리피스가 여객 도로 기관차에 대해 처음 특허를 냈다. 그 후 영국인 조지 스티븐슨(1781~1848)에 의해 기관차 성능과 레일 시스템이 개량되고 근대 철도의 기틀이 완성된다.

1825년 9월 스톡턴 앤드 달링턴 철도회사가 조지 스티븐슨이 설계한 기관차들을 사용하여 화물과 여객 둘 다를 수송하는 최초의 철도로서 시작했다. 스티븐슨은 철도 역사에 많은 업적을 남겼다. 오늘날까지 각국에서 표준궤로 통용되는 폭 1,435㎜는 스티븐슨 시대에 정해진 것이다. 세계 최초로 시간표를 정해 운행한 철도는 1830년 영국 맨체스터와 리버풀 간 50㎞를 잇는 정기편이었다(그림 5-17 참조).

미국 발명가 존 스티븐스(1749~1838)는 미국 철도의 아버지로 불린다. 1826년 스티븐스는 뉴저지 주 동북부 호보켄에 있는 그의 사유지에 둥글게 실험용 궤도를 깔고 그 위에서 증기 기관차의 가능성을 선보였다. 그것은 영국에서 조지 스티븐슨이 증기 기관차를 실용화하기 3년 전이었다. 스티븐스는 1815년 북미에서 최초로 철도 부설 허가를 받았지만, 최초의 상업용 철도 건설은 다른 사람들이 허가를 받아 추진하였다.

<그림 5-17> 영국의 스티븐슨이 개발한 맨체스터-리버풀을 달리는 증기기관차

　1830년, 미국 발명가 피터 쿠퍼(1791~1883)가 톰 섬(Tom Thumb)으로 알려진 증기 기관차를 미국 최초로 설계하고 제작했다. 미국 공학자 조지 풀먼(1831~1897)은 1857년 기차에서 밤을 새는 승객들을 위해 설계된 '풀먼 침대차'를 발명했다. 침대차들은 1830년대 이래 미국 철도에서 사용되고 있었기는 했으나 초기의 침대차들은 그다지 안락하지 않았는데, 풀먼 침대차는 그 점에서 괄목할 만한 개선을 이룩한 것이었다.

　1800년대까지 철도 건설에는 선철이 사용됐다. 그러다 1820년 내구성이 더 있는 단철이 발명되어 철도 체계에 사용되었다. 1860년대 후반에는 값싼 강철 생산이 가능해진 덕분에 이것이 미국과 세계 여러 다른 나라들에서 철도 건설 붐을 촉발하게 된다. 제철 공정의 발달로 강철 생산 비용이 더 낮아지면서 미국 주요 도시들은 19세기 말까지 대부분 철도로 연결되었다. 이때부터 미국과 유럽 각국이 앞 다투어 철도를 도입하기 시작했다.

1827년 미국, 1832년경 프랑스에 이어 1835년 독일이 철도를 개통한다. 이 중 미국이 가장 철도 건설에 적극적이어서 1835년 선로길이가 1,600㎞를 넘어선다. 1850년대에는 미시시피 동쪽 모든 주에 철도가 깔린다. 동서를 연결하는 대륙횡단철도는 1869년 5월 첫 노선이 개통되고 이후 1800년대 말까지 3개 노선이 추가로 건설된다.

한편, 러시아는 1872년 그루지아(현 조지아)의 트리비시~포티 간 개통을 시작으로 본격 철도 건설에 나선다. 1880년 중앙아시아 각 지역, 1887년에는 사마르칸트까지 선로를 늘린다. 1891년부터는 프랑스 자본으로 시베리아 횡단철도 건설에 들어간다. 시베리아 철도는 일본과의 전쟁(1904~1905)이나 볼셰비키 혁명(1917) 와중에도 건설이 이어져 1913년 9,000㎞가 넘는 세계 최장 노선이 완성된다.

중국에서는 1876년 영국에 의해 상해~오송 구간이 개통되지만, 허가의 정당성을 문제 삼아 곧 철거해 버린다. 청·일 전쟁 후에는 어쩔 수 없이 일본과 러시아에 부설권을 넘기지만, 의열단의 공격 대상이 되고 마침내 신해혁명으로 이어진다. 하지만 일본은 아시아의 다른 나라들과 달랐다. 그들은 일찍이 철도의 중요성을 자각하고 적극적으로 도입을 추진했다. 1872년 영국의 도움으로 도쿄 신바시(新橋)~요코하마 구간을 개통하는 한편 인력양성에 힘을 기울여 1879년 일본인 첫 기관사를 배출한다. 1890년경에는 자체 인력으로 신바시에서 코베(神戶)에 이르는 약 600㎞의 토카이도(東海道) 선을 완성한다. 사철(私鐵)이 등장하는 것도 이 무렵이다.

1900년대 들어 세계 철도는 눈부신 성장을 거듭했다. 기관차를 움직이는 동력은 증기력, 전력, 그리고 디젤이다. 처음 증기력에 의존한 열차 시스템은 1866년 발전기가 나오자 전력 쪽으로 기울기 시작한다. 공해 없는 전기 노면전차가 1881년 독일에 이어 1883년 영국에 등장하고, 1888년부터 미국 주요 도시에 급속히 보급된다. 디젤은 1892년 루돌프 디젤이라는 프랑스계 독일인에 의해 개발되었는데, 디젤이 기관차에 장착되어 실용화되는 것은 1920년대부터다. 디젤은 증기기관보다 연비가 좋고 전봇대를 설치할 필요가 없어 미국과 러시아처럼 장거리 구간이 많은 나라들에 의해 집중 도입되었다. 그 후 전기를 이용한 모델이 나오고 충전식 동력전달장치가 개발되는 등의 발전이 있었으나 디젤은 지금도 중요한 기관동력으로 많은 나라에서 활용하고 있다.

1960년대와 1970년대 초에는 재래식 기차보다 훨씬 빨리 달릴 수 있는 궤도 객차 구축의 가능성에 대해 상당한 관심이 있었다. 1970년대부터 새로운 고속 기술에 대한 관심은, 안내 궤조(案內軌條) 내에서 전자력(電磁力)에 의해 차량을 부상(浮上)시켜 전자력으로 주행시키는 방식의 철도인 자기부상철도에 집중됐다.

최초의 고속철도는 일본의 도쿄와 오사카 사이에 부설됐으며 1964년 개통됐다. 그 후 스페인·프랑스·독일·이탈리아·스칸디나비아·벨기에·한국·중국·영국·대만을 포함해 전 세계에서 그와 같은 고속철도 체계들이 더 많이 구축돼 왔는데, 최근 중국의 고속철도 체계의 구축은 괄목할 만하다. 중국은 2017년 기준 고속철도 길이는 2만5천km로 전 세계 고속철도의 66%를 차지하고 있으며, 2020년까지 무려 4만km로 확장하겠다고 밝혀 주목된다.

5.4.4. 수천 년 전통의 목선이 철선으로

철은 인류의 오랜 수송 수단인 선박에도 일대 혁명을 가져왔다. 선박은 전통적으로 목재로 만들어졌다. 초기 청동기 시대부터 그리스·로마 시대를 거쳐 중세에 이르기까지의 난파선 유물의 발굴에서 이런 사실을 확실히 알 수 있다. 선박에서 유일한 금속 부품으로는 고대 이집트 선박들에서 발견되는 구리 잠금장치, 그리고 고대 그리스 시대부터 사용된 다양한 형태의 철 부품이 있다. 철은 고유의 강한 성질, 그리고 두드리거나 주조함으로써 다양한 형태를 구현할 수 있다는 이점 때문에 닻, 잠금장치, 꺾쇠 등 여러 부품들을 만드는 데 쓰였다. 그리고 시대가 흘러감에 따라 철을 포함한 금속의 가공이 일반화됨에 따라 사용하는 금속부품들의 수와 양이 점진적으로 증가하였다.

목선들은, 처음에는 철 볼트에서, 나중에는 선체를 만드는 데 사용된 목재들을 단단히 연결하는 데 쓰는 구리 합금 꺾쇠, 해양 유기물들 때문에 생기는 파괴를 줄이기 위해 선체 외부를 감싸는 구리 합금 판까지, 이 시기부터 점차 더 큰 비중의 철 구성요소들을 사용했다. 선체 뼈대를 선박 측면과 갑판에 고정하는 데 사용된 버팀대와 같은 주된 구조적 구성요소들이 철로 만들어지게 되었다.

철제 부품을 사용하여 만든 선박은 이제 파도와 너울의 움직임에 의해 목재 선체에 가해지는 압력을 더 잘 견딜 수 있게 해 주었고, 선박에서 부피 면에서 차지하는 비중이 더 작아진 채 만들어질 수 있었다. 그 덕분에 선박 내부가 더 넓어져 화물이나 인원을 그만큼 더 싣거나 태울 수 있었다. 철 버팀대와 그 밖의 형태들의 선체 지주(支柱)를 사용하는 목선은 철과 나무로 만든 선박이라고 해서 '혼합식 선박(Composite Ship)'이라는 이름이 붙었다.

철로 만든 증기 엔진 기술의 완성과 함께 증기선들이 목선들의 세계 속으로 진입하기 시작했다. 이들 증기선은 처음에는 외륜선(外輪船), 나중에는 연료를 태워 증기를 만드는 철 보일러와 화덕을 갖춘 복합 엔진의 다양한 형태들을 띠었다. 세계 최초의 증기선은 스코틀랜드의 기술자 윌리엄 사이밍턴(1763~1831)이 1802년 제조한 샬럿 둔다스(Charlotte Dundas)였다(그림 5-18 참조). 1807년에는 미국의 공학자이자 발명가인 로버트 풀턴(1765~1815)이 증기선을 상업 목적으로 활용하는 데 성공했다. 이 배는 '노스 리버 스팀보트(North River Steamboat)'로 알려졌으며 제임스 와트의 엔진을 장착했다.

풀턴의 성공을 신호탄 삼아 증기선 기술은 대서양 양쪽에서 급속히 발전했다. 1819년 증기선 사바나 호(號)가 미국 조지아 주 사바나에서 출항해 영국 잉글랜드 리버풀에 도착함으로써 증기선으로는 최초로 대서양 횡단에 성공했다. 그림 5-19는 대서양 횡단 중 파손하여 두 동강난 채 침몰한 타이타닉호이다. 건조 당시 세계에서 가장 큰 배였던 타이타닉호는 길이 269m, 높이는 20층으로 증기기관 하나가 3층 가옥 크기였다. 당대의 혁신적인 기술이 접목된 타이타닉호는 이중 바닥, 16개의 방수격실, 특정 수위가 되면 자동으로 닫히는 문 등으로 절대 가라앉지 않는 배, 일명 '불침선'이라 불리기도 하였다. 그러나 1912년 4월 14일 타이타닉호는 2,200여명의 승선자 중 에드워드 스미스(Edward Smith) 선장을 포함한 1,500여명과 함께 차가운 바다 속으로 가라앉았다.

<그림 5-18> 세계 최초의 증기선 샬럿 둔다스

철판을 입힌 목재 선체는 1860년대 미국 남북전쟁에서 보이기 시작했다. 기술이 갈수록 발달하면서 선공(船工)들은 점차 선체를 온전히 철로 만드는 것을 구상하기 시작했다. 철을 생산하고, 철을 압연해 판(板)으로 만들고, 판을 절단하고 판에 구멍을 내는 기술이 일단 완성되자, 철선들이 등장하기 시작했다. 이런 철선들은 1850년대부터 처음 보이기 시작했다. 철선은 이후 무더기로 건조되었다. 나중에는 심지어 선박의 돛대까지 철로 만들어졌다.

<그림 5-19> 20세기 초 세계 최대 증기선 타이타닉호

철 선체가 선호된 것은 그것이 목선보다 훨씬 더 오래가고, 더 튼튼하며, 더 많은 짐을 실을 수 있고, 정박 중 사고나 충돌에도 쉽게 손상되지 않았기 때문이다. 이로써 선박의 세계에는 거의 전부 철선만이 존재하게 되었다. 선박을 제작하는 방법 측면에서도 개선이 이루어져 초기의 철선은 리베팅과 같은 기계적인 연결로 배를 제작하였으나 2차 대전 중 용접기술이 발전함에 따라 이제 거의 모든 선박은 용접으로 선체를 제작한다.

조선(造船)에서는 전통적으로 선체를 제조하는 데 구조용 강재를 사용한다. 그리고 사용되는 조선용 강재의 인장강도는 이전 것보다 점차로 높아졌으며 건조되는 컨테이너 선박의 크기도 점차로 증가하여 효율성과 경제성이 향상되었다. 고강도와 더불어 내식성(耐蝕性)을 갖추도록 설계된 강재는 유조선 건조에 이상적이다. 그와 같은 강(鋼)은 이전보다 훨씬 더 가벼운 선박, 또는 같은 중량이지만 훨씬 용량이 크고 오랫동안 사용할 수 있는 선박의 건조를 가능케 함으로써 연료 소비를 절약하고 이에 따라 이산화탄소를 줄일 수 있게 해 준다.

철선은 세계 화물의 90%를 수송한다. 다양한 형태의 컨테이너 약 1,700만 개가 세계 컨테이너 선단(船團)들을 구성하며 그 대부분은 철로 만들어진다. 전통적인 선체 제조에는 구조용 강재가 널리 사용되나 특수 목적으로 사용되는 선박 및 부유체(浮游體)의 경우에는 특별한 성능의 강재가 필요하다. 대표적인 것이 그림 5-20에 보이는 LNG 운반선이다. 액체 LNG 탱크는 -165℃ 이하에서 안정성이 보장되어야 하는데 여기에 맞는 강재는 상온에서 페라이트가 아니라 오스테나이트가 안정한 상을 만들 수 있어야 한다. 이런 목적으로 304 스테인리스강과 9% Ni강이 사용되어 왔으나 7% Ni강과 고 Mn강이 개발되어 활용이 점차 확대되고 있다.

<그림 5-20> 철로 만든 대형 LNG 운반선

제9장 사상 및 문화와 철

사상 및 문화와 철

철은 고대 인류의 사상과 종교 형성에 중대한 영향을 미쳤다. 독일 철학자 칼 야스퍼스(1883~1969)는 1949년 출간한 그의 저서 『역사의 기원과 목표(Vom Ursprung und Ziel der Geschichte)』에서 '축의 시대(Achsenzeit)'라는 개념을 제시했다. 야스퍼스가 설정한 축의 시대는 기원전 8세기에서 기원전 3세기에 이르는 '중추(中樞)의 시대'이다. 이 시기에 페르시아(조로아스터), 인도(붓다), 중국(공자), 그리스(소크라테스)에서 각각 약간의 시차만을 두고 종교와 사상에서 새로운 사고의 방법이 출현했다.

축의 시대의 지리적 범위에 속하는 모든 유라시아 문화들 사이에 직접적인 문화적 접촉이 없었으면서도 이 문화들에서 동시적으로 인상적인 문화적 발전이 진행되었다는 것에 야스퍼스는 주목했다. 야스퍼스가 명명(命名)한 '축의 시대'는 철기 시대와 거의 정확히 겹친다. '축의 시대'가 가능할 수 있었던 것은 철제 도구 사용이 농업혁명을 촉발하고, 이것이 잉여 식량의 생산으로 이어졌으며, 식량을 비롯해 인간생활의 각 부문에서 생성된 잉여가 축적되어 그것을 바탕으로 하여 인류의 계몽이 촉진되었기 때문이라고 전문가들은 설명한다.

6.1. 그리스와 중국에서 철학(哲學)을 등장시킨 철

6.1.1. 잉여 농산물이 그리스 철학 탄생의 기반

고대 그리스에서 철의 존재감이 상당히 높았음을 보여주는 문헌 기록이 지금도 많이 남아 있다. 고대 그리스 시인 호메로스의 작품으로 전해지는 서사시 「일리아스」와 「오디세이아」는 서양 문학의 최초이자 최고의 걸작으로 꼽힌다. 기원전 8세기경 구전으로 성립되고, 기원전 6세기경 문자로 기록되었다고 추정되므로 지금으로부터 무려 수천 년 전의 작품이지만, 이 작품들이 주는 감동은 아무리 세월이 흘러도 줄어들지 않는다. 기원전 880년경 지어진 것으로 보이는 호메로스의 일련의 시편(詩篇)들에는 철제 농기구에 관한 언급이 수없이 많이 나온다.

'역사의 아버지'로 불리는 고대 그리스 역사가 헤로도토스(기원전 484?~425?)가 페르시아 전쟁사로 집필한 『역사』(기원전 446년)에도 철이 언급되어 있다. 아리스토텔레스는 기원전 350년 철의 산지(産地)로 엘바 섬의 광산들, 그리고 히타이트 제국 시절부터 철 산지로 유명했던 칼리베스의 광산들을 열거했다.

　기원전 6세기 경의 그리스에서는 본토보다도 식민지에서 문화가 더 발달하였는데, 특히 그리스 민족 중의 한 종족인 이오니아 인이 이주해 건설한 소아시아 서해안의 식민지 밀레토스는 철학이 시작된 곳으로 유명하다. 현재 터키에 속하는 밀레토스는 당시 그리스 동쪽에서 가장 큰 도시였다. 그리스 철학은 지금까지도 서양 사상의 원류(原流)로 간주된다. 이처럼 중요한 철학이 왜 하필 이곳에서 시작되었을까? 당시 사람들은 세계를 움직이는 것이 신(神)이라고 생각했다. 따라서 신화(神話)를 기반으로 한 세계 이해가 보편적이었다. 세계는 신이 창조했으며, 비가 오는 것은 신의 눈물이고, 천둥과 벼락이 치는 것은 신의 분노라고 이해했다.

　그런데 기술의 발달로 사람들의 세계 인식이 뒤흔들리기 시작했다. 해상 기술의 발달로 편한 이동이 가능해지고, 철제 농기구의 보급에 기반을 둔 농경 기술의 발달로 잉여 농산물이 생겨나자 지역별로 특산물을 주고받는 무역이 성행하기 시작한다. 밀레토스는 해상 무역 중심지였고(그림 6-1 참조) 여기에 사는 사람들은 다른 나라 사람들과의 접촉이 잦았다. 그런 까닭에 밀레토스 사람들은 전통적인 습속(習俗)이나 관념에 대하여 비판적 태도를 취할 수 있었다. 이러한 진취적인 성향은 학문 탄생의 모태인 자유정신, 합리정신의 출현으로 이어졌는데, 그 연원은 철 농기구에 의한 잉여농산물의 발생이라고 할 수 있다.

　철학의 할아버지라 불리는 밀레토스 출신의 탈레스와 그의 제자, 그의 학우(學友)들에게서 그리스 철학의 제 1기인 자연 철학의 시기가 시작되었다. 이 시기 그들의 관심사는 외견상 잡다하고 변화무궁한 자연 현상의 근저에 어떤 근본 물질, 즉 원질(原質)이 있으리라는 것이었다. 그들은 이 원질의 변형, 변화에 의하여 만물이 생성하리라는 신념을 가지고 이 원질이 무엇이냐를 파고들었다.

　탈레스가 세계의 원질은 '물'이라고 한 이후, 아낙시만드로스는 원질을 무어라 규정지을 수 없는 '무한자(無限者)'라고 하였고, 아낙시메네스는 '공기'라고 하였다. 피타고라스는 세계가 '수'(數)로 이뤄져 있다고 하였으며, 크세노파네스와 파르메니데스는 다(多)와 변화를 감각의 미망(迷妄)에 불과한 것으로 보고 불생불멸, 불변부동, 유일절대의 신(神) 혹은 '유(有)'를 주장하였다.

<그림 6-1> 인류 최초의 철학자들을 배출한 밀레토스

엠페도클레스는 어떤 한 개의 원질만 가지고서는 삼라만상을 설명하기에 불충분하다며 원질을 '물', '불', '공기', '땅'의 4종이라고 하였고, 아낙사고라스는 이 4종으로도 부족하다며 질적으로 상이한 무수한 '종자(種子)'를 원질이라 주장하였다. 데모크리토스는 모든 질적 차이를 양적 차이로 환원하고, 만물은 질적으로는 동일하나 오직 형태상으로만 차이가 있는 불가분할(不可分割)의 '원자(原子)'로부터 성립한 것이라고 주장하였다.

고대 그리스 철학자들 가운데 앞에서 열거한 인물들은 소크라테스(기원전 470~399년)보다 시대적으로 앞섰다고 해서 '소크라테스 이전 철학자들'

이라고 불린다. 소크라테스 이전 철학자들은 그리스의 동부 또는 서부 출신이었다. 소크라테스, 플라톤(기원전 427?~347?), 그리고 아리스토텔레스(기원전 384~322)의 고향인 아테네는 그리스 지역의 중심으로 철학 토론에 뒤늦게 합류하였다. 소크라테스 이전 철학자들의 가장 두드러진 특징은 물리학의 문제들에 대한 강조다. 실제로 아리스토텔레스는 그 철학자들을 가리켜 '자연 조사관들'이라고 불렀다. 그들의 과학적 관심의 범위는 수학·천문학·생물학을 포함했다. 최초의 철학자들로서 그들은 사물의 합리적인 통일을 강조하였으며, 세계에 관한 신화적 설명을 배척하였다.

소크라테스 이전 철학자들의 생각은 고유한 저술의 부스러기 형태만이 전하는데, 달랑 한 문장인 경우들도 있다. 오늘날 우리가 그들에 관해 아는 지식은, 아리스토텔레스의 『물리학과 형이상학』, 아리스토텔레스의 제자 테오프라스토스(기원전 371~287)의 『물리학자들의 견해들』, 기존 어록들을 편집한 신(新) 플라톤주의 학자 심플리키우스(470~560) 같은 초기 철학자들의 설명에서 유래한다.

철학의 새로운 시대는 아테네 사람 소크라테스와 함께 개막되었다. 소크라테스는 사람들의 생각과 의견을 그의 출발점으로 삼았다. 소크라테스는 사람들에게 그들의 믿음과 관련하여 가차 없이 질문을 퍼부었다. 그는 용기와 정의에 대해 안다고 명언(明言)한 사람들을 반대 심문함으로써 그런 덕목들의 정의를 찾으려 들었다. 하지만 사람들을 반대 심문하는 그의 방법, 즉 비난법(非難法)은 덕목들이 정녕 무엇인지 입증하는 데 성공하지 못했다. 그 방법은 단지 그와 대화한 사람들의 무지만을 드러냈을 뿐이다. 소크라테스의 천재성 가운데 많은 측면들은 플라톤에게 전파되었다. 플라톤은 소크라테스의 제자 겸 친구였다. 비록 그 자신에 의해 명시적으로 말해진 바는 없지만, 플라톤의 기본 원리는 철학을 변증법, 윤리학, 물리학이라는 세 겹으로 구분하는 것이다. 그것의 중심점은 이데아론(論)이다.

플라톤의 제자 가운데 가장 중요한 인물은 아리스토텔레스다. 그는 그의 스승과 더불어 고대의 가장 위대한 철학자로 꼽힌다(그림 6-2 참조). 플라톤이 형상들에 대한 감각을 초월한 관점에서 사물을 설명하려고 했던 데 반해, 아리스토텔레스는 경험에 의해 우리에게 주어진 사실들로부터 시작하는 것을 선호했다. 그에게 철학은 과학을 의미했으며, 철학의 목적은 모든 사물의 용도에 대한 인식이었다. 그러므로 그는 사물의 궁극적인 근거를 귀납적 추리에 의해, 다시 말하자면 수많은 사실들에서 우주에 이르기까지 사후적 결론에 의해 입증한다.

<그림 6-2> 하늘(이상)과 땅(현실)을 가리키는 플라톤(좌)과 아리스토텔레스

13세부터 3년간 아리스토텔레스에게서 자연학·인문학을 배운 알렉산더 대왕은 철에 대해 특이한 조처를 내린 바 있었다. 알렉산더 대왕은 기원전 336년 즉위한 뒤, 기원전 334년부터 동방원정을 시작하여 아케메네스 왕조의 페르시아 제국을 멸망시키고 중앙아시아와 인도 북서부에 이르는 광대한 세계제국을 건설하였다. 그 과정에서 그는 휘하 장군들에게 철을 발견하는 족족 챙기라고 지시했다.

알렉산더 대왕이 그런 명령을 내린 것은 새로 철을 확보해 그것을 가지고 무기를 추가로 제조하기 위해서가 아니었다. 그보다는 보석 세공작업을 하는데 철이 필요했기 때문이었다. 당시 다이아몬드 원석(原石)을 윤택이 나도록 가공하는 데에는 회전하는 금속 원반에 다이아몬드를 갖다 대는 방법을 썼다. 이 원반에는 고운 다이아몬드 가루가 연마제로 입혀져 있었는데, 연마 작업 도중 연마제가 이탈되지 않도록 붙잡아 주는 금속은 오직 철뿐이었다고 한다. 그래서 알렉산더가 그토록 철에 집착했던 것이다.

6.1.2. 높아진 농업 생산성으로 제자백가(諸子百家) 출현

철은 고대 중국에서 유교를 출현시켰다. 중국의 철기시대는 대략 기원전 8세기에서 기원전 3세기까지 지속된 전국(戰國) 시대에 시작되었다. 동주(東周) 시대의 개막으로부터 진(晉)이 위(魏)·한(韓)·조(趙) 3개국으로 분열할 때(기원전 403년)까지를 춘추(春秋) 시대라고 하며, 그 뒤 진(秦)이 중국을 통일하기까지를 전국 시대라고 한다. 주 왕실이 명목상의 권위를 유지하고 있던 춘추 시대에는 오패(五覇)가 나타났으며, 다음의 전국 시대에는 칠웅(七雄)이라 불리는 강국들이 힘을 겨루었다. 이 사이에 주(周)의 봉건 제도가 해체되었으며, 새로운 질서 형성의 길을 찾아 사상계가 활발한 움직임을 보였다.

춘추전국 시대는 중국 전통 사회의 기본적인 성격이 형성된 시기였다. 약육강식의 정복 전쟁으로 여러 제후국이 7개의 강국으로 통합되었다. 아울러 이 시대에 철제 농구(農具), 우경(牛耕), 관개 시설이 보급되고 생산력이 증대되었으며, 사상적으로 제자백가(諸子百家)가 등장하였다. 소가 끄는 쟁기같이 철로 만들어진 농사 도구들의 사용 확대로 농업 생산성이 크게 높아졌다. 이는 자연히 방랑생활의 종식과 그에 이은 더 많은 영구 정주(定住)를 초래했다.

정주 농업의 결과로 부(富)가 늘어나 힘이 세진 신흥 사회 계급이 제왕의 신권(神權)에 도전하였으며 이에 따라 왕이나 지배자의 권위가 약해졌다. 그러자 왕족 계급은 그들의 권력을 보호하기 위하여 새로운 철학을 이용하려 들었다. 유교는 그와 같은 상황에서 등장한 철학의 두드러진 사례이며, 유교의 보급은 철로 만든 도구를 사용한 인간이 농업 생산을 늘리고 부를 축적하여 기존 지배층에 도전하면서 나타난 사회 현상으로 해석된다.

유교의 대표적인 두 철학자로 공자(기원전 552~479년)와 노자(기원전 604?~531?)를 꼽을 수 있다(그림 6-3 참조). 공자의 인(仁)의 사상은 사람다움(人), 다른 사람을 사랑하는 것(愛人) 등 매우 다양하게 나타난다. 하지만 공자 사상의 가장 대표적인 정의는 '극기복례(克己復禮)' 곧, "자기 자신을 이기고 예에 따르는 삶, 즉 인(仁)"이다. 이러한 정의를 가장 대표적인 것이라고 보는 이유는 공자가 '인(仁)'을 단지 도덕적 규범으로서가 아닌 사회질서를 회복하기 위한 정치사상으로 여겼기 때문이다. 인의 실천을 위해서는 예(禮)라는 형식을 밟을 필요가 있다고 하였다. 예란 전통적·관습적 형식이며, 사회규범으로서의 성격을 가진다. 유교에서 전통주의를 존중하고 형식을 존중하는 것은 바로 이 점에 입각한 것이며, 예라는 형식에 따름으로써 인의 사회성과 객관성이 확실해진 것이다.

노자 사상의 핵심은 무위자연(無爲自然)이다. 그것은 도(道)라는 개념으로 집약된다. 무위는 하늘의 마음을 지향하는 것을 말하는데, 이는 부자연스러운 행위를 조금도 하지 않는 것을 의미한다. 노자는 그것을 자연이라 했다. 노자의 자연론은 간단하다. 의도적이지 않고 소유하려 하지 않고, 목적이 있는 것도 아니다. 그저 스스로(自) 그러한(然) 것이 자연이다.

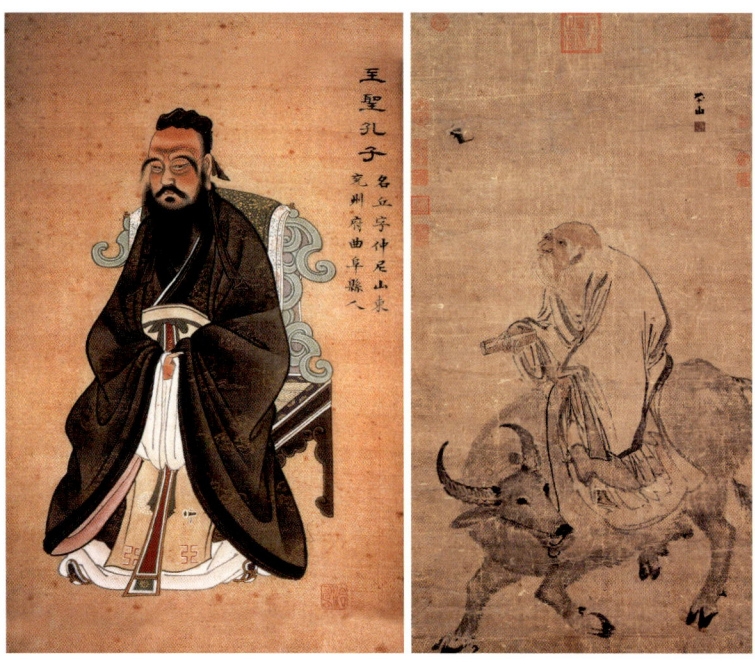

<그림 6-3> 공자(왼쪽) 및 노자(오른쪽)

6.2. 중세 유럽 철학에 영향을 미친 철

6.2.1. 축적한 부가 르네상스의 물적 기반

유럽에서 제4차 십자군 원정이 시작되던 1202년, 제노바와 더불어 이탈리아반도의 양대 해양 강국이었던 베네치아 공화국은 이탈리아 북부 몬페라토 지역의 지배자이자 제4차 십자군 원정의 지도자인 보니파초 백작(1150~1207)과 군수(軍需) 계약을 맺었다. 계약 내용은 보니파초 휘하의 기사(騎士) 4,500명과 그들의 말, 기사의 종자(從者) 9,000명, 보병 2만 명을 베네치아 선박 수백 척을 이용해 예루살렘으로 수송하고, 베네치아 해군 군함 50척을 동원해 1년 간 이들 모두에게 보급품과 식량을 공급한다는 것이었다. 베네치아는 보니파초에게 주문받은 선박들을 준비시켰고, 당시 베네치아 성인 전체 인구의 절반에 해당하는 선원 3만 명을 동원해 그 함대를 출항시켰다.

중세 유럽 국가들은 바그다드와 흑해 남부 해안을 지나 콘스탄티노플(지금의 이스탄불)에 이르는 경로를 통해 아시아와 교역했다. 당시 유럽에서 매우 비싸게 팔렸던 후추·육두구·메이스 같은 향신료는 콘스탄티노플에서 베네치아로 운반됐다. 중세가 끝날 때까지 400년 동안 거의 모든 향신료 무역은 베네치아에서 이루어졌다. 베네치아 상인들은 11세기 후반에 시작돼 200여 년간 치러진 십자군 원정을 막강한 해군력으로 지원하며 세계 향신료 시장을 장악했고 이 과정에서 막대한 부를 축적했다. 베네치아의 치부(致富)에 결정적인 역할을 한 것이 세계 최초의 상비군 해군이었던 베네치아 해군이었고, 해군의 성장을 뒷받침한 것이 베네치아 국영 조선소였다(그림 6-4 참조). 1500년이 되자 베네치아 국영 조선소는 세계 최대의 무기 공장이자 그 주변은 철강 제조 및 가공 산업의 복합단지가 되었다.

<그림 6-4> 1860년대 베네치아 국영조선소 입구

베네치아 본섬 동부의 약 1만 평 부지에 건설된 국영 조선소에서는 선박 건조와 수리의 모든 단계를 수행했으며, 특히 용광로에서 철을 제련해 못, 철 이음새, 닻, 그리고 심지어 대포까지 제조했다. 당시 그곳에는 전 세계 광산에서 채굴될 수 있는 모든 철이 쌓여 있는 것처럼 보일 정도였다고 한다.

베네치아가 무역과 해전(海戰)에 사용한 선박은 평범한 범선이 아니라 고대 로마 시대부터 쓰여 온 갤리선이었다. 갤리선은 사람이 노를 저어 움직인다. 철로 만든 연장과 철제 부품을 사용해 건조한 베네치아의 갤리선은 당시로서는 첨단 선박이었다(그림 6-5 참조). 베네치아 국영 조선소의 드라이독에는 언제나 건조가 끝난 갤리선 100척이 대기 중이었을 정도로 베네치아는 갤리선 제조에서 타의 추종을 불허했다.

<그림 6-5> 베네치아 갤리선 모형

<그림 6-6> 르네상스 운동의 중심지 피렌체

14세기 이탈리아에서 르네상스가 시작될 무렵 이탈리아에는 피렌체, 베네치아, 제노바라는 3대 도시가 있었다. 이들 도시는 철강 및 조선 산업을 기반으로 유럽과 중동 시장을 연결하는 통로 역할을 했다. 이들 도시는 신성 로마 제국에서 황제 직할로 다른 영주들에게는 간섭받지 않는 자유도시였다. 이들 세 도시 가운데 특히 베네치아가 막대한 부를 쌓았는데, 베네치아를 포함한 자유도시들에서 벌어들인 돈이 축적되자 이 돈의 유통을 위해 자연스레 금융업이 발달했고 금융 중심지는 피렌체였다(그림 6-6 참조).

이탈리아 곳곳에 무역으로 벌어들인 돈이 돌기 시작하면서 피렌체, 베네치아, 피사, 밀라노 같은 자유도시에서 사람들은 인간에 대해 관심을 갖기 시작했다. 가톨릭이 세력을 떨치던 중세에는 감히 표현할 수 없었던 인간의 아름다움과 자연의 과학 원리에 눈을 뜬 것이다. 그리고 신(神)을 인간의 형상으로 표현하던 고대 그리스와 로마 문화를 부활시키려는 움직임이 나타났다. 이를 바탕으로 예술과 문학에 나타난 새 바람을 르네상스라고 한다.

14세기 후반부터 15세기 전반에 걸쳐 이탈리아에서 시작된 르네상스는 이후 프랑스·독일·영국 등 북유럽 지역에 전파되어 각각 특색 있는 문화를 형성하였으며, 이는 철의 혜택을 간접적으로 받아 태동했고 근대 유럽 문화 태동의 기반이 되었다(그림 6-7 참조). 이탈리아의 르네상스에서는 미술과 건축이 발달했다. 대표적인 미술가로는 레오나르도 다빈치(1452~1519), 미켈란젤로(1475~1564), 라파엘로(1483~1520), 보티첼리(1445~1510) 등이 있다.

르네상스가 화려하게 꽃 핀 대표적인 도시가 피렌체(플로렌스)다.

<그림 6-7> 1500년대 르네상스 시기의 이탈리아

피렌체에서 르네상스가 발달할 수 있었던 것은 메디치 가문의 후원 덕분이었다. 메디치 가문은 상업으로 성공해 교황청의 재산을 관리하면서 유럽에 16개 지점을 거느릴 만큼 큰 부자가 되었다. 메디치 가문은 피렌체 시의 세금 중 65%를 부담할 정도로 부유했지만, 이렇다 하게 내세울 것이 없던 집안이었기 때문에 예술을 이용해 피렌체의 정치를 좌우했다. 그래서 얻은 별명이 '르네상스의 보호자'다. 메디치 집안은 3명의 교황과 2명의 프랑스 왕비를 배출하면서 유명한 가문으로 자리를 굳혔다.

르네상스를 인간성의 해방과 인간의 재발견, 그리고 합리적인 사유(思惟)와 생활태도의 길을 열어 준 근대문화의 선구라고 보고 이와 같은 해석의 기초를 확고히 닦은 사람은 스위스의 문화사학자 J. 부르크하르트(1818~1879)이다. 그는 1860년에 『이탈리아의 르네상스 문화』를 발표했는데, 여기에서 '시대'로서의 르네상스라는 사고방식이 정착하여 오늘까지의 연구에 큰 영향을 끼치게 되었다. 그는 르네상스와 중세를 완전히 대립된 것으로 파악하고, 근세의 시작은 중세로부터가 아닌 고대로부터라는 주장에 이르게 되었으며, 중세를 지극히 정체된 암흑시대라고 혹평하였다.

6.2.2. 철이 촉발한 인쇄혁명의 영향

1517년 10월 31일, 독일 중부에 위치한 비텐베르크 성의 교회 문에 95개 조(條)로 구성된 반박문이 붙었다. 이를 붙인 사람은 바로 독일 종교개혁자인 마틴 루터(1483~1546)였다. 당시 가톨릭교회는 상당히 부패하고 타락했다. 그 대표적인 사례가 바로 교회의 재정을 충당하려 시행한 면죄부 판매였다. 이와 같은 교회의 부패에 실망한 루터는 '95개조 반박문'을 게시하면서 가톨릭교회의 개혁을 촉구했다.

루터의 95개조 반박문은 곧 독일 전역으로 퍼져나갔는데, 바로 요하네스 구텐베르크(1397~1468)가 발명한 활판인쇄기 덕분이었다. 그는 주철을 사용해 활자 주조기를 만들었고, 납과 주석을 녹여 금속활자를 만들었다. 탄소 함유량이 3~3.6% 정도 되는 주철이 녹아 액체로 변하는 용융 온도는 약 1,150℃ 정도로 1,538℃에서 녹는 순철보다 낮다. 용융 온도가 낮으므로 낮은 온도에서 복잡한 형태로 주조할 수 있기 때문에 구텐베르크는 활자 주조기를 제작하는 데 주철을 사용했던 것이다.

구텐베르크의 인쇄술 발명은 지난 1천 년 동안 일어난 인류의 10대 사건 중 1위로 꼽힌다. 그만큼 혁명적인 사건이었다. 그때까지는 책이 귀족의 전유물이었다. 성경을 필사(筆寫)하는 권한도 가톨릭 수도원에만 있었다. 1455년 라틴어판 '구텐베르크 성경'이 출판되기 전까지는 한 권 필사하는 데 2개월이 걸렸다. 그런데 인쇄혁명이 일어나자 성경 500권을 인쇄하는 데 1주일도 걸리지 않게 됐다. 책이 널리 보급되자 문자문화의 영향력이 확산됐고 이런 인쇄혁명에 힘입어 지식의 대폭발이 일어났다.

철이 촉발한 인쇄혁명은 근대의 철학적 사고와 과학적 탐구 정신이 심화되고 확산되는 데 결정적으로 기여했다. 르네상스 기간 중 자유롭고 부유한 개인들이 대거 등장하면서, 이성과 경험에 기초한 계몽주의가 대두했다. 계몽주의는 인류의 무한한 진보를 믿으며 이성의 힘으로 현존 질서를 타파하고 사회를 개혁하는 데 목적을 두었던 시대적 사조(思潮)다. 17~18세기 유럽의 계몽사상, 그리고 그 이후 다른 지역에서 전개된 계몽의 성격을 띤 사상운동을 지칭하는 포괄적인 개념이 바로 계몽주의다. 계몽주의의 사상적 배경은 합리주의, 경험주의, 과학혁명이다.

합리주의는 인간의 이성이 진실에 도달하는, 그리고 진실에의 길을 정당화해 줄 수 있는 유일한 방법이라고 본다. 프랑스 합리주의 철학의 아버지라 일컬어지는 데카르트(1596~1650)는 1637년 저서 『방법서설』에서 이렇게 선언했다. "그러나 이런 식으로 모든 것이 거짓이라고 생각하고 있는 동안에도 이렇게 생각하는 나는 반드시 어떤 것이어야 한다는 것을 알게 되었다. 그리고 '나는 생각한다, 그러므로 나는 존재한다(Ego Cogito, Ergo Sum)'

라는 진리는 아주 확고하고 확실한 것이고, 회의론자들이 제기하는 가당치 않은 억측으로도 흔들리지 않는 것임을 주목하고서, 이것을 내가 찾고 있는 제일원리로 거리낌 없이 받아들일 수 있다고 판단했다."

경험주의는 서양철학의 3대 범주인 존재론, 인식론, 그리고 윤리학 중 인식론에 기반을 두고 있는데, 인식론에 있어서 모든 지식의 기원을 경험에 두고 경험적 인식을 절대시 하는 학설이 경험주의다. 이 학설의 기본 원리는 △단어나 개념이 가지고 있는 의미는 그것이 실제적인 경험과 연결되었을 때만 파악될 수 있으며 △어떤 명제(命題)나 신념의 정당성은 반드시 경험에 의존한다는 것이다. 이성적인 것이 인식에 있어서 가장 중요하다고 보는 합리주의(合理主義)와는 대비되는 입장에서 경험주의는, 권위나 직관 또는 상상적 억측 따위를 신념의 근원으로 삼는 것에 반대한다.

근대 경험론의 선구를 이룬 것은 17세기 영국의 프란시스 베이컨(1561~1626)과 존 로크(1632~1704) 등이다. 베이컨은 참다운 학문은 경험에서 출발하여야 한다고 했으며, 현실 세계에 대한 경험적 지식을 절대시 하였다. 로크는 "감각은 지식의 시작이요, 첫째 단계이다"라고 했으며, 백지(白紙)와 같이 아무 성질도 없는 마음에 여러 가지 지식을 공급할 수 있는 것을 경험이라고 하였다.

과학혁명이란 넓은 뜻으로는 16세기의 코페르니쿠스(1473~1543)에서 17세기의 뉴턴(1642~1727)에 이르는 시기를 말하며, 좁은 뜻으로는 근대 과학의 방법이 확립된 17세기의 갈릴레이(1564~1642)에서 뉴턴에 걸친 근대 과학의 성립 시대를 일컫는다. 이 시기에 수학·물리학·천문학·생물학(해부학 포함)·화학에서 이루어진 발전이 자연을 바라보는 사람들의 견해를 변모시켰다. 과학혁명이라는 거대한 역사적 사건을 대표하는 상징적인 인물이 뉴턴이다.

뉴턴은 1687년에 출판된 『프린키피아』(자연철학의 수학적 원리)를 통해 근대 역학과 근대 천문학을 확립했다. 그는 지구와 사과 사이에, 지구와 달사이에, 태양과 목성 사이에 거리의 제곱에 반비례하는 인력이 작용한다는 점을 밝히고, 이것과 자신의 3가지 운동 법칙, 즉 관성의 법칙, 힘과 가속도의 법칙, 작용-반작용의 법칙을 결합해서 행성의 타원 운동은 물론 지상계와 천상계의 여러 운동들을 수학적으로 설명했다. 뉴턴은 1660년대부터 빛과 색깔에 대한 독창적이고 근대적인 이론을 주창했고, 이를 1704년에 『광학』에 집대성했다. 코페르니쿠스로부터 150년 가까운 세월 동안 과학의 여러 분야에서 일어났던 다양한 변화들은 뉴턴이라는 하나의 수렴점을 거쳐 근대과학이라는 통일된 체계로 태어났다.

6.2.3. 철이 자본주의 출현을 도와

제철기술의 선순환과 그것이 추동한 산업혁명은 본격적인 기업가의 출현으로 이어졌다. 기술이 발전함에 따라 기업가들은 기계를 돌릴 동력원을 찾아 풍차(風車)를 이용하기 적당한 장소 또는 수차(水車)를 사용하기 좋은 수로(水路) 곁에 굳이 공장을 짓지 않아도 됐다. 산업혁명이 선물해 준 증기 엔진 덕분에 공장 부지와 관련한 지리적 제약에서 벗어난 기업가들은 노동력이 풍부한 도시 내부에 공장을 짓기 시작했다.

기업가들은 토지를 많이 가진 귀족들, 그리고 대대로 금융업에 종사해 온 가문들을 능가할 정도로 당대에 많은 재산을 축적하게 되었다. 역사상 처음으로 평민들이 부자가 될 수 있다는 희망을 가질 수 있었다. 이러한 신흥 부자들은 더 많은 공장을 지었고, 이에 따라 더 많은 노동력을 필요로 했다. 그런 한편으로 그들은 사람들이 구매하도록 더 많은 상품을 생산했다.

이 시기, 공동소유보다는 개인에 의한 생산수단의 독점적인 소유라는 제도를 나타내기 위하여 1850년 '자본주의'(이 말은 '소떼의 우두머리'라는 뜻의 라틴어 '카피탈리스'에서 유래했다)라는 용어가 프랑스의 사회주의자이자 언론인인 루이 블랑(1811~1882)에 의해 처음 사용되었다. 일반인들의 믿음과 달리 칼 마르크스(1818~1883)가 이 용어를 고안한 것은 아니다. 그는 다만 '자본주의'라는 용어의 사용이 확산되는 데 기여했을 뿐이다.

15~18세기 상업자본주의 단계에서 유럽 국가들이 채택했던 경제정책과 이를 뒷받침한 경제이론은 중상주의(重商主義)였다. 경제정책으로서 중상주의는 금·은과 같은 귀금속을 축적해 국가의 부를 늘리는 것을 목적으로 한다. 중상주의는 이윤이 생산과정이 아니라 유통과정에서 발생한다고 생각했으며, 모든 나라에서 통용되는 금이나 은과 같은 귀금속을 부의 기본으로 보았다. 따라서 초기의 중상주의는 무역을 엄격히 통제해 개별거래에서 금·은의 유출을 막고 유입을 장려해 보유량을 늘리려는 중금주의(Bullionism)를 특징으로 했다.

중상주의는 영국의 경제학자 애덤 스미스(1723~1790)가(그림 6-8 참조) 1776년 저서 『국부론』을 통해 중상주의 경제이론과 경제정책을 비판하고 나선 이래 쇠락의 길에 접어들었다. 스미스는 세계 부(富)의 총량은 일정하며, 한 국가는 다른 국가의 부를 빼앗아서만 자국의 부를 늘릴 수 있다는 중상주의의 교조적 믿음에 반기를 들었다. 즉 산업혁명이 낳은 철제 증기기관을 이용한 철제 기계와 공장들에 의해 부를 창출할 수 있다고 보았다.

<그림 6-8> 국부론의 저자 애덤 스미스

따라서 당시 제조(Manufacture)의 연륜이 영국보다 훨씬 더 짧고 따라서 영국보다 경제 발전 단계가 뒤처졌던 프러시아와 러시아 같은 나라들에서는 중상주의가 계속해서 지지를 얻었다.

산업자본주의는 산업혁명을 거쳐 조성된 산업자본이 상업자본을 밀어내고 주도권을 장악한 경제현상을 가리킨다. 상업자본의 활발한 전개로 원시적 자본축적이 이루어져 가내 수공업 형태에서 공장 수공업 형태로 바뀌었으며, 이것은 다시 기술혁신에 따른 산업혁명으로 공장에서의 대량생산으로 발전했다(그림 6-9 참조). 여기에 합리적인 경영이 더해지면서 공업생산은 종전의 주문생산 또는 특정 수요자를 위한 생산이 아니라, 국내외 시장에서 판매될 것을 예측하고 이루어지게 되었다.

　산업자본주의의 생산조직 및 경제체제는 자유주의 원칙에 입각하여 존재하며, 어떠한 상품을 생산하든 국가나 기타 어떤 단체도 이에 간섭하지 않는다. 산업자본주의 시대에는 중상주의 대신 자유주의, 절대주의 국가 대신 국가의 개입을 최소화 한 야경국가(국가는 시장에 대한 개입을 최소화하고 국방·외교·치안 등 질서유지 임무만 맡아야 한다고 보았던 자유방임주의 국가관)와 값싼 정부(외국의 침략을 막고 국내 치안질서를 유지할 정도의 최소한의 정부)가 시대적 요구가 되었으며, 이 시기에 자본주의의 전형적인 특징이 가장 뚜렷하게 나타났다.

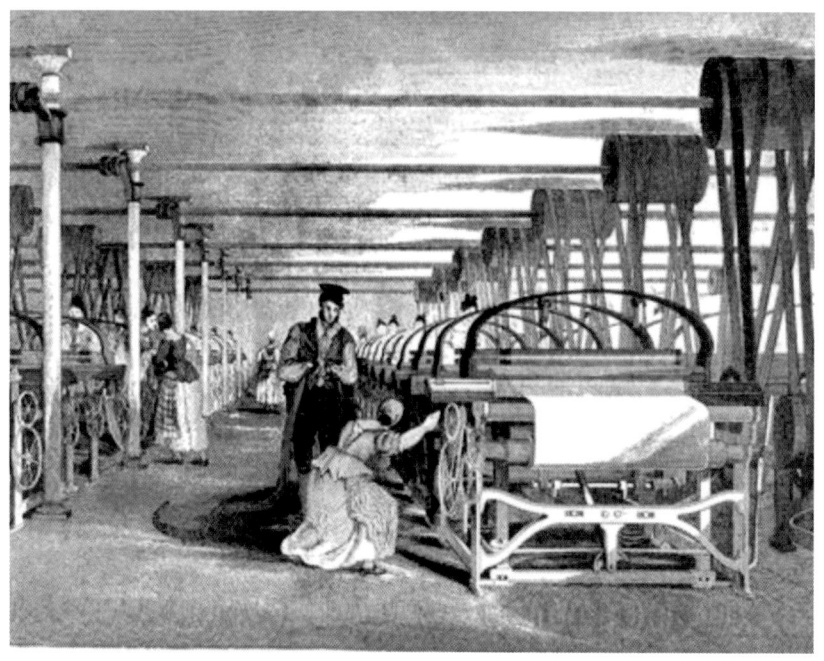

<그림 6-9> 공장에서의 대량생산

6.2.4. 철은 사회주의 발생에도 한몫

철(鐵)이 견인한 산업혁명은 인류 역사에서 가장 중요한 사건들 가운데 하나이며 세계 많은 국가들에게 깊은 영향을 미쳤다. 18세기 영국에서 시작된 산업혁명의 영향은 심지어 오늘날 우리 삶에서도 여전히 감지될 수 있을 정도다. 산업혁명은 사회운동, 노동운동, 남녀평등주의, 도시화, 현대 소비사회의 성장 등에 영향을 미쳤다. 산업혁명 시기의 근로조건은 극도로 열악했으며, 기술의 단계가 초보적이다 보니 기계장치나 설비가 망가지기 일쑤였고 작업장은 화재에 취약했으며 작업안전 규정 따위는 아예 존재하지도 않았다. 하지만 이 시기 일터가 특히 위험했던 것은 경제적인 이유 때문이었다. 공장 소유주들은 오늘날처럼 산업안전과 관련한 규제를 받지 않았으며 따라서 그들에게는 금전적으로 손해를 보면서까지 산업재해로부터 노동자들을 보호할 이유가 없었다.

증기 엔진의 발명과 함께 찾아든 것이 산업혁명이고 증기기관의 보급을 촉진한 것은 그 당시 급속도로 발전한 제철기술이다. 이 시기에 붐을 이뤘던 것은 제품의 대량생산이었다. 산업혁명은 1760년경 영국에서 시작되었는데, 그 주요한 특징 가운데 하나는 농촌에서 도시로의 인구이동이었다. 숙련된 장인(匠人)은 이제 더 이상 필요하지 않았다. 공장주들은 단지 저렴한 노동력을 원했으며, 기계 조작에는 많은 숙련이 필요하지 않았다.

이런 이유 때문에 공장주들은 임금을 성인 남자의 절반만 받고도 일하는 여자와 어린이를 곧잘 고용했다. 작업장을 쾌적하게 유지하라는 어떤 규정도 없었으며, 인력을 쉽게 교체할 수 있었으므로 공장주들은 종업원의 건강과 안전에 신경을 쓰지 않았다. 이처럼 자본주의의 성장과 이윤 추구는 노동자 입장에서 특히 부정적인 부작용을 낳았다.

18세기 후반과 19세기 초반은 엄청난 사회적 변화의 시간이었다. 그 변화는 단지 산업혁명만이 아니라 정치혁명의 시작이었다. 19세기 중반, 대략 1840년경부터 칼 마르크스와 프리드리히 엥겔스(1820~1895)는 이러한 변화를 반영하여 일련의 저작들을 집필하고, 사회적 변화와 정치혁명을 설명하는 이론을 개발했으며, 전 세계 노동자 계급에 막대한 영향을 미치게 되는 행동 프로그램을 작성했다.

마르크스는 인류사에 가장 큰 영향을 끼친 철학자 중 한 명이다. '유물론'과 '공산당 선언' 등으로 그의 영향력은 철학에서부터 정치, 경제학, 그리고 혁명에 이르기까지 전 분야를 휩쓸었다. 이성과 과학이 만나는 이상향을 그려낸 기존의 '낭만적 공산주의'에서 탈피하여 마르크스가 주장한 것은 '과학적 공산주의'였다. 그는 지금까지 존재한 모든 사회의 역사는 계급투쟁의 역사였으며, '계급'을 철폐해야만 착취가 사라질 수 있다고 '공산당 선언'에서 공언하였다.

마르크스는 정치혁명이 사회 계급들 사이의 권력투쟁에 뿌리를 두고 있다고 보았다. 앞서 온 혁명은 부상(浮上)하는 자본가들이 봉건주의에 맞서 싸운 혁명이며, 뒤에 온 혁명은 산업혁명으로 인한 노동자 계급의 성장을 반영한다고 했다. 그는 '공산당 선언'에서 사회 발전의 다양한 단계에서 계속되어 온 계급투쟁의 역사는 이제 전체 사회를 착취, 억압과 계급투쟁에서 영구히 해방시키지 않고서는 피착취·피억압 계급인 프롤레타리아트가 착취·억압 계급인 부르주아지에게서 해방될 수 없는 단계에 이르렀다고 선언했다.

마르크스는 자본주의를 통렬하게 비판하였다. 그는 자본주의가 사람들에게 자유를 가져왔지만, 그것이 가져온 다른 칼날을 주목하였다. 그는 철로 만든 기계와 공장을 가동함으로써 자본가가 부를 가질수록 노동자는 더욱 가난해진다는 착취의 고리로 자본주의를 바라보았고, 이는 노동자들을 자극하게 된다. 그가 궁극적으로 주장한 것은 사유재산의 폐지와 같은 사회적 시스템을 통하여 인간 사이의 차별이 사라질 수 있다는 것이었다. 그의 유려한 문장에 고무된 많은 사람들은 혁명의 피바람 속에 몸을 내던졌다. 유산자 계급을 타도하고 평등사회를 만들자는 움직임 아래 너도 나도 광장으로 모여들게 된다.

1848년 2월 파리에서 시작된 혁명은 이탈리아·오스트리아 등 여러 나라에 파급되었고 마르크스는 브뤼셀·파리·쾰른 등지의 혁명에 참가하였으나, 각국의 혁명은 좌절되고 그는 추방과 망명, 고립생활을 반복하게 된다. 이후 런던에서 그는 『정치경제학 비판』과 『자본론』을 집필하며 여생을 연구에 전념했다. 경제학 이론에 대한 최초의 저서인 1859년의 『경제학 비판』에는 유명한 유물사관에 대한 공식이 실려 있으며, 1862년 『자본론』을 함부르크에서 출판했다.

1883년 마르크스가 사망할 때까지 그의 곁에는 오랜 벗이자 그의 영원한 지원자였던 친구, 엥겔스가 함께 했다(그림 6-10 참조). 그러나 이들은 아무도 자본주의 창궐의 씨앗이 된 철과 증기기관의 활용을 중단해야 한다고 주장하지는 않았다. 철이 주는 인간 생활의 이기는 최대한 활용하면서 자본주의의 폐해를 없애는 방향으로 생각을 키워나갔을 뿐이다.

<그림 6-10> 마르크스(왼쪽)와 엥겔스

6.3. 철이 깔아준 길을 따라 전진한 미국의 서부개척

19세기 미국에서 서부 개척과 서부에서의 영토 확장은 '철길(Iron Road)'인 철도의 성장으로 촉진되었고, 철도는 다시 개척과 확장을 촉진했다. 개척자들이 서부로 몰리면서 새로운 영토인 서부로 가는 수송 수단에 대한 수요를 낳았다. 그러한 수요는 1848년 멕시코와의 전쟁 끝에 미국이 캘리포니아를 손에 넣었을 때, 그리고 같은 해 캘리포니아에서 금이 발견되면서 부쩍 높아졌다.

금을 찾았다는 소식이 빠르게 번지면서 미국 전역에서 청바지를 입은 자칭 광부들이 마차를 타고 우르르 몰려들어 '골드러시(Gold Rush)'를 이뤘다(그림 6-11 참조). 서부를 향해 몰린 이러한 수송 수요는 결국 철도에 의해 상당 부분 충족되었다. 철도는 사람들의 이주를 촉진했고, 철도 건설이 활기를 띠면서 철도 건설 노동자들이 건설 현장에 대거 집결했다. 이 바람에 개척자들로 북적이던 서부에서 인구가 더 늘었고 그 덕분에 서부의 영토 확장이 촉진되었다.

<그림 6-11> 19세기 중반 금을 찾아 캘리포니아로 가는 사람들

 1850년에서 1857년 사이, 미국 중서부와 동부를 연결하는 철도 노선 5개가 애팔래치아산맥을 관통했다. 1850년대 후반, 지속적인 철로 증설로 미시시피강 하류 지역이 남부 대서양 연해지방과 연결되었다. 그리고 1869년 5월 10일 미국을 가로질러 대서양 연안에서 태평양 연안을 연결하는 대륙횡단 철도가 완공되었다(그림 6-12 참조). 대륙횡단 철도가 등장하기 전, 대륙을 가로질러 서부의 주(州)들로 가는 여행은 강, 사막, 산을 넘는 위험한 6개월짜리 여정이었다. 대륙횡단 철도가 운행하면서 6개월은 2주로 단축되었다. 이로써 미국은 진정으로 통합되었다.

 1840년대 미국의 영토 확장주의를 정당화한 표현인 '명백한 운명(Manifest Destiny)'은 현실이 되었다. 이 말은 1845년 미국의 텍사스 병합 당시 『데모크라틱 리뷰』지(誌)의 주필(主筆)이던 J. L. 오설리번(1813~1895)이 동지(同誌) 7, 8월 호에 게재한 논설 중 "아메리카 대륙에 확대해야 할 우리의 명백한 운명은 해마다 증가하는 수백만 인구의 자유로운 발전을 위하여

신(神)이 베풀어 주신 것이다"라고 말한 데서 비롯되었다. 대륙횡단 철도가 완공되고 몇 년 안에 이전에 변방이었던 서부 영토는 유럽계 미국인이 바글거리는 상업 지역으로 변모하였고, 서부 개척은 가속화되었다.

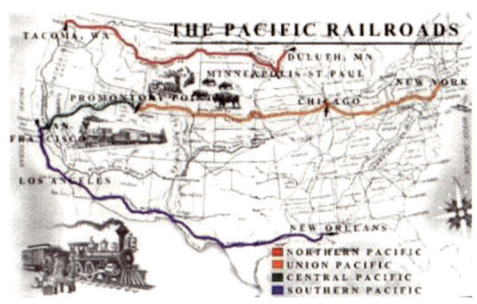

<그림 6-12> 서부개척 시 건설된 대륙 간 철도

6.4. 구조물의 기능을 넘어 아름다움을 구현하는 철

현대건축이 이룩한 가장 중요한 성취 가운데 하나는 철을 사용한 건축 방법의 개발이다. 철이 건축 재료로 등장하기 전 인류가 지을 수 있었던 가장 높은 건물은 5층짜리였다. 하지만 20세기 들어 철이 건축의 주요 재료로 쓰이면서 인류는 이전보다 더 강하고 더 높은 건물을 세울 수 있게 되었다. 건축은 강철을 사용하는 산업 가운데 가장 중요한 부문이다. 건축에 사용되는 강철이 세계 강철 생산의 절반에 가까우며 이 가운데 약 60%가 건물을 지탱하는 콘크리트에 들어가는 철근 제조에 사용된다.

이처럼 철의 쓰임새가 늘면서 건축에서 돌, 벽돌, 목재의 사용이 그만큼 줄었다. 현대 철골구조 건축의 진화는 벽과 지지대의 개념을 완전히 바꾸어 놓았다. 콘크리트 지지대에는 여전히 철근이 사용되지만 후판과 형강을 사용한 지지대의 사용이 증가하였으며 박강판을 이용한 벽체의 제작도 늘어났다. 그리고 철 덕분에 상상력이 더 풍부해진 건축가들은 철의 특성을 최대한 활용해 예술적인 건물을 창작하기에 이르렀다.

6.4.1. 세계에서 가장 유명한 철 구조물, 에펠탑

세계인에게 가장 널리 알려진 철 구조물은 단연 에펠탑이라고 할 수 있다. 중국 남부 광둥성(廣東省)의 산업도시 선전(深圳)에 있는 '세계의 창(世界之窓)'은 각 나라의 랜드마크를 축소해 한자리에 모아놓은 테마파크 관광지다. 중국에는 '세계의 창'과 비슷한 테마파크가 여럿 있는데, 어느 곳에든 에펠탑 모형이 가장 중심적인 위치에 세워져 있다. 그만큼 에펠탑은 프랑스의 상징을 넘어 세계의 기념물로 대접받는다(그림 6-13 참조).

<그림 6-13> 파리의 에펠탑

파리 센 강변에 위치한 에펠탑은 프랑스 혁명 100주년을 맞아 개최한 1889년 만국박람회를 기념해 구스타프 에펠이 만들었다. 에펠은 1885년부터 철교를 설계·시공한 엔지니어인데, 1884년 프랑스 남부의 가라비 고가교(162m)를 완성했으며, 뉴욕 '자유의 여신상'의 내부 강철 골조, 프랑스 니스 천문대의 가변 돔(Dome)을 설계하여 '강철의 마술사'라는 별칭을 얻었다. 만국박람회 개최를 앞두고 프랑스 당국은 박람회 기념 구조물 응모작을 모두 700건 접수했는데 그 중 만족스러운 것은 에펠탑뿐이었다고 한다.

에펠탑은 4개의 철각(鐵脚)으로 조립된 윗부분에 탑을 얹는 구조이기 때문에 각각의 철각을 지탱하기 위해 콘크리트로 기초를 만들었다. 탑 건설에 쓰인 자재의 무게는 약 8,000톤으로, 탑의 본체에 사용된 강철(鋼鐵)은 7,000여 톤이었으며, 이 강철 조각 1만8,038개를 리벳 50여 만 개를 사용해 조립하였다. 300명의 인부가 25개월 동안 작업하여 1898년 302m 높이의 위용을 자랑하게 되었다. 이후 1959년 텔레비전 송전탑과 안테나가 더해져 높이가 320m로 더 높아졌다. 에펠탑은 뉴욕에 크라이슬러 빌딩이 세워진 1930년까지 세계에서 가장 높은 구조물이었다.

에펠탑은 처음 지어질 때, 많은 사람들로부터 조화롭고 고풍스러운 파리의 경관을 해칠 흉물이 될 것이라는 비난을 받았다. 에펠탑이 완공되기 7년 전인 1882년 미국 정부에서 발간한 『파리 만국박람회 - 토목공학, 공공 토목 공사와 건축』이라는 책자는 에펠탑을 가리켜 "향후 20년간 우리가 도시 전체에서 보게 될 이것은 수 세기에 걸쳐 내려온 도시 미관을 위협하며, 우리는 철판으로 엮인 역겨운 기둥의 검게 얼룩진 추한 그림자를 보게 될 것"이라고 험담을 퍼부었다.

에펠탑을 유달리 싫어했던 소설가 모파상(1850~1893)은 점심을 의도적으로 에펠탑 안의 식당에서 해결했다. "싫어하면서 왜 에펠탑에서 식사하느냐?"라는 질문에 그는 "여기가 파리에서 유일하게 에펠탑을 볼 수 없는 곳이기 때문"이라고 답했다. 하지만 세월이 흘러 에펠탑은 파리를 대표하는 관광 상품으로 자리 잡았고, 1985년부터는 조명을 달아 주변 사람들에게 아름다운 야경을 선사하고 있다. 세상에 모습을 드러낸 지 130년이 지난 현재, 에펠탑은 철강 소재 건축 혁명의 문화 아이콘으로 파리에 우뚝 서 있다.

6.4.2. 수 십 년 간 세계에서 가장 높았던 엠파이어스테이트 빌딩

1931년부터 1972년까지 세계 최고층 건물이었던 뉴욕 맨해튼의 '엠파이어 스테이트 빌딩(ESB)'은 우리나라를 포함한 전 세계의 수많은 학생들이 지리 수업 시간을 통해 수 십 년 동안 세계에서 가장 높은 건물이라고 배웠던 기념비적인 철골 콘크리트 건물이다(그림 6-14 참조). 102층에 높이 381m인 이 빌딩은 1950~1951년에 62.2m의 텔레비전 송전탑이 얹히면서 키가 443.2m로 커졌다.

<그림 6-14> 뉴욕 맨해튼의 ESB 전경(왼쪽) 및 금으로 천장을 장식한 1층 로비

1972년 세계무역센터(WTC)가 건립되기 전까지 41년 동안 세계에서 가장 높은 건물이었고, 2001년 WTC가 테러 공격을 받아 무너지고 난 후 다시 뉴욕에서 가장 높은 건물이 되었다가, 2015년 WTC 자리에 원월드무역센터(OWTC)가 건축되면서 도로 뉴욕에서 두 번째로 높은 건물이 됐다. 이후

2015년과 2019년에 WTC보다 낮지만 ESB보다 높은 건물이 두 채 더 뉴욕에 들어섬에 따라 ESB는 뉴욕에서 네 번째로 높은 건물이 됐다.

  1931년 완공 이후부터 세계 마천루의 대명사로 명성을 떨친 ESB는 '킹콩', '러브 어페어', '시애틀의 잠 못 이루는 밤' 등 많은 영화의 배경으로 등장하며 뉴욕의 대표적인 랜드마크로 사랑받고 있다. 창문 6,500개, 화장실 2,500곳, 계단 1,860개, 엘리베이터 65대를 갖춘 ESB는 지금도 연간 350만 명의 방문객을 맞이하며 뉴욕의 대표 관광지로 명성을 떨치고 있다. 1945년에는 미군 B-25 폭격기가 안개 속을 비행하다 ESB 79층에 부딪친 사건이 발생했는데, 14명이 사망하고 30여 명이 다친 큰 사고였지만 건물이 건재해서 세상 사람들을 다시금 놀라게 했다. 비행기가 들이받았는데도 건물이 멀쩡할 수 있었던 것은 철강 덕분이다. 이 건물 건축에 5만7,000여 톤의 강철과 벽돌 1,000만 개가 사용되었다고 한다.

  ESB가 보유한 기록 중 무척 놀라우면서도 건물 높이에 가려 덜 알려진 것은 짧은 공기(工期)다. 이 빌딩의 첫 철골 구조 기둥이 세워진 1930년 4월부터 86층 철골이 세워지기까지 걸린 시간은 6개월에 불과했다. 102층 구조물이 완성되기까지는 단 11개월이 걸렸다. 건축가와 첫 계약을 한 1929년 10월부터 준공 행사가 열린 1931년 5월까지 짧은 기간 동안 ESB의 계획, 설계, 엔지니어링, 건설, 임대 준비까지 모든 과정이 끝났다.

  ESB의 상징성은 경제지표로 활용되기도 한다. 뉴욕 연방은행이 발표하는 경제지표 '엠파이어스테이트 제조업 지수'는 뉴욕에 있는 약 200개 제조업체에 대한 사업상태, 기대치를 평가하는 것으로 지수가 '0' 이하면 경기 위축을, '0' 이상이면 경기 확장을 의미한다. 미국 전역의 제조업 경기를 반영하는 공급관리자협회(ISM)의 제조업 지수보다 먼저 발표되기 때문에 제조업 경기를 미리 가늠하는 잣대로 이용되고 있다.

  그러나 세계 최고의 높이와 건설 과정에서 보여준 혁신적인 기록들이 ESB의 경제적 이익까지 보장해 주지는 못했다. 뉴욕 마천루 간 경쟁이 최고조에 이른 시점에 대공황이 시작됐고, 오피스 빌딩에 집중된 투자는 임대 시장을 공급 과잉 상태에 이르게 했다. 1933년 ESB에서 임대된 공간은 4분의 1에 불과했다. 빌딩이 전부 임대되고 흑자를 보게 된 것은 제2차 세계대전이 끝난 1940년대 후반이 되어서였다.

6.4.3. 세계에서 가장 아름다운 다리, 금문교

금문교(Golden Gate Bridge)는 샌프란시스코를 바다 건너편의 마린 카운티와 연결하기 위해 금문 해협을 가로질러 건설되었으며, 샌프란시스코 만(灣)과 태평양 사이에 위치해 있다(그림 6-15 참조). 금문교 설계 당시 이 철교의 색상을 놓고 의견이 분분했다고 한다. 미국 해군은 눈에 잘 띄도록 검은색 바탕에 노란색 줄무늬를 넣을 것을 제안했지만, 결국 이 다리는 주변 경치와 어울리면서도 안개가 짙게 낀 날에도 잘 보이도록 '인터내셔널 오렌지'라는, 주황색 기운이 도는 붉은색으로 칠해졌다.

<그림 6-15> 샌프란시스코의 금문교

금문교는 1937년 5월 27일 보행자의 날에 정식으로 개통했으며 개통 당일 약 20만 명의 사람들이 다리를 건너갔다고 한다. 금문교는 샌프란시스코의 아이콘으로 급부상했으며, 슈퍼맨, 고질라, 스타트랙을 비롯한 수많은 영화와 TV 쇼에도 등장했다. 이 다리는 1987년 캘리포니아 주의 역사적 랜드마크로 지정되었다.

1996년 미국 토목학회는 현대 토목건축물 7대 불가사의를 선정해 발표했는데 그중 하나가 금문교였다. 길이 2,825m, 너비 27m인 이 강철 현수교는 1933년에 착공하여 1937년에 완공되었다. 금문 해협에 다리를 놓을 생각은 이미 1872년부터 시작됐지만, 강철 케이블을 이용한 현수교는 충분히 발전하지 않은 상태였다. 그곳에 다리를 놓는다는 생각이 구체화된 것은 1916년 이후의 일이었다.

1920년대 초 이미 400여 개의 교량을 설계한 바 있는 미국의 토목공학자 조셉 스트라우스는 교각 수를 줄이는 대신 경간(Span, 교각과 교각 사이의 거리)을 길게 만들 수 있는 강철 현수교를 제안한다. 당시까지 존재했던 경간이 가장 긴 다리보다도 두 배 이상이나 긴, 1,280m의 경간으로 설계된 금문교는 많은 건축가·엔지니어들로부터 위험하다는 지적을 받았다. 하지만 스트라우스의 생각은 오랜 논의 끝에 구체화돼 1933년 1월 5일 대공사가 시작됐다.

스트라우스는 공사기간 중 수많은 난관을 극복해야만 했다. 무엇보다도 이곳의 빠른 조수(潮水)와 잦은 폭풍, 안개 등은 공사의 순조로운 진행을 방해했다. 실제로 공사기간 중 화물선이 버팀 다리와 충돌해 크게 손해를 보기도 했다. 또한 이 지역은 산 안드레아스 단층대에 속해 있어서 지진이 자주 발생했기 때문에 내진 설계에도 각별한 주의가 필요했다. 이에 스트라우스는 교량 건설의 역사상 가장 엄격한 산업 안전 대책을 마련했다.

스트라우스는 공사 인부들이 바람에 날려 다리 밑으로 떨어져도 목숨을 구할 수 있도록 다리 밑에 안전 그물망을 설치해 무려 19명의 인부들 목숨을 구했다. 하지만 개통을 불과 3개월여 앞둔 1937년 2월 17일 12명이 일하고 있던 다리 발판의 일부가 붕괴되어 안전 그물망을 뚫고 아래로 떨어지는 바람에 10명이 목숨을 잃는 등 총 11명의 인부가 사망하기도 했다. 수많은 우여곡절 끝에 1937년 5월 28일 주(主) 경간 1,280m, 높이 227m의 탑에 두 개의 강철 케이블이 걸린 현수교인 금문교가 완전히 개통됐다.

총공사비용으로 3,500만 달러가 들었으며, 다리를 지탱한 철근 와이어는 케이블 길이가 2,332m, 직경이 92㎝나 되었다. 그것은 아주 얇은 2만7,572개의 케이블을 꼬아서 만든 굵은 케이블이었으며 전체 와이어의 길이는 12만 8,748㎞의 강선을 꼬아서 만든 것이다. 금문교에 사용된 케이블의 무게만 2만4,500톤에 달했다. 금문교를 통해 인류는 철강이 단순히 튼튼한 소재가 아니라 미학적으로도 아름다운 건축물을 만들 수 있는 소재라는 사실을 실감했다. 금문교는 다리가 두 지역을 연결해 주는 수단은 물론 미적 조형물로서도 존재할 수 있음을 각인시키기에 충분했다.

6.5. 예술적 가치를 구현하는 철 조형물

6.5.1. 공공미술의 대표주자, 철 조각품

철은 아름다운 조각 작품으로 변신해 대중에게 감상의 기쁨을 준다. 근년 들어 '공공미술(Public Art)'이라는 개념이 우리나라를 비롯해 전 세계적으로 정착되면서 공공미술 차원에서 도시의 공원 등에 들어서는 조각 작품에 철이 많이 사용된다. 공공미술이라는 용어는 영국의 번역가 겸 학자 존 윌렛(1917~2002)이 1967년 저서 『도시 속의 미술(Art in a City)』에서 처음 사용했다. 그는 미술감독·화상(畵商)·전시(展示) 기획자·평론가·수집가 등 소수 전문가들의 예술 향유(享有)가 일반 대중의 미감(美感)을 대변하는 것 같은 현실에 비판적 시각을 가지고, 일반인들의 정서에 개입하는 미술 개념으로서 공공미술을 고안하였다.

공공미술이라는 개념이 구체화된 것은 1960년대 말 미국 정부에서 시작한 두 가지 제도, 즉 '미술을 위한 일정 지분 투자' 프로그램과 국립예술기금의 '공공장소의 미술(Art in Public Place)' 프로그램과 직접적인 관련이 있다.

미술을 위한 일정 지분 투자 프로그램은 현재 미국의 50개 주 중 약 반 수 정도와 여러 도시 및 카운티에서 시행 중이다. 이는 공공건물을 신축할 때 건설 예산액의 일정 지분(대개 1%)을 예치해 미술품에 사용토록 하는 것이다. 일반 대중을 대상으로 공개된 장소에 설치·전시되는 작품을 지칭하는 것이 일반적이며, 지정된 장소의 설치미술이나 장소 자체를 위한 디자인 등을 포함한다.

<그림 6-16> 시카고 시의 스테인리스강으로 제작한 '구름관문'
미국 미시간 주 디트로이트 시의 주먹 조형물
서울 대치동 포스코 빌딩 앞의 '꽃이 피는 구조물'
서울 광화문 흥국생명 빌딩 앞의 '망치질 하는 남자'

그림 6-16은 공공미술로 만들어진 철 조각품의 몇 가지 예를 보여주고 있는데, 2개는 미국의 도시 디트로이트와 시카고에 있는 작품이고 2개는 서울에 있는 작품이다. 장소에 결합하는 예술이라는 의미를 갖기도 하지만, 조나단 보롭스키의 '망치질하는 남자(Hammering Man)'와 헨리 무어의 몇몇 작품은 여러 개가 제작되어 여러 장소에 설치되었다. '주먹 조형물'은 디트로이트 시내에, '구름 관문'은 시카고의 공원에, 그리고, '망치질하는 남자'는 서울 광화문 흥국생명 빌딩 앞에도 설치돼 있다.

6.5.2. 신비스러운 조형미의 철불(鐵佛)

철불(鐵佛)은 철로 주조(鑄造)한 불상이다. 오늘날 우리가 사찰에서 흔히 접하는 금동불(金銅佛)은 구리로 만든 상(像) 표면에 금박(金箔)을 입힌 것이다. 철불은 금동불과 달리 철이라는 소재로 만들었다는 뜻이지만, 단순히 재료 차이만 있는 것이 아니라 철불만의 고유한 표현 감각이 있다. 철불은 금동불에 비해 주조기법이 투박하고, 불상의 표현 자체도 거칠며, 이질적인 느낌이 강하다. 철이 구리에 비해 녹는점이 높기 때문에 불상 제작에 더 높은 화력이 필요하기는 하지만, 조각적 표현 기법의 기초가 되는 원형을 만드는 방식이나 이에 맞는 외형 거푸집을 만드는 방법 등은 금동불 제작 기법과 대체로 동일하다.

우리나라 역사에서 불상을 만들 때 철이라는 새로운 재료를 적극적으로 사용한 것은 통일신라 후기에서 고려 전기, 즉 나말여초(羅末麗初)라는 비교적 짧은 기간의 일이다. 철불은 현재 50여 구가 전한다. 금동, 화강암, 나무 등 여타 재질로 만든 불상이 전국적으로 발견되는 데 반해 철불은 경기도 광주, 황해도 개성, 강원도 철원과 원주, 충남 서산과 청양, 충북 충주, 전북 남원 등 한반도 중부지역에 집중 분포한다. 이는 철불이 신라의 수도 경주가 아닌 변경 지역에서 주로 조성되었음을 의미한다. 중국은 수대(隋代)와

당대(唐代)에 철불을 많이 만들었으나 현재 남아 있는 것은 대부분 송(宋)나라 이후의 것이다. 일본에서는 13세기 가마쿠라 시대에 처음 철불을 만들었다. 우리나라에서는 비교적 이른 시기부터 철불을 만들었고 예전에 만든 철불이 잘 보존되어 있다.

<그림 6-17> ① 국보 63호 철원 도피안사 철조비로자나불좌상
② 통일신라 시대 철불인 보물 98호 충주 철조여래좌상
③ 보물 332호 하남시 하사창동 철조석가불좌상(고려 시대)

철불을 만들기 시작한 통일신라 후기는 왕실의 권력기반이 흔들리고, 지방 호족들이 저마다 세력을 키우던 시기였다. 신라가 말기로 접어들고, 각 지역에서 호족들이 무력을 갖추며 독자적인 세력 기반을 구축하던 후삼국 시절, 한반도에는 금불상이나 목불상에 반란이라도 일으키듯 철불이 유행

했다. '무쇠'라는 거칠고 세련되지 않은 재료가 불상을 만드는데 이용된 것은 당시로는 파격이라 할 수 있다. 그림 6-17에 보여주는 국보 63호 도피안사 철조비로자나불좌상, 보물 332호 하사창동 철조 석가불좌상을 비롯하여 보물 98호 충주 철불좌상, 보물 41호 실상사 철제여래좌상 등 수많은 철불이 이 시기에 조성됐다.

철불 제작을 주도한 세력은 당시 지방에서 새롭게 일어난 호족들이었다. 그들은 자신의 힘을 중앙정부나 주변에 과시할 필요가 있었다. 그러려면 강력한 무력을 상징하는 표상이 필요했고, 철은 차갑고 강인한 자신들의 마음을 표현하기에 적합한 재료였을 것이다. 따라서 이때 부드럽고 온화하며 정형화된 부처님보다는 무인풍의 기상과 패기, 자신감 넘치는 철불이 대량으로 조성됐다. 간송미술관 최완수 연구실장은 "당시 철불의 조성은 강력한 무기를 만들 수 있는 다량의 철을 확보하고 있다는 상징적인 의미를 담고 있으며 철불의 모습은 바로 불상을 조성한 호족, 자신들의 모습이었다"라고 언급하였다.

대개 불상은 비교적 다루기 쉬운 소재를 선택하는 것이 보통이어서 구리로 많이 제작하였는데, 당시에는 구리의 조달이 쉽지 않은 상황이었다. 신라 하대(下代)의 사찰은 중앙 정부의 엄격한 통제 아래 있었다. 그것은 승려들 또한 마찬가지였다. "왕이 교서를 내려 새로 절을 짓는 것을 금하고, 수리하는 것만을 허락하였다. 또한 불교행사에 고급 비단과 금은으로 만든 그릇을 사용하지 못하게 하였다. 담당자로 하여금 이를 널리 알려 시행하도록 하였다"라는 기록(『삼국사기(三國史記)』 권(卷) 10, 신라본기(新羅本紀) 10, 애장왕(哀莊王) 7년, 806년)에서 알 수 있듯이, 사찰의 신축과 화려한 불사(佛事)는 금지됐다. 이 기록은 사찰 건립과 같은 큰일은 물론 개별 불사 같은 비교적 작은 일에도 국가권력의 금제(禁制)가 가해졌음을 보여준다.

불상 제작도 이러한 제약을 의식하지 않을 수 없었을 것이다. 834년에는 흥덕왕(興德王, 재위 826~836)이 신분별로 사용할 수 있는 재료를 규정하는 교서를 내리는 등 당시 만연한 사치풍조를 개혁하려는 의지가 강했다. 이런 분위기 속에서 불사를 일으키려면 되도록 문제의 소지가 적은 재료를 모색해야 했을 것이다.

불사가 위험한 일이 된 상황에서 당시 중국과의 교역이 원활하지 않아 불상 재료인 구리가 귀해졌다. 또한 태조 왕건이 고려를 세우고 사찰을 창건하려 하였을 때도 구리의 공급은 부족한 상태였다. 이러한 분위기 속에서 마련한 대체 재료가 바로 철이었다. 철은 지방 호족들이 풍부하게 가지고 있던 농기구나 무기의 재료였기 때문에 쉽게 구할 수 있었고, 무엇보다 구리보다 적은 비용으로 큰 불상을 만들 수 있는 경제적 이점이 있었다.

이런 사회·경제적인 이유 외에 철불 조성에 중국 불교의 영향이 있었음이 확인된다. 배재훈의 논문 「철불의 조성 배경과 정치 세력」에 따르면, 신라 하대(下代) 9세기 초반 남종선(南宗禪)을 기반으로 하는 선종(禪宗)이 신라 불교계에 소개되고, 당(唐) 유학 중 중국 선사(禪師)들에게 심인(心印)을 인가받은 인물들을 중심으로 산문(山門)이 열리게 된다. 선종 산문의 중심이 되는 사찰들은 당시까지 신라인들에게는 생경했던 문화양식을 신라 사회에 적극적으로 소개하게 되는데, 그 대표적인 것에 철불이 있다. 이러한 양상은 화엄종 사찰에서도 확인되는데, 비로자나불을 철불로 조성하는 사례가 일부 확인되고 있다.

철불이 소개되기 전까지 금속 계통의 불교 조각 재료로 선호된 것은 청동을 비롯한 동합금이었다. 동은 우리나라에 부존량이 많지 않은 희귀한 금속으로, 철에 비하면 그 상대적 가치가 높았다. 그러한 상황은 오늘날도 마찬가지이다. 따라서 재료를 조달하는 데 경제적 부담이 컸다. 그러나 한반도 내에서 철이 사용된 지 천년 이상이 지났음에도 불구하고, 철불 등장 이전까지 철을 불교 조각의 재료로 활용하려는 자체적 시도는 없었다. 부처의 존귀한 도상(圖像)을 표현하는 재료로 금이나 동합금 등 희귀 금속 이외에 철을 사용할 수도 있겠다는 생각의 전환은 매우 더디게 이루어졌다.

기원전 4세기 한반도에 도입된 이래로 철은 무기나 농기구 등 생산이나 생활에 직접 필요한 물건의 재료가 되었다. 반면, 동합금은 전대(前代)와 마찬가지로 의례 용품이나 위세품 등을 제작하는 데에 주로 활용되었다. 그런데 한반도에 불교가 수용된 지 500여 년이 지난 9세기 전반에 철이 불상의 재료로 사용되는 '발상의 전환'이 이루어진 것이다. 9세기 중엽 등장하기 시작한 철불은 이전 단계까지는 없었던, 그 시대를 표상하는 독특한 문화 요소였다. 그러나 철불이 등장한 시점에도 청동불의 조성은 계속되었고, 그것은 지방과 중앙이 모두 마찬가지였다. 우리나라 철불 중 제작 연대가 명확하게 기록돼 있는 최고(最古) 작품은 장흥 보림사 비로자나불상(858년)과 철원 도피안사 비로자나불상(865년)이다.

중국에서는 일찍이 6세기 중반부터 철불을 제작했으며, 수·당대(隋·唐代)에도 철불이 존재했고, 특히 당 현종(玄宗) 시대 개원(開元) 연간(713~743)에 집중 제작됐다. 그럼에도 중국에는 불교탄압 시대를 거치면서 철불이 그다지 많이 남아있지 않다. 송(宋), 원(元), 명(明) 대(代)까지 철불이 다량 제작됐지만 철불의 역사를 증언하기에는 현재까지 남아 있는 철불이 턱없이 적다. 따라서 50여 구 한국 철불이 중국 철불의 역사를 대신 전하고 있는 셈이라고 양희정은 논문 「한국 불교조각사상 철불의 등장과 의미」에서 밝히고 있다.

중국에서는 동(銅)이 사용량에 비해서 산출량이 적었기 때문에 일찍부터 종(鐘)을 비롯한 공예품들을 철로 제작하였다. 철불이 만들어지는 것은 남북조(南北朝) 시대부터였으므로, 통일신라시대와 가마쿠라(鎌倉) 시대에 들어와서 철불 제작이 시작되는 우리나라나 일본에 비해 시기적으로 일렀다.

산둥성(山東省)에서 출토된 비문에는 육조시대(六朝時代)에 북제(北齊)에서 하청(河淸) 2년(563) 황제인 무성제(武成帝)를 위해 철불인 장육철상(丈六鐵像)을 만들었다고 적혀 있고, 송(宋)나라 태종(太宗)의 칙명으로 977

년 편집된 중국 역대 설화집 『태평광기(太平廣記)』에는 수(隋) 개황(開皇) 연간(581~600)에 높이 70척의 철상이 주조되어 대불사(大佛寺)에 봉안되었다고 기록돼 있다. 9세기 중엽 당(唐)을 여행하였던 일본 순례승 엔닌(圓仁)은 당나라 체류 기록인 『입당구법순례행기(入唐求法巡禮行記)』에서 산시성(陝西省) 태원(太原)의 개원사(開元寺)에서 철조 미륵상을 보았다고 쓰고 있다.

지난 1994년 11월 산시성 성도(省都) 시안(西安)에서 공사 도중 수나라 개황 10년(590) 세워진 정법사(靜法寺) 터 지하 우물 속에 버려져 있던 8세기 제작 추정 '철조 미륵여래의좌상(倚座像)'이 발견되면서 중국 철불에 대한 관심이 새롭게 환기됐다. 이 철불의상(鐵佛倚像)은 당대(唐代) 철불로는 아주 귀한 예인데, 광배(光背)와 오른손, 대좌(臺座) 좌우 측면 부분과 두 발을 딛고 있는 연화족좌(蓮花足座)는 훗날 보충된 것이지만 전체적으로 보존상태가 양호하다(그림 6-18 참조). 불상의 표면에는 마(麻)로 짐작되는 섬유가 붙어 있는데 그 위에 건칠을 입히고 금을 입혔던 듯하다고 중국 문화재 당국은 분석했다. 남북조시대 이래 미륵불은 의자에 앉아있는 의상(倚像)으로 표현되고 있어 이 철불도 미륵불로 간주된다.

<그림 6-18> 당(唐)대의 철조미륵여래의좌상

고조(高祖)의 당(唐) 건국(618)에서부터 애제(哀帝)의 망국(907)까지 21제(帝) 290년 동안의 당나라 역사 기록인 당서(唐書) 등에 나타난 철불 관련 중국 쪽 기록을 종합하면, 중국에서 철불은 당대(唐代)에 많이 제작되었던 듯하며, 당말(唐末)·오대(五代)에서 송대(宋代)에 걸쳐 철불 조성이 크게 유행했고, 명·청대까지 우수한 철불들이 제작되었다. 지역적으로는 중국 전역에서 조성되었지만, 특히 산시 지역에서 전해오는 철불 제작에 대한 기록이 많은데, 이는 산시 북부 지역에 양질의 철광이 많았기 때문이다.

대체로 중국 철불은 철이 오랜 기간 사용되어온 익숙한 재료라는 것을 보여주는 듯 조형감이 뛰어나고 표면의 이음새도 두드러지지 않아 금동불과 비교해도 그다지 뒤지지 않는다고 전문가들은 말한다. 하지만 이처럼 뛰어난 중국 철불도 당나라 무종(재위 841~846)의 회창폐불(會昌廢佛, '회창'은 연호)과 955년 후주(後周) 2대 황제 세종(재위 954~958)의 폐불 등 불교탄압 때 녹여져 농기구로 사용되는 등 대거 파괴되어 현재는 12세기 송(宋代)의 것과 원(元)·명대(明代)의 것이 남아 있을 뿐이다.

이른 시기부터 철불이 제작되었던 중국, 그리고 나말여초(羅末麗初)에 철불 제작이 활발했던 우리나라와 달리, 일본에서는 가마쿠라(鎌倉) 시대(1185~1333)부터 무로마치(室町) 시대(1336~1573)에 걸쳐 철불이 조성되었고, 에도(江戶) 시대(1603~1867)까지 그 전통이 이어져 내려왔다. 철불이 가장 성행했던 시기는 가마쿠라 시대인 13세기 중엽으로 보이는데, 이는 중국 송대 철불의 영향 때문이었을 것으로 전문가들은 분석한다.

현존하는 철불의 약 90%가 동(東) 일본에 분포하며, 지금까지 알려진 일본의 철불 가운데 시기적으로 가장 이른 것은 1218년에 조성된 것이다(그림 6-19 참조). 이 철불은 섬세하지 못한 얼굴의 이목구비와 형태가 고르지 않은 나발(螺髮, 부처의 머리털), 불신(佛身)의 어색한 옷 주름 등 세부 표현에서 중국이나 한국 철불에 비해 조각기법이 떨어진다는 지적을 받는다. 최성은 덕성여대 교수(미술사)에 따르면, 가마쿠라 시대에는 목(木) 조각이 크게 발전하여 뛰어난 불사(佛師)들에 의해 우수한 목불상이 다수 조성되었던 반면 철불 제작 기술은 아직 초보적인 단계에 있었던 것으로 평가하고 있다.

<그림 6-19> 일본 가마쿠라 시대 철불

6.6. 한국의 옛 철 문화

6.6.1. 철제 무기를 그린 고구려 고분 벽화

철은 고대 한국의 역사에도 큰 영향을 미쳤는데, 기록에 따르면 철은 고구려 건국에 중요한 역할을 하였다. 고구려는 우리나라 역사상 가장 넓은 영토를 차지하였던 매우 강력한 나라였다. 무엇보다 고구려는 군사력이 강했다. 우리 역사상 길이 빛나는 수(隋)·당(唐) 전쟁의 승리는 막강한 고구려의 군사력을 잘 말해준다. 고구려 군대의 무기는 안악 3호 무덤 등의 벽화를 통하여 생생하게 그려볼 수 있다(그림 6-20 참조).

안악 3호 무덤의 행렬도에는 무장한 보병과 기병이 대형을 갖추고 출행하는 장면이 묘사되어 있어 당시 고구려 군의 무기 체계를 생생히 그려볼 수 있다. 이 병사들이 지닌 무기는 칼, 창, 도끼, 극(戟, 우리나라에서 옛날에 쓰던 무기로, 여섯 자 정도의 나무 자루 끝에 세 개의 칼날이 달려 있는 긴 창), 활, 쇠뇌(쇠로 된 발사 장치가 달린 활로 여러 개의 화살을 연달아 쏘게 되어 있는데, 주로 낙랑 무덤에서 나오고 있음) 등 매우 다양하다.

<그림 6-20> 고구려 안악 무덤 벽화 중의 철갑(왼쪽) 및 대장장이(오른쪽)

분석 결과 이 고구려 무기들은 탄소 함량이 매우 높은 고탄강(高炭鋼)이면서 강도가 아주 강하여, 오늘날 쓰이는 공구에 맞먹을 정도의 강도를 지닌 초강(炒鋼)으로 만들어졌음이 밝혀졌다. 이 가운데 고구려 초기 유적에서 발견되는 철로 만든 화살촉, 즉 철촉(鐵鏃)을 보면 적에게 상처를 크게 입히기 위해 끝부분을 넓적하게 만든 도끼날 모양의 촉, 관통력을 높이기 위한 뾰족한 촉, 날아가면서 소리를 내어 신호용으로 쓰이거나 적에게 공포심을 불러일으키기 위한 명적(鳴鏑) 등 다양한 화살촉이 개발되었다.

3세기 이전의 고구려에 대한 기록인『후한서(後漢書)』동이전 고구려조에는 옥저와 동예인의 습속은 성향이 흉포하고 전투를 좋아한다고 기록되어 있다. 여기 묘사된 고구려인들의 약탈과 침략은 발달된 철제 무기에 기초하고 있었음을 능히 짐작할 수 있다. 그리고 한나라가 고구려를 이처럼 표현한 것은 발달된 철제 무기로 무장한 고구려가 한나라에도 위협적인 존재였음을 암시하는 것이라고 할 수 있다.

철제 무기와 농기구 생산을 위해서는 철산지(鐵産地)의 확보가 필수적이다. 역사상 고구려 건국 드라마는 주몽이 부여를 떠나 엄리대수(쑹화·松花 강)를 건너 남하할 때부터 본격적으로 시작된다. 주몽은 먼저 계루부(桂婁部)를 이끌고 쑹화 강을 건너 룽강(龍崗)산맥을 넘으면서 여러 세력을 모은다. 이어 비류수를 따라 졸본에 이르러 소서노 등 토착인의 도움을 받아 졸본 서쪽 산에 도읍을 정하고(오늘의 오녀산성) 군웅할거하던 원(原)고구려 사회의 여러 소국을 통합해 고구려를 열었던 것이다.

주몽(朱蒙)으로 대표되는 계루부가 압록강 유역의 여러 집단을 통합할 수 있었던 배경에는 두만강 유역 철산지가 기반이 되었다는 학계의 견해가 있다. 이를 입증이라도 하듯 북한 최대의 철광석 생산지는 두만강과 접한 함경북도 무산(茂山)에 있는 노천 철광산이다. 후대에 고구려가 중국 세력과 충돌하면서 요동성·안시성을 확보하려 했던 중요한 이유 가운데 하나는 이 부근이 만주에서 제일가는 철산지였기 때문이다. 중국 사료인 『북사(北史)』와 『삼국지(三國志)』에 따르면 고구려는 흥안령산맥(중국 몽골고원과 둥베이(東北) 대평원의 경계를 이루는 산맥)의 실위족(몽골족의 선조)에게 철을 판매했을 정도로 철 제조에서 앞서 있었다.

6.6.2. 백제, 우수한 철기 문화 보유

백제에서는 낙랑군의 철기 제작 기술을 기반으로 한 발달된 철기 문화가 존재하였을 것으로 추정된다. 백제의 철기문화를 알려주는 단편적인 예로 일본 이시노카미 신궁(石上神宮)에 보관된 일본 국보 칠지도(七支刀)가 있다. 철을 두드려 만들었으며 전체 길이는 74.9㎝이다. 그 중 손잡이 내지 연결부를 뺀 칼날 부분이 66.5㎝이다. 칼의 양쪽 날 부분에 마치 소뿔이나 나뭇가지처럼 굴곡진 가지가 각각 3개씩 일정한 간격으로 뻗어 나와 있다. 이같은 형태는 아직 다른 곳에서 발견된 바 없기 때문에 정확한 용도와 명칭에 대해서는 의견이 분분하다. 칠지도는 백제의 발달된 금상감(金象嵌) 기법을 잘 보여주고 있으며, 백제의 철기문화가 일본으로 전해질 수 있었을 정도로 우수하였음을 말해준다.

칠지도는 369년 백제 왕세자인 근구수(近仇首)에 의해 제조되어 372년 왜왕에게 보내진 것으로서, 칼의 일곱 가닥은 백제가 가야 7국을 세력권에 넣은 것을 상징하는 것으로 알려졌다. 칠지도의 제조 방법은 칠지도 표면에 새겨진 '조백련강칠지도(造百鍊鋼七支刀)'라는 명문(銘文)을 통해 알 수 있는데, 이는 칠지도가 '백련강'으로 만들어졌다는 뜻이다. 백련강은 중국에서 전국(戰國)시대 말기에 '괴련침탄강(塊鍊浸炭鋼)', 즉 철을 숯이 든 뜨거운 아궁이에 넣었다 빼고 다시 두드리는 과정을 반복하여 탄소가 철에 강제로 스며들도록 해서 단단하게 만든 강을 기초로 하여 수많은 반복 단련을 통하여 강의 내부 조직을 미세화시키고 나아가 개재물을 미세 분산시키거나 축출해 내는 물리적인 정련 방법이다.

하지만 전반적으로 백제의 여러 고분에서 보이는 철기류는 신라와 가야의 철기와 비교하여 양적으로나 질적으로나 미약한 편이다. 백제 고분 내에 부장되는 철기류는 한두 점에 그치며 크기도 작다. 이 사실만 보면 삼국 중 백제의 철기문화가 가장 발전하지 못한 것으로 여길 수 있다. 하지만 철기 생산 유적을 살피면 백제의 발달된 철기문화를 알 수 있다.

철광석을 녹여 철을 만드는 가마인 제련로(製鍊爐) 11기가 나온 충북 충주 칠금동 제철유적에서 백제 제련로 9기가 추가로 발견된 사실에서 백제의 높은 제철 기술 수준을 짐작할 수 있다(그림 6-21 참조). 국립중원문화재연구소는 충주 탄금대(명승 제42호) 남사면 200㎡ 부지에서 발굴조사를 진행해 3~4세기에 만들었다고 추정되는 지름 1.3m 안팎 원형 제련로 9기를 찾아냈다고 2018년 11월 21일 발표했다. 제련로는 3개 층에서 확인됐는데, 수명이 다한 폐기물을 넣어 메운 뒤 그 위에 새로운 제련로를 축조한 것으로 보인다고 이 연구소는 설명했다. 아울러 제련로 바닥 부분에서는 목재를 치밀하게 채우고 테두리에 말뚝을 박은 지하구조가 처음으로 확인됐다.

연구소 측은 '제련로를 중첩해 축조한 사례는 국내 최초'라며 "목제 지하구조는 습기가 올라오는 것을 막기 위해 조성한 것으로 보이는데, 목탄·점토·모래로 만든 하부구조 외에 또 다른 방습 시설이 존재했다는 점이 드러났다"고 강조했다. 이어 "하층, 중층, 상층의 지하구조 조성 양상이 다르다"

며 "상층으로 갈수록 제련로를 간단한 방식으로 만들었는데, 폐기층 위에 조성한 제련로는 굳이 방습 시설을 갖출 필요가 없고 제련 방식이 발달한 점이 원인으로 추정된다"고 분석했다. 그러면서 "충주 제철유적은 장소를 옮기지 않고 100년 넘게 철을 생산했다는 점에서 중요하다"며 "충주는 주변에 철광산이 많고 수로가 발달해 고대부터 조선시대까지 제철 생산 중심지였다"고 덧붙였다. 백제 지역에서는 현재까지 4곳의 철 생산 유적이 확인되었다. 진천 석장리, 충주 칠금동, 청원 연제리, 화성 기안리 유적이 그것이다.

<그림 6-21> 칠금동의 백제 유적 제련로 (=국립중원문화재연구소)

6.6.3. 신라, '철의 나라'로 명성 높아

신라는 일찍이 '철의 나라'로 안팎에 명성이 높았다. 신라의 전신인 진한(辰韓, 사로국)이 철을 풍부하게 생산하여 남는 철을 동북아시아 전역에 수출하였다는 기록이 중국 사서에 남아 있다. 사로국의 철산지 가운데 으뜸

가는 곳은 현재 울산광역시인 울주군 능소면에 위치한 달천 광산이다(그림 6-22 참조). 이 철광은 근래까지도 채광이 이루어진 유명한 광산으로 1970년대 초 포항제철소 건립 당시 소량이지만 이곳의 철광석이 사용되기도 했다.

달천의 철광석은 자철광의 일종이며 구릉지대에 위치한 노천광으로 원료 확보가 쉽지 않았던 그 당시에는 천혜의 철광산이었다. 달천 광산은 신라국 왕도 금성(金城)에서 멀지 않은 곳에 위치하며 울산만을 끼고 있어 동북아 여러 나라에 수출하기 좋은 여건을 지니고 있었다. 이 광산을 중심으로 40km 이내에 치술령을 위시한 경주·청도 등지에 무수한 철재를 녹였던 노지와 단야지 등이 산재해 있다. 이밖에도 경주시 양북면 감포, 경주시 양북면 지행리의 철산(鐵山)도 조선 6대 철산에 들었다.

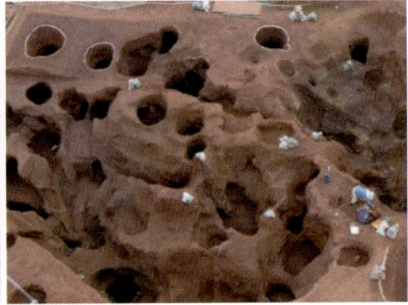

<그림 6-22> 달천광산 발굴 모습

신라 왕릉에서 출토된 다양한 금제품들을 보면 신라가 삼국의 그 어느 나라보다 화려한 황금문화를 보유했으며, 신라인들은 금으로 치장하는 것을 즐겼음을 알 수 있다. 그러나 신라가 황금 못지않게 철을 적극적으로 다루며 발전했다고 고고학자들은 말한다. 경주 황성동 제철 유적이 이러한 사실을 잘 말해 준다. 기원전 1세기 경 단야(鍛冶) 공방에서 시작된 황성동 제철 유적은 4세기 경 주조기술이 절정에 달하면서 당시 최대의 주조 공방으로 자리 잡았다.

학계에서는 황성동 제철 유적에 주물의 철을 강철화시키는 초강로(炒鋼爐)가 있었을 것으로 추정한다. 신라는 일찍부터 강철을 대량 생산하는 법을 알고 있었고, 대량으로 철기를 생산하여 사용하였던 것을 알 수 있다. 황남대총 등 신라 왕릉에서 출토되는 방대한 양의 철기는 당시 신라에 철이 얼마나 풍부하게 공급되었는지 알려준다.

가야를 병합한 이후 만들어진 신라의 밀양 사촌, 금곡 유적 등의 대규모 철 생산 공방은 신라 철기문화의 확립에 밑거름이 된 것으로 보인다. 신라 왕궁의 별궁(別宮) 터인 월지(月池)에서 출토되는 수많은 철제품은 신라 철기의 다양성을 보여준다. 그리고 대규모 목조건물인 황룡사(皇龍寺)의 창건 역시 발전된 철기 생산 기술이 있었기에 가능했을 것으로 학계에서는 추정한다. 언뜻 황금 문화에 가려 그 존재가 실제와 같이 부각되지 않은 면이 있지만, 신라의 철기 문화는 초기부터 뚜렷하게 자리 잡고 있었던 것이다.

6.6.4. 가야, 철기 사용이 매우 활발

김상민의 논문 「한반도 철기 문화의 등장과 발전 과정」(『쇠 철 강 – 철의 문화사 특별전 도록』, 국립중앙박물관, 2017년)에 따르면, 우리나라 고대 사회에서 철기를 가장 활발하게 사용한 지역은 가야이다. 가야를 가리켜 철기 문화가 가장 발달했던 지역이 아니라 철기 사용이 가장 활발했던 지역이라고 한 이유는 △가야에서 많고 다양한 철기류가 확인되지만 철기 생산 유적이 많지 않고 △국가 형성에 중요한 철기 문화가 상당한 수준이었음에도 가야가 국가 단계에 이르지 못했기 때문이다.

그럼에도 가야라고 하면 쉽게 철을 떠올리고, 심지어 '철의 제국'이라고 부를 정도로 가야를 철과의 깊은 연관 속에서 인식하는 것이 사실이다. 그 이유는 다른 지역과 차별화된 가야 철기류의 특징 때문이다. 백제와 신라 무덤의 철기 부장(副葬)이 무기류 위주인 반면, 가야의 부장은 도검류는 물론이고 철제 갑옷과 투구, 말 장식 등 철기류가 다양하다(그림 6-23 참조).

<그림 6-23> 가야의 철기 유물인 말 철갑(마갑)(=국립김해박물관)

　가야 철기 문화에서 보이는 또 다른 특징은 철정(鐵鋌)이나 판상철부(板狀鐵斧)를 다양하게 사용하였다는 점이다. 판상철부는 원삼국시대 초기의 대표적인 도끼로 장방형의 철판 형태를 하고 있다. 쇠를 두드려서 만든 단조품으로 매우 단단하여 나무를 벌채하는 데 유용하게 사용되었다. 무덤 유적에서 부장물로 많이 출토되고 있어 부를 상징하는 물건이기도 하다.

　가야 지역의 철제 유물 가운데 가장 특징적인 물건은 철정이다. 덩이쇠로 불리는 철정은 신라를 위시하여 가야, 백제, 일본 등지의 고분(古墳)에서 부장물로 다량 출토되는 박판(薄板) 형태의 철을 말한다. 신경환의 『역사에 나타난 철(鐵) 이야기』(한국철강신문, 2008)에 따르면, 한반도 내에서 지금까지 출토된 철정의 수량은 가야 유적에서 309점, 영산강 유역에서 20여 점, 신라 유적에서 1,369점이다. 이들 철정은 고분에서 여러 개의 묶음이나 가지런히 정리된 상태로 부장되어 있어서 처음에는 피장자의 부나 권위를 과시하는 위세품(威勢品)으로 간주되었다. 그러나 과학적으로 분석한 결과 철정이 오늘날의 강편(鋼片)처럼 다음에 필요한 시기에 철기 제품을 생산할 수 있는 중간소재의 성격을 지닌 것으로 드러났다.

철정의 기원은 판상철부에서 찾는 것이 일반적이다. 가야 지역에서는 기원전 1세기께 창원 다호리 유적에서 처음 판상철부가 나왔다. 부산 복천동 고분에서 나온 철정은 분석 결과 단타(鍛打)에 의한 여러 겹 상태, 미세한 조직 결정, 낮은 탄소 함량 등의 특징을 보여 철기제조를 위한 중간소재임이 밝혀졌다. 이 철정은 신라·백제 지역에서도 발견되지만 기능과 수량 면에서 가야 유적의 것과 비교가 안 된다.

일본열도에서는 규슈와 오사카가 있는 긴키(近畿) 지방에서 집중 출토되고 있다. 그 형태를 비교해보면 한반도에서 유입된 것이 확실하다고 한다. 가야의 여러 지역에서 철정은 무덤의 바닥에 깔거나 관을 덮는 소재로 널리 사용되었으며 미늘쇠와 같이 깃대를 장식하는 요소로 사용되기도 하였다. 당시 화폐처럼 귀하게 유통되던 철이 가야의 여러 지역에서 다양하게 사용되었던 것이다.

철정은 고대에 화폐로도 사용됐다

역사 기록이나 고고학적 발굴 결과를 기초로 판단하건대 철정이 실물화폐로도 사용되었음을 알 수 있다. 한반도 남부에서 다량 출토되는 철정은 조금 늦게 또는 거의 같은 시기에 일본열도에 전파되었을 뿐만 아니라 인접 국들 사이에서 교역되기도 하였음이 연구 결과 알려졌다.

중국 역사서인 『삼국지(三國志)』의 「위지(魏志)」 '동이전(東夷傳)'에 "변한(弁韓)·진한(辰韓) 지역에서 철을 생산하고 한(韓)·예(濊)·왜(倭)에서 이를 취하였으며 이는 마치 중국에서 돈(錢)을 사용하는 것과 같았고, 또 낙랑(樂浪)·대방(帶方)에도 공급하였다"라고 적혀 있다. 이 기록을 근거로 한국 고대 사학자들은 중국에서는 철정이 돈처럼 사용된 철기 제품이라고 본다. 또 삼국지보다 나중에 편찬된 중국 역사서인 『후한서(後漢書)』에서는 "철을 생산하여 철화(鐵貨)를 예맥, 왜국, 마한과 교역하였다"라고 기록하였으며, 7세기 말에 편찬된 일본 역사서인 『일본서기(日本書紀)』에 "백제의 근초고왕이 왜국에서 파견돼 온 사신 두 사람에게 오색의 채견(綵絹) 한 필씩과 각궁전(角弓箭), 그리고 철정 40매를 주었다"라는 기록이 있다. 『후한서』와 『일본서기』 두 기록에서 공통적으로 나타나는 것은 철정이 화폐 역할을 하였으며, 국가 간 교역물로 사용되었다는 사실이다.

역사적으로 '철정'이라는 용어가 처음 등장한 문헌은 『일본서기』이며, 고고학 발굴 보고서 상으로는 일제 때인 1918년 경남 창녕 고분군에서 출토된 '철편(鐵片)'을 '철정'이라고 부르면서다. 실물화폐로서의 기능과 중간재로서의 기능을 둘 다 갖고 있었음이 분명한 철정 가운데 가야 지역 유적에서 나온 것으로 잘룩한 철판의 묶음 상태가 있다(그림 6-23 참조). 이는 마치 중국 연(燕)나라의 화폐인 명도전(明刀錢)이 노끈으로 묶인 채 발견된 것과 같다.

<그림 6-23> 가야 시대의 철정(왼쪽) 및 중국 연나라 명도전

　서양에서도 철이 화폐로 사용됐다는 기록이 있다. 그리스 역사가 헤로도투스에 따르면 리디아인은 금화와 은화를 사용하고 상설 소매점을 세운 첫 민족이었다. 리디아는 서부 아나톨리아(소아시아)에 역사적으로 존재했던 한 지방으로 터키의 현대 이즈미르 주, 마니사 주에 해당한다. 이들 최초 주화는 기원전 650년~기원전 600년경 주조되었다고 한다. 첫 주화는 일렉트럼(호박금, 금과 은의 천연 합금)으로 만들어졌다. 무게는 4.76g이었다. 겉면에 사자 머리가 찍혀 있었는데 이는 왕의 상징이었다. 14.1g의 일렉트럼이 1슬레이터(표준)이었고 1슬레이터가 병사의 한 달 봉급 정도였다.
　페르시아가 리디아를 정복하자 주화 주조 또한 동쪽으로 이동했다. 이 시기 인도도 독자적인 주화를 개발했지만 그것이 얼마나 독창적인 것이었던지는 알려지지 않았다. 얼마 지나지 않아 모든 소왕국과 도시국가가 아름다운 주화를 발행했으며, 아테네의 은화와 페르시아의 금화가 지역 표준 통화가 되었다. 하지만 이들 주화의 소재가 철은 아니었다. 단 예외가 있었다. 아테네와 경쟁 관계였던 스파르타는 대외 교역상 필요한 경우가 아니면 주화 발행을 극도로 제한하였는데, 현지 화폐로는 철 막대를 사용했다(그림 6-24 참조). 이는 시민들의 부유해지려는 욕망을 억누르기 위해서였다.

<그림 6-24> 화폐 대용으로 사용하였던 스파르타의 철 막대(Pinterest)

제7장

전쟁과 철

전쟁과 철

인류 역사를 볼 때 전쟁은 끊임없이 일어나고 있다. 전쟁은 인간의 원초적인 욕망을 달성하기 위한 수단으로 힘을 가진 자가 인류 역사를 의도하는 대로 바꿀 수도 있다. 따라서 전쟁의 승패 여부에 따라 자신의 운명이 뒤바뀌어 생사의 길이 달라지니 목숨을 건 투쟁을 하지 않을 수 없었다.

원시시대 이래 전쟁의 승패는 철을 누가 많이, 그리고 얼마나 우수한 특성의 철을 사용한 무기를 보유하고 있느냐에 따라 결정되었다고 해도 과언이 아니다. 철의 성능이 향상되고 새로운 가공 기술이 발달함에 따라 무기의 성능은 달라지고 새로운 무기가 출현하여 전쟁의 승패를 갈라놓았다. 조그만 화살촉에서 시작한 철의 활용은 검의 제작을 거쳐 총, 대포, 군함, 잠수함, 항공모함, 미사일, 대륙간 탄도탄으로 진화하였으며 이 진화가 전쟁의 우열을 결정하였다. 권력자들이 전쟁에서 승리하기 위해 제철기술을 우선적으로 개발하고 성능이 우수한 철강제품을 집중 개발하였다.

흔히 인류 역사를 전쟁의 역사라고 부른다. 그리고 전쟁의 역사는 철의 역사이었다. 미국 언론인 크리스 헤지스가 2003년 출간한 책『모든 사람이 전쟁에 대해 알아야 할 것(What Every Person Should Know About War)』(『당신도 전쟁을 알아야 한다』라는 제목으로 2013년 국내에서 번역 출간)에 따르면 전쟁은 1,000명 이상의 목숨을 앗아간 실제 싸움으로 정의된다. 세계사는 평화보다 전쟁으로 더 많이 얼룩져 왔다. 과거 3,400여 년 가운데 인류가 완전한 평화를 누린 해는 268년, 즉 기록된 역사 가운데 단지 8%에 불과하다.

전쟁 사학자 리처드 가브리엘과 카렌 메츠가 1992년 출간한 책『전쟁 약사(略史) - 전쟁과 무기의 진화(A SHORT HISTORY OF WAR : The Evolution of Warfare and Weapons)』에 따르면, 기원전 1500년에서 기원후 100년까지의 기간은 인간의 생존과 사회의 진화와 관련해 여러 측면들에서 진정한 혁명이 발생했던 시기였다. 전쟁 수행 방법에서 혁명적인 발전이 일어난 것도 이 기간이었다.

이 시대에도 거의 끊임없이 전쟁이 벌어졌는데, 크고 작은 국가들이 나타났다가 더 큰 제국들에 의해 소멸됐으며 그 제국들도 뒤에 가서는 외부 세력의 군사력에 의해 파괴되었다(그림 7-1 참조). 이 시기에 인류는 크고 복잡한 사회에 맞춰 사회구조를 가다듬었으며, 그렇게 하는 가운데 새롭고 더 파괴적인 형태의 전쟁을 발생시켰다. 전쟁, 전사(戰士), 무기는 인류 생존의 정상적인 일부였으며, 이 시기에 군대들은 이어질 3,000년 동안 발달될 온갖 무기의 원형(原型)을 생산했다.

무기는 어느 시대에나 국가의 흥망을 가르는 전쟁에 사용되는 것이므로 그 시대의 첨단 기술이 무기 개발에 이용되었으며, 발달과정은 전쟁의 성격과 사용된 무기를 기준으로 할 때 다음과 같이 4단계로 구분할 수 있다. 제1기는 원시시대로부터 근대적인 화약이 발명될 때까지의 시기로, 이 시대의 전투는 전투원의 육체적 힘이 주체가 되고, 무기는 그것을 보완하는 구실을 하는 데 불과하였다. 따라서 돌·구리·철 등으로 만든 칼·창·도끼 등이 근접

전투의 공격 무기로 쓰였고, 원거리용으로는 투창·노궁(弩弓) 등이 사용되었다.

<그림 7-1> 철기시대 전쟁(=Study.com)

제2기는 화약의 발명으로부터 19세기 말까지의 시기로, 1331년 B. 슈바르츠에 의해서 흑색화약이 발명되면서 화약의 힘으로 탄알을 날리는 총포류가 개발되기 시작하였다. 총포가 처음 무기로 쓰인 것은 1346년 크레시 전투 때부터였으며, 1496년 선조식(旋條式) 총포가 발명되고, 1845~1846년 후장식(後裝式) 총포가 개발되었다. 이어 1850년 프로이센-프랑스 전쟁에서는 기관총이 나타났다.

제3기는 제1차 세계대전에서 제2차 세계대전 말기까지의 시기로, 제1·2

차 세계대전은 성격이 국가 총력전으로 바뀌고 전쟁의 무대가 세계적으로 확대되었으며, 무기의 발달이 획기적으로 이루어졌다는데 특징이 있다. 제1차 세계대전에서는 처음으로 비행기와 비행선이 전쟁무기로 사용되었고, 전차·잠수함 등이 등장하였다. 제2차 세계대전에서는 여러 가지 진기하고 경이적인 신무기가 개발·사용되었는데, 전쟁 중에 실용화된 것으로는 레이더·소나 등의 전자무기와 V-2호 미사일 등을 들 수 있다.

 제4기는 제2차 세계대전 말 원자폭탄의 출현에서부터 현재까지의 기간으로. 특징은 전략무기의 출현과 항공기의 급진적인 발달에 있다. 전쟁의 양상을 일변시키고 군비와 무기체계에 획기적인 변화를 가져오게 한 메가톤급 원자폭탄과 수소폭탄이 개발되고, 대륙간 탄도미사일(Intercontinental Ballistic Missile : ICBM)과 동시에 요격용 탄도미사일(Anti-Ballistic Missile : ABM)도 실전 배치되었다.

 항공 부문에서는 초음속 시대를 이루어 미국의 B-1과 같은 초음속 장거리 폭격기의 개발과 함께 공중발사 순항미사일(Air-Launched Cruise Missile : ALCM)이 개발·실용화되었다. 해군 함정에서는 원자력 잠수함이 제작되었고 여기에서 발사되는 장거리 잠수함발사 탄도미사일(Submarine Launched Ballistic Missile : SLBM) 체계도 출현하였으며, 우주무기 분야에서는 정찰·조기경보·통신·기상 등의 비공격적인 군사위성이 실용화되었고, 이것들을 파괴하기 위한 킬러 위성(Killer Satellite)의 개발도 추진 중에 있으며 대(對)미사일·방공용의 고출력 레이저, 입자빔 무기가 개발되어 실전 배치되었다.

7.1. 고대 전쟁과 철

7.1.1. 히타이트 제국과 철제 무기

고대 국가에서 전투 방식의 혁신에 가장 중요한 자극제가 되었던 것은 철의 발견과 사용이었다. 철은 기원전 1300년 무렵 히타이트 사람들에 의해 전쟁의 기술로 처음 사용되었다. 그로부터 100년이 지나지 않아 철과 철제 무기 제조의 비법은 팔레스타인과 이집트, 그리고 메소포타미아로 전해졌다. 철제 무기는 주조(鑄造)보다는 열을 가하고 두드려 형태를 잡는 방식으로 제작되었다. 이 무기는 청동제 무기보다 더 강하고 더 질기며 더 믿을 만했다. 그로부터 수백 년 안에 열처리 비법이 발견되었으며, 철은 그 시기 모든 고대 군대에서 기본 무기가 되었다.

고대 전투의 발전에서 철의 중요성은 철을 제조하는 기술과 더불어 강하고 예리한 날을 세우는 기술에 있었다. 철은 상대적으로 귀한 주석의 사용이 요구되었던 청동과 달리 그 원료가 지구상 어디든 광범위하게 널려 있다. 이 새로운 전략 물질의 풍부한 공급으로 기술을 가진 국가들은 신뢰성 있는 무기를 대량으로 싸게 생산할 수 있게 했다. 이러한 사실이 무기 사용의 확대를 가능하게 만들었다. 대규모 병력을 무장시키기에 충분한 무기를 감당할 수 있는 것은 더 이상 강대국들만이 아니었다. 이제 거의 모든 국가가 그렇게 할 수 있었다. 그 결과는 전쟁 빈도의 극적인 상승이었다.

인간이 철을 찾아 땅 밑을 뒤져보기 시작한 것은 하늘이 내려준 선물인 운석을 접하고 나서 수천 년이 지나서였다. 기원전 2500년 경 근동(近東) 지방의 부족민들은 지하에 숨겨진 검은 금속성 물체를 발견했다. 그것은 하늘에서 내려온 금속, 즉 운철과 꼭 같아 보였다. 엄밀히 따지면 지구상 어떤 물체도 하늘에서 온 것이 아닌 것은 없지만, 부족민들이 보기에 그들이 찾아낸 그 물체는 약간 달랐다. 그 금속은 돌과 광물질이 뒤섞여 한 덩어리를 이룬 광석, 즉 철광석이었다.

그런데 철광석을 땅에서 뽑아내는 것은 땅 위에 흩어진 금이나 은 조각을 채집하는 것과는 차원이 다른 행동이었다. 그들의 인식 세계 속에서 지하에 묻힌 철을 지상으로 끌어내는 것은 영계(靈界)를 노하게 만드는 일이었다. 루마니아 출신의 세계적인 종교학자 미르치아 엘리아데(1907~1986)에 따르면 고대 광부들은 광석을 파내기 전에 신(神)들을 달래기 위해 제(祭)를 올렸다고 한다(그림 7-2 참조). 하지만 땅에서 철광석을 캐내는 것은 철을 제조하는 일의 시작일 뿐이었다. 고대인들은 철이라는 귀한 금속을 철광석에서 분리해내는 방법을 알아내기까지 또다시 700년을 기다려야 했다. 그때가 되어서야 비로소 청동기시대가 막을 내리고 철기시대가 시작되었다.

기원전 1800년 경, 흑해 주변에 살았던 칼리베스(Chalybes)라 불린 사람들은 청동보다 더 단단한 금속을 만들고 싶어 했고, 그것으로 무기를 만들면 적을 제압하기가 한결 쉬우리라고 생각했다. 그래서 그들은 철광석을 가마에 집어넣었고, 가마에서 꺼낸 그것을 두들겼다. 그런 다음 다시 가마에 넣어 가열한 뒤 꺼내 또 두들겼다. 이 과정을 여러 차례 반복한 뒤 칼리베스는 가마에서 튼튼한 철 무기를 건질 수 있었다.

<그림 7-2> 히타이트 열 두 전쟁 신

칼리베스가 만든 것은 괴련철(塊鍊鐵)이었다. 이것은 현대 강철의 선구(先驅) 물질들 가운데 하나이다. 이들 칼리베스의 철 제련 기술을 적극 받아들이고 활용한 것이 히타이트 족(族)이었다. 히타이트 족은 칼리베스를 통해 익힌 철 기술을 활용해 고대사에서 가장 강력한 군대를 형성했다. 어떤 국가의 무기도 히타이트의 검이나 전차(戰車)를 당할 수 없었다. 그만큼 히타이트의 철 제조기술이 뛰어났다.

히타이트는 기원전 18세기에서 13세기 사이 현재 터키 영역인 아나톨리아 지방을 중심으로 고대 오리엔트를 지배했던 제국이다(그림 7-3 참조). 세계 최초로 철기문화를 발달시킨 그들은 직접 만든 철제 무기와 말이 끄는 전차를 이용해 주변국들을 점령하고 지배했다. 당시 히타이트 이외의 지역에서도 철을 만들 수 있었지만, 히타이트에 비해 제련기술이 떨어져 철이 상당히 조악했다.

히타이트는 자신들이 개발한 제철 기술을 극비로 관리함으로써 인접국에 노출하지 않았다. 각종 철기는 당시 수도였던 하투샤 인근 제철소에서 제조됐던 것으로 추정되고 있다. 그러다 기원전 1200년 경 히타이트는 정체가 밝혀지지 않은 해상민족의 침입으로 멸망했다. 이후 히타이트의 철기문화가 주변 국가로 유출되기 시작했으며, 그로 인해 새로운 힘을 가진 국가들이 탄생했다. 그에 따라 오리엔트 지역의 군사적 균형이 무너지고 다시 군웅할거 시대로 접어들었다.

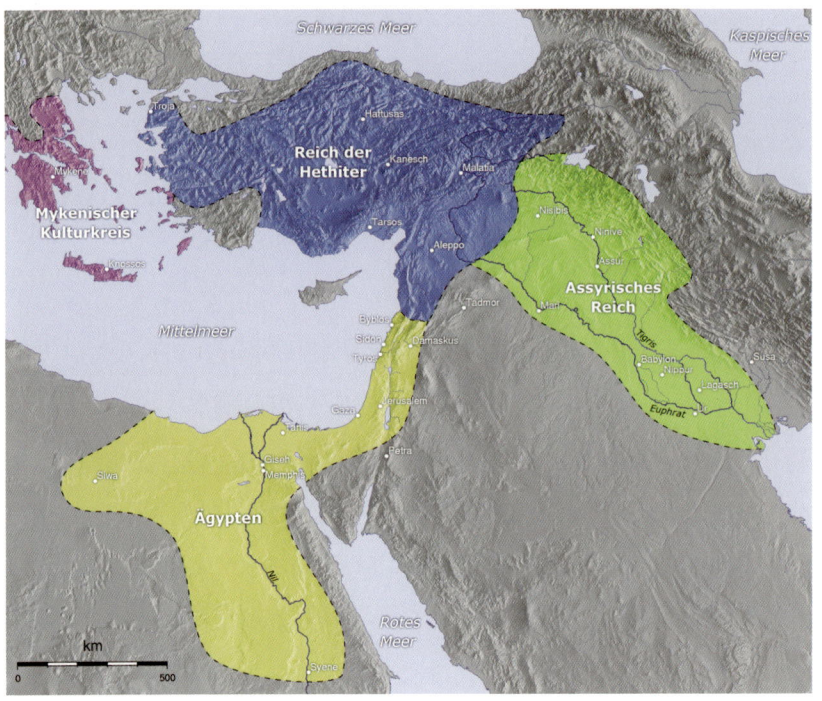

<그림 7-3> 전성기 히타이트 제국 판도

비록 히타이트 인들이 최초로 철기를 만들었다고는 해도, 당시에는 아직 철의 제련과 활용이 초보 단계여서 히타이트도 철기를 마구 찍어낼 수는 없었다. 가마에서 철을 녹일 정도로 온도를 올리려면 산소를 공급할 풀무가 필요한데 당시 히타이트에는 풀무가 없었다. 그래서 히타이트 문명은 풀무의 역할을 자연의 바람으로 대체하였다. 특정한 시기가 되면 하투샤 부근의 황야에 맹렬한 바람이 불어오는데, 히타이트 인은 바로 이 시기에 가마를

설치하고 맹렬한 황야의 바람을 풀무 대용으로 써서 가마가 철을 정련할 수 있는 정도의 높은 온도를 가까스로 유지할 수 있었다. 이러한 사정 때문에 히타이트는 멸망하는 날까지 하투샤를 버릴 수 없었고, 그들에게 철기를 선사하는 히타이트의 신(神)들은 곧 바람과 동일시되었다.

히타이트 인들이 어느 정도 품질의 철기를 만들 수 있었는지, 특히 히타이트 인들이 강철로 된 무기를 제조할 수 있었는지, 제조할 수 있었다면 언제부터였는지는 여전히 논란거리다. 히타이트의 유물 중에 청동기보다 우수한 품질의 철기는 발견되지 않았다는 점에서 히타이트가 강철을 만들 수 있었다는 주장은 공식적으로 인정받지 못하고 있다. 그러나 히타이트의 기록을 보면 왕의 말씀을 "그 무엇으로도 깨뜨릴 수 없는 철의 말씀"이라고 표현하는 부분 등이 나오는데, 이를 보면 청동기보다 강한 철기를 만들 수 있었다는 추정도 가능한 것이다.

그 당시 메소포타미아 지역에서 가장 강력한 무기는 전차였다. 말이 끄는 전차는 기동성이 높고 전차에 궁수를 태워 보병을 공격하는 것은 매우 효과적이었다. 히타이트 인들은 나무로 만든 전차의 주요 부품을 철로 보강하여 기동력을 더 높였을 뿐 아니라 전차에 타는 궁수도 증가하여 공격력도 강화하였다. 이로써 히타이트는 바빌로니아를 물리치고 서아시아의 패권을 쥐게 되었다.

우수한 제철기술에 힘입어 서아시아를 제패한 히타이트는 이집트와는 아라비아반도의 지배권을 놓고 경쟁관계를 지속하였다. 결국 두 나라는 전장에서 패권을 겨룰 수밖에 없었는데 이것이 기원전 1274년에 일어난 카데시 전투이다. 그러나 서아시아를 제패한 히타이트 인들의 영광은 그리 오래가지 못했는데, 이는 BC 12세기경 고대 그리스인의 한 계통인 도리아인들에게 밀린 프리기아인들이 소아시아로 쳐들어와 BC 1190년경에 수도인 하투샤가 함락되면서 히타이트는 멸망의 길을 걷게 되었기 때문이다.

철을 사용한 히타이트 전차, 청동을 사용한 이집트 전차를 압도

이집트와 히타이트는 동(東) 지중해 지역의 패권을 놓고 서로 다투었다. 그런데 히타이트에는 철이 있었고 이집트에는 없었다. 재위 5년째인 기원전 1288년, 이집트 왕 람세스는 아들들을 거느리고 전차에 올라 2만 병력을 이끌고 히타이트로 향했다. 히타이트 왕 무와탈리스에게 강대국 이집트의 무력을 과시할 참이었다. 병력 2만 명은 당시로서는 엄청난 수였다. 그런데 무와탈리스에게는 이집트의 근 두 배인 4만 병력이 있었다.

결전지는 카데시였다. 카데시는 동쪽으로 이어지는 교역로를 방어하는 시리아의 요새 도시였다. 고고학자들은 당시 이집트와 히타이트가 중국에서 비단을 수입하고 있었던 것으로 본다. 그러니 카데시는 이집트에도 히타이트에도 대단히 중요한 교통의 요충이었던 셈이다. 람세스의 아버지 세티 1세는 한때 카데시를 점령한 적이 있었지만 그가 이집트로 돌아가고 나자 이내 히타이트가 카데시를 재점령했다.

람세스의 군대는 카데시 외곽에서 히타이트 군대의 매복 공격을 받고 혼비백산했다. 이렇게도 저렇게도 해석할 수 있는 아리송한 내용을 적은 당시의 비문(碑文)에 따르면, 람세스는 한때 포기할까도 생각했지만 그럼에도 불구하고 전차에 올라 공격을 지휘했으며, 얼마 뒤 이집트 증원군이 도착했고 이번에는 히타이트 병사들이 도망가고 있었다. 실제로 이집트 병력이 속속 투입되었지만 이집트도 히타이트도 상대방 영역을 차지할 수 없었다.

이처럼 어정쩡한 상태에서 어쨌든 람세스는 귀국했고, 본국인 이집트에서 그의 위대한 승리를 선언하는 기념물을 건립했다. 이집트는 이집트대로, 히타이트는 히타이트대로 서로 자신이 카데시 전투에서 이겼다고 우겼지만, 여러 번 있었던 두 제국 간의 전쟁에서 철을 사용할 줄 알았던 히타이트가 여전히 청동기를 사용한 이집트에 우위를 점했다는 것이 고고학자들의 결론이다.

<그림 7-4> 히타이트 전차　　　　　<그림 7-5> 이집트 전차

　　카데시 전투의 경우, 전황(戰況)을 가른 것은 전차 부대였다(그림 7-4, 5 참조). 이집트 전차는 나무로 만들어졌으며 두 사람이 탔는데, 한 명은 말을 몰고 다른 한 명이 방어를 하면서 화살을 쏘아야 했다. 이에 비해 히타이트 전차에는 나무 구조에 바퀴 축 등 철로 만든 부품을 결합하여 더 튼튼하기 때문에 세 명이 탈 수 있었다. 세 번째 병사가 방어를 전담했기 때문에 더 효율적으로 공격할 수 있었다. 하지만 히타이트 전차는 더 많은 무게를 견뎌야 했기 때문에 속도가 느리다는 단점이 있었다. 히타이트는 기습 공격으로 그 단점을 극복했다.

　　히타이트 군대는 통신망, 정보원 활용, 기습 공격, 공격 전술에서의 우위를 바탕으로 전쟁 초반을 유리하게 이끌었다. 하지만 두 나라 모두 완전한 승리를 거두지는 못했다. 이집트 기록에는 람세스가 승리자였다고 나오지만, 실제로는 무승부 또는 히타이트의 우세였다. 카데시 전투는 엄청난 규모의 수레가 동원된 최초의 국제 대전이라고도 불린다. 카데시 전투는 히타이트 쇠락의 시작이었다. 히타이트 제국 멸망 후 수많은 소(小) 히타이트 국가들이 생겨났지만 기원전 8세기 그들은 아시리아 제국에 흡수되었다.

람세스는 40대에 이르렀을 때까지도 히타이트를 상대로 군사행동을 지휘했다. 15년에 걸친 전투 끝에 이집트와 히타이트는 평화조약을 맺었다. 이 조약은 진심에서 우러난 평화 의지를 담고 있었던 듯하다. 히타이트 왕 하투실리스 3세는 그의 장녀 마아트-호르-네페르수레를 기원전 1246년 람세스 2세에게 시집보냈다. 람세스 2세와 마아트-호르-네페르수레 간의 혼인 이후 람세스 2세의 사망까지 평화와 번영의 기간이 오래 지속되었다. 람세스 2세는 뒤에 하투실리스 3세의 다른 딸도 신부로 맞이했다.

히타이트는 이집트 병사들에게 철 방패와 철 무기를 만들어 주기 위해 장인(匠人)을 이집트로 파견하기까지 했다. 철은 기원전 13세기 히타이트에 의해 도입됐지만, 기원전 6세기 또는 기원전 7세기까지도 일반적으로 보급되지는 않았다.

7.1.2. 고대 대장장이, 괴련철로 명검 제조

○ 명검 제조공정

 검은 가장 일반적으로 사용되는 철강 도구로 생활용품 및 전쟁에서 큰 역할을 해 왔다. 그러나 검이 군주나 장수의 소장품이 되는 경우는 단순한 도구가 아니라 소유자의 사회적 신분이나 무술의 경지를 나타내는 특별한 성능의 명검으로 제작되었다. 고대 대장장이들은 많은 반복 실행을 통해 시행착오를 겪으면서 제조 방법을 향상시킬 수 있었다. 때로는 그들이 만든 도구가 너무 물러 조금만 사용해도 예리하던 날이 무뎌지는 때도 있었을 것이고, 전투용 검을 만들었는데 그것이 무척 단단하지만 충격을 받으면 여러 조각으로 부서져 버리는 일도 있었다.

 마찬가지로 매우 단단한 끌을 만들었는데 그것을 망치로 치자 깨져 버리는 경우도 있었을 것이다. 때로는 예리함을 유지하면서 험하게 사용해도 끄떡없는 검을 만들어 내기도 했을 것이다. 그런 검은 적의 방패나 무기와 부딪히면 크고 듣기 좋은 울림을 냈다. 종종 그와 같은 검들은 마법이나 영적(靈的)인 힘을 지닌 것으로 여겨졌으며, 전사(戰士) 집안에서 가보(家寶)로 애지중지되었다.

 우수한 성능을 지닌 검에는 많은 경우 고유한 이름이 붙여졌으며, 이런 현상은 그리스·로마 문화권 바깥의 사람들 사이에서 성행했다. 안개 낀 영국의 북해 연안 지역과 아일랜드에서 일본 열도의 태평양 연안 지방에 이르기까지, 전투의 가혹함을 견디는 좋은 무기들 그리고 그 무기들을 사용하는 전사들에게 그것들이 베푸는 축복과 보호를 둘러싸고 신비주의가 자라났다. 이는 철의 성질에 관한 야금학을 이해하지 못하였기 때문에 생긴 현상으로, 당시에는 오로지 장인의 경험에 의해서만 좋은 특성의 제품을 만들 수 있었기 때문이다. 이 경험이 잘 전수되면 대대로 명검을 만들 수 있었겠지만 전쟁 등으로 인해 장인의 손끝 기술이 전수되지 않고 단절되면 지속적으로 명검을 만들 수 없었다.

고대의 대장장이가 인식하지 못한 것은 도구나 무기로 성형(成形) 되어 만들어진 뒤 제품으로서의 철의 경도(硬度)는 탄소의 양에 좌우된다는 사실이었다. 스스로 의식하지는 못했지만 고대 대장장이들은 실제로는 적절한 양의 탄소를 함유한 강철을 만들어내고 있었다. 탄소 함유량이 0.25% 미만인 강철은 드릴, 끌, 또는 칼의 날을 만들기에는 너무 무르다는 것을 대장장이들은 경험으로 체득하였다.

또 탄소 함량 0.6% 내지 0.7%의 강철이 날을 유지할 필요가 있는 도끼, 끌, 또는 다른 도구를 만드는 데 좋은 소재임을 고대 대장장이는 알아차렸다. 1%가 넘는 것은 매우 단단하긴 하지만 만들 때 깨지기 쉬우며 사용 중에도 산산이 부서질 수도 있었다. 이와 더불어 대장장이는 인간이 원하는 특성의 도구나 무기를 만들려면 강철을 정확한 온도로 가열하고 충분히 빠른 속도로 냉각시키며 다시 가열하여 정확한 온도에서 담금질 열처리, 템퍼링(Tempering)을 해야 한다는 것도 터득했다.

그렇다면 대단히 특별한 명검, 말하자면 매우 가볍고 손에 착 달라붙으면서 한 대 치면 종(鐘) 같은 소리가 나고 한 세대나 두 세대에 걸쳐 사용했는데도 작은 흠집만 몇 개 나는데 그치는 그런 검은 어떻게 가능할까? 대장장이가 사용한 불에 뭔가가 있었을까? 그가 어떤 식으로건 불에서 마법적인 특성을 취해 그것을 검에 불어넣었을까? 불 그 자체는 신비로운 것이었다. 그것은 마치 그 자신의 생명이 있는 것처럼 춤추지 않았던가? 왜 불은 어떤 때는 인류의 친구가 되고, 또 어떤 때는 인류의 도시를 태우기도 하는가?

물론 고대의 장인이 연소(燃燒)의 화학이나 뜨거운 가스 분자의 고온 발광(高溫發光)을 설명하는 물리학이나 철의 상변태(相變態) 현상을 이해했을 리 없다. 그들은 달궈진 금속의 색깔로 온도를 판단할 수 있었겠지만, 어째서 어떤 종류의 검은 그것을 단단하게 만들려면 따뜻한 물이 담긴 수조(水槽)에 담글 필요가 있는지, 또 다른 검은 공기 속에서 세차게 휘두르기만

하면 되는지 이해하지 못했을 것이다. 그들이 정작 알아낸 것은 높은 온도에서 정련과 두들김을 통해 검을 만드는 공정과 완성된 검을 재(再)가열해야 하는 온도 및 담금질 과정 동안 검을 식히는 냉각 패턴을 발견하는 것이었다. 또 이 모든 것이 성스러운 의식으로 진행되어 신의 가호를 받을 때에 가능하다는 사실이었다.

○ 고대에 이미 복합재료 사용해 명검 제조

고대의 대장장이는 현대 금속공학자들조차 찬탄해 마지않는 적층강(積層鋼)이라는 복합재료를 이용해 명검을 만드는 훌륭한 방법을 발견했다. 충분히 탈탄(脫炭)된 저탄소강과 침탄(浸炭) 처리를 한 고탄소강을 반복해서 겹쳐가면서 두드려 폄으로써 적층 강판(積層鋼板)을 만들고, 이 강판으로 칼을 성형해 담금질 열처리를 하여 검을 제작하는 것이다. 실제로 이 방법은 가장 고가(高價)의 정교한 수제(手製) 검을 만드는 데 지금도 사용되고 있다.

명검을 만든 장인들은 반복되는 경험과 감각으로 철의 성형성(成形性)을 좋게 만들기 위해 철에서 탄소의 대부분을 고온에서 망치로 두드려 날리는 것을 알아낸 바 있었다. 철을 두드려 판자와 같이 표면적이 넓은 형상으로 만들어 그것을 가마 속에 넣고 공기와의 접촉을 최대한 제한한 채 여러 단계에 걸쳐 두드리면 철의 성형성이 증대된다는 것이다.

그렇게 하자 발생한 일은 두드리기 전에 있었던 입상(粒狀) 조직이 없어짐과 동시에 탄소가 밖으로 빠져나갔다는 것이다. 이 철을 목탄 속에서 가열하면 탄소의 일부분이 철의 표면 부위로 스며들어 수㎜ 깊이의 영역에 고르게 분산된다. 이렇게 해서 초기에 많았던 개재물(介在物)과 결함을 모두 두들겨 날려 버린 채 탄소를 표면에 고르게 분포시키고 미세한 결정(結晶) 조직을 만들면 단단하면서도 질긴 기계적 특성을 갖게 된다. 표면에 탄소를 확산시키는 처리는 침탄(浸炭) 공정이라고 할 수 있으며, 이 철편을 가열한 뒤 꺼내서 신속하게 담금질하면 표면부의 고(高)탄소 층은 마르텐사이트라고 불리는 고경도(高硬度)의 조직이 만들어진다.

고대의 명검 장인이 알아낸 방법은 단접(鍛接)무늬 강철이라고 불리는 검을 만드는 것이었다. 이들은 탄소 함량을 높이기 위해 침탄 처리를 반복해서 실행하고, 철편을 겹쳐서 두드려 덩어리로 만들었고, 그런 다음 다시 침탄하고 철편으로 만드는 공정을 반복하면서 원하는 특성의 강철을 제조하였다. 침탄 처리와 망치로 두들기는 공정을 반복함으로써 미세한 탄소를 강(鋼)의 내부로 깊이 용해·확산시키면서 인성(靭性)을 해치는 입상(粒狀) 슬래그와 유리(遊離)된 탄소를 몰아냈다.

제조된 판재들은 이제 한 장씩 쌓아올려졌는데, 저탄소 강판이 고탄소 강판 두 장 사이에 끼워 넣어져 적층 샌드위치 강판을 만들었으며 이것을 이용해 검을 성형하였다. 이 적층 조직의 검에서 내부의 부드러운 저탄소 강철 부위는 검이 산산이 부서지는 것을 막는 데 도움이 되었으며, 고탄소 강철 부위는 견고함과 날카로움을 제공함으로써 검이 갑옷과 뼈를 관통하도록 해 주고 검의 날이 심하게 변형되거나 흠집이 나지 않도록 해 준다. 고대 다마스쿠스 검이나 일본도와 같은 명검은 이처럼 복잡한 과정을 거쳐 만들어진 것으로 보고되고 있다.

○ 철 관련 비법 전승에는 근원적으로 한계가 존재

서양의 경우 에트루리아(현 이탈리아의 중앙부 토스카나 지방에 기원전 8세기 등장해 수백 년간 존속했던 12개의 도시국가) 사람들이 뛰어난 철제 무기를 만들었으며, 그들은 강철을 제조하는 기술을 개발하고 있었다. 성능이 우수한 철을 만들기 위해 대장장이들은 철을 다루는 기법을 습득하는 데 엄청난 노력을 쏟았다. 그들이 한 것은 힘들고 뜨겁고 위험한 작업이었으며, 그들의 아들 또는 여러 해 동안 데리고 있으면서 일을 가르쳤던 도제(徒弟)를 제외하고는 누구와도 제철 비결을 공유하려 하지 않았다. 왕, 귀족, 그리고 부유한 후원자는 그들의 재능에 대해 후하게 보상했으며, 그들의 작업은 특히 직업군인 사회로부터의 수요가 매우 컸다.

기원전 1200년경 작성된 히타이트 왕의 편지는 철 생산이 정부 통제 하에 있었음을 시사한다. 대장장이 집단은 매우 배타적이어서 철 지식을 독점하려 했다. 따라서 철제품 제작과 관련한 지식이 지리적으로 확산되는 속도는 아주 느렸다. 어떤 도시가 전쟁에서 완전히 파괴되고 그 도시에 거주하던 대장장이가 정복 군대에 의해 가치 있는 사람으로 인정되어 노예로 끌려가고 나면, 여러 세대에 걸쳐 지역 차원에서 축적돼 왔던 철 관련 지식은 그 도시와 함께 사라지기 일쑤였다.

대장장이들의 폐쇄성 때문에 철 제련과 철제 도구 및 무기 제조에 얽힌 비결은 오랜 시기에 걸쳐 반복적으로 학습되어야만 했다. 당시에는 제조기술을 기록으로 남기는 역할을 맡았던 대장장이가 없었기 때문에 제조 과정에 관해 참조할 어떤 문서도 없었다. 게다가 설사 그럴 기회가 있었다고 할지라도 대장장이들이 그들의 비결이 기록되도록 허용했을 경우는 좀체 없었을 것이다. 외부인이 궁금한 나머지 대장장이에게 비결을 가르쳐 달라고 조르면 그런 요청을 받은 대장장이는 아마도 못 이기는 척하고 그릇된 정보를 건네주었을 확률이 높다.

사정이 이러하였으므로 철과 관련된 학습은 도제로 하여금 달궈진 금속의 색깔 또는 손등에 전해지는 물의 느낌에 의해 온도를 판단하는 것을 스승에게서 직접 배우지 않고는 전승되기 어려웠다. 그런 까닭에 인류가 과학을 발전시켜 실용 야금학에 관한 지식을 축적하고 이러한 지식을 보전하려 도서 출간을 늘릴 때까지 학습과 상실의 순환은 되풀이되었다.

7.1.3. 지금도 풀지 못한 다마스쿠스 검(劍)의 비밀

○ **십자군과의 전투에서 맹활약한 이슬람 군대의 검**

5세기 중엽, 라인강 동쪽에서 활동하던 게르만족(族)을 서로마제국으로 이주하도록 압박했던 세력은 동방의 훈족(族)이었다. 그런가 하면 602년부터 622년까지 20년에 걸쳐 아나톨리아반도와 발칸반도를 제외한 모든 동로마제국의 영토를 유린했던 세력은 동방의 사산조(朝) 페르시아제국이었다. 오랜 옛날 막강한 군사력을 보유했던 이들 동방의 군대는 서방 사람들에게 두려움의 대상이었다.

아라비아사막에서 일어난 이슬람교를 믿는 아랍인들은 북아프리카를 정복한 데 이어 유럽 땅인 이베리아반도로 건너가 스페인을 700년간 지배했다. 이슬람 신자인 아랍인들이 유럽의 일부를 통치할 수 있었던 것은 그들의 무력이 압도적이었기 때문이지만, 그에 못지않게 유럽보다 발달한 이슬람의 과학기술도 한몫을 했다.

11세기 후반 근동(近東)에서는 셀주크투르크가 세력을 넓히면서 동로마제국의 영토였던 팔레스타인과 시리아를 점령했다. 이로써 그곳을 방문하는 기독교 성지 순례자에 대한 위협이 커지자 1095년 교황 우르바누스 2세가 이 문제를 해결하기 위해 군사적인 방법을 추구함으로써 유명한 십자군 운동이 시작된다. 제1차(1096~1099) 십자군은 성도(聖都) 예루살렘을 점령했고, 팔레스타인에 예루살렘왕국과 여러 공국(公國) 등 기독교 국가를 건설하는 성과를 거두었다.

당시 이슬람 세계는 사분오열되면서 십자군의 공세에 제대로 대응할 수 없었다. 하지만 예루살렘을 탈환하고 기세등등하던 십자군은 그리 오래지 않아 이슬람 군대에 무릎을 꿇어야 했는데, 그 이유 중 하나는 이슬람 군대에 아주 특별한 무기가 있었기 때문이다. 그 검(劍)은 게르만족을 몰아냈던 훈족과 사산조 페르시아 군대가 사용했던 검으로, 십자군에게는 '악마의 검'으로 불렸으며, 이슬람 군에게는 '신비의 명검'으로 불린 '다마스쿠스 검'이었다(그림 7-6 참조).

다마스쿠스 검은 이슬람의 대표적인 명검으로 주로 인도의 우츠 강철을 수입해 만들었는데, 중동 시리아의 다마스쿠스 지역에서 주로 제작되어 다마스쿠스 검이라 불렸다. 당시 십자군의 검은 강도를 유지하기 위해 검신(劍身)이 무겁고 두꺼웠으나, 다마스쿠스 검은 가볍고 얇았으며 비단을 검 위에 올려놓으면 저절로 잘릴 만큼 예리했다. 그러면서도 바위에 내려쳐도 부러지지 않을 만큼 강도와 탄력성이 대단했다.

<그림 7-6> 고유의 다마스크 무늬를 재현한 다마스쿠스 검

다마스쿠스 검의 우수함은 십자군 전쟁에서 그 위력을 발휘했다. 무거운 갑옷과 무기 때문에 기동성이 떨어졌던 십자군에 비해 가벼운 다마스쿠스 검으로 무장한 이슬람 군은 기동성이 뛰어났다. 또한 두꺼운 십자군의 갑옷을 단번에 뚫을 만큼 다마스쿠스 검은 강했다.

다마스쿠스 검에는 '다마스크'라고 불리는 물결 모양의 문양이 퍼져 있다. 이 무늬 때문에 다마스쿠스 검은 보는 사람으로 하여금 신비로움을 느끼도록 만들었으며 유럽인들에게는 불가사의한 검으로 비쳤다. 십자군의 사자왕(獅子王) 리처드가 이슬람의 위대한 영웅 살라딘 왕을 만나는 장면을 묘사한 문학작품에서도 두 왕은 서로 칼 자랑을 하게 된다. 리처드 왕은 유럽인들이 상상하기 힘들 정도로 우수한 이슬람의 다마스쿠스 검을 처음으로 보고 마법이나 속임수라고 크게 놀라는 장면이 있다.

십자군 전쟁이 끝난 뒤 유럽의 왕들은 다마스쿠스 검의 제조 비법을 알고 싶어 했다. 그래서 그들은 검의 생산지였던 시리아로 첩자를 보내 제조 비법을 염탐하게 했지만 아무도 비법을 알아내지 못했다. 그러던 중 15세기 이후 인도의 철광이 점차 고갈되어 철괴 생산이 끊어지자 다마스쿠스 검의 제조는 급속히 줄어들어 1750년부터는 완전히 중단되었고, 우츠 강철과 다마스쿠스 검의 제조법도 완전히 잊히게 되었다.

○ 1000년 전 다마스쿠스 검, 나노튜브 공법으로 만들어

다마스쿠스 검의 제조 중단 이후 수십 년이 흐른 뒤, 영국의 역사소설가·시인·역사가인 월터 스콧(1771~1832) 경(卿)이 1820년 인도 북부 산간 지방을 여행하던 중 다마스쿠스 검을 만드는 데 쓰였던 철광석을 발견했다. 이 발견을 계기로 다마스쿠스 검의 제조 비법에 대한 연구가 이루어지게 되었다. 월터 스콧은 다마스쿠스 검을 만든데 사용했던 인도인들의 철강재 제조 비법을 연구해 나가다 강철에 알루미늄을 첨가하여 강철의 강도를 높였다는 기록을 고대 문헌에서 찾아냈다. 그는 그 기록에 나타난 대로 검을 제작해 보았지만 번번이 실패하고 말았다.

이후 다마스쿠스 검의 비밀을 풀기 위한 금속 학자들의 연구가 계속되었고 그 과정에서 그들은 놀라운 사실 하나를 발견하게 된다. 검을 만드는 데 들어간 인도산 철광석에는 소량의 바나듐(V)과 텅스텐(W)이 함유되어 있었는데, 이것이 바로 검의 강도를 결정하는 요인이라는 사실이었다. 바나듐과 텅스텐은 현재에도 고급 합금강을 제조하는데 요긴하게 사용되는 합금 원소인데, 유럽인들이 다마스쿠스 검에 버금가는 검을 만들어 내지 못했던 이유는 그들이 사용하는 철광석에는 바나듐이나 텅스텐이 포함되어 있지 않았기 때문이었다. 이로써 다마스쿠스 검을 둘러싼 모든 비밀이 풀리는 듯했지만, 20세기에 들어서도 다마스쿠스 검의 복원은 실패를 거듭했다.

그러던 중 이슬람의 고대 문헌 속에서 검의 비밀을 밝혀줄 중요한 문서가 발견된다. 그것은 기원전 9세기 소아시아에 있었던 발갈 신전(神殿)의 연대기였다. 그 문서에는 다음과 같이 잔인한 내용이 적혀 있었다. "평원(平原)에 오르는 태양과 같이 가열하고, 황제의 옷인 자홍(紫紅) 색깔이 되었을 때 근

육이 좋은 노예의 육체 안에 찔러 넣어 식혀라. 그러면 노예의 힘과 영혼이 칼로 옮겨져 금속을 단단하게 만들게 될 것이다." 학계는 이 문장에서 실마리를 찾아 다마스쿠스 검의 비법을 푸는 듯했다.

평원에 오르는 태양은 가열 온도로 700℃ 이상을 의미하고, 황제의 색인 자홍색은 검이 엷은 자주색이 될 때까지 식히는 것으로 그 온도가 280℃ 정도일 것이라고 추측하여 검을 제작했다. 그러자 놀랍게도 제작한 금속에서 다마스쿠스 검과 같은 물결무늬가 나타났고, 수많은 실패작들에 비하여 그 강도가 매우 강한 것이 확인되었다. 그리고 학자들은 바로 이 물결무늬가 다마스쿠스 검의 강도의 비결이라고 결론 내렸다. 하지만 그럼에도 불구하고 갑옷을 뚫고 바위를 내려쳐도 멀쩡하던 다마스쿠스 검의 완벽한 복원은 실패였다.

2008년 1월 인도 안드라프레시 시(市)에서 열린 제95회 인도과학회의에서 다마스쿠스 검에 관한 놀라운 발표가 나오게 된다. 새로운 탄소화합물인 풀러린을 발견한 공로로 1996년 노벨화학상을 받은 탄소 금속 연구의 권위자 로버트 컬(1933~) 박사의 연구 결과에 의하면, 중세 시대의 다마스쿠스 검이 바로 나노 기술을 이용하여 만들어졌다는 것이다. 컬 박사는 다마스쿠스 검을 염화수소산에 녹인 후 X레이와 전자현미경을 통해 분석한 결과 그 안에 나노 기술의 핵심인 탄소나노튜브가 함유되어 있는 것을 확인했다(그림 7-7 참조). 탄소나노튜브는 튜브 면의 탄소입자가 육각형의 벌집 모양으로 결합돼 있는 신소재로서, 열전도율은 다이아몬드와 같고 강도는 강철의 몇 배로 드러났으며 지금까지 지구상에서 밝혀진 물질 중에서 가장 단단한 물질이다.

그렇다면 대략 1,000년 전에 만들어졌던 다마스쿠스 검이 어떻게 현대의 최첨단 소재인 탄소나노튜브를 이용해 제작된 것일까? 과거의 장인들은 도대체 어떤 방법으로 다마스쿠스 검을 만들었던 것일까? 중세의 장인들은 현대 과학으로도 알 수 없는 그 어떤 놀라운 비법을 알고 있었을까?

이 칼의 비밀을 푸는 것은 지난 1,000년간 유럽에서 수많은 왕과 장인들의 꿈이었고, 21세기에 들어서도 현대 금속학과 최신 금속 기술로 무장한 학자와 현대 도검 장인(刀劍匠人)들이 수없이 복원을 시도해왔다. 하지만 그 비밀을 푸는 데 실패했고 동일한 검을 만들지 못했다. 다마스쿠스의 신비의 검은 여전히 풀어야 할 숙제로 남아 있다.

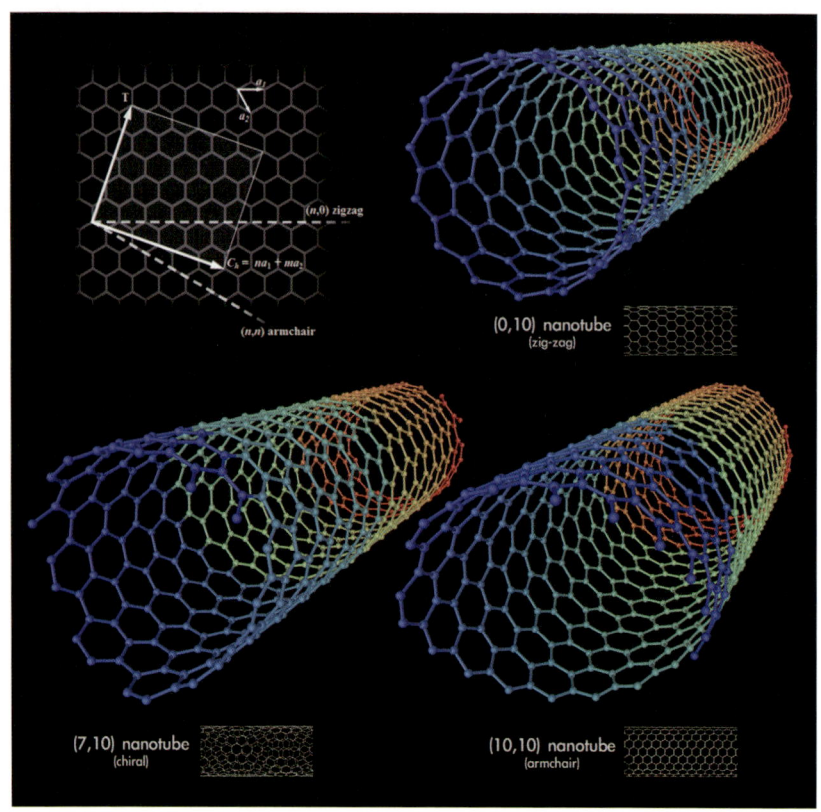

<그림 7-7> 탄소나노튜브 구조

세계적 명검(名劍) 이야기

　엑스칼리버(Excalibur)는 아서 왕 전설에서 아서 왕이 사용했다고 하는 명검의 이름이다. 5~6세기경 영국에 실존하였다고 알려진 켈트족의 전사(戰士)이자 부족장이었던 아서(Arthur) 왕(王)을 배경으로 하는 전설이 '아서 왕 전설'이다. 이것은 기사도(騎士道) 문학의 전형을 보여주는 작품으로, 아서 왕과 원탁 기사단의 이야기를 다루고 있다. 서양에서는 누구나 명검하면 첫 번째로 떠올리는 검이

<그림 7-8> 전설의 검, 엑스칼리버

'바위에 박힌 검'이라는 엑스칼리버인데(그림 7-8 참조) 아서 왕 본인보다 더 유명한 전설적인 검이다.

　엑스칼리버와 같은 전설적 명검 이야기는 다른 나라에서도 전래되고 있다. 이는 역사적 인물을 이야기할 때 검이 가지는 효용성과 함께 상징성 때문이다. 검은 전쟁 중에는 적을 공격하는데 무기로 사용되었고 위급 시에는 호신용으로 소지해 왔으며 또 살아가는 도구로도 중요한 역할을 해왔다. 뿐만 아니라 명검의 경우는 누가 어떤 명검을 소장하고 있는 것 자체가 그 사람의 사회적 신분과 권력, 그리고 인성을 나타내기도 하였다.

　명검을 만드는 일은 단순히 물건을 제작하는 일이 아니고 대장장이의 원숙한 기술과 더불어 진실을 담은 영혼이 융합되어 정성을 다함으로써 가능한 것으로 알려져 왔다. 특히 고대 및 중세의 제철기술이 양질의 철강 제품을 만들 수 있는 여건이 형성되지 않았기 때문에 소위 명검이라고 할 수 있

는 걸작을 만들기 위해서는 수십, 수백 회 반복되는 단접 과정을 거치지 않으면 안 되었고 베일에 싸인 각종 후처리 기술을 적용해야 했다. 때문에 도검장들이 들인 노력과 정성은 가공할 만한 수준이었다. 심지어는 도검장이 자신 또는 가족의 목숨까지도 바쳐가면서 명검을 제조했다는 이야기가 여러 개 있다. 이러다 보니 세계 각 지역에서는 지역마다 고유의 명검 제조공정이 개발되고 개발된 제조공정은 철저히 보호되었다.

 유럽의 경우 전설적인 명검으로는 앞에서 언급한 아서왕의 **엑스칼리버**를 포함해 게르만 신화의 영웅 시구르드의 **그람**, 그리스 신화의 영웅 페르세우스가 사용하였던 **하르페,** 이탈리아의 **아스칼론** 등이 있고, 이와 관련된 에피소드들이 지역적으로 널리 회자되고 있다. 실존하는 명검으로 대표적인 것은 로마제국의 **글라디우스**를 들 수 있겠다. 글라디우스의 특징은 길이가 비교적 짧은데, 로마 초기에는 50㎝ 전후, 후기에는 70㎝ 정도로 1.0m를 넘지 않았으며 주로 적을 찌르는데 사용되었다.

 상식적으로 생각해 보면 검은 길이가 길면 길수록 좋을 것 같지만 로마군의 검 글라디우스는 길지가 않았는데 그 이유는 로마군의 전투 방식에 기인한다. 로마군은 언제나 잘 짜인 계획과 일정한 규칙에 따라 밀집된 대형으로 전투를 벌였는데 이런 형태의 전투에서는 짧은 무기가 효과적이었고 특히 대규모 전투인 경우 그 위력을 발휘할 수 있었다고 한다. 켈트족을 비롯한 로마 침공 이민족들은 긴 칼을 지니고 있었는데, 이들은 개개인의 전투 능력에서는 로마 병사를 압도했으나 대규모 밀집 전투에서는 승리를 얻어낼 수 없었다고 한다.

 로마시대에 인기를 끌었던 검투문화는 에르투리아를 통해 기원전 3세기에 전래되었는데 로마 귀족들의 독특한 장례의식과 밀접한 관계가 있다. 당시 로마인들은 망자의 저승길에 보호자로서 검투사를 함께 보내야만 한다는 의식을 갖고 있었는데, 멀쩡한 사람을 죽일 수 없었기 때문에 검투시합이라는 합법적인 방법을 활용했다. 이 때문에 당시 전쟁 포로나 노예, 범죄자 출신의 검투사들은 제비뽑기를 통해 두 사람을 선정해 한 사람이 죽을 때까지 생사를 건 결투를 벌려야 했다. 이후 검투시합은 더 이상 장례의식의 일부가 아니고 여흥을 위한 오락거리로 변했으며 검투시합의 대중적 인기가 높아지자 별도의 투기장이 만들어졌다.

  기원전 105년에 건설된 초대형 원형투기장인 콜로세움은 검투사가 결투하는 투기장의 대표적인 예인데, 그 이후 검투 시합은 로마시민에게는 없어서는 안될 중요한 구경거리가 되었다. 수백 년간 인기를 누리던 검투시합은 검투사가 비록 전쟁 노예이긴 하나 인간의 생명을 경시한다는 의식이 생겨나고 또 검투시합을 통해 각종 이권이 난무하고 정치적 도구로 악용되는 등 사회적인 문제가 제기된다. 이후 칙령으로 검투시합을 금지시키면서 곧 이은 로마멸망과 함께 역사에서 완전히 잊혀졌다. 로마인들은 검투사를 글라디오토르라고 불렀는데 이 단어의 어원은 글라디우스이다. 로마 병사의 손에 들려진 글라디우스는 단순한 검투사의 무기가 아니고 로마의 흥망성쇠를 함께 한 역사적 의미를 갖는 검이다.

  세계 최고의 명검은 지구 반대편인 중국, 일본, 한국 그리고 중동에서도 만들어졌다. 중국의 경우 춘추시대부터 철강문화가 발달하고 여러 가지 명검에 대한 일화가 만들어져 인구에 회자되고 있다. 대표적인 예가 전설에 나오는 오나라의 부부인 **간장·막야의 검**이 있으며, 삼국시대 조조가 사용한 **백피도**, 유비의 **쌍고검** 등이 전설적인 명검이다. 중국의 도검기술은 당나라 시대에 한반도, 일본 등지로 전파되어 양국의 도검 제작에 큰 영향을 미쳤다.

  한반도의 경우 주요 명검은 김유신의 **사인검**, 이성계의 **전어도**, 이순신의 **쌍용검** 등이 있다. 백제 시대에 만들어져 일본에 보내진 **칠지도**는 일본 국보로 고고자료 제15호로 지정되었는데, 이 칠지도 역시 명검으로 빼놓을 수 없다. 일본에서는 오늘날까지 전하는 다섯 자루 명검인 **덴카고켄(天下五**

劍)이 있다. 명검 덴카고켄 가운데 셋은 일본 국보로 지정돼 있으며, 나머지 둘 가운데 하나는 일본 왕실 소유이며 다른 하나는 불교 종파인 일련종(日蓮宗)의 성물(聖物)로 보관돼 있다. 일본도의 칼집과 손잡이 보호대는 여러 가지 형태의 무늬가 새겨져 있고 형형색색의 장식물이 부착되어 있어 예술품 취급을 받았다.

일본인은 도검제작과 활용에 대해서 특별한 관심과 능력을 보였는데, 이는 일본사회에서 칼을 필수품으로 소지하고 있는 사무라이라는 무사계급이 의미하는 바가 남다를 뿐만 아니라 무사도에 대한 국민의 높은 관심과 애정에 기인한다. 초기 **일본도**는 7세기 경 일본이 당나라에 교역을 위해 견수사, 견당사를 파견하여 당나라의 양식을 따라 제작하였다. 이 때문에 이 일본도는 **당태도(唐太刀)**와 매우 흡사하여 일직선 형태였으나, 이후 독자적인 형태의 도검과 제조방법이 적용되면서 고유의 일본도가 만들어졌다.

10세기 이후 16세기까지의 일본도는 고토(古刀)라고 불리는데, 이때가 일본도 제작의 정점이었다고 한다. 14세기 무로마치 막부 시대에는 무사들이 타도(打刀)라는 일본도를 허리춤에 끼우고 다녔는데, 타도(가타나)의 길이는 2척1촌(63cm)으로 비교적 짧아 주로 한 손으로 휘두를 수 있었다.

에도시대에는 서양 도검과 서양 전술의 영향을 받아 그에 걸맞게 개량된 돗페이 코시라에가 등장하기도 했으며 유럽식 패용 방식을 따라 등에 지고 다니는 경우도 볼 수 있었다. 세계대전 당시에는 군수품으로 공장에서 일본도를 대량 생산하였는데, 이 칼은 군토(軍刀)라고 불리며 허리에 끈으로 연결해 칼날이 아래로 향하게 차고 다녔다.

그림 7-9는 여러 가지 형태의 일본도를 보여주고 있다. 일본 대장장이들은 가볍고 매우 날카로운 날을 원하는 사무라이를 위해 연철(鍊鐵)을 사용해 검의 날을 세우는 노련한 기법을 개발해냈다. 그렇게 탄생한 칼은 조상 전래(傳來)의 가재(家財)가 되어 대를 이어 전해졌으며, 일본에서 더없이 귀한 선물이 됐다.

일본도의 대장일은 복잡하고 의식화(儀式化)된 일이었으며 대부분 접철 방식으로 제작되었다. 접철 방식이란 중국에서 들어온 방식으로, 금속을 가열하여 접고 망치로 두들기는 일련의 과정을 계속 반복하는 방식이다. 당시 사용되던 철은 상당히 불순했기 때문에 단순 제조 방식으로 제작할 경우 칼의 표면에 균열이 가고 쉽게 깨지는 등 불량품이 많았다.

수십 차례 반복되는 접철 방식은 비록 노동 집약적이긴 하지만 철의 균열을 막아주었으며 철의 탄소 함유량을 칼의 모든 부위에 골고루 분배해 주는 효과 등이 있기 때문에 곧 인기를 끌게 되었다. 접철 방식의 특징은 칼날에 각각의 칼마다 다른 특이한 접철 무늬를 새긴다는 것이다.

<그림 7-9> 일본도

일본 대장장이들은 검의 제작에 들어가기 전 목욕을 했다. 몸과 마음이 정갈하지 않으면 나쁜 기운이 날에 스밀 수 있다고 그들은 믿었다. 일본도 제조는 일본 고유의 기술인 타타라 제철법(たたら製鐵法)에 의해 만들어진 환원철 덩이를 파쇄하여 우수한 품질의 철만 선별해 만든 옥강(玉鋼)을 가지고 시작되었다.

대장장이들은 옥강 토막을 고온으로 가열하고 두들겨 접기를 20여 차례 이상 반복하여 불순물을 제거하고 미세조직을 치밀하게 만들었다. 잘 부러지지 않고 휘지 않으며 날카로운 절삭력을 얻기 위해서 경도가 다른 철강과 조합하는 방법도 적용하였다. 잘 부러지지 않도록 하기 위해서는 부드러운 연강을 심금으로 넣었고, 잘 휘지 않도록 하기 위해서는 경도가 높은 옥강으로 심금을 감쌌다.

 가열과 두들겨 접기가 반복되는 과정을 통해 검이 탄소를 품은 목탄에 계속해서 노출됨에 따라 탄소가 옥강의 표면으로 확산되어 들어가 연철(鍊鐵)이 고경도의 강철로 전환되어 날카로운 칼날을 만들 수 있었다. 도검(刀劍) 장인은 진흙, 숯, 또는 철분(鐵粉)을 사용해 날을 따라 그 재료를 문지르기도 하였는데, 그렇게 하면 소용돌이치는 매듭과 잔물결들이 나타나는 나뭇결과 비슷한 패턴이 강철 표면에 만들어졌다. 세공(細工)은 유럽 검의 날보다 더 나았으며, 이런 일본도에는 '바람에 날려 쌓이는 모래', '초승달', '슈텐도지(酒天童子, 일본 신화 속 악마 우두머리) 살해자' 같은 이름이 붙었다.

7.2. 로마제국 군사력을 떠받친 철

7.2.1. 철은 로마제국 유지와 확장에 기여

로마는 지중해 주변 국가들과 비교했을 때 철로 무장한 군대라는 우월성을 보유하였다. 이를 통해 남부 유럽에서부터 브리튼 섬(뒷날의 영국)에 이르는 넓은 지역의 적들을 섬멸하고 정복할 수 있었다. 당시 로마 병사들은 철로 만든 투구와 방패로 무장하고 있었다(그림 7-10 참조). 특히 라틴어로 '칼'을 의미하는 글라디우스(Gladius)라 불린 그들의 검은 벨 수 있는 기능뿐만 아니라 찌를 수 있는 기능도 있었다.

이러한 복합 기능을 가진 검은 적들의 검보다 훨씬 우수했다. 이 검은 길이 약 56㎝의 양날 검으로서, 육박전을 전개하면서 적을 무자비하게 살해하는 데 사용되었다. 그들은 장창(長槍) 대신 투창(投槍)을 사용했는데, 이때 물론 주(主) 무기는 창의 끝에 달린 글라디우스였다. 창은 적과의 거리가 약 20m에 이르렀을 때 던지는데, 제대로 맞으면 아무리 튼튼한 갑옷도 관통할 만큼 치명적이었다. 이러한 무기로 말미암아 로마 시대의 전쟁 방식은 그리

<그림 7-10> 철제 무기와 갑옷으로 무장한 로마병사

스 시대보다 한층 더 살상도가 높고 잔인했다.

　로마 군대의 오랜 성공적인 역사를 통틀어 그들의 무기는 전장(戰場)에서의 요구에 부응해 발전해 나갔다. 로마 병사들은 더 이상 효과적일 수 없을 정도로 능란하게 전투에 임했으며 사전에 전투를 철저히 기획했다. 적이 로마 군단을 상대로 어떤 무기를 성공적으로 전개하면 로마 군대는 그 무기를 그들 자신의 무기 체계 속에 채택하곤 했다. 어떤 무기를 사용하든 로마 군대는 끝없이 행군했다. 그 결과 천 년에 걸쳐 군사적 우위를 지킬 수 있었으며, 로마인들은 제국을 창조하고 유지함에 있어 군사력에 크게 의존했다.

　로마제국의 군사력을 떠받친 중요한 물적 토대로서 제국 내에서 상대적으로 풍부했던 철을 들 수 있다. 제국이 존속했던 내내 로마인들은 철을 아주 중시했다. 이런 로마인들의 철에 대한 인식 덕분에 로마는 여전히 청동을 주로 사용하고 있었던 몇몇 속주(屬州)들을 일깨워 철기시대로 건너갈 수 있었다.

초기 로마의 철제 무기들은 엘바 섬의 철광석을 이용해 만들어졌는데, 이 섬은 나폴레옹이 처음 유배를 간 곳이기도 하다(그림 7-11 참조). 이후 로마는 계속해서 유럽 지역 여기저기에 제철 설비들을 건설하면서 지배력을 확대해 나갔다. 노리쿰은 유럽 중부의 고대 로마의 속주로서 대체로 현재의 오스트리아 다뉴브 강 이남(以南) 지역에 해당하는데 이곳도 유명한 철 산지였다. 고대 로마 시절 금과 철광석 매장량이 풍부했던 이곳을 로마 정치가 폴리니우스(23~79), 그리스 지리학자 스트라본(기원전 64년~기원후 23년), 로마 시인 오비디우스(기원전 43년~기원후 17년)가 격찬했다.

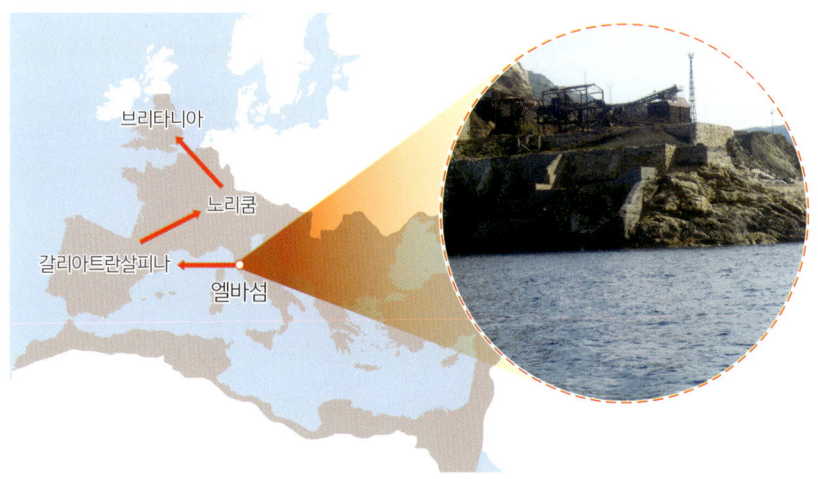

<그림 7-11> 로마제국과 엘바 섬의 철광산

7.2.2. 고대 로마, 제국 곳곳에서 철 제련소 운영

고고학자들에 따르면, 오늘날 이탈리아 중부 지방에 해당하는 고대 로마 제국에 살았던 사람들은 청동기 시대부터 각종 금속에 대해 잘 알고 있었다. 기원전 53년, 로마는 확장을 거듭한 끝에 이미 지중해 전역(全域)을 장악하고 있었다(그림 7-12 참조). 로마제국의 영역은 오늘날의 이탈리아와 주변 섬들, 오늘날의 스페인, 고대 그리스 북부지방인 마케도니아, 아프리카,

소아시아, 시리아, 그리스를 포함했다.

　트라야누스 황제(53~117) 재위 말기 로마제국은 영토가 더 확대돼 오늘날 영국의 일부, 이집트, 라인 강 서쪽 오늘날 독일 전부, 다키아(카르파티아 산맥과 다뉴브강 사이로서, 현재의 루마니아와 그 인접 지방에 해당되는 지역의 고대 명칭), 노리쿰(현재의 오스트리아 다뉴브강 이남 지역), 유대, 아르메니아, 오늘날 알바니아에 해당하는 일리리아, 트라키아(발칸반도의 에게 해 북동 해안 지방)에까지 이르렀다. 제국이 성장함에 따라 철 수요도 따라 늘었다.

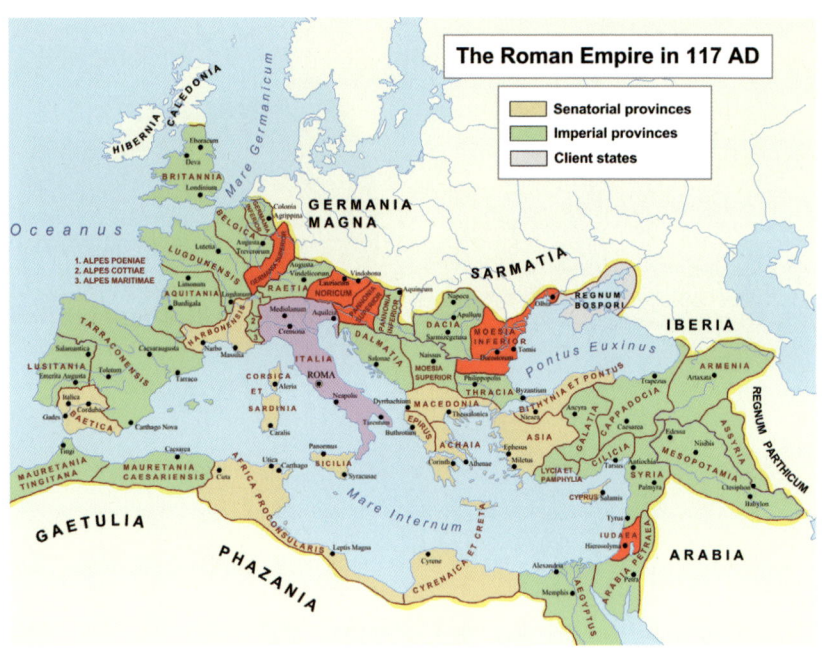

<그림 7-12> 전성기 로마제국(117년)

　로마제국의 본거지인 이탈리아 중부 지역은 철광석이 풍부한 곳이 아니었다. 그래서 초기 로마제국은 이탈리아반도 북부의 갈리아치살피나(고대 갈리아의 알프스산맥 남쪽 및 동쪽 지역)와 투스카니, 그리고 이탈리아반도

서쪽의 엘바 섬과 사르디니아 섬에서 철광석을 채취했다(그림 7-13 참조). 이탈리아 서부 지역에 있던 옛 왕국 에트루리아를 로마가 정복하고, 카르타고와의 사이에서 3차례 벌어졌던 포에니 전쟁(기원전 264년~기원전 146년)에서 로마가 승리하면서, 로마는 갈리아트란살피나(오늘날 프랑스 남부 지역)와 이베리아반도로 더 뻗어나갈 수 있었다. 두 지역 모두 철광석이 풍부했다. 로마가 속주로 편입한 많은 곳들 중에서 철광석이 매우 풍부한 브리타니아(오늘날 영국), 이베리아, 다키아, 노리쿰은 특히 중요했다.

<그림 7-13> 고대 로마 채광(採鑛)

엘바 섬은 로마제국 시대 서(西) 지중해 지역에서 철 제련의 중심지였다. 이 섬의 풍부한 철광석 매장은 로마의 경제의 활성화에도 큰 기여를 했고 주위 여러 각축 세력들 간의 분쟁에도 특히 중요했다. 엘바 섬에서 철 제련이 이루어졌음을 보여주는 고고학적 흔적은 기원전 5세기로 거슬러 올라간

다. 현재 남아 있는 관련 유적을 분석한 결과, 엘바 섬의 철 제련은 기원전 1세기 중반 모든 제련 장소에서 중단되었으며, 제련 작업은 유럽 대륙으로 옮겨 갔음이 분명하다고 고고학자들은 추정한다.

엘바 섬에서 철 제련이 중단되고 그것이 다른 곳으로 이전된 이유는 명확하지 않다. 이탈리아 전역에서 모든 광물 채굴을 금지한다는 원로원 결정 외에 설득력 있는 가설은 가마를 운용할 연료 목재의 부족 때문에 엘바 섬에서의 제련이 더 이상 가능하지 않았다는 것이다. 다시 말해 삼림 벌채로 인해 더 이상 가마 땔감이 없어 엘바 섬의 철 제련이 저절로 종식되었다는 것이다.

당시 엘바 섬에는 철 제련 과정에서 생긴 검댕의 배출이 대단했던 것으로 보인다. '엘바(Elba)'의 고대 그리스 식 이름은 '아이탈레(Aithále)'인데 이는 '검댕이 낀'이라는 뜻이다. 엘바 섬에서 제련 활동이 없어지면서 이 섬에서 제련에 종사했던 사람들은 자연스레 오늘날 스페인 등의 타 지역 제련소로 흡수되었다고 고고학자들은 말한다.

로마의 철 생산은 당시 세계 여타 지역들보다 월등하게 많았다. 아일랜드의 고대 사학자 라울 맥로린이 2010년 출간한 전문 역사서 『로마와 원동(遠東)』에 따르면, 로마의 철 생산은 매년 1인당 약 1.5kg, 제국 전체로 8만 톤에 달했다. 이는 당시 동방의 제국이었던 한(漢)나라의 16배에 이른다. 여타 금속의 생산도 로마와 한나라 간 격차가 대략 비슷했다.

로마제국은 제국 내부로부터 철을 충분히 공급받았으며, 철 수입은 로마제국 자체의 생산능력을 초과하는 것으로 국한되었다. 현전(現傳)하는 표본들을 검사하여 고고학자들이 알아낸 바에 따르면, 로마제국이 동방으로부터 수입한 철은 동방 사람들이 자기들만 알고 로마 사람들에게는 철저하게 비밀에 부친 토착적인 공법에 의해 생산된 좋은 등급의 목탄 강철이었다.

로마제국 번성의 원동력은 '통합의 힘'

　상대적으로 월등한 철 생산량을 비롯해 로마제국이 경제적으로 번성할 수 있었던 데에는 여러 요인이 작용했다. 이들 여러 요인이 어우러져 구현된 것이 바로 '통합'이다. 로마제국은 경제적으로 성공을 거두었는데, 이는 로마가 정치·사회·지리 측면에서 전례 없는 수준의 경제적 통합을 달성했기 때문이다.

　먼저 지리 측면을 보자. 사람들은 흔히 큰물을 장벽으로 여긴다. 하지만 기차가 출현할 때까지, 그리고 실제로 그 이후에조차 큰물은 사실상 고속도로였다. 왜냐하면 육로보다 수로로 물건을 운반하는 것이 훨씬 더 쉽고 빠르기 때문이다. 18세기 영국에서 바다, 강, 육지를 통한 물건의 운송비 비교는 1 대 4.7 대 22였다. 이런 비율은 로마제국에서도 비슷하였다. 수송을 둘러싼 사정이 이러하므로 상인들이 물건 운송에 바다를 선호하였을 것임은 로마제국 시대라고 해서 다르지 않았다. 로마는 지중해를 완전히 장악해 내해(內海)처럼 사용했으며, 또 그것에서 오는 수송 관련 이득이 엄청났다.

　다음으로 정치 측면에서 로마는 역사상 유일하게 지중해 전체를 단일 정치 단위 아래 두었다. 로마 이전 지중해는 이리저리 찢긴 채 제각기 일정 구역의 영유권을 주장하는 정치세력들끼리 서로 싸웠다. 지중해의 특정 해역(海域)을 자기들 것이라고 주장하는 세력은 그 해역을 지나가는 선박에 멋대로 관세를 매기거나 기존 관세를 올렸고, 적을 이롭게 한다고 생각되는 선박을 공격했으며, 서로 전쟁하거나 해적 통제를 방기(放棄)했다. 한마디로 지중해 교역의 엄청난 지리적 이득이 정치적 요인들에 의해 방해받았지만, 로마가 통제하기 시작하자 지중해는 질서가 잡혔다.

　에게 해(海) 로도스 섬사람들이 소아시아와 더 이상 전쟁하지 않게 되었으며, 이집트 알렉산드리아 항(그림 7-14) 관리들이 멋대로 선박의 화물을 압수하는 일이 더는 벌어지지 않게 됐다. 소아시아 동남부 고대국가 길리기아 출신의 해적들이 바다를 누비며 여기저기 육지를 들쑤시고 다니던 것도 자취를 감추었다. 그러자 상업은 훨씬 더 많이 규칙 바르게 되고 안전해졌으며, 스페인의 대(大) 농장주는 그가 생산하는 올리브 유(油)가 고대 팔레스티나 동북부 지역인 데카폴리스까지 안전하게 수송되리라고 안심하게 되었다.

<그림 7-14> 고대 알렉산드리아 항(港)

다음으로 사회적 통합이 있다. 획일적이라고까지 할 수는 없어도 적어도 통합된 문화가 지중해를 가로질러, 그리고 유럽 내륙으로 확장돼 있었다. 예를 들어, 어느 특정한 해 여자 상반신 초상화에 나타난 특정한 헤어스타일은 그로부터 5년 안에 지중해 주변 전역의 새 초상화의 대부분에 똑같이 반영됐다. 이것은 상업적 기회의 확대, 나아가 시장이 방대하게 확대되는 데

기여했다. 지리·정치 측면의 요인들이 수단이라면 이것은 동기였다. 그래서 기원전 50년에는 알렉산드리아를 비롯해 몇몇 시장에서 판매할 수 있으리라는 기대를 품고 상인들은 소말리아로 건너가 몰약(沒藥)을 손에 넣곤 했으며, 기원후 50년에는 그 상인들이 로마 제국 전체에 걸쳐 시장을 갖게 되었다.

  이들 세 가지 요인들이 합쳐져 의미하는 것은 손에 넣을 수 있는 자원이 갑자기 많아졌으며 그것을 공급해 이득을 취할 수 있는 능력과 기회 또한 증대되었다는 사실이다. 중부 이탈리아의 도자기 공장은 이제 더 이상 해당 지역만을 위해 도자기를 제작하지 않으며, 더 많은 자원을 확보함에 따라 영업 범위를 점점 더 확대하고 더 정교한 기술을 개발하게 되었다. 스위스의 광산촌은 이탈리아에서 도자기를, 스페인에서 올리브유를, 시칠리아 섬에서 곡물을 얻고 있으며, 유대에서 포르투갈에 이르는 고객층을 확보하고 있다. 그래서 이 광산촌은 전문화를 더 심화시키고 조업의 정교화와 규모를 증대시키기 시작한다. 그렇게 해서 전반적으로 로마제국 곳곳에서 경제활동이 증대되고 규모와 정교화가 심화되었다.

출처 : 『로마경제의 고고학(The Archaeology of the Roman Economy)』 (Kevin Greene: University of California Press;1990)

7.2.3. 세계사를 바꾼 철 조각, 훈족의 등자(鐙子)

◦ 로마제국을 벌벌 떨게 했던 훈 제국

로마제국은 아우구스투스(기원전 63년~기원후 14년) 황제가 통치를 시작한 기원전 27년부터 제정 종식까지의 로마를 일컫는다. 로마 제정(帝政) 시대의 종식은 395년 동서 로마의 분할, 476년 서로마제국 멸망, 그리고 1453년 동로마제국 멸망 등 관점에 따라 다르게 볼 수 있다. 로마제국을 동(東)과 서(西)에서 끊임없이 군사적으로 압박하며 서로마제국과 동로마제국으로부터 동시에 해마다 엄청난 액수의 공물(貢物)을 황금으로 받아 챙겼던 세력이 있었다. 이들이 바로 훈족(族)이다.

유라시아 북방을 무대로 활동했던 기마민족 흉노(匈奴)는 한(漢)제국을 군사적으로 압박해 한(漢)에서 공물은 물론 정략결혼의 대상인 한 왕실 공주를 받아들일 정도로 막강했다. 흉노의 한 지파(支派)로서 서방으로 이동해 로마의 분열을 촉발한 것이 바로 훈족이다. 훈족이 게르만족을 압박해 로마 영역으로 이주시켰고 그 결과 476년 서로마제국이 멸망하는 고대 세계의 해체가 진행됐다.

훈족은 아시아 대륙에서 발흥해 서(西)러시아에서 세를 키운 뒤 4세기 말 우랄산맥을 넘어 유럽 대륙을 휩쓸었다. 그들은 압도적인 기동력과 궁술 등 전투력으로 슬라브족(族), 동(東)고트족(族)의 영토를 잇달아 침략해 동쪽으로 카스피 해(海)와 라인 강(江) 어귀까지 장악했다. 정복 군주 아틸라(410~453)가(그림 7-15 참조) 갑자기 숨지면서 급격히 분열되었고, 그 뒤에 마자르 족(族) 등 유럽 민족에 급격히 동화·흡수돼 역사에서 종적을 감췄다. 초원에서 어느 날 불쑥 생겨났던 제국답게 초원에서 소리 없이 사라지고 말았다. 역사가들은 훈족이 세계사에 미친 영향 가운데 가장 두드러지는 것으로 로마제국 외곽의 게르만족을 압박해 로마제국 영역 안으로의 이주를 강요함으로써 서로마제국이 해체되도록 이끌었다는 사실을 든다.

<그림 7-15> 아틸라와 훈족을 묘사한 유럽의 회화

◦ 등자를 사용하는 훈족에게 혼쭐 난 로마군대

로마제국이 군사적·경제적으로 쇠퇴기에 빠지자, 변방 지대의 게르만족(로마인이 볼 때 '야만족')들이 꿈틀거리며 서서히 제국 땅을 침식하기 시작했다. 4세기 후반기에 들어서자 변방지역 게르만족은 점차 팽창하여 남으로 동으로 정착지를 확대해갔다. 그러던 중 훈족이 흑해 지역을 침입하면서 게르만족은 연쇄적으로 대이동하여 로마제국 땅을 본격적으로 침입했다.

결국 발칸반도에서 오늘날 불가리아 지역을 침입한 서고트족(게르만족의 하나)과 로마군 간에 큰 전투가 벌어졌다. 378년 로마제국을 위해 복무하던 서고트족 무장집단은 반란을 일으켜 로마군 수비대가 방어하는 아드리아노플 성을 공략하고 주변을 약탈했다. 이 아드리아노플 전투에서 로마는 치명적인 패배를 당했다. 로마 황제 발렌스(328~378)를 포함한 주요 지휘관이 모두 전사했다.

훈족의 압박을 받은 게르만족의 로마 침입은 로마 쇠퇴의 원인이 되었는데, 이들 간의 전투의 승패를 가른 것은 작은 철제품, 등자였다(그림 7-16 참조). 등자는 말안장에 매달아 기수가 발을 걸치거나 디디고 말 등에 올라설 수 있게 해 주는 승마 기구를 말한다. 그때까지 게르만족이나 로마 기병에게는 등자가 없었고, 기병의 발은 덜렁거렸다. 로마 군대는 승리를 확신했지만. 훈족에게서 얻은 등자에 발을 고정하고 창과 활을 자유자재로 사용하는 고트족의 상대가 될 수 없었다.

<그림 7-16> 등자를 사용해 전투에 나선 고트족 기병 재현 모습

미국 뉴욕주 오네온타 소재 하트위크대학 마술학(馬術學) 연구소 소장 데이비드 앤서니 박사에 따르면, 궁기병(弓騎兵)의 활약이 가능하게 된 것은 등자(鐙子)의 채택 덕분이었다. 317년에 이르러 중국 양자강 이북 지역은 온통 북방 유목민인 선비족 차지가 되었다는데 그들도 등자를 사용했다. 415년이 되자 등자 사용은 중국 전역으로 확대되었고, 이어 한반도와 일본 및 유럽으로까지 전해졌다.

고트족이 로마 군대와의 전투 시 사용한 등자는 그 제조법과 사용법을 훈족에게서 배운 것이었다. 달리는 말위에서 뒤돌아 활을 쏘는 훈족의 전투법은 당시 유럽에서는 상상도 할 수 없는 기술이었다. 이탈리아 북부 아퀼레이아 시(市) 성당 프레스코 벽화의 훈족 기사법(騎射法) 묘사는 고구려 벽화와 흡사하다(그림 7-17 참조). 고구려 무용총 벽화에 보면 말을 타고 가다 몸을 뒤로 돌려 각궁(角弓)의 줄을 귀까지 잡아당겨 짐승을 겨누는 모습의 그림이 있다. 이것이 바로 북방 기마민족의 고급 기마 궁술인 파르티안 기사법이다. 파르티안 기사법이 개발된 것은 말을 타고 화살을 쏠 때의 문제점을 개선하기 위한 것이다. 말을 타고 활을 앞으로 쏘려면 말머리 때문에 시야의 방해가 되어 사각지대가 생기게 된다. 그래서 말을 타고 활을 쏠 때는 목표물을 측면에 두고 쏘는 것이 시야도 확보되고 효율적이다.

<그림 7-17> 고구려 벽화에 나오는 파르티안 기사법(=국립중앙박물관)

'파르티안 기사법'은 기원전 53년 파르티아와 로마군 사이에 벌어진 유명한 '카라이전투(Battle of Carrhae)'에서 유래한다. 도망치던 파르티아 기병들이 고삐를 놓아둔 채로 갑자기 상반신만 돌려 추격하는 로마군에 화살을 퍼부었다. 갑작스러운 공격에 추격하던 로마군이 우왕좌왕할 때 1천여 기의

파르티아 중갑병이 돌진해 로마군을 오합지졸로 만들어 버렸다.

고도의 체력과 기술이 필요한 파르티안 기사법을 보다 손쉽게, 약간의 훈련으로도 가능하게 만들어준 것이 바로 훈족이 만들어낸 철제품 '등자(鐙子)'다. 말을 타고 뒤로 돌아서 활을 쏘게 되면 신체구조상 더 안정적인 자세로 활을 쏠 수 있어 명중률도 높고, 말을 타고 다니면서 360도 어느 방향으로든 화살을 날릴 수 있게 된다. 고트족은 훈족에게 배운 등자를 사용해 파르티안 기사법을 활용한 반면, 서양의 경우 실용적인 국가 로마제국조차도 이 마구가 없이 말을 탔던 것이다.

○ 역사 속의 훈족은 흉노족의 후예

기원전 3세기경 몽골고원을 차지하고 최초의 대초원(大草原) 제국을 건설한 기마군단 흉노는 대완, 대하, 월지, 오손, 누란 등 동(東)투르키스탄 지역 일대를 정복하고, 기원전 1세기경에는 실크로드 중심축을 장악하는 강대국이 되었다. 중국 최초의 통일왕조인 진(秦), 이어 등장한 한(漢)과 쟁패하면서 세력을 떨치던 흉노는 몇 차례 내분으로 약화되면서 실크로드의 지배권을 중국에 빼앗기고 기원전 48년 동·서 흉노로 1차 분열됐다. 그 후 서(西)흉노는 몽골지역에서 서(西)투르키스탄으로 이동했다. 이들은 아랄 해(海)와 발하쉬 북부 초원까지 진군했으나 기원전 36년 지도자가 한(漢)에 잡혀 죽자 역사기록에서 사라졌다.

동(東)흉노는 48년경 화북지역 일대의 호한야가 지휘하는 남(南)흉노와 몽골고원 일대의 북(北)흉노로 2차 분열됐다. 남흉노는 3세기 초 중국에 동화·흡수되었고, 북흉노는 한과 선비(鮮卑) 세력에 쫓겨 서쪽으로 이동해 2세기 초반에는 투르키스탄 일대에 산재해 살았다. 이후 2세기 중반 경 천산산맥 북부에서 아랄해 지역으로 다시 이동했다. 이와 같이 흉노 세력은 분열·약화되고 서쪽으로 이동하면서 1세기 말에는 중국 역사에서 완전히 사라졌다.

그로부터 약 200년이 지난 4세기 말(370~375년 경) 흉노의 후예들이 이번에는 로마인들 앞에 모습을 드러냈다. 이들이 바로 훈제국을 건설하여 세계사의 전면에 등장한 훈족이다. 아랄 해 북부 초원일대에 거주하던 이들 흉노의 후예 훈족은 374년경 발라미르의 지휘 하에 유럽을 향하여 파죽지세로 진격했다. 할아버지의 할아버지 세대인 그 옛날 조상들과 매우 흡사한 방식, 즉 말·나무안장·등자·복합곡궁(複合曲弓)·삼각철 화살 등으로 중무장한 기마군단의 모습으로 유럽인들의 눈앞에 혜성과 같이 나타난 것이다. 그들은 볼가강과 돈강을 건너 이란계 유목민으로 알려진 알란인들을 격파하고 동고트를 붕괴시켰으며, 드네프르강을 건너 서고트를 패퇴시켰다(그림 7-18 참조). 쫓긴 고트족들은 훈족을 피해 다뉴브강을 건너 로마 영토로 들어가기 시작했다.

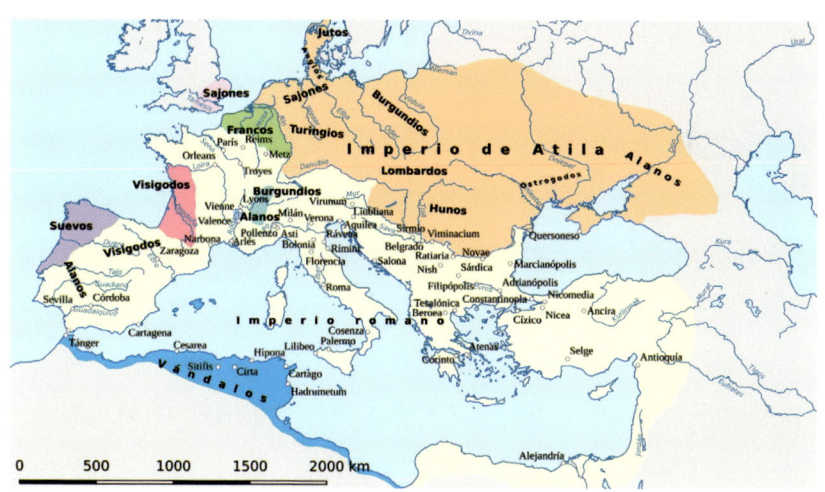

<그림 7-18> 훈족의 세력 확장

그들은 놀라운 기동성과 뛰어난 기마 전술로 게르만족 등 유럽 세력을 순식간에 압도해 버렸다. 훈족의 공격은 유럽인들에게는 '신의 징벌' 또는 '신의 채찍'이라 불릴 정도로 공포의 대상이었다. 당시 역사가들은 훈족에 대한

기록을 무엇보다 극도의 공포와 증오로 생생하게 가득 채웠다. 이후 400년 경 다시 발라미르의 아들 울딘이 동유럽 평원으로 공격해 들어가자 놀란 고트족이 헝가리, 이탈리아반도로 이동하면서 '게르만 민족의 대이동'이라고 역사가 기록하고 있는 거대한 민족이동을 촉발시켰다.

　수 세대에 걸쳐 훈족은 서쪽으로 이동해 로마 국경 가까이까지 이르렀으나 로마는 크게 긴장하지 않았다. 이때까지만 해도 로마제국은 훈족을 큰 위협으로 보지 않았다. 오히려 변방의 게르만족을 공격할 때는 훈족 기병의 지원을 받는 등 때로는 동맹관계에 있기도 했다. 그러나 434년 아틸라(406~453)가 훈족의 지배권을 확립한 후 사정은 완전히 달라졌다.

　권력을 장악한 훈족의 왕 아틸라는 우선 주변 지역의 게르만 민족들을 무차별적으로 공격해 나갔다. 그들은 아틸라의 적수가 될 수 없었고, 로마 주변은 아틸라가 완전히 장악하게 되었다. 주변을 정리한 아틸라는 441년 동로마제국에 전쟁을 선포하고 다뉴브강을 건너 주요 도시를 초토화했다. 이에 동로마 테오도시우스 황제(401~450)는 442년 아틸라 군(軍)과 굴욕적으로 강화조약을 맺을 수밖에 없었다.

　아틸라 군은 447년에는 동로마제국을 다시 공격해 콘스탄티노플을 제외한 발칸반도를 거의 초토화해 버렸다. 451년에는 라인 강을 건너 갈리아를 공격해 메츠를 점령하고 오를레앙을 포위하는 등 공포의 진군을 계속했다. 452년 이탈리아로 쳐들어가자 서로마 황제는 도주하고, 로마 대주교 레오는 화해를 간곡히 요청했다. 그러나 전염병과 병참 문제가 겹치면서 아틸라는 본거지인 헝가리 대평원의 판노니아로 돌아왔다.

　이듬해 453년 세계사를 바꾸는 대사건이 일어났다. 아틸라가 게르만 제후의 딸 일디코와 결혼 첫날밤 죽었다. 의문의 사망이었다. 지금도 독살, 과음, 복상사 등 다양한 추측이 있다. 이로써 아틸라가 준비 중이던 콘스탄티노플 정복이 무산되었다. 아틸라가 죽자 세 아들이 왕위를 두고 분열을 일으키면서 훈제국은 약화되었고 얼마 뒤 역사 무대의 뒤편으로 사라졌다.

독일 공영방송, "훈족은 한국인일 가능성 있다"

독일 제2공영방송인 ZDF TV는 '역사의 비밀' 다큐멘터리(1994년)에서 "훈족의 원류가 아시아 최동단(最東端)의 한국인일 가능성이 있다"고 했다. 금관가야가 있었던 김해 대성동 고분에서 발굴된 동복(銅鍑, 기마민족이 말에 달고 다니던 휴대용 소형 솥)이 훈족의 서쪽 이동로를 따라 다수 발굴되고 있고, 또 경주 금령총에서 발굴된 기마 인물상에서 말 등에 동복을 싣고 있는 것 등을 들어 한민족과 훈족이 직접적인 관계가 있을 수 있다고 주장했다.

원로 사회·역사학자 신용하 교수(1937~)에 따르면, 고조선 국가는 영역이 요동(遼東)과 요서(遼西)로 넓어짐에 따라 다수의 부족을 후국(侯國) 제도를 통해 통치했다. 후국은 2개 유형으로 나눌 수 있다. 제1형 후국은 '직할(直轄) 후국'으로서 매우 일찍 후국이 된 맥(貊)과 예(濊)(건국에 참여하지 않았던 경우), 부여, 옥저, 구려, 진(辰), 숙신(肅愼)(읍루(挹婁)) 등이다.

제2형 후국은 '변방(邊方) 후국'으로서 동호(東胡), 오환(烏桓), 선비(鮮卑), 해(奚), 오손(烏孫), 유연(柔然), 산융(山戎·흉노), 돌궐(突蹶·원투르크), 실위(室韋·원몽골) 등이 포함된다. 고조선 제왕(단군·천제)은 후국에 왕족을 보내거나 부족장을 제후로 임명해 통치했다. 이 때문에 후국 호칭이나 소왕에는 단(檀) 씨가 많았다. 예컨대, 선비족의 왕은 단석괴(檀石槐), 유연은 대단(大檀·아발), 흉노의 왕 호칭은 단우(單于·'선우'로 읽는 것은 후의 변화, 단후·檀后와 같음) 등이었다.

한서(漢書)는 흉노의 대인(大人)을 두만(頭曼)이라고 했다. 이 두만(頭曼)은 병사 1만 명을 지휘하는 고조선의 군사령관을 가리키는 것이다. 따라서 원흉노는 고조선의 후국(侯國)으로서 고조선이 파견한 고조선 왕족의 사령관을 통치자로 한 고조선 후국의 하나로 해석되는 것이다. 이들은 서기전 3세기에 흉노족 두만(頭曼)의 아들 모돈(冒頓, 목특, 목돌)이 부족들을 연합해 흉노제국을 건설하고 제위에 올라 '탕리고도 선우(撐犁孤塗檀氏)'라는 단우(單于=Tengrikodo Danwu) 호칭을 사용했다고 한다(한서 흉노전).

신용하 교수는 흉노왕의 호칭 '단우'가 중국식으로 '선우'이나, 흉노식으로는 '단우'로 읽는다고 했다. 아울러 두만(頭曼)의 성씨가 단(檀)과 같아 단(單)은 곧 단(檀)이다. 즉, 흉노족 두만(頭曼)이 단씨(檀氏)라는 것이 주목할 점이라 했다. 신용하 교수의 연구를 근거로 하면 흉노족의 후예인 훈족이 한국인일 가능성을 제기한 ZDF TV의 다큐멘터리는 '실제 사건'을 다룬 것일 수 있다.

7.3. 조선시대의 화포, 뛰어난 철 가공기술의 산물

1592년 임진왜란은 조선의 뛰어난 화포 제조기술을 과시한 사건이었다. 전쟁 초기 조선군은 육전(陸戰)에서 조총(鳥銃)으로 무장한 일본군의 보병 전술에 맥없이 무너져 연패를 거듭했다. 결국 개전 1개월도 안 돼 수도 서울이 함락당해 선조는 의주로 피난을 가고 국토의 대부분을 잃는 최대의 위기를 겪었다. 그러나 조선은 자발적으로 일어난 의병들과 수군(水軍)의 활약으로 재기할 수 있었다.

특히 이순신 장군(1545~1598)이 이끈 수군은 해전에서 연전연승을 구가했다. 임진왜란은 한반도에서 벌어진 최초의 화기전(火器戰)이었다. 개전 초기 일본의 '총'에 속수무책으로 당하던 조선은 종국에는 '포'로 외침(外侵)을 견뎌냈다. 이순신 장군이 해전에서 압승할 수 있었던 것은 적에게는 없는 조선 수군의 철제 함포의 전력이 있었기에 가능했다.

조선 수군 연승의 일등공신은 대형 화포였다. 조선시대에 사용된 장거리 화포가 바로 총통(銃筒)이다. 육군박물관에 따르면 총통이란 고려 말 최무선에 의해 개발돼 조선시대에 널리 사용된 유통지화식(有筒指火式) 화기를 총칭하는 것으로, 화약을 이용해 청동이나 철로 된 통속에 화살이나 탄환을 넣어 발사하는 무기를 말한다. 현존하는 총통 가운데 많은 것이 청동제이지만 철제 총통도 적지 않다. 임진왜란이 한창이던 1593년 윤11월 17일 조정에 올린 장계(狀啓)인 하납철공문겸사유황장(下納鐵公文兼賜硫黃狀)에서 이순신 장군은 다음과 같이 호소한다.

"지자총통 한 자루의 무게가 150여 근이나 되며, 현자총통 한 자루의 무게도 역시 50여 근이나 되는데, 이같이 물자가 남김없이 말라진 오늘에 있어서는 비록 관청의 힘으로도 손쉽게 변통하기는 어려울 것입니다. 배를 만드는 일은 거의 끝났으나 각종 병기들이 한꺼번에 되지 않으니 참으로 걱정입니다. (중략) 듣자오니 멀고 가까운 여러 고을에서는 쇠를 바치고 병역을 면제하려고 하는 자가 있다고 하는데, 아래에 있는 사람으로는 함부로 할 수 없는 일이므로 감히 품의하오니 혹시 그 철물의 중량에 따라 혹 직함으로 상(賞)을 주기도 하고, 혹 벼슬길을 틔워 주기도 하고, 병역을 면제하게 하며, 천한 신분을 면하게도 하는 공문을 만들어서 내려보내 주시면 쇠를 거두어 총통 등을 만들어 군사의 중요한 일을 성취할 수 있을 것으로 생각합니다."

임진왜란 당시 전반적인 생산, 유통 체계가 완전히 붕괴되어 구리 뿐 아니라 철 등 거의 모든 무기 소재가 부족하긴 했지만 이순신이 말한 쇠 중에는 철이 아닌 경우도 많았으며, 구리까지 싸잡아 '쇠'로 통칭했을 수 있다고 역사학자들은 해석한다.

조선시대 총통의 이름은 큰 것부터 천자문(千字文)의 순서에 따라 천(天)·지(地)·현(玄)·황(黃) 식으로 이름을 붙였다. 임진왜란 당시 거북선과 판옥선에는 승자총통, 차승자총통, 대승자총통, 중승자총통, 소승자총통, 별

승자총통, 소총통, 쌍자총통 등 소(小)화기와 천자총통, 지자총통, 현자총통, 황자총통, 별황자총통 등 대형 화포가 있었다. 조선 수군은 대형 전함의 전후좌우에 장착된 대형화포를 이용해 함포전술(艦砲戰術)을, 전함을 이용한 당파전술(撞破戰術)과 화공전술(火攻戰術)을 구사했다.

• 천자총통(天字銃筒) : 임진왜란 당시 사용된 화포 중에서 가장 큰 화기로, 거북선 및 판옥선에 장착되어 큰 성능을 발휘하였다. 화약 30량을 사용하여 대장군전을 발사하는 데 사거리는 900보이었다. 후기에 가서는 조란탄(鳥卵彈)이라고 하는 탄환 100발을 발사하기도 하였다. 현재 두 점의 천자총통이 전해 오고 있다. 하나는 명종 10년(1555년) 제작된 것으로 육군박물관에 소장되어 있으며 이는 보물 647호로 지정되어 있다. 또 하나는 현충사에 소장되어 있는 것인데 명문에는 '기유'라는 것만 나타나 있기 때문에 그 정확한 연대를 알 수는 없으나 그 외형이 『융원필비』(조선 후기인 1813년 훈련도감에서 편집, 간행한 군사기술에 관한 책)의 내용과 비슷한 것으로 보아 임진왜란 이후의 것으로 추정된다.

• 지자총통(地字銃筒) : 지자총통은 천자총통 다음으로 큰 화기로서, 화약 20량을 사용하여 조란탄이라는 철환 200개 또는 장군전을 발사하는데, 29근에 달하는 장군전의 경우 8백보를 날아간다. 현재 지자총통은 3점이 있는데 두 점은 각각 명종(明宗) 12년(1557년) 3월·4월에 제작된 것으로 육군박물관과 동아대박물관에 소장되어 있으며, 각각 보물 862호·863호로 지정되어 있다. 나머지 하나는 1994년 1월 여천 앞바다에서 일부가 파손된 상태로 인양된 것으로 임진왜란 당시 사용된 것으로 추정된다.

• 현자총통(玄字銃筒) : 이 총통은 천자총통·지자총통 다음으로 큰 화포이나 그 크기는 지자총통과 별다른 차이를 보이지 않는다(그림 7-19 참조). 한 번 발사에 4량의 화약을 사용하였고, 발사물은 차대전이나 은장차중전 혹은 조란탄의 세 종류를 사용하며, 사정거리는 800보에서 1,500보에 이른다고 되어 있다. 현재 5점의 총통이 전해오는 데, 해군사관학교박물관·진주

박물관·육군사관학교박물관·동아대학교박물관 등에 소장되어 있다. 그 중 해군사관학교에 소장되어 있는 총통은 선조 29년(1596년) 7월 제작된 것이며, 1994년 1월 여천 앞바다에서도 임진왜란 당시의 것이 인양되었다.

<그림 7-19> 보물 제885호 현자총통

- 황자총통(黃字銃筒) : 천자·지자·현자총통에 비해 크기가 가장 작은 화포로 화약 3량을 사용하여 조란탄 40개나 피령차중전 1발을 발사하며, 사정거리는 1,100보이다. 또 『신기비결』(선조 36년, 1603년에 함경도순찰사 한효순이 편찬한 병서)에 의하면 소연환 20개도 쏜다고 나와 있다. 현재 명종 때의 유물 1점이 전쟁기념관에 소장되어 있는데, 보물 886호로 지정되어 있다.
- 별황자총통(別黃字銃筒) : 황자총통을 개량하여 만든 화포로 포신의 약실(藥室) 뒤에 나무 손잡이를 끼울 수 있는 모병(冒柄)을 부착시켰고 포신의 중간 무게중심 부위에 정철(定鐵, 화포받침대에 고정시킬 수 있는 부분)이 부착될 수 있도록 포이(砲耳)라는 돌기가 양쪽에 있다. 정철은 삼각다리 형태의 받침대와 결합되어 배의 갑판 등에 고정하여 상하 좌우로 쉽게 운용할 수 있도록 설계되었다. 4량의 화약을 사용하여 조란탄 40개나 가죽날개를 단 피령목전 1개를 발사하였으며, 사정거리는 1,000보였다. 현재 전해오는 별황자총통은 1609년에 제작된 것으로 육군박물관에 소장되어 있다.

• 승자총통(勝字銃筒) : 선조 초기 김지(金墀)가 전라좌수사로 재임 시에 육전에서 사용하기 위해 개발한 것으로 기존 우리나라 화기의 단점을 개량하여 장전과 휴대가 간편하게 하였고, 총신을 길게 하여 사정거리를 늘리고 명중률을 높인 것이다. 이 총통은 '이탕개(尼蕩介)의 난(亂)'(임진왜란 직전인 1583년(선조 16년) 1월에서 8월까지 최대 3만여 명 규모의 여진족이 함경도 북부를 침입한 사건)을 진압하는데 효과를 보았다. 이후 상당수가 주조되어 북쪽의 여러 진지에 배치되었으며, 임진왜란을 비롯하여 광해군(光海君) 때까지 사용되었다. 이 화기는 화약 1량을 사용하여 철환 15개를 발사하며, 사거리는 600보이다. 또한 가죽날개를 단 피령목전을 쓰기도 한다. 현재 모두 22점이 전해 오고 있으며, 유물의 새겨진 명문에는 중간 탄환은 8개, 작은 탄환은 10개를 발사하는 것으로 되어 있다.

• 불랑기(佛狼機) : 불랑기(佛狼機)라는 명칭은 '프랑크'의 한자식 표현으로 포르투갈에서 건너온 무기다. 중국에 먼저 전래됐고, 우리나라에 전래된 시기는 임진왜란 중인 1593년 1월 평양성 탈환 전투 때였다. 불랑기의 가장 큰 특징은 포가 모포로 불리는 포신과, 포탄과 화약을 장전하는 자포로 분리되어 있다는 점이다. 또 기존 화포에 비해 규모가 작아 전투에서 효용성이 높고 성능도 우수했기에 이후 적극적으로 도입돼 거북선 등에 장착됐다(그림 7-20 참조). 불랑기는 운용 조작이 매우 간단해, 먼저 모포의 포신 속

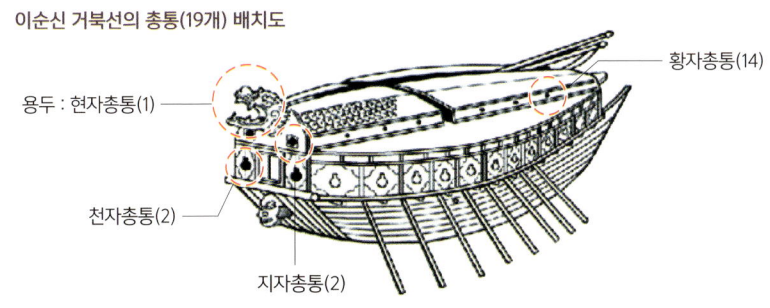

<그림 7-20> 각종 총통으로 무장한 이순신 장군의 거북선

을 청소한 다음 탄환이 장전된 자포를 자포실에 끼워 넣으면 바로 발사 준비가 끝났다. 이는 1차 사격 후에 재장전·사격까지의 발사 간격이 매우 짧아, 다른 대포와 비교할 때 불랑기만이 지니는 최대 장점이었다. 특히 어떤 탄환을 사용하더라도 장전수가 미리 자포에 탄환을 장전해놓는 방식이기 때문에 발사 간격을 일정하게 유지할 수도 있었다.

우리나라 화약병기의 발달은 고려 말 우왕 3년(1377년) 최무선의 건의에 의하여 화통도감(火統都監)이 설치되면서부터였다. 이어 세종 27년(1445년)에는 비밀 유지 등의 이유로 화기의 제조를 궐내에서 관장하고 있었다. 그러나 중종 말년(1544년)을 전후하여 명(明) 나라 연해민(沿海民)들을 통해 왜인들이 화약병기 기술을 습득하게 되었고, 이때부터 왜구는 우리나라 연안지역을 상대로 한 노략질에 더욱 열을 올리게 되었다. 그 두드러진 사례가 명종 10년(1555년) 5월 왜구가 전라도 영암 지방을 휩쓴 을묘왜변(乙卯倭變)이다. 이 사건을 계기로 조선은 대단위 화기 개발에 주력하였다. 을묘왜변 이후 명종 18년(1563년)에 이르기까지 총통 주조에 거국적인 노력을 기울여 이 사업에 최소 10만 근의(약 60톤) 동철(銅鐵), 즉 구리와 철을 투입하였다.

조선의 화포 제조 기술은 19세기 들어 새로운 기술이 발전하는 가운데 한 단계 업그레이드되는데, 그렇게 되기까지의 과정에서 최천약(1724~1776)과 같은 기술자들의 역할이 컸다. 이 때 발명된 화포가 쌍포와 갑인명포, 을축명포이다. 이들 세 화포는 거푸집을 이용한 주조 방식이 아닌 단조 방식으로 제작됐다는 점이 특징이다. 이들 화포는 주조와 단조, 절삭 가공기술을 종합적으로 이용해서 만들 필요가 있었는데 쌍포와 갑인명포, 을축명포는 바로 이 단조 기술이 적용된 최초의 대형 화기였다.

임진왜란 당시만 해도 조선의 화포가 매우 뛰어났다. 당시만 해도 서양에서는 화포보다도 보병이 사용하는 소총 개발을 더 많이 했다. 임진왜란 당시 조선이 운용했던 천자총통의 화력이나 사거리는 서양에서 18세기 무렵에 운용했던 대포와 거의 맞먹을 정도로 강력했다. 천자총통의 경우 최대

사거리가 약 1.2km에 달하는데, 이는 미국의 독립전쟁 무렵에 사용되었던 대포와 거의 비슷한 수준이다.

그 외에도 적의 함선을 공격하기 위해 대형 화살을 사용하거나 적의 인마를 살상하기 위한 산탄, 비격진천뢰 같은 다양한 종류의 탄환을 사용한 조선과 달리 비슷한 시기의 서양의 대포는 대부분 단순한 쇳덩이나 잘해야 산탄 정도나 사용하던 수준이었다. 사거리로 말하면 잘해야 천자총통의 반 정도에 그쳤다. 단순히 16~17세기 무렵의 대포 기술 및 그 위력만을 비교한다면 조선은 세계 최정상급이라고 말하기에 무리가 없다.

하지만 국력을 해외로 뻗치며 각종 무기에 대해 계속 연구하고 개발했던 서양과 달리 조선은 구형 무기로만 만족했기 때문에 19세기 중반 무렵에는 서양의 화포가 엄청나게 빠르게 발전하기 시작하면서 조선의 화포를 크게 앞질렀다. 그리고 19세기 말에 가면 이미 조선은 서양에 도저히 대항할 수 없는 수준까지 떨어졌다.

7.4. 대영제국의 구축과 철제 기선 및 함포

　산업혁명으로 실력을 키워 본격적으로 대영제국을 건설한 영국은 20세기 초까지 세계 최강국으로 군림했다. 대영제국은 영국에 의해 지배되거나 관리되는 자치령, 식민지, 보호령, 위임통치령으로 구성됐다. 대영제국은 16세기 말부터 18세기 초 사이 영국에 의해 수립된 해외 속령(屬領)들과 무역 거점들에서 비롯됐다(그림 7-21 참조). 대영제국이 생겨날 수 있었던 배경에는 철을 바탕으로 진행됐던 산업혁명이 있었다.

　19세기는 영국의 시대였다. 이 시기 대영제국은 막강한 해군력을 바탕으로 교역권을 거의 독점적으로 행사하며 식민지 개척과 노예무역 등을 펼치면서 최강국으로 올라섰다. 또한 식민지 개척 과정에서 스페인, 네덜란드, 프랑스 등을 격파하며 세계 최강의 패권국 지위를 유지했다.

　영국은 세계 여러 곳에 식민지를 가진 식민제국이었기에 '해가 지지 않는 나라'라고 불리었다. 본국에는 밤이 오더라도 인도, 동남아시아, 북아프리카 등 식민지 한 곳 이상은 낮이기 때문에 이런 별칭이 붙었다. 인류 역사상 가장 큰 국가이자, 세계 최대 크기를 자랑했던 대영제국은 한때 세계 육지 면적의 4분의 1과 인류의 20%를 속령으로 삼았던 나라였다. 영국은 경제적으로 산업혁명을 일으킨 국가답게 선구적으로 산업 자본주의를 발전시켜 세계 최고의 생산력을 갖추었다. 또한 의회 민주주의도 정착시켜 정치적 안정을 이끌어 냈다.

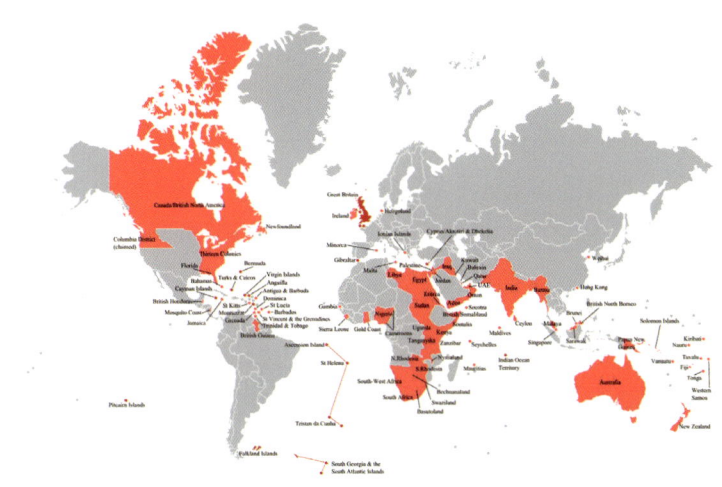

<그림 7-21> 전성기 대영제국 판도

7.4.1. 대영제국 이전에는 스페인·포르투갈이 강국

훗날 대영제국으로 발전한 영국도 처음부터 유럽의 강국은 아니었다. 영국보다 먼저 스페인과 포르투갈이 오래 강국으로 군림했다. 15세기 후반부터 18세기 중반까지 유럽의 배들이 세계를 돌아다니며 항로를 개척하고 탐험과 무역을 하던 시기를 대(大)항해 시대라고 말한다. 그 과정에서, 유럽인들은 자신들이 알지 못했던 아메리카 대륙과 같은 지리적 발견을 달성했다.

대항해 시대는 포르투갈의 엔히크 왕자가 처음으로 열었다고 한다. 당대의 유명한 탐험가들은 아메리카 대륙을 발견한 크리스토퍼 콜럼버스와 인도 항로를 개척한 바스쿠 다가마가 있다. 그리고 브라질을 발견한 페드루

알바르스 카브랄, 유사 이래 처음으로 태평양과 대서양을 횡단한 페르디난드 마젤란 등이 있다.

옛날부터 유럽 여러 나라는 후추나 육두구(肉荳蔲) 같은 향신료를 많이 썼다. 향신료를 음식에 넣으면 엄청나게 음식 맛이 좋아지기 때문이다. 향신료는 인도 지방에서 주로 생산되는데, 15세기 들어 중동지방을 오스만제국이 차지한 이후에는 향신료를 수입하는데 문제가 생겼다. 오스만제국이 인도에서 유럽으로 이어지는 길목인 중동을 차지하고 있으면서 인도에서 오는 향신료를 독점하여 중간에서 큰 이문을 남기면서 말할 수 없이 비싼 값에 유럽에 팔았기에 유럽 나라들은 울며 겨자 먹기로 비싼 값에 향신료를 살 수밖에 없었다. 이 때문에 스페인과 포르투갈과 같은 나라들은 중동을 거치지 않고 인도로 갈 수 있는 길이 없는가를 열심히 찾게 되었던 것이다(그림 7-22 참조). 이런 이유로 이 두 나라에서 항해술이 특히 발달했다.

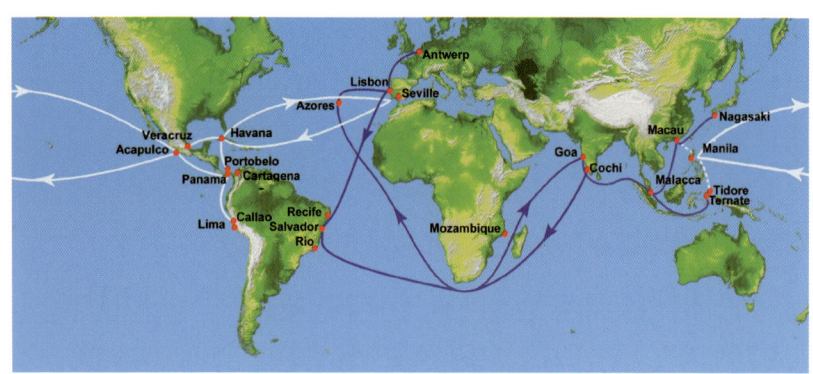

<그림 7-22> 스페인·포르투갈의 무역로

인도로 곧장 가는 항로만 발견하면 싼값에 향신료를 손에 넣을 수 있고, 또한 이렇게 하면 막대한 이윤을 남기고 유럽 전역에 팔 수 있다고 보았다. 그런 이유로 포르투갈은 일찍이 아프리카 대륙을 남쪽으로 돌아 동쪽으로 가면 인도에 다다를 수 있다고 믿고 그 항로를 개척하기 위해 무척 애를 쓰

고 있었다. 이에 선수(先手)를 빼앗긴 스페인이 콜럼버스가 서쪽으로 가면 인도에 다다를 수 있다고 우기면서 항해를 하겠다는 주장에 한 번 도박을 걸어 보게 된 것이다. 그 결과 1492년 아메리카 대륙에 콜럼버스가 최초로 도착하게 되었다.

아시아와 남아메리카에서 경쟁적으로 전리품(戰利品)을 챙겨 담고 있던 스페인과 포르투갈이 국제무역을 지배하고 세계의 바다를 통제했던 16세기 중반까지 영국은 세계무대에서 조연(助演)에 지나지 않았다. 남아메리카에서 약탈한 금과 은, 그리고 당시 같은 무게의 금보다 비쌌다는 아시아의 향신료를 가득 실은 배들이 포르투갈의 리스본과 스페인의 카디스 항(港)으로 속속 입항하는 것을 영국은 그저 부러운 눈길로 바라보고 있을 수밖에 없었다.

7.4.2. 영국, 철포·철선으로 바다 지배하며 제국으로 발전

하지만 상황은 신속하게 바뀌게 된다. 1588년 영국은 적의 청동 대포에 비해 사정(射程)이 더 길고 성능이 더 우수하며 제조비용이 더 저렴한 컬버린 철 대포에 힘입어 칼레 해전에서 스페인 무적함대를 패배시키면서 스페인을 굴복시켰다. 당시 컬버린 포의 제조비용은 청동 대포의 4분의 1에 불과했다. 따라서 비용 경쟁력에 기초해 대량생산이 가능했다.

해군력의 우위는 대영제국이 유럽에서 지배권을 확립하고 제국주의 시대가 시작되게 하는 데 결정적인 도움을 주었다. 오늘날 우리가 기억하는 세계 차원의 제국을 건설하는 노정(路程)에서 영국 해군은 네덜란드와 프랑스를 물리쳤다. 이후 철 대포와 철선으로 무장한 영국 해군은 대영제국의 필요에 맞도록 세계를 개조해 나갔다.

그 시작은 상서롭지 않았다. 영국은 섬나라임에도 불구하고 해군이 없었다. 굳이 해전(海戰)을 할 필요가 있으면 영국 왕은 민간 상인과 어선들을 일시적으로 동원했다. 1347년 에드워드 3세(1312~1377)가 프랑스를 침공하기 위해 거대한 함대를 조직했을 때 전체 선박 700척 가운데 왕에게 속한 것은 고작 30척이었다. 그러나 제국 건설에 대한 야망을 불태웠던 헨리 8세 (1491~1547)는 조선소와 메리로즈 호(號) 같은 전투함에 투자하기 시작했다.

1545년 7월 19일, 선체 측면 바깥으로 돌출시켜 대포를 아래위로 두 줄 장착한 메리로즈 호는(그림 7-23 참조) 프랑스를 치기 위해 영국 남부의 군항인 포츠머스 항에서 출항했다. 그런데 불행하게도 대포 윗줄이 흘수선(吃水線)에서 위로 불과 40㎝밖에 떨어져 있지 않았던 까닭에 메리로즈 호는 회전하다가 바닷물이 밀려드는 바람에 가라앉고 말았다. 이 광경을 헨리 8세와 왕족들이 해변에서 생생히 지켜보았다.

<그림 7-23> 메리로즈 호

이후 영국 해군의 운명(運命)은 크게 달라졌다. 프랜시스 드레이크 제독 (1563~1596)의 활약과 신설 영국 무역회사들의 해외 진출 야망이 어우러져 영국으로 하여금 이 나라의 미래는 바다를 지배하느냐에 좌우된다는 생각을 갖게 했다. 드레이크는 영국인으로서는 최초로 세계 일주를 달성한 항해

가다. 그는 1588년 스페인 함대와 맞붙었던 칼레 해전에서(그림 7-24 참조) 찰스 하워드를 사령관으로 하는 영국 함대의 부사령관으로서 영국 함대의 실질적인 지휘를 맡아, 화약과 기름을 싣고 불을 붙인 배를 적군 함대로 보내는 해적식 전법을 통해 당시 '무적함대'라 불리던 스페인 함대를 궤멸시킨 인물이다.

<그림 7-24> 칼레 해전

영국의 정치인, 탐험가, 작가, 시인이자 영국 여왕 엘리자베스 1세의 총신(寵臣)으로 알려진 월터 롤리(1554~1618)의 다음과 같은 말은 당시 영국이 바다를 얼마나 중시하고 있었는지를 잘 요약한다. "누구든 바다를 지배하는 자가 무역을 지배하며, 세계의 무역을 지배하는 자가 세계의 부(富)를, 그리고 결과적으로 세계 자체를 지배한다." 월터 롤리의 철학에 따라 영국은 해군 육성에 많은 힘을 쏟았다. 이후 영국은 어느 나라보다 더 많은 군함을 만들었고 더 많은 철 대포를 제조해 군함에 장착했다.

역사적으로 조선산업은 패권국의 등장과 관련이 있었다. 영국은 나무로 지은 배, 즉 목선(木船)을 건조하던 시기를 거쳐 증기선과 철선(鐵船)을 개발하면서 세계 조선산업의 패권을 차지했다. 1950년대까지 세계 조선업의 절대강자는 영국이었다. 영국은 목선에서 철선(鐵船)으로 넘어오는 시기에 철판 두 장의 끝을 겹쳐 구멍을 뚫은 뒤 불에 달군 굵은 쇠못을 때려 넣는 '리벳 건조' 기술을 들고 나왔다. 영국은 이를 내세워 1차 세계대전의 전함 수요를 선점한 뒤 세계 상선과 여객선 시장까지 손아귀에 넣었다. 그러나 이 리벳 건조 방법은 2차 세계대전 중에 개발된 용접 건조 방법이 보편화됨에 따라 경제성을 확보할 수가 없어서 사라지게 된다.

영국이 건조해준 철선으로 일본이 쓰시마 해전에서 승리

　러일전쟁(1904~1905) 중이던 1905년 5월 27일, 일본 쓰시마 섬 근해에서 일본 연합 함대와 러시아 발틱 함대 사이에서 벌어진 전투인 쓰시마 해전(海戰)은 현대적인 해군들끼리 바다에서 맞붙은 최초의 전투였다. 러시아 함대의 참패로 끝난 이 해전은 또 강철로만 제조된 군함들끼리 싸운 최초의 전투이기도 했다. 일본이 쓰시마 해전에 동원한 군함들은 일본의 의뢰를 받아 영국이 건조해 일본에 넘겨준 것이었다.

　2017년 8월 31일, 테리사 메이 영국 총리가 일본을 방문했을 당시 메이 총리는 일본 해상자위대를 방문해 해상자위대 최신형 헬리콥터 항모이자 기함(旗艦) 격인 이즈모(出雲)함(그림 7-25 참조)에 승선할 기회를 가졌다. 메이 총리를 영접한 오노데라 일본 방위장관은 "이즈모함은 과거 러일전쟁 때 일본제국 해군의 기함으로 러시아 함대를 격파했던 이즈모함과 이름이 같은 군함"이라면서 "러일전쟁 당시 영국이 제조해 준 이즈모함 덕분에 일본이 승리할 수 있었다"고 설명했다.

<그림 7-25> 러일전쟁 당시의 이즈모함

7.5. 전시(戰時) 철강 생산의 극한을 보여준 미국

오늘날 세계 유일 초강대국 미국은 거의 모든 산업에서의 독보적인 지배력 때문에 지금과 같은 위상을 누리게 되었다. 무엇보다 미국은 세계 최고의 물길을 갖춘 북미대륙의 알짜배기 영토를 차지한 덕분에 부유해졌다. 대서양과 태평양이 국경이어서 안보 걱정도 없다. 위쪽의 캐나다도 아래쪽의 멕시코도 안보위협이 아니다. 미국보다 먼저 초강대국에 올랐던 영국은 동력원을 풍력·수력·인력에서 석탄·석유·증기로 진화하는 노력을 가장 먼저 시작했고, 그러한 변신에 힘입어 산업적으로 막강해졌다.

하지만 정작 산업화의 기술이 그 진가를 발휘한 지역은, 영국보다 훨씬 규모가 크고, 교육 수준이 높은 노동력을 보유했으며, 재원 확보 역량이 월등했던 19세기 독일이었다. 그러나 산업화가 미국에 상륙하면서 이야기가 달라졌다. 풍부한 자본, 숙련된 기술, 저렴한 노동력, 저렴한 운송비용을 만나면서 산업화는 미국에서 날개를 달았다.

미국이 유럽대륙보다 더 빠르게 발전해 온 것은 미국만의 고유한 제도

(Institution) 덕분이라는 데 많은 학자들의 견해가 일치한다. 미국은 그 독특한 기원과 국가적 신조, 역사 발전 과정, 정치 및 종교 제도로 인해 다른 서구 선진국들과 다르게 분류된다. 자유, 평등주의, 개인주의, 대중주의 및 자유방임주의로 대변되는 미국적 신조를 기반으로 성취된 자유롭고 평등한 사회 정치적 분위기, 그리고 자유로운 시장질서에 기반을 둔 경제적 풍요는 미국적 예외주의의 가장 밝은 면모라고 할 수 있다.

그런 한편, 이러한 미국 예외주의에 대한 강조는 미국 엘리트뿐만 아니라, 미국인들 사이에서 미국 우월주의로 나타나 미국 패권주의와도 긴밀히 연결되곤 한다. 미국인들은 세계 최초로 순수한 민주주의 혁명을 거쳐 탄생한 국가이자 자유세계의 수호자로서 미국에 '민주주의 전파'라는 세계적 사명이 있다고 믿는다.

훗날 초강대국이 되는 미국의 역사는, 1620년 영국 뉴잉글랜드 출신 최초 이민(移民)인 청교도 102명이 뒷날 매사추세츠 주(州)가 되는 지역의 연안에 도착하여 이곳을 플리머스로 명명하면서 시작되었다. 이어 오랜 기간 영국 식민지로 지낸 미국은 1775년 영국을 상대로 독립전쟁에 들어갔다. 이듬해인 1776년 독립을 선언했으며, 1783년 독립전쟁에서 승리해 명실상부한 독립국이 되었다.

미국 초기 이민자들은(그림 7-26 참조) 훗날 미국이 되는 북(北)아메리카 땅에 첫발을 디디면서부터 철(鐵)과 긴밀한 관계를 맺을 수밖에 없었다. 낯선 땅에 도착한 그들에게는 무엇보다 몸을 뉠 곳과 식량이라는 두 가지 절실한 목표가 있었다. 그들은 집을 짓고 작물을 기르고 사냥할 필요가 있었다. 그러자니 철제 도구들이 많이 필요했다. 망치, 칼, 톱, 도끼, 못, 괭이, 총알, 편자 같은 물건들이 그것이었다.

그 뒤 시간이 흐르면서 철제품 수요도 따라 늘었지만, 철강 제조가 미국에서 유력한 산업이 된 것은 기술 진보로 제조 원가가 내려가고 제품의 질이 향상된 19세기에 들어서였다. 미국 저술가 존 스틸 고든(1944~)은 저서

<그림 7-26> 미국 초기 이주자들

『부(富)의 제국 – 미국은 어떻게 세계 최강대국이 되었나』에서 미국 철강 산업이 급속히 발전할 수 있었던 요인을 이렇게 언급했다. "슈피리어 호(湖) 주변의 풍부한 철광석 매장, 펜실베이니아 주(州)의 많은 석탄 광맥, 5대호(大湖)라는 저렴한 산업용수(用水) 및 수송로들 덕분에, 중서부는 미국 중공업의 핵심이 되었다(그림 7-27 참조). 나라 경제가 팽창하여 세계 최대가 된 가운데 남북전쟁 후 시기에 미국 철강산업은 놀라운 속도로 성장하였다."

1881년 미국은 영국을 제치고 세계 최대의 철강 생산국이 되었다. 그로부터 9년 뒤, 미국은 연간 500만 톤의 철강을 생산하고 있었다. 그것은 영국과 독일의 생산을 합친 것과 맞먹었다. 그로부터 또 9년이 지난 1900년, 미국 철강 생산은 두 배로 늘어 연간 1,100만 톤에 이르렀다. 1차 대전이 터지기 한 해 전인 1913년 미국 철강생산은 3,130만 톤에 도달했다. 그 해 독일과 영국의 철강생산은 각각 1,890만 톤과 770만 톤이었다. 총 산업생산 면에서 미국은 1880년 이미 영국을 추월하고 신흥 강대국으로 올라서 있었다.

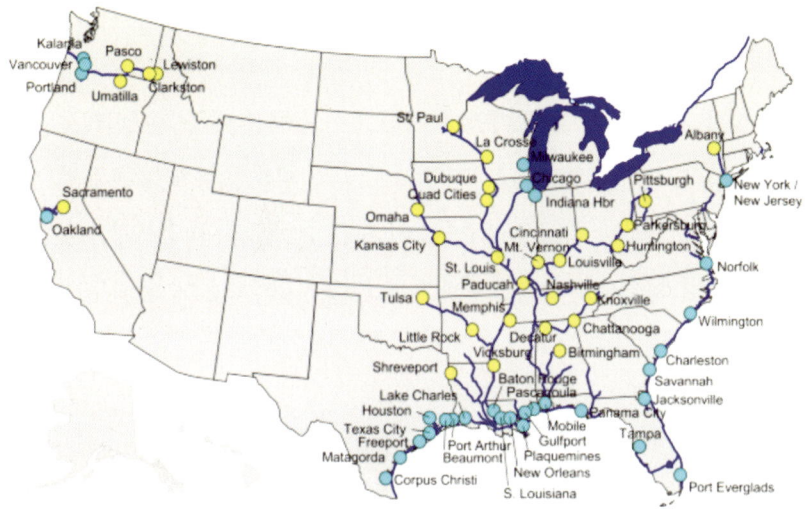

<그림 7-27> 미국의 내륙 수로망

강력한 기술토대가 미국 철강산업의 엄청난 성장의 주된 동력이었다. 철강공급은 도시와 도시 기반시설의 급속한 확대에 긴요했다. 철도, 교량, 공장, 건물, 그리고 마침내 20세기 들어 강철은 가전제품과 자동차를 만드는 데 사용됐다. 미국 철강산업이 평로(平爐), 그리고 이어 뒤늦게나마 염기성 산소 제강법을 사용하기 시작한 것이 바로 이때였다.

7.5.1. 세계대전 맞아 철강산업의 엄청난 잠재력 과시

2차 세계대전은 이미 세계 최대 철강 생산국으로 올라선 미국이 전시(戰時) 경제 하에서 철강생산을 최대로 늘린 시기였다. 당시 미국 제철소들은 전례 없는 수요 폭발에 직면하고 있었다. 탱크, 대포, 전함, 전투기, 야전용(野戰用) 휴대식기세트, 그리고 전투에 필요한 사실상 모든 다른 것들이 제철소가 생산하는 것에 의존했다. 전쟁이 한창이던 1943년 3월 유에스스틸 회장 어빙 S. 올즈(1887~1963)는 그의 회사가 전쟁 첫해에 모든 이전의 생산 기록을 경신해 강철 3,000만 톤 이상을 생산했다고 보고했다(그림 7-28 참조). 이것은 유에스스틸의 2차대전 시기 총생산량의 근 절반에 해당했다.

2차 세계대전은 미국이 무기 제조에 철(鐵)을 얼마나 대규모로 사용하는지를 실감나게 보여준 전쟁이었다. 그리고 이 전쟁은 미국 철강산업을 획기적으로 도약시킨 계기였다. 2차 대전으로 인해 피해를 입지 않은 유일한 철강 제조국으로서 미국 철강 산업은 2차 대전 동안 그리고 2차 대전 직후 세계 철강산업에서 가장 중요한 존재로 올라섰다. 1945년 미국은 세계 선철(銑鐵)의 67%, 강철의 72%를 생산했다.

<그림 7-28> 2차 대전 중인 1942년 미국의 철강 생산

전쟁 직후 세계 철강 수요는 그 어느 때보다 높았다. 미국 밖 나라들의 제철소는 폭격으로 초토화돼 있었다. 유럽과 아시아 도시들은 재건될 필요가 있었고, 미국 도시들 또한 급속하게 성장하고 있었다. 신차(新車) 수요

가 컸고, 주간(州間) 고속도로가 건설 중이었다. 이런 전반적인 철 수요 증가에 부응하기 위해 미국 제철소들은 무서운 속도로 철을 생산해 1940년대 말에는 세계 철의 절반 이상을, 1950년대 내내 세계 철의 약 40%를 생산하고 있었다.

1948년을 시작으로 10년 간 미국 제철소들은 평균 70만 명을 고용했다. 2차 대전 이후에도 미국 철강산업은 국가 기간산업으로서 계속해서 번성하여 1969년 미국 철강생산은 1억4,126만2,000톤으로 절정에 도달했다. 그때 이래 대형 제철소들은 철광석이 아니라 고철을 원료로 사용하는, 규모가 더 작은 소형 제강소와 특수강 제강소로 대체돼 왔다.

2차 대전 수행에 있어 미국 제철소들이 얼마나 중요한 역할을 맡았던 지 보여주는 기록이 베들레헴스틸의 사례로 '미국국립2차대전박물관' 문서 보관소에 남아 있다. 베들레헴스틸은 1863년부터 1995년까지 가동되었던 미국의 대형 제철 기업이다. 이 회사는 2차 대전에서 미국이 승리하는 데 중요한 역할을 했다. 펜실베이니아 주의 제철소들은 미국 철강 공급의 3분의 1을 담당했다.

펜실베이니아 주 베들레헴에 자리 잡았던 베들레헴스틸은 2차 대전 개전(開戰) 당시 종업원이 1만3,055명이었다. 그랬던 종업원 수가 전쟁이 한창이던 1943년에는 3만1,523명으로 배 이상 늘었다. 베들레헴스틸은 펜실베이니아 주 곳곳의 제철소들 말고도 메릴랜드 주 볼티모어, 뉴욕 주 버펄로, 캘리포니아 주 로스앤젤레스와 샌프란시스코, 매사추세츠 주, 워싱턴 주 시애틀에도 제철소를 두고 있었다. 전국의 이들 제철소를 모두 합하면 2차 대전 때 베들레헴스틸에 고용된 인원은 총 28만3,765명이었다.

베들레헴스틸은 미국 군대에 각종 물품을 공급했다. 진주만이 공습 당한 지 불과 몇 주 만에 베들레헴스틸은 폭탄 외피(外皮), 철갑탄, 대포 단조품, 항공기 부품, 전함을 포함한 온갖 종류의 군수품을 만들어달라는 13억 달러

어치 주문을 받았다. 베들레헴스틸은 모든 해군 항공기에 탑재된 공랭식(空冷式) 성형(星形) 엔진 부품들을 만들었다. 이 회사는 또 모든 육군 항공단 소속 폭격기 부품을 만들었으며, 잠수함의 어뢰 발사관을 위한 단조품을 제작했다.

베들레헴스틸은 2차 대전 동안 모든 항공기 실린더 단조품의 70%, 전함 장갑판(裝甲板)의 25%, 대포 단조품의 3분의 1을 생산했다. 이 회사의 가장 중요한 생산은 강철 선박의 건조였다. 이 회사는 2차 대전 때 선박 1,127척을 건조했다. 이 회사는 군함 선체만 제작한 것이 아니라 군함의 거의 모든 부품을 직접 만들었으며 심지어 군함에서 사용되는 포와 포탄까지 만들었다(그림 7-29 참조). 베들레헴스틸은 미국 해군 전체 함대의 20%를 생산했다.

<그림 7-29> 2차대전 중 베들레헴스틸의 대포 생산(=미 국립문서보관소)

미국 산업이 2차 대전에서 수행한 역할을 깊이 있게 파헤친 책 『자유의 용광로 - 미국 산업계가 2차 대전에서 어떻게 승리를 생산하였는가?』에

서 저자인 미국 역사학자 아서 허만(1956~)은 2차 대전 개전(開戰) 초 미국 군대의 보잘것없었던 모습을 상기시킨다. 2차 대전 이전 미국 육군 병력은 1940년 27만 명에 불과했다. 무기체계도 엉성했다. 그랬던 미국 군대가 2차 대전 중에 육군의 경우 146만 명까지 늘었다. 2차 대전에 참전한 미국 군인은 연인원으로 1,600만 명이었다.

하지만 2차 대전 이전 상황은 딴판이었다. 히틀러의 군대가 폴란드를 침공하기 불과 몇 주 전인 1939년 여름, 훗날 전설적인 전쟁 지휘관이 되는 조지 패튼 육군 준장(1885~1945)이 탱크 325대로 구성된 기갑부대 지휘를 맡았다. 그런데 그 부대의 탱크들에는 볼트와 너트가 없어 가동되지 않는 것들이 있었다. 그래서 패튼 장군은 병참 부대에 볼트와 너트를 달라고 요청했지만 그 요청이 받아들여지지 않을 정도로 미 육군의 병참 체계가 허술했다. 그래서 그는 하는 수 없이 시어즈 백화점 공구 카탈로그를 보고 자기 부대에 필요한 규격의 사제(私製) 볼트와 너트를 골라 자비로 구입했다고 한다. 당시 미국 군대가 이 정도로 허술했다.

진주만이 일본군의 기습 공격을 받은 것을 신호로 미국이 2차 대전에 참전한다는 결정이 일단 내려지자 미국은 나라 전체가 거대한 전쟁 기계로 변했다. 미국 전체 산업이 전시체제로 전환되었고, 이 나라의 노동자 5,400만 명, 군대와 민간의 기술자·과학자·기업가 수 천 명이 기량을 총동원했다. 민간인 자원봉사자들에게 군대식 계급과 군복이 지급되었고, 이들 가운데 부유한 일부 사람들은 연봉 1달러를 받고 조국을 위해 일했다(그림 7-30 참조).

이처럼 온 나라가 전쟁 수행에 총력을 기울인 결과, 2차 대전 종전(終戰)까지 미국은 추축국(樞軸國)들인 독일·이탈리아·일본을 패퇴시키기 위해 미국·영국·소련이 중심인 연합군이 사용한 무기와 장비의 3분의 2를 생산했다. 2차 대전이 끝난 1945년, 소련의 독재자 이오시프 스탈린(1878~1953)은 "미국의 생산이 없었더라면 연합군은 전쟁에서 이길 수 없었을 것이다"라고 공개적으로 인정했다. 이에 앞서 전쟁이 한창 진행 중이던 1943년 스탈린은 "미국은 기계의 나라이다. 미국으로부터 제공된 기계가 없었더라면 우리는 전쟁에서 패배했을 것이다"라고 선언하기도 했다.

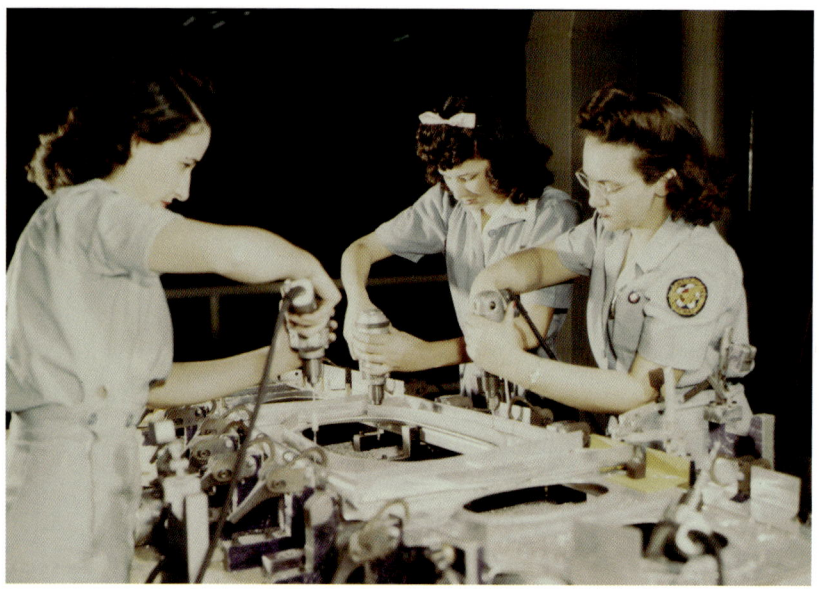

<그림 7-30> 2차 대전 중 텍사스 공장에서 비행기 날개를 만드는 미국 여성 노동자들(=미 의회도서관)

1941년 12월 7일(미국시간) 새벽 하와이 진주만을 기습적으로 공습하면서 미국을 상대로 태평양전쟁을 시작한 일본 군부는 개전(開戰)을 결정하기 전 미국과 일본의 철강 생산력 격차가 11배라는 사실을 놓고 고민했던 것으로 알려져 있다. 개전 당시 일본 연합함대 사령장관(해군 참모총장과 사령관의 중간)이었던 야마모토 이소로쿠(山本五十六, 1883~1943)는 미국 유학 및 주미 일본 대사관에서 해군 무관으로 근무하던 시절 미국의 산업 생산력과 기술력, 경제력을 직접 확인한 인물이었다. 그는 미국의 경제력과 생산 잠재력을 정확하게 파악하고 있었으며 '잠자는 사자' 미국과 전쟁을 한다면 일본이 도저히 승리할 수 없다고 확신했다.

그래서 야마모토는 대미(對美) 개전을 주장하는 도조 히데키(東條英機, 1884~1948)를 필두로 한 육군 강경파에 맞서 전쟁을 반대하였다. 재일(在日) 중국인 저술가인 위톈런(俞天任)은 아시아 전역을 2차 대전의 참화 속으로 몰아넣은 A급 전범(戰犯)들인 일본 대본영(大本營) 참모들을 해부한 책『대본영의 참모들』에서 태평양전쟁(1941년 12월~1945년 8월) 기간 중 일본군이 사용한 포탄이 7,800만 발이었던데 비해 미군이 소모한 포탄은 40억 발이었다고 소개했다. 한 마디로 철(鐵)을 동원해 싸운 전쟁에서 일본은 처음부터 미국의 상대가 될 수 없었던 것이다.

7.5.2. 천문학적 분량의 철제 군수품 생산

일본의 하와이 공격이 있기 전인 1941년 3월, 앞을 내다본 루즈벨트 대통령이 밀어붙여 성사시킨 무기대여법을 근거로 2차 대전에서 함께 싸운 영국·프랑스·러시아 등에 미국이 공급한 어마어마한 분량의 무기 등 각종 보급품은 미국 철강산업의 저력을 실감케 했다. 무기대여법과 함께 전시 생산체제에 돌입한 미국은 유례없는 생산능력을 뽐내며 과자 찍듯 항공기 등 각종 무기를 토해냈다(그림 7-31 참조).

<그림 7-31> 2차대전 중 항공기 생산(=미 의회도서관)

민수용 자동차 생산을 전면 중단하는 등 모든 산업시설을 군수산업으로 전환한 미국이 쏟아내는 전략 물자는 연합국 군대를 입히고 먹이고 무장시켰다. 무기대여법의 최대 수혜국은 영국으로 314억 달러 규모의 지원을 받았다. 소련에도 113억 달러 상당의 군수품과 원자재가 건네졌다. 자유프랑스는 32억 달러, 중국은 16억 달러 규모의 물자를 제공받았다.

2차 대전 때 미국이 연합국에 지원한 군수품은 당시 돈으로 501억 달러어치였다. 요즘 가치로는 대략 7000억 달러어치다. 무기대여법에 의해 미국이 얼마나 많은 전쟁 물자를 연합국들에 주었는지는 소련에 대한 지원 목록만 봐도 짐작할 수 있다(그림 7-32 참조). 각종 항공기 1만4,795대, 전차 7,056량, 지프 5만1,503대, 트럭 37만5,883대, 오토바이 3만5,170대, 트랙터 8,071대, 각종 포 8,218문, 기관총 13만1,633정, 폭약 34만5,735톤, 화차 1만1,155량, 기관차 1,981량, 화물선 90척, 대잠함(對潛艦) 105척, 어뢰정 197척, 선박용 엔진 7,784대, 식량 448만톤, 비철금속 80만톤, 석유제품 267만톤, 화학제품 84만톤, 면화 1억689만톤, 가죽 4만9,860톤, 타이어 379만개, 군화 1,542만켤레. 이러니 스탈린이 미국을 '기계의 나라'라고 칭송했던 것이다.

2차 대전 동안 미국은 군용 항공기 32만4,000대, 구축함 349척을 포함한 대형 선박 6,771척을 생산했으며, 연합군 지상군에 모두 250만대의 탱크·트럭·지프, 그리고 기관총 270만정과 대포 25만문을 공급했다. 이처럼 어마어마한 물량의 군수품을 제조하기 위해 미국 철강산업이 최대한 가동됐다.

연합국의 승리에 기여한 무기대여법은 루즈벨트의 기대를 십분 충족시켰으나 전쟁이 끝난 뒤 무기대여법에 의한 지원 금액을 제대로 갚은 나라는 거의 없었다. 오직 한 나라, 영국만 이 법률로 인한 대미(對美) 채무 52억 달러를 모두 갚았다. 영국이 이 빚을 완전히 갚은 것은 지난 2006년 말이었다. 소련은 미국으로부터 요구받은 상환 금액 13억 달러 가운데 1억7,000만 달러만 갚겠다고 버텼다. 미국도 별다른 채근을 하지 않는 가운데 4분세기 가까이 채무를 잊고 지내던 소련은 흉작으로 미국산 밀 수입이 다급해진 1972

년에야 미·소 무역협정을 맺으며 7억2,200만 달러를 분할 상환하기로 약속했다. 하지만 그 약속은 제대로 이행되지 않았고 소련을 계승한 러시아는 약 6억 달러의 채무를 안고 있다.

<그림 7-32> 무기대여법에 따라 소련군에 지원되는 미국산 트럭

2차 대전 거치며 자유진영 지도국으로 위상 확립

　영국이 쇠퇴한 지구촌에서 미국이 자유진영의 지도국으로 위상을 확고하게 굳힌 것은 2차 대전을 거치면서였다. 미국은 2차 대전에 참전해 연합국을 이끌었지만 미국의 영토는 파괴되지 않은 채 잘 보존되었고 전쟁 수행으로 인한 인명 피해도 상대적으로 적었다(소련의 80분의 1 수준인 30만 명을 잃었다). 참전과 동시에 '민주주의의 무기고' 역할을 떠안은 미국은 전쟁에 뛰어들면서 산업적 잠재력을 폭발시켰다.

　전쟁이 끝난 뒤 미국의 상업용 선박은 전 세계의 3분의 2를 차지했다. 미국의 금 보유량은 전 세계 총량의 3분의 2 수준이었다. 달러는 영국 파운드를 대신해 국제 기축통화로 자리를 잡았다. 미국의 석탄 생산량은 전 세계 생산량의 절반에 육박했고, 원유도 3분의 2를 넘어섰다. 미국은 연간 9,500만 톤이라는 엄청난 물량으로 겨우 2,000만 톤 정도를 생산하는 소련을 멀찌감치 밀어내고 세계 제1의 강철 생산국이 됐다. 연구와 기술력 덕분에 미국의 생산성은 유럽보다 4배나 높았다. 한마디로 미국은 세계 어느 나라도 감히 넘볼 수 없는 경제력뿐만 아니라 영토도 확장하여(그림 7-33 참조) 초강대국이 된 것이다.

　강대국이라고 하면 일반적으로 넓은 영토에 많은 인구, 그리고 풍요로운 경제와 강력한 국방력을 갖춘 나라를 가리킨다. 이 가운데 영토 면에서 미국은 건국 초기 북미 대륙의 동쪽에 치우쳐 있었지만 사람들이 점차 서쪽으로 이주하면서 1803년 루이지애나를 프랑스에서 구입하고, 1845년 텍사스를 병합했다. 1846년 북쪽의 오리건을 병합하고, 1848년 멕시코로부터 캘리포니아를 할양 받았다. 여기에다 1867년 미국 국무장관 윌리엄 수어드(1801~1872)가 미국 면적의 약 5분의 1에 해당하는 방대한 알래스카를 러시

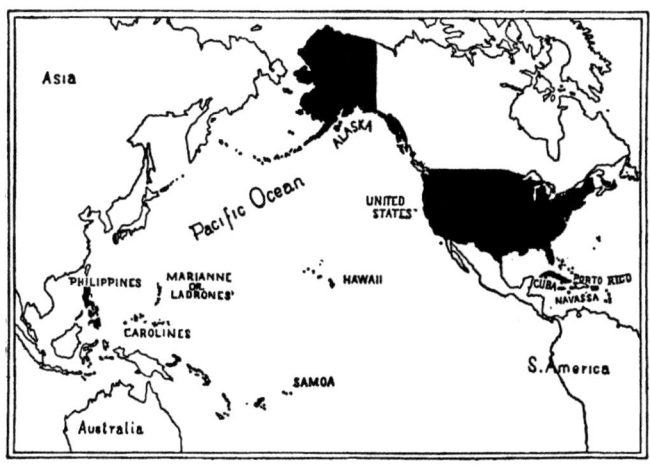

<그림 7-33> 1898년 스페인과의 전쟁 이후 확장된 미국 영토

아 정부로부터 720만 달러에 구입해 국토를 넓혔다.

이렇게 해서 대서양에서 태평양에 이르는 광활한 현재의 미국 영토가 완성됐다. 그리고 서쪽 이주를 위해 1869년 처음 태평양 횡단철도가 개통되고 뒤이어 1883년 남부태평양철도와 북부태평양철도가 동시에 개통되었다. 이렇게 영토가 확장되고 그에 맞춰 철도망이 확충되면서 19세기 후반 들어 미국 경제가 속도감 있게 발전했다(그림 7-34 참조).

학자에 따라 시기를 달리 잡지만 대체로 미국이 세계 강대국 반열에 올라서기 시작한 것은 1870년대 또는 1880년대 어느 때였다. 시점을 특정할 수 없는 것은 사람들이 당시 각국의 경제규모를 정확하게 측정하지 않고 있었기 때문이다. 그렇지만 19세기 말 미국이 세계에서 가장 큰 경제였다는 사실은 각종 통계에서 증명된다. 학자들의 추산에 따르면, 미국 경제는 1820년 대영제국보다 훨씬 작았지만 1870년에 이르자 영국과 대략 같은 크기가 됐고 19세기 말 영국을 크게 넘어섰다.

미국은 본격적인 산업화를 추진하기에 앞서 노예제도 폐지 문제를 놓고 공업지대인 북부 주들과 농업지대인 남부 주들로 나뉘어 갈등했다. 이 과정

<그림 7-34> 1869년 5월 10일 유타 주 프로몬토리 서밋에서 대륙횡단철도 개통을 자축하는 철도 관계자들

에서 남북전쟁이 터졌다. 일부 논란이 없는 것은 아니지만, 미국 남북전쟁에서 북군이 승리한 것은 철 대포 덕분이라고 말하는 역사가들이 적지 않다. 남부연합 주(州)들에 대한 초기의 불리(不利)에도 불구하고 북군은 철포 외에도 자체 생산한 주철(鑄鐵)로 제작한 패롯 장총(長銃)을 가지고 전쟁에서 승리할 수 있었다.

패롯 장총은 전쟁 직전인 1860년 미국 육군 장교이자 발명가인 로버트 패롯에 의해 개발되었으며 즉각적인 활용을 위해 제조와 동시에 철도망을 통해 공급되었다. 반면, 남군은 프랑스에서 수입한 나폴레옹 청동포를 사용했다. 결국 북군은 패롯 장총의 뛰어난 화력 때문에 게티즈버그에서 승리를 거뒀다. 노예제를 폐지한 뒤 자유와 평등의 국가가 마침내 세워졌다.

미국 경제의 급속한 발전 원인 가운데 하나로 미국이 서쪽으로 영토를 확장했을 뿐만 아니라 수많은 미국인들이 미국 정부가 프랑스로부터 매입한 뒤 그들에게 판 토지를 찾아 자발적으로 서쪽으로 이주했다는 사실을 드는 학자들이 많다. 이렇게 해서 사람들이 새롭게 가치를 발견하게 된 지역들 가운데 중서부와 심장부는 경작지로, 서쪽으로 더 들어간 지역은 광산업과 제재업 본거지로 개발되었다(그림 5-35 참조).

<그림 7-35> 서부로 이주하는 사람들

　미국이 강대국임을 여타 세계가 인정할 수밖에 없었던 최초의 중요 사건은 1898년 미국과 스페인 간 전쟁이었다. 이 전쟁에서 이긴 미국은 쿠바에서 필리핀에 이르는 스페인 식민지 대부분을 차지했다. 하지만 그때에도 영국은 여전히 미국보다 더 큰 강대국이었다. 1차 대전(1914~1918)이 끝나고 1920년이 되자 미국은 세계 최대 경제대국이 되어 있었다. 1차 대전 이전 외국인들은 미국인들이 외국에 투자하는 것보다 더 많은 돈을 미국에 투자했다. 그런데 전쟁이 이것을 바꿔 놓았다.

1920년이 되자 미국인들은 외국인들이 미국에 투자하는 것보다 더 많은 돈을 외국에 투자했다. 미국의 대외(對外) 투자는 1920년대 계속해서 크게 증가했다. 증가한 대외 투자가 성장하는 미국 경제력의 유일한 징표가 아니었다. 1차 대전이 끝날 무렵이 되자 미국은 다른 어떤 나라보다도 더 많은 재화와 용역을 생산했다. 다시 말해 미국의 국내총생산(GDP)이 세계 1위였으며, 1인당 GDP도 마찬가지였다. 1920년 미국은 세계 최대 경제국이 됐다.

1차 대전을 거치면서 강대국으로 올라선 미국이 그 입지를 강화한 결정적인 계기가 바로 2차 대전(1939~1945)이었다. 1차 대전 때와 마찬가지로 당초 고립주의를 고수하다 뒤늦게 참전한 미국은 유럽과 태평양 두 전역(戰域)에서 동시에 2차 대전을 수행하면서 산업대국답게 천문학적 물량의 무기를 동원해 적을 제압했다.

7.6. 현대전에서의 특수강

철기시대 이전의 고대 전쟁에서는 돌, 나무와 함께 청동이 무기의 주재료였으나 인간이 철을 만들기 시작하면서 무기의 재료는 서서히 철로 바뀌어 나갔다. 이는 철이 청동에 비해 훨씬 강하고 경제적인 소재였기 때문이다. 무기는 어느 시대에나 국가의 흥망을 결정하는 전쟁에 사용되는 것이므로 그 시대의 첨단 기술과 소재가 무기개발에 이용되었다.

전쟁의 발달과정은 전쟁의 성격과 사용된 무기를 기준으로 할 때 앞에서 설명한 바와 같이 4단계로 구분할 수 있다(제7장 서두 참조). 전투원의 육체적인 힘과 함께 칼, 창, 화살이 무기의 주체가 되는 제1기에는 철제 무기의 대두에 따라 전쟁의 양상이 크게 변하여 무기의 대부분은 서서히 철로 바뀌어 갔다. 화약의 발명에 따라 총포류의 무기가 사용되었던 제2기에도 철의 역할은 매우 중요해져 고온·고압이 필요한 총포류 제조를 위해서는 빠질 수 없는 핵심 소재가 되었다. 특히 철은 고성능 대포 및 함포를 만드는 데 있어서 큰 기여를 했는데, 이는 철을 사용함으로써 사정거리가 늘어났

뿐 아니라 주어진 예산으로 더 많은 수의 대포를 갖출 수 있기 때문이었다. 1588년 칼레해전에서 영국이 무적의 스페인 함대를 무찌르고 해양권을 확보한 것은 긴 사정거리의 강철 함포를 사용한 것이 가장 큰 이유였음은 앞에서 언급한 바 있다.

양대 세계대전이 있었던 제3기에는 전차, 비행기, 군함, 잠수함이 무기로 사용됨에 따라 철의 유용성은 더욱 커졌다. 전쟁의 승패에 결정적인 영향을 미친 전차, 군함 및 잠수함을 비롯해 여기에 설치되는 각종 대포의 경우 전체 무게의 반 이상이 철로 만들어져 있어 무기의 성능은 철을 제조하는 기술에 전적으로 의존한다고 말해도 지나치지 않을 정도이다.

그러나 대륙간 탄도미사일(ICBM), 요격용 탄도미사일(ABM) 등 핵탄두를 장착한 미사일의 역할이 중요해진 제4기 현대에 있어서는 무기의 성능에 미치는 철의 직접적인 영향력은 상대적으로 줄어들었으나 각종 정밀무기의 부품 제조를 위해서는 고성능의 철강제품에 대한 요구가 꾸준히 이어져왔다. 미사일의 경우 동체는 경량 알루미늄합금이 많이 사용되지만 그 안에 추진제를 장전한 모터케이스의 경우는 고강도와 더불어 높은 내열성이 요구되기 때문에 이에 맞는 합금강이 필요하다. 또 잠수함의 경우 연료효율을 향상시키기 위해서는 우수한 용접성능을 가진 고강도강이 필요하고, 무선 탐지를 회피하기 위해서는 비자성(非磁性) 고강도강에 대한 수요도 있다.

제2차 세계대전이 종결된 이후에 세계는 염원하던 평화를 얻게 되었지만, 냉전이라는 명칭이 암시하듯 이는 매우 불안한 가운데 유지된 평화였다. 미국을 중심으로 한 자유진영과 소련을 중심으로 한 공산진영 간의 대립과 갈등은 끊임없이 일어났다. 여기에 제2차 세계대전 이후에 독립을 얻은 이른바 제3세계 국가들이 단일한 세력을 형성하면서 세계의 역학관계는 한층 더 복잡해졌다.

두 차례의 세계대전을 경험하고 난 이후에 아직까지 이른바 제3차 세계대전은 일어나지 않았다. 그렇다고 지구상에서 전쟁이 멈춘 것은 아니었다. 동서 냉전을 열전(熱戰)으로 바꾼 한국 전쟁을 시발로 월남 전쟁, 포클랜드 전쟁, 걸프 전쟁, 그리고 최근에 일어난 이라크 전쟁 등 중소 규모의 전쟁이 지속적으로 일어났다.

이러한 무력충돌 과정에서 제4기 무기체계에 해당하는 핵탄두가 활용될 수는 없었다. 이는 핵무기의 가공할 위력을 잘 알고 있는 미국, 러시아 등 강대국들이 상호협정을 통해 핵전쟁 방지에 노력하고 있기 때문이다. 핵전쟁이 일어나면 지구 자체가 멸망할 수 있다는 인식을 모두가 공유하고 있기 때문이다.

국지적으로 일어나는 중소 규모의 전쟁에서는 당사국은 전쟁이 일어나면 이겨야 하니 재래식 무기이긴 하나 무기의 성능을 첨단화한 새로운 병기를 지속적으로 선보이게 되었다. 그리고 첨단소재에 대한 수요가 만들어졌으며 이에 따라 전쟁 양상에도 변화가 초래되었다. 제4기 전쟁에서 철의 역할은 부분적인 것으로 줄었으나 내용을 자세히 들여다보면 여전히 핵심적인 역할을 하고 있는 분야가 있는데, 이 장에서는 여기에 해당하는 우주항공용 및 방탄용 특수강에 대해 간략하게 기술해 본다.

7.6.1. 우주·항공용 특수강

우주·항공용으로 사용되는 철강 재료는 양이 그렇게 많지 않아 무게로 볼 때 10~20% 정도 밖에 되지 않는다. 그러나 가격을 보면 우주·항공용 철강 재료는 일반강의 10배 이상인 경우가 허다하다. 철강 재료가 우주·항공용으로 많이 사용되지 않는 가장 큰 이유는 비중이 높기 때문이다. 금속의 비중을 보면 철은 7.8인데, 이 값을 우주·항공용으로 많이 사용되는 알루미늄 합금의 비중 2.7과 타이타늄 합금의 비중 4.5와 비교하면 철의 비중은 알루미늄의 약 3배이고 타이타늄의 1.7배이다.

항공용 고장력 알루미늄 합금 7075-T6의 항복강도는 500MPa 정도이고

Alloy	Chemical Composition(wt, %)						
	C	Ni	Co	Cr	Mo	Mn	Etc
4340	0.40	1.8	-	0.85	0.25	0.7	Si 0.2
300M	0.40	1.8	-	0.85	0.4	0.7	V 0.1 Si 1.6
HP9-4-30	0.30	9	4	1	1	0.15-0.3	V 0.08 Si 0.1 max
HY180	0.10	10	8	2	1	0.15	
AF1410	0.16	10	14	2	1	-	
15-5PH	0.04	4.6	-	15	-	0.25	Cu 3.3 Si 0.4
PH13-8	0.04	8	-	13	2.2	-	Al 1.1
Maraging	0.005	18	8	-	2.2	-	Al 0.1 Ti 0.4

Alloy	Mechanical Property			
	YS (Mpa)	YTS (Mpa)	K_{IC} MPa $\sqrt{m}$	K_{ISCC} MPa $\sqrt{m}$
4340	1,482	1,965	71	11-16
300M	1,689	1,965	71	11-16
HP9-4-30	1,413	1,586	121	-
HY180	1,276	1,344	203	45
AF1410	1,551	1,689	187	45,71
15-5PH	1,089	1,124	132	132
PH13-8	1,434	1,551	81	>69
Maraging	1,689	1,724	110	33

<표 7-1> 우주항공용 초고장력 강의 조성 및 기계적 성질

타이타늄 64합금의 경우는 930MPa 정도이기 때문에 고장력강의 항복강도가 1,600MPa 정도이면 강도와 비중을 모두 감안한 비강도 측면에서 고장력강이 고장력 알루미늄 및 타이타늄 합금과 비슷해진다. 항복강도 1,600MPa 내외의 고장력강은 합금설계와 열처리를 잘하고 공정을 최적화하면 제조가 가능하기 때문에 우주·항공용으로 다수의 합금강이 개발되어 사용되고 있

다(표 7-1). 특히 항복강도와 함께 고온특성이 중요한 부위의 적용에는 합금강이 더 유리하고, 또 파괴인성이나 Stress Corrosion Cracking 측면을 고려하더라도 초고장력 합금강 적용의 타당성은 높은 것으로 분석된다.

표 7-1의 합금강은 모두 우주·항공용으로 현재 사용되고 있는 초고장력 마르텐사이트 조직의 강인데, 오스테나이트 온도 영역에서 가열 뒤 냉각하여 마르텐사이트 조직을 만들어 준 다음 Tempering 또는 Aging 처리를 한다. 4340과 300M은 전형적인 HSLA 강으로 QT 처리 시 Tempering 온도는 250~300℃이다. HY-180, AF1410, HP9-4-30은 500℃ 이상에서 Tempering 해서 대부분의 카바이드가 미세한 석출물로 생성되어 강도의 증가에 기여한다. 이 합금들에 들어가는 Co는 카바이드 생성의 구동력을 증가시키고 전위 회복을 지연시키는 역할을 한다.

15-5PH과 PH13-8은 마르텐사이트계 스테인리스강으로 미세한 석출물에 의해 추가적인 강도를 얻는데, 15-5PH에 생기는 석출물은 Copper이고 PH13-8에 생기는 석출물은 β-NiAl이다. 머레이징 강은 극저탄소의 Ni-Co-Mo 합금으로 가장 최근에 개발된 우주·항공용 초고장력 강재인데, 탄소의 함량이 매우 낮아 용접성과 가공성이 우수하다. 따라서 머레이징 강은 우주·항공용 미래 소재로써 가장 매력도가 높고 표 7-1의 다른 합금강에서 일어나는 야금학적 현상을 모두 보여주고 있기 때문에 이 강에 대해서 좀 더 자세한 설명을 한다.

강철의 강도는 이론적으로는 한계강도에 근접하는 수만MPa 까지 높일 수 있으나 인성과 전성이 강도의 증가에 따라 저하되는 단점이 있기 때문에 인성과 전성을 잃지 않고 금속의 강도를 증가시키는 것은 초고장력 합금강 개발의 영원한 과제이다. 머레이징 강은 이런 측면에서 개발되어 우주 항공용으로 상업화된 초고강도 합금강 중의 하나로 고성능의 제트기, 미사일 등의 발달로 강인한 재료가 필요함에 따라 미국에서 개발되었다.

머레이징 강의 주합금 성분은 Ni로 종류에 따라 18~25% 범위에서 첨가되는데, 이 중에서 18% Ni이 첨가되는 머레이징 강이 가장 많이 사용되고 있다 (표 7-2 참조). 이 표를 보면 18% Ni 첨가 머레이징 강에는 6가지가 있는데, 항복강도에 따라 Grade 200에서 Grade 500까지로 표기하였으며 여기서 각 강의 항복강도의 단위는 ksi로 표시된다.

머레이징 강에 첨가되는 탄소량은 0.03% 이하로 매우 적으며, 이 때문에 비교적 우수한 용접성을 가지고 있어 구조물을 만들기 용이하고 소성가공도 비교적 잘 된다. 통상적으로 첨가되는 합금원소는 Co(8~12%), Mo(3~5%), Ti(0.2~1.8%), Al(0.1~0.15%), Nb 등이 있는데, 가공 및 열처리 중에 이들 합금원소의 역할이 최종 기계적 성질을 결정하는데 큰 영향을 미친다.

Alloy	C	Ni	Co	Mo	Ti	Al	Mn	Si
Grade 200	≤0.03	18	8.5	3.3	0.2	0.10	≤0.10	≤0.10
Grade 250	≤0.03	18	8	4.8	0.4	0.10	≤0.10	≤0.10
Grade 300	≤0.03	18.5	9.0	4.8	0.7	0.10	≤0.10	≤0.10
Grade 350	≤0.03	18	12	4.2	1.5	0.10	≤0.10	≤0.10
Grade 400	≤0.03	13	15	10	0.2	-	≤0.10	≤0.10
Grade 500	≤0.03	8	18	14	0.2	-	≤0.10	≤0.10

<표 7-2> 머레이징 강의 종류와 성분

머레이징 강은 영어로 Maraging Steel로 표기되며 급랭에 의해 만들어지는 고경도의 미세조직인 Martensite와 시효 열처리라는 의미의 Aging이 합해서 만들어진 이름이다. 따라서 이 강은 머레이징이라는 이름이 암시하듯이 가공 후 마르텐사이트 조직으로 만든 강을 시효 열처리를 하여 제조한다. 머레이징 강은 탄소 함량이 0.3% 이하로 매우 낮아 강도에 탄소가 기여하는 정도는 매우 약하며 대부분의 강도는 기지조직인 마르텐사이트와 시효처리 시 생기는 석출물의 분포에서 나온다.

표 7-3는 머레이징 강의 기계적 성질을 보여주고 있는데, 인장강도를 보면 1,300~2,600MPa(189~377ksi)의 범위로 일반 고강도 합금강에서는 얻을 수 없는 초고강도 제품임을 알 수 있다. 머레이징 강은 상온에서뿐만 아니라 500℃ 정도의 고온에서도 강도가 우수하기 때문에 로켓 케이스, 제트기관 부품, 항공기 기체부품, 초고압 화학공업용 부품, 열간가공용 다이(Die), 형재(型材) 등에 사용된다.

Alloy	Aging temperature (℃)	Yield strength (Mpa)	Ultimate tensile strength (Mpa)	Fracture toughness (Mpa m$^{1/2}$)	Charpy (J)
Grade 200	480	1316	1380	140	60
Grade 250	480	1635	1690	100	35
Grade 300	480	1835	1910	70	25
Grade 350	480	2427	2468	40	16
Grade 400	525	2530	2569	55	-

<표 7-3> 머레이징 강의 기계적 성질

머레이징 강의 열처리 공정은 두 단계로 나누어지는데, 첫 번째 단계는 용체화(溶體化) 처리(Solution Treatment)이고 두 번째 단계는 시효(時效) 처리 단계이다. 용체화 처리는 오스테나이트가 안정적으로 생성되는 온도 영역으로 충분히 오래 가열하는 단계로 가열온도는 815~825℃이다. 주조품의 경우는 이 보다 더 높은 온도인 1,150℃에서 용체화 처리가 이뤄진다. 용체화 처리 가열로는 산화로 인해 Chemical Degradation이 일어나지 않도록 아르곤이나 질소 분위기를 조성해 준다.

용체화 처리 이후에는 서랭(徐冷)을 하는데, 일반 탄소강과는 달리 냉각속도는 중요하지 않은데 그 이유는 이 강의 경화능(硬化能)이 충분히 높아 마르텐사이트가 쉽게 생성되기 때문이다. 시효처리는 기계적 성질에 미치는 영향이 매우 크기 때문에 다양한 조건에서의 결과 분석을 통해 정해지지 않으면 안 된다(그림 7-36 참조). 일반적인 시효조건으로는 450~550℃ 범위에서 4~12시간 유지하는 것을 제안하고 있는데, 480~500℃ 범위에서 하면 비교적 양호한 연성 및 인성을 유지하면서 강도 측면에서 최대의 효과를 얻을 수 있으며 그림 7-36은 그 사례를 보여주고 있다.

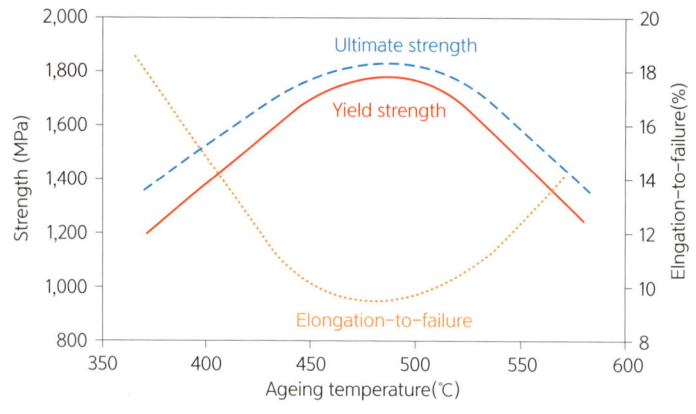

<그림 7-36> 머레이징 강의 인장 특성에 미치는 시효온도의 영향

시효처리에 의한 강도 증가는 주로 석출물의 형성에 기인하는데, 생성되는 석출물은 Ni_3M 형태로 M은 합금 조성에 따라 Al, Ti, Mo, Nb의 단독 및 복합체이다. 또 크기는 아주 미세하나 체적율이 매우 높아 10% 정도나 되며 (일반 고강도강의 10배 이상) 기지조직과는 Coherent한 경계면을 이루고 있다. 카바이드 석출물은 생기지 않는데, 이는 머레이징 강의 탄소 함량이 낮기 때문이다.

Co는 매우 중요한 합금원소로 변태 및 석출에 미치는 효과가 크다. 변태 측면에서 Co는 냉각 시 마르텐사이트 시작온도를 올려주는 효과가 있는데, 석출물을 생성하기 위해 불가피하게 첨가하는 Al, Mo 등의 원소의 첨가로 마르텐사이트 시작온도가 너무 낮아져 시효처리 후에 잔류 오스테나이트가 남아있게 되는 현상을 막아주는 역할을 한다. 또 Co의 첨가는 기지조직 내의 Mo 용해도를 낮게 하여 석출물의 생성을 촉진하고 석출물의 균일 분포를 증가시키며 시효시간을 줄여주는 긍정적인 효과도 지니고 있다. 시효온도를 적절히 선택하는 것은 매우 중요한 일로, 너무 높으면 오스테나이트가 다시 생길 염려가 있기 때문이다.

머레이징 강은 현존하는 구조용 합금강 중 가장 기계적 특성이 우수한 것으로 알려져 있어 특수 목적용 무기 제조에 많이 이용되고 있다. 머레이징 강은 연성과 인성을 어느 정도 유지하면서 높은 강도를 얻을 수 있기 때문에 각종 첨단무기의 상온 구조용 부품 제작에 가장 적합하다고 할 수 있겠다. 그러나 합금원소가 많이 들어가고 열처리 사이클이 길고 복잡하여 가격이 비쌀 수밖에 없어서 그 적용이 제한적일 수밖에 없다.

<그림 7-37> 머레이징 강이 사용되는 우주로켓의 모터엔진

머레이징 강은 고온 기계적 특성도 우수하고 상온에서의 소성가공, 기계 가공 및 용접이 가능하기 때문에 무게의 감소가 매우 중요하고 형상을 갖춘 비행체나 엔진의 부품 소재로는 매우 적합하다고 할 수 있다. 그림 7-37은 미사일이나 우주로켓의 추진체인 모터엔진을 보여주고 있는데 높은 강도와 인성과 함께 고온특성을 갖춘 머레이징 강이 가장 적합한 소재 중 하나이다. 또 헬리콥터나 비행기의 랜딩기어, 이착륙장치 등에도 머레이징 강의 사용이 확대되고 있다.

7.6.2. 장갑용 특수강(Armour Steel)

전쟁의 궁극적인 목표는 승리하는 것이며 이를 위해서는 우수한 군대와 함께 화력과 기동력을 갖춘 무기를 확보하고 적의 공격을 받더라도 피해를 최소화 할 수 있는 방탄력을 확보하여야 한다. 방탄력 확보를 위해서는 장갑용 재료의 선택과 디자인을 최적화해야 하는데 이 때 가장 중요한 고려사항은 무게의 감소이다. 철강은 인류의 전쟁역사가 시작된 이래 널리 사용되어 온 장갑재료이나 최근 들어 장갑능력을 보다 더 향상하기 위해 새로운 재료가 개발되고 또 장갑 구조물의 디자인 역시 다양하게 적용되고 있다.

재료 측면에서 가장 두드러진 변화는 세라믹과 FRP(Fiber Reinforced Plastics)의 사용이 확대되고 있다는 것이다. 그리고 장갑판의 구조가 한 가지 재료로 만들어지지 않고 두개 이상의 재료를 겹쳐놓은 다층복합구조화 하고 있다는 것이다. 이와 같은 복합구조의 장갑판은 철강재보다 성능 측면에서 우수해 무게를 줄일 수 있지만 철강재는 여전히 장갑재료의 주축으로 사용되고 있는데, 이는 철강재의 낮은 가격과 더불어 용접 등 우수한 가공성 및 구조물의 높은 안정성 때문이다.

철강재는 가장 오래된 장갑재료로 탱크나 장갑차에 많이 사용하고 있는데, 방호능력은 두께가 커지면 커지지만 너무 두껍게 하면 기동성이 저하하기 때문에 허용하는 범위 내에서는 얇을수록 좋다. 따라서 방호능력이 우수하면서도 가벼운 방탄강을 개발하는 것은 핵전쟁이 결정적 역할을 하는 현대에도 여전히 주요한 과제이다.

방탄강의 개발은 제2차 세계대전 이후에 주로 이루어졌는데 이는 무기의 성능이 2차 대전 중에 크게 증가하였기 때문이다. 무기성능의 증가 초기에는 고강도 철강재의 적용과 디자인 최적화로 대응이 가능하였으나 시간이 지남에 따라 단순 철강재 방탄구조물로는 요구조건을 만족 시킬 수 없어 세라믹과 복합재료의 사용이 확대되었다. 그러나 방탄구조 자체는 철강재로 만들어하며 이에는 주로 중탄소 합금강으로 Q&T(Quenching & Tempering) 처리를 한 강재가 많이 사용되었다.

방탄강의 합금계는 Mn-Mo계, Cr-Mo계 또는 Ni-Cr-Mo-(V)계로 중탄소, 저합금강이 많은데, 함유하는 합금원소의 양과 종류는 충분한 경화능을 확보할 수 있도록 정했다. 또 구조물이 용접을 하는 경우가 대부분이기 때문에 탄소당량(Carbon Equivalent-CE)이 0.1 이하가 되도록 제한하였다. 이 방탄강의 제강, 주조 및 압연 공정조건은 엄격히 규정하여 품질의 보장을 추구하고 있다.

방탄강은 주조 및 압연하여 제품을 만든다. 압연한 제품을 RHA(Rolled Homogeneous Armour)라고 하고 두께는 100mm까지 후판으로 공급되는데, 방탄 성능을 결정하는 가장 중요한 기계적 성질이 경도이기 때문에 원하는 경도를 확보할 수 있는 열처리 조건에서 제조하여야 한다.

RHA보다 성능이 높은 방탄강도 개발되었는데, 이는 HHA(High Hardness Armour)라고 불린다. HHA는 RHA 보다는 경도 값이 크며(HB 477~534, RHA 대비 200 정도 큼), 탄소와 Si 함량이 높고 템퍼링 온도가 600℃로 높다.(RHA의 템퍼링 온도는 150℃ 내외) 병력을 수송하는데 사용하는 장갑차의 경우 두께가 얇은 냉연 또는 열연강판을 사용하는데, 바닥은 지뢰에 대비해 형태를 최적화하고 양쪽 옆 및 정면으로는 소형화기에 대비해 방탄 디자인을 한다. 경화능은 방탄강의 성능을 결정하는 가장 중요한 인자인데, 두께가 두꺼운 방탄강의 경우 높은 경화능이 확보되어 두께 방향으로 균일한 마르텐사이트 조직의 형성이 필요하다.

방탄강의 파괴 모드는 투사체가 방탄재에 충돌할 때의 피탄 조건에 따라 달라지는데, 여기서 주요 영향인자는 재료물성, 충격속도, 투사체 형상 등이다. 그림 7-38은 방탄강의 경도가 증가하면서 방탄모드가 변화하는 현상을 보여주고 있다.

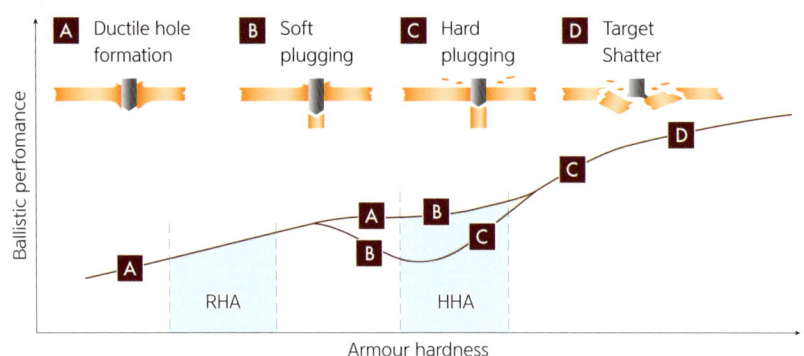

<그림 7-38> 방탄성능과 파괴 모드의 방탄강의 경도 의존성

경도가 낮은 경우에는 소성변형이 크게 작용하여 방탄강에 구멍이 생성되는 Ductile Hole Formation Mode가 되며(Mode A) 경도가 높아지면 두께 방향으로 Shearing이 일어나 Soft-Plugging에 의해 파단이 되는데(Mode-B), 이 두 경우 모두 투사체의 에너지는 방탄재의 균일소성변형으로 소진된다. 경도가 더욱 높아지면 파단은 Hard Plugging에 의해 일어나는데(Mode-C), 이 경우 투사체의 에너지는 방탄재에 국부적으로 관찰되는 Adiabatic Shear Band(ASB)의 형성에 모두 사용된다. 경도가 아주 높은 영역에서는 인성이 매우 낮기 때문에 방탄재는 산산조각이나 부스러진다(Mode-D).

ASB는 초고속 변형을 하는 방탄강에서 관찰되는 특이한 현상으로 ASB의 발생으로 파단이 용이하게 되어 방탄성능이 저하하는데, 충격에 의한 변형의 속도가 너무 빨라 생성되는 열이 미처 외부로 전달될 수 있는 시간적 여유가 없을 때 발생한다. 일반적으로 방탄 시의 소성변형은 변형속도가 10^5m/sec이고 변형을 받는 시간은 50~200μs밖에 되지 않기 때문에 이 짧은 시간 동안에 충격으로 인해 생긴 열에너지는 외부로 전달되지 못하고 Shear Band 부위에 집중되어 국부적으로 온도가 올라가게 된다. ASB 현상이 일어나면 조직상으로도 불안정 상태가 조성되며 재료의 강도가 떨어지고, 이로 인해 어떤 특정 경도치 범위에서 방탄성능이 떨어지기 때문에 주의를 요한다.

방탄 현상에 관한 연구를 통해 과학자들은 ASB에 영향을 미치는 인자를 도출하였다. 주요인자는 비열, 열전달계수, 비중, 변형강화계수 등인데, 이들 인자들의 값이 적을수록 ASB의 형성이 용이해진다고 한다. 이 때 ASB의 온도는 국부적으로 높아지며 전단응력도 떨어지며 변형이 집중하는 현상이 발생해 취약해진다. 이 부위는 현미경으로 볼 때 White Band로 관찰되며 아주 미세한 결정립 크기에 높은 경도를 보인다. ABS에 미치는 여러 가지 인자가 미치는 영향에 대한 분석은 그동안 많이 진행되었으나 아직도 명쾌하게 상관관계가 규명되지 못해 향후에도 중요한 연구과제로 남아 있다.

장갑용으로 많이 사용되는 강재로 RHA와 HHA을 앞에서 언급한 바 있는데, 최근에는 새로운 조직과 성분의 합금강이 장갑용 강재로 검토되어 왔다. 그 한 예는 Multi-Layer 강판으로 고경도의 부위 판을 전면에 놓고 그 뒤를 고연성의 부위가 받쳐주는 식으로 제조하는데, 장갑성능의 향상효과가 큰 것으로 알려져 있다. Multi-Layer 강판을 제조하기 위해서 사용하는 가공 방법은 Carburizing(침탄열처리), Roll Bonding(압접), Explosive Bonding(폭발접합) 등이 사용된다.

그림 7-39는 Dual Hardness 방탄능력을 RHA 및 HHA와 비교한 것인데, 그 효과를 볼 수 있다. 머레이징 강도 장갑용 소재로 검토되었는데, 이 강재

는 서냉을 통해 마르텐사이트 조직을 만들 수 있고 소성 가공도 용이해 잇점이 있다. 그리고 이 강은 급냉을 하지 않고도 제조할 수 있어 장갑 구조물의 칫수를 정밀하게 만들 수 있다. 자동차용 고강도 강재로 최근에 적용 또는 개발이 진행되고 있는 TRIP(Transformation Induced Plasticity) 강과 TWIP(Twin Induced Plasticity) 강도 방탄용으로 활용될 수 있는 가능성이 있으며, 이에 대한 개발은 향후의 과제이다.

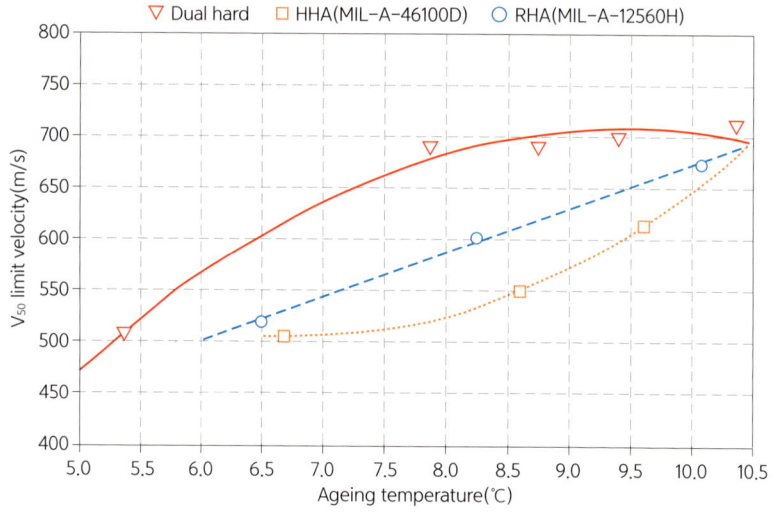

<그림 7-39> Dual Hardness 방탄강, RHA 및 HHA의 방탄 성능(V50) 비교

제8장 철강의 미래

철강의 미래

　인류는 지난 4,000년 이상 철을 사용해 왔고 앞으로도 인류가 존재하고 사회가 유지되는 한 지속적으로 철을 사용할 것이다. 향후 지구상의 인구는 지속적으로 증가하고 경제활동을 통해 창출하는 GDP도 지속적으로 증가한다는 사실을 감안하면 철의 사용량 역시 지속적으로 증가한다는 것은 당연하다. 그림 8-1은 지난 60여년 간의 전 세계 철강생산 동향을 보여주고 있는데 꾸준하게 증가하는 경향을 보이고 있다. 철강생산이 2000년대 초 급격한 증가를 보이고 있는데, 이는 주로 중국에서의 철강수요 증가에 기인한다. 2000년을 전후하여 중국의 철강소비량은 상상을 초월하여 10배 이상 증가했는데, 2018년의 철강생산은 약 9억톤으로 전 세계 철강생산의 1/2에 이르고 있다. 이는 중국이 제조업 중심의 경제성장으로 이 시기 GDP 증가가 평균 10% 내외에 달했기 때문이다.

　그림 8-1은 중국의 철강수요 증가와 함께 인도에서의 철강소비도 최근 10년간 빠르게 늘어나고 있다는 사실을 보여주고 있다. 인구만을 고려해서 비

교하면 중국과 인도의 인구가 그리 큰 차이가 나는 것이 아니기 때문에 향후 인도에서의 철강소비도 일단은 많이 증가할 것으로 예측할 수 있다. 그러나 철강수요는 제조업 비중에도 큰 영향을 받기 때문에 인도가 중국만큼 철강수요가 생길 것인가는 좀 더 두고 봐야 할 것 같다.

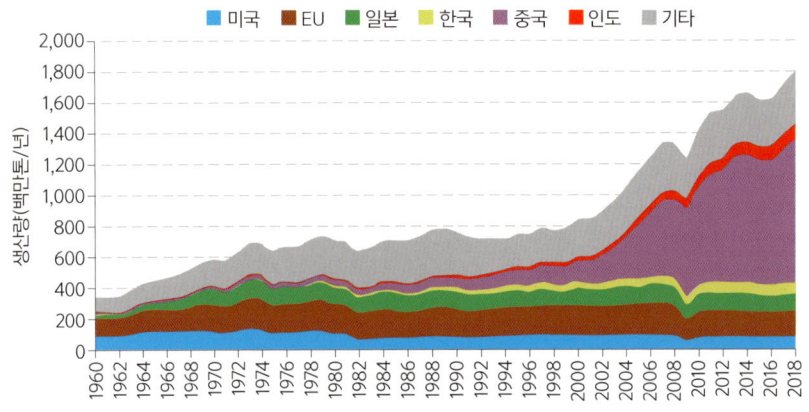

<그림 8-1> 세계 및 주요 철강 생산국의 지난 60여 년 간의 철강 생산량

 과거의 동향을 보면 철강소비는 1인당 국민소득 5,000~2만 달러 구간의 국가 중에서 제조업이 강하면 급격히 증가하는 경향을 보이고 있기 때문이다. 따라서 향후 철강 소비량은 인구가 많은 개발도상국에서 주로 늘어날 것이며, 그 대상국은 인도를 위시하여 인도네시아, 파키스탄, 나이지리아, 방글라데시, 멕시코, 베트남, 에티오피아 등이다. 이상의 관점에서 본다면 철강 소요량은 앞으로도 상당히 오랫동안, 적어도 인구가 많고 빈곤한 국가의 1인당 GDP가 2만 달러에 이르기까지는 늘어날 것으로 전망할 수 있다. 그 이후도 증가세가 약화되기는 하겠으나 소비가 감소할 가능성은 적어 보인다.
 늘어나는 철강 생산량과 함께 철강 연관산업에도 많은 변화가 예상된다. 이는 철광석과 같은 철강 원료산업뿐만 아니라 철강 소비산업의 환경이 다

양하게 변하기 때문에 나타나는 필연적인 현상이다. 철광석 등 제철원료는 경제성과 품질을 감안해 전체적으로 경제성이 높은 것부터 우선적으로 채취하고 있다. 철광석 매장량은 우크라이나, 러시아 등이 가장 많으나 가장 큰 철광석 수출국은 브라질과 호주이다. 이는 이들 국가에서 생산되는 철광석이 생산량도 많고, 가격이 싸고, 품질도 좋고, 물류 측면에서도 유리하기 때문이다.

코크스용으로 사용되는 강점탄은 매장량 자체가 매우 한정적인데, 현재의 용광로 공법이 계속된다면 생산이 수요를 못 따라갈 수밖에 없다. 따라서 시간이 지남에 따라 고품위 원료는 매장량도 줄고 채취비용도 늘어나고 품질도 떨어질 수밖에 없다. 원료가 바뀌면 새로운 품질의 원료에 맞는 새로운 정련기술도 개발되어야 한다. 또 철스크랩(고철) 등 경쟁원료와의 관계도 생각하여 현재의 원료와 공정을 그대로 갖고 갈 것인지 아니면 원료나 공정을 아예 새로운 것으로 바꾸어야 하는지도 결정해야 한다. 특히 크게 영향을 미치게 될 요인은 환경에 관한 이슈인데, 지구온난화, 미세먼지, 자원고갈 등의 문제에 대응하는 차원의 대책도 강구되어야 한다.

철강 소비환경도 크게 변하는 것은 마찬가지이다. 철강 수요산업도 부단히 변하고 있기 때문에 현재의 상태가 결코 오랫동안 유지될 수는 없을 것이다. 최근 들어 가장 두드러지게 나타는 현상 중의 하나는 전기자동차의 확산이라고 할 수 있으며, 이로 인한 자동차 구조나 소재의 변화가 어떻게 전개될지는 예측이 쉽지 않다.

토니 세버(Tony Sever)는 그의 저서 『에너지 혁명 2030』에서 공유경제와 자율주행 차의 대두로 자동차 수요가 1/15로 감소할 것으로 전망했는데, 과연 그렇게 큰 감소가 일어나겠는가를 놓고 논란을 불러일으킨 바 있다. 그러나 공유경제로 개인이 구매하는 자동차 수요는 줄 수 있으나 차량 공유제를 운영하는 사업체가 보유하는 자동차 수요는 크게 늘어날 것이다. 그리고 자동차를 잘 사용하지 않는 장애인 및 노약자에 의한 새로운 수요도 창출될 수 있다. 이런 사항을 모두 감안하면 미래의 자동차 수요는 조금씩은 증가할 것이라는 것이 필자의 분석이다.

최근 4차 산업혁명이라는 용어가 세간의 화두가 되고 있고 또 이것이 미래 산업 생태계를 바꿀 것이라는 전망이 많다. 제조업 관련해 4차 산업혁명은 스마트팩토리(Smart Factory, 지능형 공장)의 구축이라고 볼 수 있다. 스마트팩토리는 인공지능(AI: Artificial Intelligence)과 빅데이터(Big Data), IoT(Internet of Things)를 활용하여 제품을 생산 및 판매하는 시스템이라고 볼 수 있다. 스마트팩토리의 구축이 공정 및 판매에 미치는 효과에 대해서도 많은 논의가 있고 새로운 개념이 제시되고 있다. 이것이 산업에 미치는 영향 역시 미리 분석해 보는 것이 필요하다.

미래를 예측하는 것은 결코 쉬운 일은 아니다. 그러나 우리는 미래에 일어날 수 있는 상황에 대해 미리 그려보면서 얼마나 심각한 문제가 있을 수 있는지 살펴보지 않으면 안 되며, 또 일어날 수 있는 상황에 대한 대응책도 미리 생각해두는 것이 매우 중요하다. 항상 정확한 예측을 할 수 있으면 좋겠지만 이는 쉽지 않기 때문에 비록 정확성이 좀 떨어지더라도 미래의 상황을 여러 가지 형태로 가정하고, 일어날 수 있는 가능성에 대해 예측해 볼 필요는 있다.

특히 변화의 속도와 강도가 점점 가속되고 다양화되고 있는 현대사회에서 미래를 대비하기 위해서는 예측은 꼭 있어야 할 것이다. 이런 측면에서 향후 철강산업이 어떻게 변화할 것인가를 진단해보는 것은 꼭 필요하고 또 매우 흥미로운 과제이다. 본 장에서는 지난 5,000년 가까운 세월동안 인간의 생활, 전쟁, 문명, 문화와 사상 전 분야에 걸쳐 크고 작은 영향을 미쳐온 철의 역할이 향후 어떻게 바뀔 것인가에 대해서 철강 제조공정, 제품 그리고 산업 등 세 분야로 나누어 살펴본다.

8.1. 철강 제조공정의 미래

앞에서 지적한 바와 같이 지난 50년간 철강산업에서 일어난 혁신적 변화는 대체로 제품의 품질향상과 제조원가를 절감하는 방향으로 전개되어 왔다. 이를 위해 적용되었던 핵심 개념은 공정 생략 및 통합이었다. 소결이나 코크스 제조공정의 일부 또는 전부를 생략하고자 하는 각종 신제선기술을 비롯해, 연속화를 통해 효율화를 도모하는 연속주조, 연속압연, 연속소둔, 연속도금 등이 대표적인 사례이다. 철강 제조의 과거 가치사슬(Value Chain)을 보면 설비가 지역적으로도 분산되어 있을 뿐만 아니라 단계가 여러 개로 나누어져 있어 물류의 흐름이 비효율적이었으며 이로 인해 부가되는 비용(Cost) 증가가 적지 않았다.

이런 측면에서 만들어진 시스템은 제선에서 도금까지의 모든 공정을 한 지역에 설치하는 종합제철소 체제인데, 1960년대에 일본에서 시작된 선강일관 대형 임해제철소 체제가 대표적인 사례이다. 그러나 철강공정을 한 군데 모아놓아도 공정 간에는 연결이 다 되어 있는 것이 아니기 때문에 공정과 공정을 통합해 연속화 하는 일은 지속적으로 추진되었다.

연속주조 공정이 대표적인 사례이다. 종래의 공정은 용해 → 주조 → 잉곳 → 가열 → 분괴압연 → 슬래브로 나뉘어져 있는데, 연속주조 공정에서는 다단계 공정을 모두 연결하여 한 개의 연속공정에서 슬래브를 제조한다. 잉곳을 제조하던 과거 공정과 비교하면 획기적인 변화이다. 이 연속공정을 생산에 적용하면 실수율, 품질, 에너지 비용, 투자비, 인력 등에 있어서 가치창출 효과가 매우 크다. 따라서 1950년대에 이 기술이 개발되자마자 빠른 속도로 보급이 이루어져 현재는 모든 철강 제조사에서 채택하고 있다.

8.1.1. 신제선 공정

제선 공정의 경우 공정 생략·통합 측면에서 고려될 수 있는 사항은 현재의 코크스 및 소결을 포함하는 용광로 제조공정 전체의 혁신이다. 용광로 공정은 철강산업에서 대표적인 공해 공정으로 대부분의 온실가스와 먼지가 여기에서 발생한다. 그러나 코크스나 소결광을 사용하지 않으면 종래의 용광로를 사용하여 선철생산을 할 수 없기 때문에 새로운 개념의 신제선 설비가 개발되지 않으면 안 된다.

이 때문에 지난 30년간에 여러 종류의 신제선 공정이 개발된 바 있다. 신제선 공정은 크게 두 가지로 나눌 수 있는데, 용융환원 공정과 직접환원 공정이다. 용융환원 공정으로는 COREX와 FINEX, Hismelt, Hisana, FASTMET 등이 있고, 직접환원 공정으로는 MIDREX, HYL, FINMET 및 ITmk3가 있는데, 이들 공정들은 개발 중인 것도 있고 아니면 상업화 단계에 있는 것도 있다(표 8-1 참조).

표 8-1의 신제선 공정 중에는 Pilot 단계를 거쳐 수십만 톤 내지는 수백만 톤 규모의 상업화 설비를 건설하여 운영하고 있는 것도 여러 개 있지만 아직까지는 활용이 늦어 전면적으로 확산되지는 못하고 있는 상태이다. 신제선 공정의 상업화가 확산되지 못하는 가장 큰 이유는 이 공정의 경쟁기술인

용광로 공정이 이미 지난 500년 이상 동안 대량 생산설비로 사용되면서 경쟁력을 탄탄하게 확보하고 있기 때문이다. 즉 오랜 조업의 지식과 경험으로 안정된 생산을 함으로써 실수율이 높고 품질이 우수하며, 생산 원가도 낮아 신제선 공정의 사용으로 얻어지는 품질과 제조원가 측면에서 얻는 효과가 상대적으로 크지 않아서이다.

연료	원료	공정	보유사	설치현황	상업화여부
석탄	Pellet/괴광	COREX	Primetals	인도 JSW 60만톤/년 2기, ESSAR 60만톤/년 1기, 남아공 Saldanha 60만톤/년 1기, 중국 보강 150만톤 1기	상업화
	분광	Hismelt	Rio Tinto 외	중국 산동강철 60만톤/년	
		Hisana	EU	8 t/h(Pilot 단계)	
		FINEX	POSCO-Primetals	포스코 150만톤/년 & 200만톤/년 각 1기	상업화
		ITmk3	KOBE	미국 50만톤/년	상업화
		FASTMET	KOBE	20만톤/년(Kobe Steel)	
가스	분광	FINMET	Primetals	50만톤/년 x 4기 (중단/폐기)	
	Pellet/괴광	HYL (Energion)	Tenova/Danieli	32기, 26.98백만톤	상업화
		Midrex	Kobe-Danieli	73기, 58.27백만톤	상업화

<표 8-1> 개발 중이거나 상업화 완료된 신제선 공정

이 때문에 신제선 공정은 틈새시장을 노릴 수밖에 없는데, 예를 들면 MIDREX 공정은 천연가스가 염가로 공급되는 지역의 제철산업에 주로 활용되고 있고, FINEX 공정은 품질은 좀 떨어지나 저가의 철광석이 많이 생산되는 내륙지방의 제철산업에 우선적으로 검토되고 있다. 내륙지방의 경우 호주나 브라질 등지에서 생산되는 양질의 철광석으로는 높은 물류비 때문에 경제성을 확보하기 어려우므로 지역에서 생산되는 저급 원료의 사용이 가능한 FINEX 공정 등이 활용될 수 있다. 특히 용광로 조업에 필수적인 코

크스 제조용 강점결탄은 현재 부존자원이 빠른 속도로 고갈되고 있는데, 이런 측면에서 신제선 기술의 미래는 밝다고 하겠다.

앞에서 언급한 신제선 공정은 코크스 제조공정을 생략하고 소결광 제조 설비가 필요하지 않기 때문에 공정을 잘 설계한다면 환경보호 측면에서 유리하다. FINEX의 경우 배출가스의 저감 효과가 매우 큰데, 고로 대비 배출량 실적을 보면 SOx는 40% 정도이고 NOx는 15%, 그리고 Dust는 70% 수준이다.

현재 환경 문제가 점차 심각해지고 있는데 용광로 공정으로는 이 문제를 해결할 수 없어 제조원가가 올라갈 수밖에 없다는 점을 생각하면 용광로와 경제성을 견줄 수 있는 혁신 신제선 기술이 개발되어야 할 것으로 생각된다. 이를 위해서 필요한 것은 지금까지 여러 철강사가 독립적으로 개발해 온 신제선 기술을 공동으로 개발하는 방안이 요구된다. 개발되는 신제선 기술의 요소기술을 보면 서로 비슷한 경우가 많은데 이들 유사한 기술의 개발을 여러 철강사와 연구기관이 공동으로 하게 되면 노하우(Know-how)를 공유할 수 있고 투자비도 절감할 수 있기 때문에 바람직한 방법이라고 하겠다.

차세대 제철공정, FINEX의 개발

　1980년대부터 용광로를 대체하려는 노력은 주로 연·원료의 고갈 대비와 공정생략을 통한 제조원가 절감이 목적이었는데, 일본의 DIOS, 호주의 Hismelt, 유럽의 CCF, 미국의 AISI 등이 이러한 목적으로 그 당시 개발되었던 기술들이었다. 그리고 이 시기에 연산 30만톤 규모의 COREX 공장이 남아공에서 가동을 시작하였는데, COREX 공정은 소결 공장과 코크스 공장 없이 용선을 생산할 수 있는 당시로서는 획기적인 신제선 공정이었다. 하지만 COREX는 괴광, 괴탄만을 사용해야 하는 한계를 갖고 있는데, 이를 극복하기 위해서는 연료 및 원료를 분말 상태 그대로 사용하는 공정을 개발할 필요가 있었다.

　1998년 포스코와 COREX의 개발사인 VAI(현, Primetals)는 생산규모를 30만톤/년(C1000)에서 60만톤/년(C2000)으로 증강하는 COREX 투자 사업을 추진함과 동시에, 100% 분말 연·원료를 사용하는 제선공정인 FINEX의 개발에 착수하였다. 당시 포스코는 선진 철강사의 앞선 기술을 빠른 속도로 습득하여 강력한 경쟁력을 가진 철강사로 성장하였으나, 이제는 혁신적인 철강기술의 개발을 통해 철강업계에 기여할 때가 되었다고 판단하고 도전적으로 FINEX의 기술개발을 추진하는 것으로 결정하였다.

　FINEX 개발 사업은 정부지원과제로서 한국철강협회 내 신철강연구조합을 구성하여 국내 철강사와 함께 기술개발을 추진하였는데, 초기 실험실 단계의 기술개발에서 소기의 성과를 거두었으나 상용화에 대한 기대는 그리 높지 않았다. 그 당시 포스코는 60만톤/년 규모의 C2000 COREX 공장을 가동하면서 대두되었던 다양한 공정 및 조업 상의 문제점에 대해 혹독한 경험을 겪어야 했다.

주요 문제점으로 거론된 것은, 환원로와 용융로를 연결하는 Screw Feeder의 잦은 정지로 인한 반복적인 휴풍과 환원로 비우기의 시행, 환원로 내부 DRI의 Sticking 문제, 그리고 출선구 연와의 급속한 마모로 출선구 심도가 관리기준 이하로 저하되는 문제 등이었다. 따라서 상업적 생산 가능성의 요건인 가동률과 제조원가 측면에서 경쟁력의 한계가 있음을 알게 되었다. 이에 포스코는 당시 C2000 공정의 폐쇄를 결정하면서도 다음 네 가지 가능성에 주목하고 그동안 추진하고 있던 연구 단계의 FINEX 기술의 상용화를 추진하는 것으로 결정하였다.

FINEX의 상업화 가능성에 관한 네 가지 과제는 다음과 같은데, 이 과제만 해결되면 상업화가 가능하다고 판단하였다. 첫째는 이미 COREX의 상업화를 통해 구현된 용융로 기술, 둘째는 천연가스 기반의 유동로 상업화 기술의 공동 개발, 셋째는 유동로와 용융로를 연결하는 환원광 분말 괴성화 기술의 확보, 넷째는 COREX에서 사용하는 괴탄(Lump Coal) 대비 경도가 높은 성형탄 제조기술 등이 있다.

그림 8-2은 FINEX의 개요도를 보여주고 있는데, 분광 및 분탄을 이용한다는 점에서 기존 COREX 공정과는 다르다. 분광은 용해로에서 나오는 환원가스를 이용해 유동로에서 환원되어 HCI(Hot Compacted Iron)를 제조한다. 제조된 HCI는 석탄 Briquette와 함께 용융로에 장입되어 연·원료의 사전처리 공정이 생략되는 공정이다.

용융로 풍구에서 취입되는 산소는 장입된 성형탄과 미분탄을 연소시켜 환원가스를 발생시키고, 분진을 제거한 환원가스는 유동환원로에 공급되어 단계별 환원반응에 활용된다. 유동로에서 활용이 완료된 Off-Gas는 열회수 장치와 건식집진 장치를 거친 후 절반의 가스는 CO_2 Removal 설비를 경유하여 3% 이하로 줄인 후 용융로 가스와 혼합하여 유동로 환원에 재사용된다.

나머지 Off-Gas는 압력차를 이용한 노정압 발전에 활용된 후 부생가스 발전설비의 원료로도 공급되어 전력생산에 기여한다. FINEX 공정은 분 상태의 연원료를 사용함에도 불구하고 전체공정이 통합되어 있어 분진 발생이 적고, 순산소 활용에 따른 NOx가 극히 낮게 배출된다. 뿐만 아니라 유동로에 추가되는 부원료인 Dolomite에 의해 내부 탈황이 발생하여 배가스의 SOx 농도도 낮게 유지되는 장점이 있다.

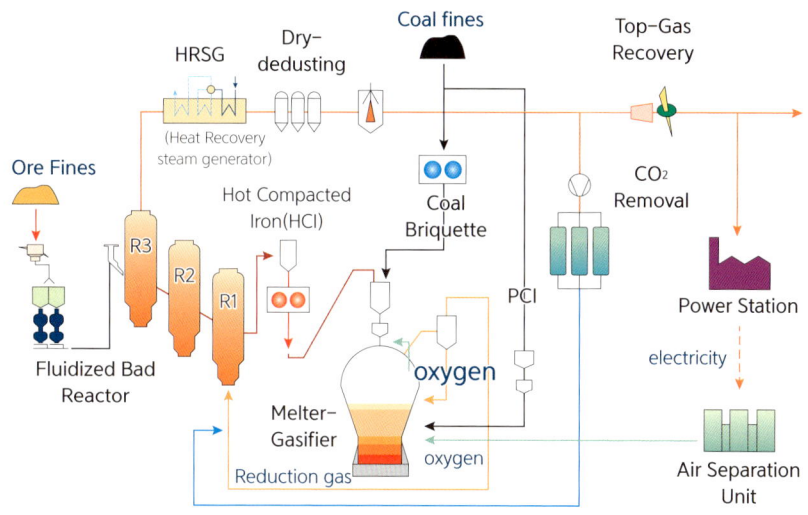

<그림 8-2> FINEX 공정의 개요도

FINEX는 전혀 새로운 기술의 출현이 아닌 기존기술을 응용·개선하고 신기술을 융합한 혁신기술인데, 이는 기존에 투자된 COREX의 공정과 설비의 경험을 기반으로 문제를 해결하는 방향으로 신기술을 개발하였기 때문이다. 10년이 넘는 기술개발 과정 중에 난관도 있었으나, 혁신기술 개발에 대한 확고한 회사의 의지와 개발을 수행한 엔지니어들의 노력과 지혜로 개발에 성공할 수 있었다.

HCI 설비의 경우에는 일부 설비의 균열 파손이 빈발하였고 기술유출을 꺼린 외국 설비공급사의 비협조적인 대응에 따라 개발이 지체되었으나, 수차례 시행착오를 거쳐 설비를 개선시켜 오히려 더 우수한 실용기술로 고유화 하였다. 또한, 상온에서 제조되는 성형탄은 고온의 하중을 견딜 수 있는 품질을 확보함과 동시에 생산성도 확보하기 위해 조업-연구-정비 인력 간의 헌신적인 협업을 통해 해결하였다.

한편, FINEX는 전례가 없는 복합 개발조직으로 도입된 기술이 아닌 각자의 실무적 경험을 통해 기술의 깊이와 넓이가 공유되면서 개발되었다. 또한 강력한 리더십을 지닌 기술개발 책임자에게 충분한 재량권을 부여하고 장기간에 걸친 경영층의 전폭적인 신뢰가 상업화 성공의 큰 원동력이 되었다.

상업화 개발과정에 안타까운 희생도 있었다. 2003년 현충일 오후, 데모 플랜트를 시험가동한 지 엿새 만에 환원된 분광석 이송 배관이 막혀 이를 급히 뚫던 담당반장 머리위로 수백도의 분광석이 쏟아내려 사십대 중반의 나이에 순직하였다. 신 공정을 개발하는 것이었기에 모든 것이 처음이었고, 설비, 공정, 물질에 대한 경험부족으로 인해 나타난 결과였다.

파이넥스의 상업화가 성공하면 국내는 물론 해외로도 진출할 것이고 철강역사를 새로 쓰는 세계 최고의 기술자가 될 것이라고 꿈을 꾸던 동료의 희생을 지켜보아야만 했다. 이후 함께 일하던 동료들은 순직한 직원의 기일에 맞추어 매년 전세버스를 빌려 고인의 묘지를 방문하였는데, 이는 최근 유족들의 진심어린 만류가 있기까지 10년 이상 계속되었다. 유족에게 나날이 발전하고 있는 파이넥스의 소식을 전하고 고인을 포함한 개발자들이 가졌던 초심을 잃지 않기 위해서 모두가 자진해서 참여한 행사였다.

FINEX 공정은 Lab. 단계를 거쳐 COREX 용융로를 기반으로 한 Pilot 및 Demo Plant를 연이어 가동하여 검증한 후, 2007년 최초로 연산 150만톤 공장의 상업생산을 시작하였다. 포스코가 일관제철소를 건설하면서 1973년 최초로 건설된 용광로가 연산 103만톤 규모였다는 것을 생각하면 불과 20여년 만에 자력으로 대용량의 신제선 공정의 상업화를 구현했다는 것은 실로 높은 산업적 가치를 창출했다고 볼 수 있다.

여기에 만족하지 않고 포스코는 200만톤/년 규모의 제2기 FINEX 설비를

2014년에 건설하였는데, 제1기 FINEX의 가동 기간이 짧긴 했으나 축적된 경험과 기술을 바탕으로 설비 건설비를 줄였을 뿐 아니라 대용량 설비의 표준화 설계 개념을 확립하였다. 지속적인 기술개발과 공정개선을 통해 감가상각비를 제외한 제조원가는 2020년 현재 동급 고로 대비 유사한 수준으로 낮추었는데, 특히 부생 가스를 이용한 발전 비율은 38%에 이르고 있어 원가절감에 기여한 바가 크다.

FINEX 공정에서는 용융로 내부 연소에 공기 대신 순 산소를 사용하는데 배출되는 SOx, NOx 및 Dust의 발생량이 대폭 감소하였다. 이에 따라 SOx, NOx 및 Dust 각각의 발생량은 고로공정 대비 40%, 15% 및 70% 수준으로 환경 친화적인 공정임을 확인하였다. 뿐만 아니라 설비의 특성을 보면 향후에 공해물질의 배출을 현재보다 더 감소시킬 잠재력을 갖고 있다. 하지만 최근까지만 해도 이러한 환경적인 가치는 크게 부각되지 않았는데, 근년에 전 세계적으로 유해가스 및 미세먼지 관련 이슈가 공론화됨에 따라 FINEX가 갖는 환경적 가치가 높아지고 있다.

특히, FINEX 공정에서는 이미 상업적으로 가동되고 있는 CO_2 Removal 설비에 의한 CO_2의 포집과 저장(CCS – Carbon Capture and Storage)이 가능하다. 따라서 CCS가 실현된다면 동일 등급의 연·원료를 사용하는 경우에 석탄 사용량은 고로 대비 유사하지만 CO_2 대기 유출량은 35% 이상 절감할 수 있다. CCS 기술은 전 세계적으로 아직 경제성을 확보하지 못하고 있어서 각 철강사들은 다양한 기술개발을 추진하고 있다. 이런 관점에서 이미 CO_2 분리설비가 운용되고 있고 NOx, SOx, 미세먼지 발생이 법적 규제치보다 현저히 낮은 FINEX 공정은 향후 경쟁력 있는 친환경 공정으로 활용되어질 것이다.

글 : 포스코 연구위원 **이상호 박사**

8.1.2. Near Net Shape Casting 공정

공정 생략·통합의 노력은 제강-연주 공정에서도 지속적으로 이루어져 왔으며, 대표적인 것은 Thin Slab Casting(박슬래브주조) 공정과 Strip Casting(박판주조) 공정이다(그림 8-3 참조). Strip Casting 기술의 경우는 NSC, TKS, POSCO, Bao Steel, Nucor 등이 실용화를 시도하였으나, 현재는 Nucor 만이 탄소강의 제조에 활용되는 Castrip 공정을 개발하여 상용화를 확대하고 있고 스테인리스강의 공정을 개발 추진해 오던 다른 회사는 모두 개발을 포기한 상태이다. 스테인리스강 Strip Casting의 경우 품질 측면에서는 수준을 확보하였으나 원가 측면에서는 기존 공정 대비 가격경쟁력을 확보하지 못해 상용화를 추진할 수 없었던 것으로 알려져 있다.

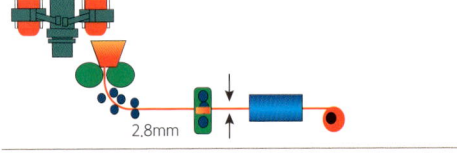

<그림 8-3> 제강-연주-열연 관련 공정 생략·통합 기술 비교

미니밀 업체인 Nucor의 경우 Twin Roll Casting 방법의 Castrip 공정의 상용화에 성공하여 인디애나(Indiana) 제철소에 제1공장을, 아칸소(Arkansas) 제철소에 제2공장을 준공하여 상업 생산을 시작했다고 발표한 바 있다. Castrip 공정은 1988년 호주의 BHP Steel과 일본의 IHI가 개발을 시작하였는데 나중에 Nucor가 개발에 합류하여 3자 합작회사인 Castrip LLC가 구성되어 상용화를 추진하였다. Nucor는 Castrip의 성공에 고무되어 마이크로 밀의 개념을 제안하고 투자비를 대폭 줄인 소규모 철강사업의 추진을 시도하고 있으나, 앞으로 마이크로 밀이 원가경쟁력 및 제품품질 측면에서 타당성이 있음을 입증할 필요가 있다.

Thin Slab Casting 공정은 기존의 연주, 열간압연을 거치는 판재 제조공정에서 연주와 압연을 연속화하고 조압연의 일부 또는 전부를 생략한 공정인데, 현재는 상당히 많은 철강사에서 상업화가 이루어졌다. 초기에는 전기로를 사용하는 미니밀 업체 위주로 상업화하였으나 최근에는 고로업체에서도 채택하고 있다.

CEM(Compact Endless Casting & Rolling Mill) 공정은 박슬래브 공정의 일종으로 주조와 압연을 완전히 연속화·일체화한 것인데, 유사 기술로 Arbedi사가 개발한 ESP(Endless Strip Production) 기술이 있다. 이들 기술의 특징은 종래의 Thin Slab Casting 공정이 설비 구성 상 2개의 연주 설비와 한 개의 열간압연 설비로 구성되어 있는데 반해 CEM 및 ESP에서는 연주 설비 1개와 열간압연 설비 1개로 구성하여 설비투자비를 대폭 줄일 수 있다는 것이다.

CEM은 POSCO가 추진해 상업화에는 성공하였으나 제철소 설비의 한계로 용강 공급에 어려움이 있어 확산을 중단한 공정이다. 이에 비해 ESP는 일조강철 등 중국 철강업체에서 설비를 건설하고 상업생산을 하고 있다. 이들 공정은 주조 속도가 일반 Thin Slab Caster 대비 2배 정도로 올릴 수 있도록 설계되어 있기 때문에 설비 축소에 의한 원가절감 효과가 크다. 생산규모로는 일반 Thin Slab Casting 공정이 200만톤/년 규모이나 열연을 연결한 CEM의 경우 400만톤/년 규모의 공장도 가능하다. Thin Slab Casting과 열연을 연결한 CEM & ESP 기술의 장점은 공정의 단순화에 의한 에너지 및 원가절감인데, 여러 가지 이유로 기술의 상용화가 지체되어 확산이 느리긴 하나 향후 설비 전체를 신설하는 그린필드 투자를 통해 새로운 제철소가 건설된다면 채택될 수 있을 것이다.

8.2. 철강 제품의 미래

철은 건축·토목, 자동차, 기계 산업, 화학 산업, 전기·전자 산업, 석유·가스 산업, 교통 등 다양한 분야에서 여러 가지 용도로 사용되고 있다. 사용량으로 보면 건축·토목 분야가 가장 많으며, 부가가치 측면에서 보면 자동차, 전기·전자 산업 분야가 가장 높다고 하겠다. 그러나 용도에 관계없이 새로운 철강 제품의 개발은 지속적으로 또 점진적으로 이루어지고 있으며, 때로는 이제까지는 알려지지 않은 야금 이론이 개발되어 새로운 제품을 창출하고 있다.

혁신제품의 개발은 두 가지 요인에 의해 이루어진다. 첫 번째는 고객의 요구에 의해 만들어지는 경우이며, 두 번째는 새로운 이론의 개발에 의해 만들어지는 경우이다. 첫 번째 경우에는 고객사가 제품을 새롭게 설계하는 과정에서 혁신적인 특성을 가진 제품이 필요한 경우에 철강사에 개발을 의뢰하게 되고 이에 따라 신제품을 개발하게 된다. 두 번째 경우에는 대학이나 연구소에서 재료에 관한 새로운 이론이 만들어지게 되면 이것을 현장 생산에 적용하여 새로운 물성의 제품을 만들게 되는데, 변태강화형 및 석출강화형 고강도 제품이 이에 해당된다. 예를 들면 자동차용 고강도강인 DP(Dual Phase)강이나 TRIP(Transformation Induced Plasticity) 강이 있고 최근에 개발된 TWIP(Twin Induced Plasticity) 강이 여기에 해당한다.

8.2.1. 자동차용 미래 강재

자동차용 강재는 가장 경쟁이 치열하고 부가가치가 높으며 고도의 생산기술이 요구되는 제품이다. 이는 지구온난화에 따라 차량 경량화가 경쟁적으로 이루어지기 때문인데, 에너지 절감을 위해 차체의 설계를 최적화하고 부품 가공기술을 혁신함과 동시에 고강도 강재를 사용함으로써 연료 소비를 최소화하기 위해서다. 고강도화를 위해 적용되는 야금학적 원리는 제3장에서 자세히 설명한 바 있는데, 고용강화, 석출강화, 결정립 미세화, 가공경화, 변태강화 등 모든 방법이 활용되고 있다.

자동차는 부위에 따라 적용하는 강재의 종류가 다르다. 외판재는 인장강도 300MPa 이하인 IF(Interstitial Free)강이 주로 사용되어 왔으며, 근래에는 고강도화도 점진적으로 이루어졌다. 고강도화를 위해 주로 Bake Hardening(소부강화)의 원리가 활용되어 왔으며, 추가적으로 고용강화나 석출강화 원리도 적용되고 있다. 그러나 최근 들어 변태강화의 원리를 적용해 큰 폭의 강도 증가가 이루어지고 있어 인장강도가 490 또는 590MPa 정도의 DP강이 적용되고 있다. 향후에는 이런 변태강화의 원리를 활용하는 경향이 더욱 확대될 전망으로 DP강뿐만 아니라 TRIP강도 적용될 것이고, 인장강도는 780 또는 980MPa 정도까지 높아질 전망이다.

자동차 내판재의 경우는 고용강화 및 석출강화형 고강도 강재가 경량화 소재로 활용되어 왔으며, 최근 들어 변태강화의 원리를 활용하는 고강도 강재의 적용이 확대되고 있는 점은 외판재와 같다. 그러나 적용 강재의 인장강도는 훨씬 높아져 인장강도가 1.0GPa(1,000MPa) 이상인 소위 'Giga

Steel'도 적용되고 있으며 활용되는 기술도 다양해져 가고 있다. Giga Steel은 점진적으로 늘어나고 있는 경량소재의 침범을 억제하여 지속적으로 경량화의 효율을 강화할 수 있는 미래형 자동차 소재로 큰 관심의 대상이 되고 있다.

차량 경량화를 위해 강재의 고강도화가 끊임없이 추진되나 부품을 만드는 것이 가능하려면 가공성이 좋아야 한다. 그림 8-4는 자동차 강재로 사용되는 각종 강재를 인장강도-연신율 좌표 상에서 보여주고 있는 도표로 소위 Banana Diagram이라고 하는데, 강도가 가장 낮은 IF강에서부터 가장 높은 HPF강까지 모두를 망라하고 있다. 이 도표의 오른쪽 편에 있는 고강도 강은 대부분이 변태강화형 강재인데, DP, TRIP 및 TWIP강 등 변태강화형 강재는 가공성이 향상되는 특성이 있어 자동차의 부품 제작에 유리하다. 이는 변태강화형 강재의 Strain Hardening Exponent인 n값이($\sigma = K\varepsilon^n$, n : Strain Hardening Exponent) 높기 때문으로 설명하고 있다.

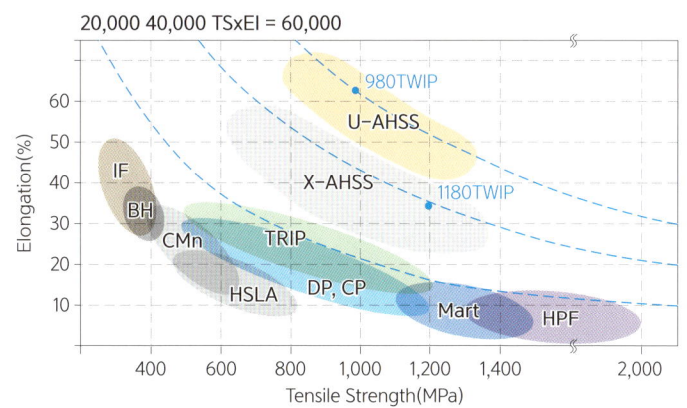

<그림 8-4> 자동차용 차세대 고강도 강재

변태강화를 위해서는 열처리를 해야 하는데, 일반적으로는 기존의 철강

공정 안에서 In-Line 열처리를 하여 변태강화 강을 제조하지만 In-Line 열처리를 하지 않고 생산된 판재를 이용하여 부품 가공공정에서 후열처리를 하기도 한다. In-Line 열처리의 방법으로 제조된 Giga Steel은 인장강도 1.0~1.2GPa의 초고강도인데, 마르텐사이트와 소량의 잔류 오스테나이트가 혼합된 복합조직이다. 최근에 개발된 Q&P(Quenching & Partitioning) 기술도 In-Line 열처리 기술의 일종인데, 연속소둔 공정에서 냉각 중 마르텐사이트 형성 영역에서 항온처리를 하여 불안정 오스테나이트 조직에 마르텐사이트의 양을 조정하여 강도와 성형성을 향상시킨다.

후열처리를 통해 부품을 제조하는 대표적인 기술이 HPF(Hot Press Forming)이다. 이 기술의 특징은 부품을 성형 가공하는 공정에 강도를 증가 시킬 수 있는 열처리 공정을 넣어 두 개의 독립 공정을 하나로 결합한 점이다. HPF에 의해 제조되는 부품의 미세조직은 Martensite로 인장강도는 1.5GPa 이상으로 매우 높은데, 현재 많은 부품들이 이 방법으로 제조되고 있다.

그림 8-4 오른쪽 상단부의 U-AHSS 및 X-AHSS는 향후 개발해야 할 미래의 고부가가치 고강도 자동차용 강재로 Giga Steel에 해당하는데, 지금으로서는 개발의 초기단계이다. 이미 상용화가 된 강재로는 980TWIP 및 1180TWIP이 있는데, 이 강재의 특징은 TSxEl 값이 60,000MPa·% 및 40,000MPa·%로 일반 고강도강 대비 월등하게 우수하다. 초고강도 Giga Steel로는 HPF 강이 현재 많이 사용되고 있으나 이 강은 고온 열처리로 인해 표면에 산화막이 형성되어 있어 매끈하지 못한 단점이 있다.

HPF의 단점을 제거하기 위해 합금조성을 최적화하여 열처리 온도를 낮추어 500~800℃ 영역에서 가열하는 WPF(Warm Press Forming) 방법을 적용할 수도 있는데 표면 품질의 향상이 가능하다. 또 하나의 시도는 상온 프레스 성형이 가능한 합금을 개발하여 아예 가열을 하지 않고 상온에서 성형하는 방법도 추진되고 있다. 향후 우수한 가공성의 U-AHSS 및 X-AHSS가 상용화되면 상온 프레스성형이 가능해져서 HPF 강재의 단점을 보완해 줄 수 있게 된다. 지구 온난화의 이슈가 점점 심각해지는 현실을 감안하면 이들 Giga Steel의 수요가 점진적으로 증가할 것이므로 이들 강재에 대한 기술개발을 위해 야금학적인 기초연구가 요구되고 있는 실정이다.

TWIP강은 자동차용으로 개발된 초고강도, 고성형성 강판으로 Giga Steel의 일종이다. 1990년에 POSCO에 의해서 처음 개발된 TWIP강은 C가 0.6%, Mn이 18%, Al 1.5% 내외가 함유된 고Mn강이다. 유럽의 ArcelorMittal, TKS 등에서도 C와 Mn의 함량이 조금씩 다른 X-IP 및 L-IP라는 유사 강종을 개발한 바 있다. 고Mn강은 상온에서 오스테나이트가 안정하여 통상적인 냉각조건에서는 마르텐사이트나 카바이드가 만들어지지 않는다.

TWIP강에서 적층결함에너지인 SFE는 합금성분에 의존하며 조직을 결정하는 중요한 요인이다. 이 강은 SFE가 냉각 시 ε-마르텐사이트가 형성하지 않을 정도로 큰 값을 가지며 소성가공을 하면 쌍정이 만들어지도록 크기를 조정한 것이다. 소성가공 중에 쌍정(Twin)이 만들어지면 이 쌍정에 의해 가공경화의 경향이 크게 되고 가공성이 증가하는데, 이 현상을 Twin-Induced Plasticity, 즉 TWIP 현상이라고 한다.

그림 8-5는 인장강도 980MPa인 TWIP강의 인장곡선을 같은 강도의 DP 및 TRIP강의 인장곡선과 비교해 보여주고 있는데, 종래의 변태강화 강재인 DP 및 TRIP강보다 TWIP강의 가공성이 월등히 높음을 알 수 있다. 추가로 첨가되는 합금원소뿐만 아니라 이로 인한 공정 불량률을 감안하는 경우 TWIP강의 가격은 일반 고장력 강재보다 높은 편이다. 연속주조에서 크랙을 생성해 표면이 불량한 경우가 생기고, 또 용접에 따른 기술적 어려움 때문에 기존의 고장력 강재에 비해 불량률이 높아져 제조원가가 높아진다. 그리고 TWIP강은 초고강도강이기 때문에 지연파괴(Delayed Fracture) 현상도 흔히 관찰되어 이에 대한 대책도 필요하다. 그러나 현장 기술력의 향상에 따라 불량률이 크게 감소하였고 향후에도 지속적으로 제조원가를 감소시킬

수 있기 때문에 전망은 아주 좋은 편이다.

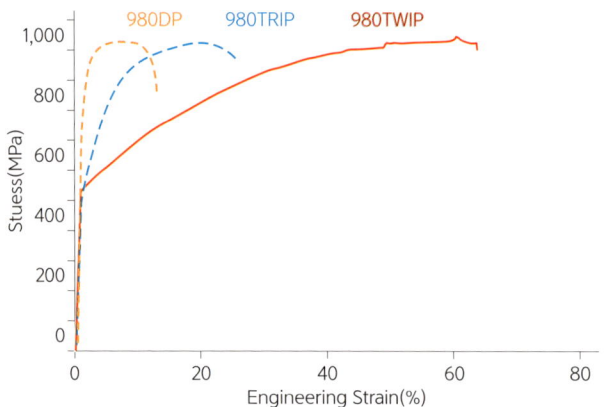

<그림 8-5> 인장강도 980 MPa의 980TWIP 강의 인장곡선과 980DP 및 980TRIP 강의 비교

위에서 언급한 Giga Steel은 철강 및 자동차사에겐 특별한 의미가 있다. Giga Steel의 인장강도는 Al의 3배 이상인데, Al은 비중이 2.7로 철강재의 비중 7.8의 1/3 정도이기 때문에 인장강도를 비중으로 나눈 비강도는 TWIP강이 더 높게 된다. 즉 같은 자동차 구조부품을 Al과 Giga Steel로 만드는 경우 Giga Steel로 제작한 부품의 무게를 더 가볍게 만들 수 있다는 것이다. 자동차 경량화는 지구 온난화를 이야기할 때 항상 대두되는 중요한 이슈는, 경량화를 위해서는 다소 경비가 더 들더라도 Al을 사용하지 않으면 안 된다는 것이다. 그러나 이 개념은 향후 Giga Steel이 상용화됨으로써 유지될 수 없게 되는데, Giga Steel 부품에 의해 Al 부품 이상의 경량화가 이루어질 뿐 아니라 용접도 용이해지고 경비도 절감할 수 있기 때문이다.

Giga Steel의 적용은 철강업체에도 도움을 줄 수 있지만 자동차업체에도 도움을 주게 된다. 이는 철강의 가격이 Al보다 저렴하기 때문이다. 일반강의 가격을 Al과 비교해 보면 약 1/3 정도인데 Giga Steel의 가격을 일반강의 2배라고 가정해도 Giga Steel 자동차 부품의 가격은 Al 부품에 비해 30% 정도는 감소시킬 수 있다. 이 때문에 Giga Steel의 상용화에 의해 자동차업체는 더 저렴한 가격으로 부품 제조가 가능하게 되며 차체 경량화의 효과도 얻을 수 있다. 특히 향후에 전기자동차가 일반화되면 자동차 구조부품의 형상이 단순화하게 되어 연신율이 낮은 초고강도 강재의 사용이 더 활성화 될 것으로 예상되며, 현재 보급이 빠르게 확산되고 있는 전기자동차의 주행거리도 증대시킬 수 있다.

8.2.2. 미래형 고Mn 강재

차세대 소재로 새롭게 대두되는 고부가가치 강재로는 고Mn강을 들 수 있겠다. 고Mn강은 1882년 Sr. Hadfield에 의해서 처음으로 개발되어 Hadfield강이라고 불리는 합금강으로, C가 1.0~1.4%, Mn이 10~14% 들어있다. Hadfield강은 주로 내마모 재료로서 이용되고 있는데, 이 강은 강인한 오스테나이트 조직으로 반복적 외력이 작용 시 표면층이 현저하게 가공경화하며 아브레이션(Abrasion) 즉 연삭 마모 또는 거친 마모에 잘 견딘다.

Hadfield강의 주 용도는 광산, 토목, 시멘트공업 등에서 광석이나 암석 처리의 기계재료이며, 크러셔의 날, 비스킷의 날, 레일, 레일 포인트 등의 용도에 적당하다. 미래형 고Mn강의 또 하나의 용도는 극저온용이다. 극저온용으로 앞으로 수요가 확대되는 분야는 LNG 저장탱크인데, 극저온에서 우수한 인성을 가지기 위해서는 BCC조직인 페라이트조직보다는 FCC조직인 오스테나이트조직이 좋다. Mn은 Ni과 더불어 강력한 오스테나이트 안정화 효과를 갖고 있으며 가격은 Ni보다 저렴하기 때문에 사용이 선호되고 있다.

내마모용 고Mn 강재는 초기에 개발된 Hadfield강을 비롯해 현재도 다양하게 적용되고 있을 뿐만 아니라 추가로 새로운 적용 분야가 만들어지고 있다. 고Mn강으로 새롭게 적용이 시도된 하나의 예는 건설 중장비용 내마모강이다. 이 강재는 3% 내외의 Mn이 첨가된 강인데, 강재 제조 시 가공열처리라는 TMCP 기술을 이용해 제조하면 고객사 공정에서 급냉-뜨임공정인

QT 처리를 생략할 수 있다. 종래에는 이런 용도로 Ni-Mo-Cr이 첨가된 합금강을 사용하였는데, 강재를 제조한 뒤 후공정에서 QT 처리를 한 다음에 사용하므로 소재 비용에 추가하여 가공 경비가 소요된다.

그러나 TMCP를 이용한 Mn강을 사용하면 QT 생략에 의해 제조원가의 절감이 가능해 경쟁 소재인 Ni-Mo-Cr계 후열처리 강재보다 경제적이기 때문에 적용의 확대가 기대된다. 오일샌드 유전에서 사용되는 슬러리(Slurry) 파이프용 강재도 최근 새로운 적용이 추진되었던 또 하나의 사례이다. 이 강재 역시 TMCP에 의해 후공정 QT를 생략할 수 있어 원가 절감이 가능하다. 최근에 미국의 한 메이저 오일 회사는 기존의 라인파이프 강을 18% Mn이 포함된 고Mn강으로 대체함으로써 파이프의 수명을 3배 정도 연장할 수 있었으며 이로 인해 상당한 경비 절감을 얻었다고 한다.

앞에서 언급한 바와 같이 고Mn강의 주용도 중의 하나는 극저온용 강재인데, 대표적인 적용 분야가 LNG 저장탱크의 제조이다. 최근 들어 온실가스 발생을 줄이기 위해 석탄 대신에 LNG 사용이 늘어날 뿐만 아니라, 셰일가스 생산이 크게 증가하고 추가적인 LNG 운반용 선박이 늘어나고 있다. 그리고 선박의 추진엔진도 종래의 중유에서 LNG로 바뀌면서 LNG 저장탱크의 수요가 증가하고 있다. LNG 저장탱크용 강재는 이제까지 면심입방체인 FCC 조직을 가진 304스테인리스강, 9% Ni강 및 알루미늄이 많이 사용되고 있는데, 기존의 소재를 대체해 고Mn강을 사용하여 LNG 탱크를 제작하면 상당한 원가절감이 가능하다.

원가를 비교하는 것은 용이치 않아 여러 가지 가공조건을 빼지 않고 감안하여 계산해야 하는데, 소재 가격도 중요하나 용접이나 성형에 따른 가공조건에도 큰 영향을 받기 때문이다. 통상적인 소재 및 가공 조건을 가정하고 계산해 보면 고Mn강 탱크는 304스테인리스강이나 9% Ni강으로 제조한 탱크에 비해 10% 이상의 제조원가 절감이 가능하다. 알루미늄을 사용한 LNG 탱크 제조의 경우는 두 소재의 비중 차이 때문에 계산이 좀 더 복잡해지는데, 경량소재 사용에 따른 연비 효과를 감안하더라도 고Mn강을 사용한 LNG 탱크가 30% 이상 저렴하다.

그림 8-6은 고Mn강, 304스테인리스강, 9% Ni강 및 알루미늄합금 등 4가지 극저온용 소재에 대한 Charpy V-Notch 충격시험 결과를 비교해 보여주고 있다. 저온 역에서의 충격치를 보면 고Mn강은 9% Ni강에 비해서는 충격치가 조금 낮으나 많이 사용되고 있는 304스테인리스강에 비해서는 우수해 극저온용 탱크 제조에 문제점이 전혀 없는 것으로 분석된다. 또 고Mn강, 스테인리스강 및 9% Ni강의 충격특성은 알루미늄 합금에 비해 월등히 우수한 것으로 나타났으며, 알루미늄합금의 높은 가격과 낮은 비중을 감안해 탱크 제조비를 계산해 보면 앞에서 언급한 바와 같이 강재 쪽이 가격도 더 저렴하여 알루미늄보다는 선호도가 높다.

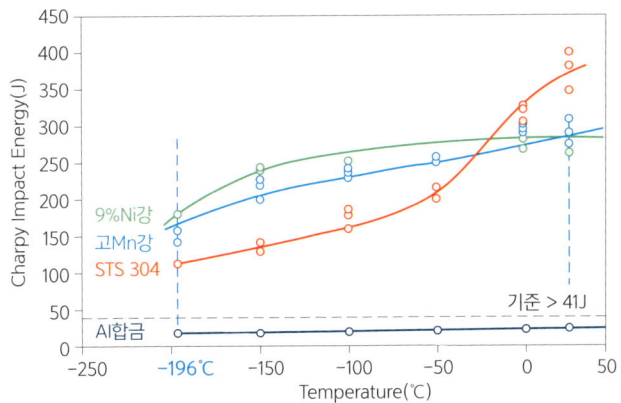

<그림 8-6> 극저온용 소재 고Mn강, 9% Ni강, 304스테인리스강 및 알루미늄 합금의 충격인성 비교

그림 8-7은 4개 소재에 대한 인장 특성을 보여 주고 있는데, 고Mn강의 저온 인장강도는 304스테인리스강과 알루미늄 합금보다는 높아 탱크 소재로 선호된다고 할 수 있다. 9% Ni강과 비교하면 인장강도는 높으나 항복강도는

낮은데, 탱크 제작 시 부여되는 가공경화를 감안하면 실제 LNG 탱크용 소재로 사용하는 데는 별 차이가 없을 것이며 인장강도나 가공성 측면에서는 오히려 우수하다고 하겠다.

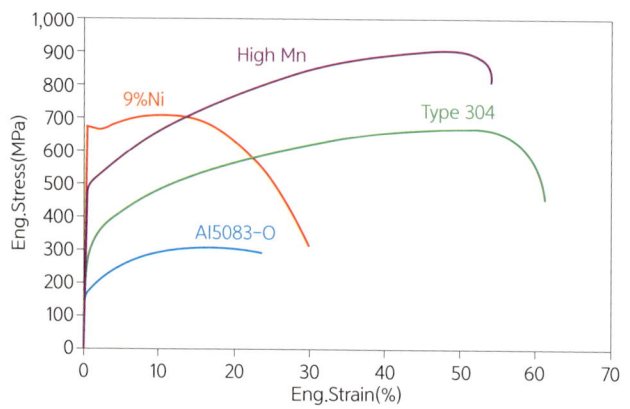

<그림 8-7> 극저온용 소재 고Mn강, 9% Ni강, 304스테인리스강 및 알루미늄 합금의 인장 특성 비교

고Mn강은 원래 자동차 차체용으로 개발되었으나 향후의 활용은 자동차 차체에 그치지 않을 전망이다. 여러 가지 고강도 강재가 개발되고 있으나 현재로선 TWIP강만큼 우수한 기계적 특성을 가진 강재를 찾기가 쉽지 않다. 이러한 고강도 강재는 토목, 건축, 기계구조용, 압력용기, 파이프 등 거의 모든 분야에 적용될 수 있다. 그러나 아직은 일반구조용 강재로서의 적용이 한정적이고 제조기술 측면에서도 추가적인 개발이 요구되고 있다.

다양한 특성을 가진 강재를 염가로 제조하기 위해서는 TMCP기술을 고Mn강에 적용하는 것이 한 방법인데, 합금이 충분히 들어 있어 급랭을 할 필요가 적어 TMCP의 적용은 용이할 것으로 사료된다. 고Mn강은 비교적 많은 Mn과 더불어 Al 등의 합금원소를 함유하고 있으나 첨가합금의 가격이 비교적 저렴하여 소재의 원료가격은 높지 않지만, 아직은 개발 초기라서 제조 중에 얻어지는 불량률이 높아 제조원가가 높을 수 있다는 것이 문제가 될 수 있다. 그러나 우주·항공용 초고강도강과 같은 고합금 강재에 비해서는 합금원소의 첨가량이 적고 가격도 저렴해 향후 다양한 용도로 개발이 이루어질 전망이다.

8.2.3. 미래형 기능성 강재 - 표면처리 강재 등

철강 재료의 주 용도는 우수한 기계적 특성 때문에 구조용으로 많이 사용된다. 강도의 적용 범위가 매우 넓을 뿐만 아니라 높은 강도와 함께 가공성도, 용접성도, 인성도 우수하여 사용되는 용도가 매우 많다. 용도가 많은 만큼 경제성도 우수하다. 그 이유는 철은 지구에 무진장으로 매장되어 있어 저렴한 석탄과 함께 높은 온도로 가열하면 불순물이 없어지고 분리되어 정련이 가능하기 때문이다. 특히 철강재료는 기계적 특성 외에 다양한 기능적 특성도 지니고 있다. 중요한 기능적 특성으로는 전자기적 특성, 방진성, 부식성 등이 있다.

철강 재료의 또 다른 유용한 기능성은 전자기적 특성이다. 철강의 우수한 전자기적 특성을 활용하여 각종 전기모터나 변압기, 발전기 등의 전기제품이 만들어져 문명의 이기로 널리 활용되고 있다. 그 외에도 철은 카세트테이프, 컴퓨터 기억소자(素子) 및 플로피디스크, 신용카드 및 전화카드, 전철표, 스피커, 고속전철, 거대한 입자가속기장치 및 자기부상열차 등 다양한 곳에 활용되고 있다. 최근 전기자동차의 보급이 확산되면서 모터용 무방향성 전기강판의 수요가 증가하고 있는데, 이들 강판의 전자기적 특성을 향상시키는 것이 현재의 과제이다. 그러나 전기강판과 관련하여 현재로선 야금학적 진보가 뚜렷하지 않은 실정이라 향후 발전에 대해서는 아직은 좀 더 두고 보아야 할 것 같다.

철의 또 다른 기능성 특성으로 방진성이 있는데, 이 특성을 활용하여 외부 진동을 흡수하는 방진 또는 내진용 소재로 적용하기도 한다. 방진 특성은 ε마르텐사이트라는 특수 미세조직의 형성과 깊은 관련성이 있으며, 따라서 우수한 방진 및 비자성 특성을 얻기 위해서는 최적의 합금 및 공정 설계가 요구된다. 그런데 방진 합금을 사용하는 것보다는 샌드위치강판 등 방진 구조물로 설계해 사용하는 것이 방진 성능과 경제성 측면에서 더 효율적이라서 철강 방진 합금은 잠수함 등의 한정된 분야를 제외하고는 수요가 많지 않다.

부식성은 철의 기본 특성이기 때문에 기능성이라기보다는 취약성이고 단점이다. 그러나 철을 적절히 표면처리를 하면 단점을 완벽하게 보완할 수 있을 뿐만 아니라 새로운 기능성을 부여하기도 한다. 표면처리강판은 표면에 순금속이나 금속화합물 또는 폴리머 등 여러 종류의 코팅을 하여 내식성이나 윤활성을 향상시키고 시각적, 심미적 효과를 부여한다. 따라서 표면처리강판은 다양한 용도로 개발되고 있고 현재 사용량도 점진적으로 증가하고 있다. 이상 몇 가지 기능성 강재 중에서 미래형 강재로 용도가 확대될 수 있는 가장 중요한 강재는 표면처리강판이기 때문에 여기에서는 표면처리강판과 관련된 기술발전 추이와 용도에 대해 전망해 본다.

강판의 가장 일반적인 표면처리는 철보다 이온화 경향이 높은 금속을 표면에 입히고 금속코팅 공정과 금속코팅을 한 강판의 표면을 화학용액으로 처리하여 추가적인 기능을 부여하는 후처리 공정으로 구성된다. 금속코팅으로 사용되는 가장 일반적인 금속은 아연인데, 아연이 많이 사용되는 이유는 아연의 희생방식 능력이 우수할 뿐만 아니라 값도 저렴하고 용융온도도 낮아 에너지가 덜 소요되는 이점이 있기 때문이다. 통상 아연 부착량이 60g/㎡이면 10년 정도의 방식이 가능하다고 한다.

아연도금은 용융도금(CG, Continuous Galvanizing)과 전기도금(EG, Electro-Galvanizing) 두 가지 방법을 적용하고 있는데, 최근에 용융도금기술이 발전하여 내식성과 표면 미려도가 좋아짐에 따라 가격이 좀 높은 전기도금강판의 수요는 조금씩 줄어들고 있다. 용융도금강판은 도금 후 합금화

처리를 하여 용접성을 향상시킨 GA강판과 하지 않는 GI강판이 있다. 후처리는 용도에 따라 다양한 방법이 적용되어 특유의 기능성을 부여하는데, 도장 밀착성을 향상시키는 인산염처리와 내식성을 향상시키는 크로메이트 코팅이 있고 내지문성이나 윤활성을 향상시키는 수지 코팅 및 연료내식성과 용접성을 향상시키는 유무기 복합코팅 등이 있다.

표면처리강판의 금속코팅은 앞에서 언급한 바와 같이 아연이 일반적으로 사용되며 그 외에도 희생방식 기능은 없으나 일반 내식성이 우수한 알루미늄도 사용되고 있다. 더 우수한 내식성을 확보하기 위한 최근의 동향은 Mg가 추가로 첨가된 복합아연계 합금코팅강판인데 앞으로도 다양한 개발이 기대된다. 그림 8-8은 현재 상용화되었거나 개발되고 있는 Zn-Al-Mg계 복합합금코팅강판을 보여주고 있는데 Al과 Mg의 첨가량이 증가함에 따라 내식성지수인 CRI값이 증가하는 경향을 보여주고 있다. Mg 첨가가 증가하면 내식성이 좋아지긴 하나 Mg 원소는 산화성이 매우 강해서 너무 많이 첨가할 수 없고 도금욕 내에 산화억제제를 넣어줌으로써 최고 10%까지는 첨가가 가능하다.

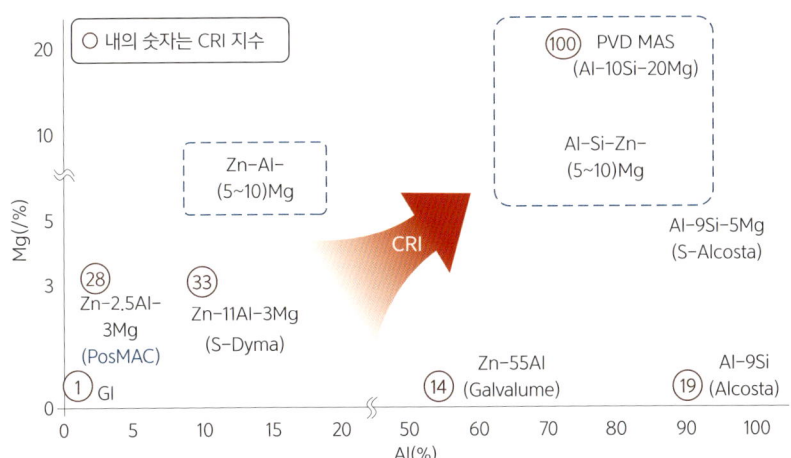

<그림 8-8> 새로이 개발되는 Mg-Al계 합금도금 강판의 종류 및 성분에 따른 내식성 지수(CRI)의 변화

합금첨가를 증가하는 것은 내식성을 올릴 수 있는 한 방안이긴 하나 용융도금으로는 한계가 있기 때문에 이를 피하기 위해 진공증착(PVD, Physical Vapor Deposition)과 같은 첨단 기술이 적용될 수 있는데, 이 기술의 상업화는 아직 초기단계이다. 진공증착을 활용한 코팅기술의 개발은 프랑스, 독일, 네덜란드, 일본, 한국 등의 철강사가 20여 년 전부터 상업화를 시도하였으나, 지금은 대부분의 철강사가 포기하고 프랑스 및 한국에서 Demo Plant 수준의 설비를 운영하고 있다.

그림 8-8에 의하면 진공증착기술을 사용하여 Mg의 함량을 20%까지 증가시켰는데, 추가로 Si를 첨가한 강판의 내식성은 기존의 강판에 비해 월등히 우수한 초고내식성을 보여주고 있다. 합금이 많이 들어가면 제조원가가 너무 증가할 염려가 있으나 한편으로 내식성이 우수하기 때문에 도금량을 줄일 수 있어 원가 부담이 상쇄될 수 있으며 진공증착이라는 신설비 투자에 의한 원가 증가도 상쇄해 초고내식강판의 원가 증가는 일반내식강판 가격의 10% 내외로 줄일 수 있기 때문에 향후 발전이 기대되고 있다.

앞에서 언급한 바와 같이 표면처리강판은 용도에 따라 다양한 후처리를 한다고 했는데, 현재 많이 시행되고 있는 후처리 방법은 인산염 처리, 크로메이트 코팅, 수지 코팅 및 유무기 복합코팅 등이 있다. 인산염 처리의 주목적은 컬러페인팅을 하는 강판에서 도장밀착성을 향상시키는 것이고 추가적으로 내식성과 표면외관의 향상효과가 있다. 크로메이트 처리는 내식성 향상이 주목적이고 그 외에 도금층 백청발생의 방지 및 페인트 부착성의 향상 효과가 있다. 크로메이트는 3가크로메이트와 6가크로메이트가 있는데, 6가크로메이트가 환경에 나쁜 영향을 미치기 때문에 3가크로메이트의 활용이 늘어나고 있고 크롬프리 코팅도 적용되고 있다. 수지 코팅은 다양한 목적으로 적용되고 있는데, 내지문성이나 윤활성을 증진시키기 위해 많이 사용되어 왔으며 가전제품에 사용되는 흑색수지강판에도 사용되고 있다.

적용이 확대되고 있는 후처리 기술은 유무기 복합코팅 기술이라고 볼 수 있는데, 이제까지 없던 기능성을 강판에 부여함으로써 강판의 사용을 확대하는 것이 목적이다. 이런 목적으로 개발이 되고 있는 강판은 여러 가지가 있는데, 복합수지하이브리드 GI강판, 친환경자외선경화 코팅강판, 고방열성 복합수지강판, 잉크젯 프린팅을 이용한 장식용강판, 항균도금기술 등이 있다. 그 외에도 Pyro-AD(Aerosol Deposition) 코팅에 의한 고내식 금속분말 코팅기술, 연료탱크용 복합수지코팅 고합금도금강판, 건재용 유무기 복합코팅 방염강판, 고가공성 나노패턴강판, 열감응형 컬러코팅강판 등이 차세대 표면처리강판이다.

8.3. 철강 산업의 미래

8.3.1. 철강의 미래 수요

철강산업을 공급 측면에서 이야기할 때 최근 거론되는 세계적인 이슈 중의 하나는 설비과잉(Overcapacity)이다. 설비과잉 유무의 문제는 용어의 정의에 따라 국가마다 문제도 다르고 해결책도 다를 수밖에 없으며, 또 설비과잉은 철강산업에만 있는 것이 아니고 자동차, 화학, 조선 등의 산업에도 있는 현상으로 세계 경기의 활성화 여부에 따라 문제의 심각성이 다르다. 예를 들어 높은 경쟁력의 철강 가공산업을 보유한 국가의 경우는 호경기 시에는 설비 가동률이 높겠으나 경기가 침체되면 수요가 줄어들어 가동률이 떨어질 수밖에 없어 설비과잉 문제가 나타난다.

그림 8-9는 세계 철강산업에서 지난 60년간의 설비과잉 및 가동률 변화 추이를 보여주고 있는데, 철강 생산설비의 가동률은 80±10%의 범위에서 변하고 있다. 이 그림에서는 생산능력이 증가하는 시기에는 가동률이 떨어지고 감소하면 가동률이 올라가는 당연한 현상을 보여주고 있는데, 가동률이

급속히 떨어지는 상황에서는 구조조정이 일어나게 되고 또 경기가 호전이 되면서 다시 가동률이 증가하는 현상이 반복되고 있다.

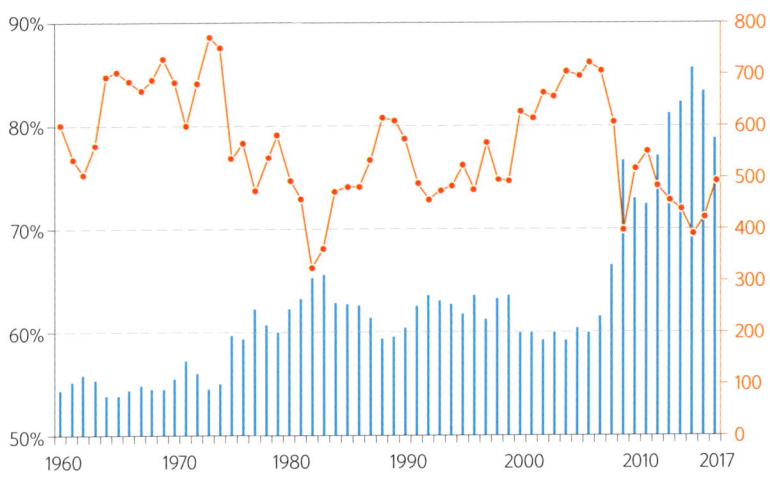

<그림 8-9> 세계 철강산업에서 과잉설비(Overcapacity) 및 가동률(Production/Capacity)의 최근 변화 추이

　세계 철강산업 평균가동률은 1982년의 경우 66%로 보고되었는데, 이렇게 낮으면 많은 회사의 도산이 일어날 수밖에 없어 심각한 문제가 된다. 2000년대 들어 제조업의 급속한 호황으로 철강의 대대적인 설비증설이 이루어진 중국으로 인해 설비과잉은 OECD 이슈로 제기되어 주기적으로 논의되고 있다. 최근 중국은 1억톤 이상의 설비폐쇄가 이루어졌다고 발표한 바 있지만, 설비폐쇄가 소형 전기로에서 제조되는 띠탸오강(地條鋼)처럼 통계에는 잡히지 않는 설비 위주로 이루어졌고 온실가스를 줄일 수 있는 친환경설비가 갖추어지지 않은 생산설비의 감축이 진행된 것으로 보인다.

　전 세계적으로 볼 때 신규로 건설되는 생산설비로 인해 총 생산능력은 지속적으로 증가하고 있다. 이 때문에 향후 설비과잉 문제의 심각성이 과연 충분히 줄어들 것인지에 대해서는 의문스러운 실정이다. 특히 철강산업은 국가 기간산업이라는 인식 때문에 신흥공업국들은 산업화를 위해 철강산업을 필수적으로 갖추어야 하는 것으로 여겨 세계적인 설비과잉에 관계없이 개별 국가의 경제발전을 위해 설비신설을 추진하기 때문에 설비과잉의 심각성이 더 커지게 된다. 뿐만 아니라 꾸준히 개발되는 신기술공정이 기존 공정보다 더 경쟁력이 있다고 여기면 어느 회사건 그 설비의 신설에 투자해 추가 생산능력을 갖추어 가는데, 이는 누구도 제한할 수 없고 오직 시장원리에 따라서 도태되는 기업이 나오기 전까지는 설비과잉 문제가 줄어들지 않는다. 이런 여러 가지를 감안하면 설비과잉 문제를 충분히 해결할 수 있는 방안은 쉽지 않아 보인다.

미래의 철강 수요증가가 어떻게 될 것인지에 대한 연구는 2017년 WSA(세계철강협회) 분석 등 몇 가지가 있는데, 납득할만한 결과를 얻기 위해서는 매우 면밀한 검토를 하지 않으면 안 된다. 베도우즈(Red Beddows)는 그의 저서 『Steel 2050(철강 2050년)』에서 2050년 세계 철강수요는 40억톤까지 늘어날 것으로 전망했는데, 이는 2018년 생산량의 2배 이상이다. 베도우즈의 예측을 근거로 2050년 철강 수요량을 산출해 보면 2018년의 철강 수요량 실적 18억1천만톤이 2050년에는 40억톤이 되는데 이는 연평균 증가율로 2.5%이다.

베도우즈가 예측한 철강 수요량 증가율은 유엔에서 예측한 세계 GDP 증가에 근거해 계산하였는데, 철강수요의 증가율을 GDP증가율의 70% 정도로 보았다. 그러나 베도우즈의 분석에서 철강수요 증가가 GDP증가 대비 보수적으로 책정되긴 했으나 아직도 감안하지 않은 여러 가지 영향요인이 있는 것으로 사료된다. 제4차 산업혁명, 도시화 경향, 공유경제의 확산, 자원 재활용, 세계적인 인구노화 현상과 더불어 코로나바이러스 등을 그 영향요인으로 들 수 있다. 이런 점을 감안할 때 GDP의 철강수요에 미치는 강도 70%와 연평균 증가율 2.5%는 너무 높은 수치로 보인다.

전 세계 및 주요 국가의 지난 60년간의 철강 수요의 변화는 그림 8-1에 보여준 바가 있는데, 철강수요는 이 기간 동안 지속적으로 증가하는 가운데 21세기에 들어오면서 수요 증가가 가속화되는 경향을 보이고 있다. 이 그림의 데이터를 활용해 지난 60년간의 평균 철강 수요증가율을 보면 연평균 약 2.9% 정도이다. 그리고 철강 수요증가가 미미했던 1970년에서 2000년까지는 증가율이 1.2%이고, 수요 증가가 컸던 지난 20년간은 증가율이 4.3%로 두 기간 간에는 큰 차이를 보이고 있다.

지난 20년간 수요 증가가 매우 높은 현상은 급속적인 경제성장을 이룬 중국에서의 철강 수요변화에 기인하는데, 최근 성장률이 둔화되고 있어 중국 효과가 계속되긴 힘들어 보인다. 그러나 신흥공업국인 인도가 약진하고 있고, 1억 이상의 인구를 보유하고 있는 인도네시아, 나이지리아, 파키스탄, 멕시코 등 국가들의 소득 수준이 높아져 인프라 투자가 일어나면서 지속적인 철강 수요증가는 있겠으나 2000년대 초반과 같은 급속한 증가는 아닐 것으로 예상된다.

철강 수요의 급속한 증가는 주로 국가 인프라 구축과 제조업의 발달에 기인하며, 1인당 GDP 5천~2만달러 국가에서 큰 증가가 나타난다. 또 1, 2차 세계대전과 같은 대규모 전쟁이 일어나면 그 수요가 크게 증가한다. 그러나 지구상의 많은 국가들이 기본적인 인프라 구축은 완성하였고 산업구조는 제조업보다는 3차 산업으로 이전되었다는 점을 감안하면 그림 8-1에서 보여주는 지난 60년간의 변화와 같은 정도의 증가율 2.9%를 향후에도 기대한다는 것은 쉽지 않아 보인다. 특히 향후의 GDP증가가 제조업보다는 서비스 산업, 공유경제 및 4차 산업혁명 등에 크게 의존할 것이기 때문에 GDP의 증가가 철강 수요증가에 미치는 영향은 상당히 줄어들 것이다.

세계철강협회(WSA)는 이런 점을 감안하여 최근 2035년의 철강 수요를 예측한 바 있다. WSA 예측에 의하면 기본 가정 하에서 수요증가율은 1.4%이고 수요량은 20억톤이 될 것이라고 발표하였다. 또 공유경제와 같은 부정적 효과를 감안할 시에는 수요증가율이 1.1%로 줄어들고 수요량은 18.7억톤에 그친다고 하였다. 그러나 2018년의 철강 수요가 이미 18억톤을 넘어섰고 향후에도 조금씩은 수요가 증가할 것으로 보이기 때문에 WSA의 예측은 보수적인 경향이 높다.

　철강의 수요에 영향을 미치는 여러 요인 중에 인구감소 문제는 빠뜨릴 수 없는 중요한 변수이다. 인구 전문가에 의하면 생애주기로 볼 때 소비가 가장 활발한 연령대인 45~50세 인구의 추이가 한 국가의 경제성장을 좌우한다고 하는데, 최근에 선진국을 중심으로 나타나고 있는 노령화 현상은 경제성장률의 저하 및 이에 따른 철강 소비량의 감소로 이어질 수밖에 없다.

　세계 최대 인구대국인 중국의 경우 그 동안의 산아억제 정책으로 생산가능 인구가 2015년부터 감소하는 현상이 비교적 일찍 나타나고 있으며, 2029년부터는 전체 인구도 감소하는 것으로 전망하고 있어 철강소비의 조기 감소가 예견된다. 여성의 사회참여가 활발해지면서 가임여성의 수가 줄어드는 현상도 철강소비 측면에서 부정적인 결과를 낳을 것으로 지적되고 있다. 그러나 개발도상국의 경우에는 아직 젊은 사람의 인구 비중이 높고 빠른 경제발전이 이루어지면서 구축해야할 도로, 교량, 철도, 주택, 건물 등의 인프라가 많아 아직 노령화로 의한 철강 소비의 감소를 걱정할 때가 되지는 않았다.

　선진국의 철강 수요를 보면 초기에 산업화가 진행되면서 증가하다가 어느 시기가 되면 증가율이 감소하여 최대점을 보이고 곧 정체상태에 이르게 된다. 전 세계 철강 수요 역시 대부분 국가의 산업화가 진행되어 제조업의 발전이 정체되면 최대점을 보일 텐데, 그 시기가 언제가 될지는 관심의 대상이다. 철강 수요증가에 미치는 여러 가지 부정적인 요인 때문에 증가율이 감소하긴 하나, 아직은 인구가 많은 개발도상국이 여러 개 있고 철강제품의 부가가치 창출에 의한 수요증가 효과도 있어 향후 최소한 20~30년 간은 피크에 이르지 않는다는 것이 일반적인 견해다. 즉 철강 수요 증가는 장기적으로 보았을 때 증가할 것으로 예측되며, 그 증가율은 WSA의 1.1% 보다는 크고 베도우즈의 예측치에 근거한 2.5%보다는 적을 것으로 생각할 수 있다.

참고로 증가율을 이 두 수치의 중간인 1.8%라고 할 경우 2050년 철강 수요는 32억 톤으로 계산되는데, 이 경우 2050년의 철강 수요량은 2018년의 수요량의 1.8배로 철강업은 여전히 지속성장하는 산업임을 시사한다. 그러나 많은 개발도상국들의 경제가 어느 정도의 수준에 이르게 되면 선진국에서 나타나는 현상이 재현될 것이므로 장기적으로 볼 때 결국은 수요가 정체된다. 이런 경우에도 철강산업이 계속해서 성장하려면 새로운 기술의 개발에 의해 원가 절감이 이루어져 대체소재 대비 경쟁력을 높여야 할 뿐만 아니라 새로운 기능의 신제품을 개발하여 지속적으로 추가적인 수요를 창출하지 않으면 안 된다.

8.3.2. 환경친화적 철강산업 - 수소환원 등

철광석의 환원은 주로 석탄에 의해서 이루어지고 있고 용광로의 조업은 코크스 없이는 불가능하기 때문에 용광로를 사용하는 한 온실가스의 발생은 피할 수 없다. 용광로 조업에서 발생하는 온실가스는 이산화탄소이고 코크스로 조업에서는 이산화탄소와 더불어 SOx, NOx를 비롯해 미세먼지의 발생이 문제이다. 신제선 기술에서 철광석의 정련을 위해서 석탄과 함께 천연가스를 환원제로 사용하는데, 천연가스를 사용하면 부분적으로는 이산화탄소의 발생을 줄일 수 있다.

이산화탄소의 발생문제를 근원적으로 해소하기 위해서 수소환원 기술이 거론되고 있는데, 이 기술에서는 환원제로 석탄 대신에 수소를 사용하는 것이다. 만일 수소만을 사용해 철광석을 환원할 수 있다면 용광로와 코크스로가 필요 없어서 온실가스 발생을 제로화 할 수 있으나, 현재로서는 이 기술이 존재하지 않아 새로운 정련공정과 설비가 개발되어야 한다. 이러한 개발에 있어서 어려운 점 중의 하나는 수소환원 공정이 흡열반응이라서(Fe_2O_3 + $3H_2$ = $2Fe$ + $3H_2O$, Q = -14.91 kcal @ 1,273K) 외부에서 추가적인 열 공급이 필요하다는 점이다. 따라서 이 수소환원 공정이 진실로 환경친화 공정이 되려면 환원반응을 위해 공급되어야 할 추가적인 열 공급이 온실가스 발생없이 이루어져야 한다.

수소환원 공정에서 필요로 하는 열을 공급하는 가장 좋은 수단은 전기이다. 그러나 전기를 석탄이나 석유 등의 화석연료를 사용하여 만들면 온실가스가 발생되기 때문에 태양광이나 풍력을 이용하여야 하는데, 이 경우에는 비용이 많이 드는 단점이 있다. 따라서 온실가스 발생을 없애기 위해서 석탄의 사용을 제로화하는 것은 당장은 현실성이 없기 때문에 철강업계는 석탄 사용을 점진적으로 줄여나가는 방법을 우선적으로 강구하고 있다. 이를 위해서 주요 철강사들은 국가 차원의 프로젝트를 만들어 기술개발을 추진하고 있다.

일본의 경우는 Course-50이라는 장기 대형 프로젝트가 대부분 철강사의 참여 하에 추진되고 있고, 유럽의 경우는 범EU 차원의 ULCOS 과제가 진행되었다. Course-50의 경우는 CO_2 저감 30%를 목표로 설정하고 10%는 제철 부생가스 처리 수소를 활용해 줄이고 나머지 20%는 외부에서 공급받은 수소로 줄이는 것으로 기술개발을 추진 중이다. ULCOS의 경우는 CO_2 저감 50%를 목표로 제시하고 기술개발을 추진하였으나 Demo-plant 건설단계에서 프로젝트가 중단되고 Tata Steel이 주관하여 Hisana 공정을 개발하는 것으로 기술개발의 방향이 조정되었다. 스웨덴의 SSAB사는 HYBRIT 프로젝트를 Pilot 단계 수행 중이다. 이 기술의 특징은 환원용 수소가스는 모두 신재생에너지를 이용해 제조하는 것인데, 이를 통해 2045년 까지 CO_2 배출량을 90% 이상 줄이는 기술개발을 추진 중이다. 철강 설비엔지니어링업체인 Primetals은 HYFOR(Hydrogen-Based Fine Ore Reduction) 공정을 제안하고 오스트리아 VAS에 Pilot Plant 건설을 추진하고 있다.

한국의 경우도 CO_2 저감 10%를 목표로 하는 국가프로젝트가 진행되고 있는데, 기존 고로에 함수소 부생가스 풍구취입과 역시 수소가 다량 함유된 환원가스를 이용하여 제조된 LRI(Low Reduced Iron)를 고로 장입물로 활용하여 화석연료의 사용을 감소시키는 기술개발을 추진 중이다. 수소환원의 가장 첫 단계는 기존 용광로 조업 중 자체 공정에서 발생하는 수소를 용광로에 불어넣어 이산화탄소 발생을 줄이는 것이다. 수소는 COG(Coke Oven Gas) 내에 다량으로 함유되어 있는데(H_2 56%, CH_4 25%), 기존 용광로 공정에서 발생하는 COG를 모두 활용하면 이산화탄소 발생은 10~15% 감소가 가능하다는 분석이다. 따라서 더 이상의 이산화탄소 저감을 위해서는 수소를 외부에서 만들어 공급해야 한다.

철광석을 직접 수소환원하는 경우에 사용되는 철광석은 크기가 미세한 분광이 우선적으로 검토되고 있다. 이는 미세한 분광이 수소와의 반응에서 괴광보다 빠르고 녹일 필요 없이 고체 상태에서 환원시킬 수 있어 에너지가 절약되어 경제성이 높기 때문이다. 그리고 분광을 환원가스와 반응시켜 정련하는 기술은 이미 상업화된 유사한 공정과 설비가 있기 때문에 이것을 활용할 수 있는 장점이 있다. 분광을 이용해 정련하는 기존기술은 분광으로 (40μm 이하) Pellet를 만들어 사용하는 Midrex공정과 HYL공정이 있고 8mm 이하의 Sinter Feed를 사용하는 FINEX 공정이 있는데, 이 공정들을 모두 수소환원에 활용할 수 있다.

Midrex와 HYL공정은 사용하는 주 원료가스가 LNG이고 LNG는 주성분인 메탄가스(87% CH_4)의 분해로 발생되는 수소가 환원작용을 하는데, 이산화탄소를 더 줄이기 위해서는 LNG 공급을 줄이고 수소를 더 불어넣어주면 된다. 그리고 FINEX에서는 유동로에 들어가는 가스에 10% 이상의 수소가 들어 있는데 광석의 환원을 위해서는 LNG나 수소가스를 추가로 불어 넣어 줌으로써 이산화탄소의 발생을 줄일 수 있다. 이를 바탕으로 미래 수소환원 철강정련 공정의 그림을 그려본다면 다음 두 가지로 요약할 수 있다.

<A> Midrex & HYL 공정을 활용하는 경우 :

분광(< 40㎛) → Pellet → Midrex → 환원철 → 전기로 → 용강 → 연속주조

<B> FINEX 공정을 활용하는 경우 :

분광(< 8㎜) → Finex 유동로 → 환원철 → 전기로 → 용강 → 연속주조

위 두 가지 공정에서 이산화탄소 발생을 최소화하기 위해서는 철광석의 환원 시 수소의 투입량을 최대화하는 것인데, 이를 위해서 우선적으로 고려해야 할 점은 환원반응에 필요한 충분한 열을 이산화탄소의 발생 없이 공급할 수 있는 방법을 찾아야 한다는 것이다. 열원으로 LNG를 활용하는 것은 우선적으로 검토될 수 있으나(LNG 가스 연소 또는 LNG 발전 전기) 이 경우 석탄보다는 적으나 이산화탄소 가스를 여전히 생성하기 때문에 항구적인 대책이 될 수는 없다.

이산화탄소 발생을 최소화하기 위해서는 태양광, 풍력 및 원자력 발전으로 만들어진 전기를 사용할 수 있는데, 태양광이나 풍력 발전은 아직은 경제성이 떨어진다. 원자력의 경우는 방사선 피해나 핵폐기물 처리 문제가 있긴 하나, 경제성 측면에서 가장 현실적인 해결책이라고 볼 수 있다. 최근에는 방사능 오염에 대한 대책을 강화한 다양한 모델의 SMR(Small Modular Reactor)이 여러 국가에서 개발되고 있는데 수소환원 공정과 함께 활용할 경우 효용성이 상당히 크게 될 수 있다.

환경 친화 관점에서 가장 큰 역할을 할 수 있는 것이 수소환원이긴 하나 철강업계는 그 외에도 다양한 노력을 기울이고 있다. 이산화탄소를 줄이기 위해 가장 용이하게 접근할 수 있는 방법은 철광석을 사용하는 용광로 생산을 줄이고 철스크랩(고철)을 이용해 철을 제조하는 것이다. 현재 상태에 철강제품을 만드는데 사용하는 철원(鐵原)은 용선이 65%이고 스크랩이 30%

정도인데, 모든 용선을 스크랩으로 일시에 대체하면 스크랩 부족현상이 발생해 그럴 수는 없고 점진적으로 대체해 나갈 수밖에 없다.

최근 중국에서는 스크랩 발생이 증가하고 있어 2025년 이후에는 5천만톤의 잉여가 발생한다는 보고도 있는데, 이 경우 스크랩 공급을 35% 정도까지 올리는 것이 가능할 것이다. 그러나 스크랩으로 제조되는 철강재의 가격과 품질은 고로재에 비해 불리한 것이 현실이기 때문에 이 문제는 다른 차원에서 검토해야 한다. 고인성이나 고가공성의 제품을 요구하는 석유산업이나 자동차산업의 고객을 위해서는 특성의 저하를 최소화 할 수 있는 방안이 마련되어야 할 것이다.

환경 친화적 철강공정으로 지난 50여 년간 개발이 추진된 분야로는 공정의 연속화 및 생략화가 있으며 많은 성과와 성공사례를 만들어 낸 바 있다. 공정의 연속화와 생략화는 유사한 개념으로 볼 수 있는데, 굳이 구분해 이야기한다면 연속주조, 연속압연, 연속소둔, 연속용융도금 등이 공정 연속화의 사례이고 열간압연의 일부 또는 전부를 생략하는 박슬래브주조, 박판주조, 연연속열연이 공정 생략화의 사례이다. 이 기술들은 비교적 최근에 개발되었는데, 박슬래브주조 공정은 미국을 선두로 활발히 상업화가 추진되어 Nucor라는 미국 최대 철강업체도 탄생한 바 있다. 그러나 박슬래브주조 외 다른 두 공정은 아직은 그 활용이 그리 활발하지 않고 있기 때문에, 향후 새로운 아이디어로 해당 공정의 활용성을 확대할 수 있도록 시도할 필요가 있다.

상용화 된 박슬래브주조의 경우 현재 연주기 2기와 열간압연기 1기를 연결하여 설비를 구성하여 물류의 균형을 이루고 있다. 만일 연주기의 주조속도를 2배로 올릴 수 있다면 연주기 1기만으로 설비를 구성할 수 있어서 설비 투자비용을 대폭 줄일 수 있다. 이런 차원에서 상용화가 추진 중인 기술이 POSCO의 CEM(Compact Endless Mill)과 Arvedi의 ESP(Endless Strip Production)으로 볼 수 있다. 향후 신기술 적용에 따르는 어려움을 극복해

나가면서 상용화를 완성한다면 공정 생략화에 의한 온실가스의 감소 효과를 얻을 수 있을 것이다.

수소 환원 역시 공정생략 효과가 큰데 왜냐하면 기존의 용광로뿐만 아니라 코크스 및 소결광 제조공정까지도 생략할 수 있기 때문이다. 온실가스 발생 제로화 측면에서 수소 환원 공정은 가장 바람직한 공정이나 기술을 당장에 적용하는 것은 현재로서는 불가능하다. 이 때문에 철강업계는 국제적인 온실가스 감소 정책에 맞추어 그 발생을 점진적으로 줄여 나갈 수 있도록 면밀한 전략 수립이 필요하고 이에 따른 기술 개발을 추진해야한다. 지구 온난화로 인한 폐해가 무척 심대한 만큼 철강업계는 산업을 환경 친화적으로 개편해 나가는 과제를 앞으로도 변함없이 추진해야한다.

수소환원과 FINEX의 활용

　전 세계적으로 온실가스 감축에 대한 압력이 높아짐에 따라, 화석 원료를 기반으로 하는 기존의 철강사는 새로운 저탄소 제철기술 개발에 적극적이다. 현재 진행되는 기술개발의 주류는 수소기반 제철기술로서, 궁극적으로는 탄소에서 탈피하여 100% 수소기반 제철공정을 지향하고 있다. 하지만, Commodity 제품으로서의 철강재를 생산하기 위해서는 제조원가가 낮아야 하고 또 다량으로 사용하는 수소의 경제성이 전제되어야 한다. 최근 일본 철강사가 분석한 결과를 보면, 제선 생산을 석탄에서 수소로 모두 전환하고 제철용 석탄가격을 US200\$/t으로 가정할 때 수소의 가격이 7.7cent/Nm^{3}가 되어야 경제성이 얻어질 수 있다고 제시한 바 있다.

　물론 여러 가지 전제가 따르지만 현재 수소 가격(~70cent/Nm^3 수준)을 고려한다면 향후 많은 노력과 기술개발로 수소 제조원가의 절감이 필요하나 쉽지 않을 것으로 생각된다. 하지만, 현재 BF-BOF 연결로 최적화 되어있는 철강공정에서 이산화탄소의 일부나마 감소하기 위해서는 중, 단기적으로는 보완적인 차원에서 환원가스의 일부를 수소로 사용하는 중간 단계의 저탄소 제철기술을 거쳐 100% 수소환원으로 이행하는 것이 합리적이다.

　FINEX는 공정 특성 상 이미 환원 가스에 16% 정도의 수소가 함유되어 부분적으로 수소 환원이 이루어지고 있다. BF 기반의 기존 공정에서의 수소환원을 추진하기 위해 아래 그림 8-10에 나타낸 바와 같이 단기적인 탄소 배출 감축에 활용될 수 있는 Bridge Technology 개발을 우선적으로 추진하고 있다. 즉, 수소를 함유한 부생가스를 발전용에서 전환하여 고로에 직접 취입하는 동시에, 수소 기반 환원가스를 이용하여 FINEX 유동로로 제조된 LRI(Low Reduced Iron)를 제조하여 고로에 장입하여 CO_2 절감을 이루는 것이다.

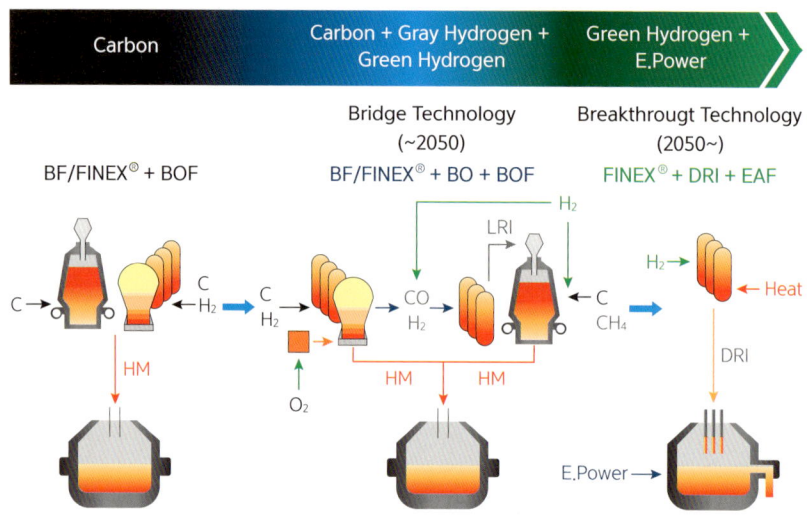

<그림 8-10> FINEX 공정을 활용한 수소환원 기술

　100% 수소환원 제철로 제안하고 있는 대부분의 미래공정은 고품위의 철광석 Pellet을 이용한 Shaft로 방식(MIDREX, HYL 등)으로 제안되고 있다. 하지만 지역별로 철광석 품위별 수급여건에 차이가 있어 저 품위 광석을 활용할 때는 FINEX 방식의 수소 환원된 DRI를 활용하는 방식과, 고품위 광석에 대해서는 유동로로 제조된 DRI를 직접 취입 또는 HBI로 EAF에 활용하는 방안 등을 통해 다양한 활용이 가능하다.
　FINEX는 21세기에 들어와 개발된 철강 상공정 기술로는 가장 혁신적인 것으로서 최근에 상업화가 구현된 유일한 기술이다. 철강 제련을 위해 필요한 연료 및 원료 여건이 좋지 않은 경우에 활용할 수 있는 공정이다. 석탄을 사용할 수도 있고, 천연가스를 사용할 수도 있다. 석탄도 고점결성의 코크스용 석탄일 필요가 없다. 철광석의 경우 분광을 사용하므로 소결공정이 필요 없다. 이는 공해 측면에서 큰 이점을 가져다준다. 그리고 FINEX 공정은 철강산업이 직면한 지구온난화 등의 극한적인 환경적 도전에 능동적으로 대응할 수 있는 기술이다.

20세기 중반에 평로에서 LD산소전로로 전환하는 전략적인 선택을 한 제강역사에서의 경험을 생각한다면 FINEX의 내재된 발전가능성을 선택하는 것이 철강 역사의 또 다른 혁신의 계기가 될 수 있을 것이다. 1960, 70년대에 폭발적으로 증가된 강재 수요를 감당하기 위해 미국 철강업계는 평로(Open Hearth)를 대규모로 투자, 가동하였으나, 높은 생산성과 품질의 신생 LD산소전로 제강공정에 주목했던 일본은 도전적으로 이 기술을 선택하였다. 그 결과 세계 철강산업의 주도권은 미국에서 일본으로 이전되었고, 현재 이 공정은 전 세계적으로 현대 제강공정의 표준으로 정착되었다.

그동안 한국 철강산업은 산업화시기에 선진 철강사의 기술을 신속히 도입하여 여건에 맞는 최적화를 통해 높은 제조경쟁력을 가지게 되었다. 그러한 과정 중에 독자적 역량으로 FINEX 공정을 상업적 규모로 개발, 운용하여 국제적으로 기술경쟁력을 증명할 수 있었다. 최근 극한적 환경이슈가 전 세계적으로 확산되면서 탈 석탄화에 대한 요구가 커지고 있다. 비록 FINEX 공정이 석탄 사용을 기반으로 개발한 제철기술이지만 수소와 산소의 사용이 가능한 공정이므로 배 가스의 유해 환경물질을 현저히 낮출 수 있는 가치요소로 재평가되고 있다. 이에 따라 철강산업이 Carbon Zero 공정으로 전환되어야 한다는 전제 하에, 현재 기본 제철 인프라인 BF-BOF 공정과의 보완적인 운용 및 고품위 연·원료의 고갈과 유해 환경물질을 줄이는 혁신적인 대응으로, 미래사회로의 연착륙이 가능하도록 FINEX의 다양한 활용방법이 기대된다.

글 : 포스코 연구위원 **이상호 박사**

8.3.3. 4차 산업혁명 시대의 철강산업 - 스마트팩토리

새로운 미래를 창출한다는 관점에서 4차 산업혁명의 중요성이 모든 분야에서 강조되고 있다. 4차 산업혁명의 정의에 대해서는 아직 정설이 있는 것은 아니지만 새로운 가치를 만들어 가는 추진체라는 관점에서 정의해 본다면 '최근 급속히 발전하는 IT(Information Technology) 지식을 활용하여 기존 산업의 혁신을 추진하고 신산업을 만들어 냄으로써 부가적인 가치를 창출하는 것'이라고 할 수 있겠다. 제조업 분야에서는 4차 산업혁명을 실현하는 수단으로 스마트팩토리(Smart Factory) 또는 디지털전환(Digital Transformation or Digitalization)을 거론하고 있는데, 이 두 가지는 궁극적인 목표 측면에서 같다고 볼 수 있기 때문에 여기서는 스마트팩토리라는 용어로 통일해서 사용한다.

4차 산업혁명을 가장 선도적으로 추진한 독일의 경우 국가 산업관련 정책으로 '인더스트리 4.0'의 개념을 만들고 제조업 가치사슬의 전반에 걸쳐 IT 지식을 적용하여 지능형 생산시스템을 구축하고 있는데 이것을 스마트팩토리라고 정의하고 있다. 위의 4차 산업혁명 정의에서 볼 때 스마트팩토리는 기존 제조업에 IT 신기술을 접목하여 제조업의 효율과 수준을 향상시킴으로써 경쟁력을 높이고 지속성장을 하는 것이며, 이는 철강산업의 경우도 예외는 아니다.

제조업에서 IT 지식의 활용은 오래전부터 이루어져 왔는데 생산현장에서의 가장 큰 혁신은 자동화라고 할 수 있다. 철강산업은 자동화 측면에서 가장 앞선 제조업 중의 하나로, 거대한 공장의 대형기계들이 첨단 자동화기술로 작동되고 있어 실제 공장에 가보면 작업자들을 공장 내에서 찾아보기가 힘들 정도로 자동화가 잘 되어있다. 생산설비가 자동화됨으로써 철강업체는 여러 가지 긍정적인 효과를 낼 수 있는데, 생산성 향상, 품질의 균일화·고급화, 인력 감소에 의한 원가경쟁력 향상 등이 그것이다.

IT 지식이 발전함에 따라 자동화의 수준도 높아졌으며, 이에 따라 나타나는 긍정적인 효과도 지속적으로 증대되어 왔다. 인공지능과 같은 최근의 IT 기술의 발전은 그야말로 비약적이라고 할 수 있는데, 이는 제조업의 자동화에 있어서도 새로운 차원의 혁신과 비약이 일어날 수 있다는 기대를 하지 않을 수 없게 한다. 스마트팩토리는 제조업에서 지금까지와는 다른 차원의 새로운 혁신을 만들어내는 인간에게 부가적인 가치를 만들어주는 수단으로써 큰 기대를 모으고 있다. 산업 선진국들은 스마트팩토리의 구축을 통해 후발주자들을 다시 한 번 더 멀찍이 떨어뜨려 놓을 수 있는 기회로 삼고자 하며, 후발주자들은 새로운 패러다임의 산업 체계를 구축함으로써 선진국을 따라잡을 수 있는 절호의 기회로 스마트팩토리를 활용하려고 한다.

자동화 측면에서 스마트팩토리는 기존의 팩토리와 무슨 차이가 있을까? 이에 대한 대답은 'Smart'라는 단어의 의미에서 찾을 수 있겠다. 기존의 자동화는 사전 셋팅에 의해 정해진 순서와 절차를 따라 계획적인 자동화가 이루어진다고 볼 수 있다. 이에 비해 스마트팩토리에서는 자동화 조업이 운전 중에 자율적으로 이루어져 조업을 하면서 나타나는 현상과 동작 상태를 반복적으로 끊임없이 파악하고 분석하여 조업 중에 설비 작동의 최적 조건을 학습을 통해 기계 스스로 찾아 설비를 동작시키는 지능형 제어를 하는 것을 말한다. 조업의 최적조건을 찾기 위해서 여러 가지 이론적 또는 경험적인 방법이 개발되어 사용되어 왔으며 상황에 맞는 적절한 소프트웨어의 선정이 필요한데, 최근에는 빅데이터 기법이나 인공지능(AI : Artificial Intelligence) 기법이 많이 사용된다.

3-V(Volume, Velocity & Variety)의 특징을 가지고 있는 빅데이터는 통상 테라급 이상의 큰 데이터 용량을 가지며 종래의 정형 데이터뿐만 아니라 영상이나 소리와 같은 비정형 데이터까지도 망라하고 있다. 빅데이터의 활용성을 증대시키기 위해 데이터의 저장, 유통, 수집, 분석처리를 위한 여러 가지 기법이 개발되고 있다. 인공지능은 단순한 상식적인 자연지능(Natural Intelligence)과는 달리 인간이 가지는 학습, 추리, 적응, 논증 등의 기능을 컴

퓨터가 발휘하는 시스템이라고 할 수 있다. 데이터를 반복적으로 학습하는 기계학습(Machine Learning) 및 심층학습(Deep Learning) 알고리즘을 통해 데이터에 숨겨진 인사이트(Insight)를 찾아 스스로 최적조건을 만들어 나간다. 그래서 인공지능에 의해 능동적인 제어를 하는 기계를 똑똑한 기계(Smart Machine)라고 표현하며 인공지능의 발전에 따라 점점 더 똑똑한 자동화 제어를 하게 되고, 심지어는 인간을 초월하는 능력을 만들어낼 것이라고 한다.

철강업을 포함한 제조업과 접목하여 산업의 경쟁력과 지속가능성을 증대시켜주는 IT 신기술은 어떤 것이 있을까? 여기에 대해서는 공통적인 답이 있는데, 앞에서 언급한 빅데이터(Big Data)와 인공지능(AI)과 함께 데이터를 만들어 내는 아이오티(IoT-Internet of Things) 등 3가지가 가장 핵심적인 IT 신기술이다. 그림 8-11은 핵심적인 역할을 하는 IT 신기술 3가지를 이용해 스마트팩토리의 기본 개념을 설명하고 있다.

IoT는 설비의 자동화 제어를 하는데 필요한 데이터를 수집하는 기능을 갖는데, 설비에 부착된 각종 센서(Sensor)가 신호를 원격으로 감지하여 (Sensing) 데이터를 수집하는 역할을 한다. 그리고 설비의 동작과 나타나는 현상에 대한 데이터를 만들어 한 곳에 모은 뒤 모든 데이터를 쉽게 관찰할 수 있도록 한다. 데이터는 작동하는 모든 설비에서 매우 빠른 주기로 실시간 수집되므로 용량이 대단히 클 수밖에 없으며, 이 때문에 스마트팩토리용으로 사용하는 데이터는 빅데이터(Big Data)로 불린다. AI는 빅데이터를 분석(Analysis)하여 최적치를 얻은 다음에 설비가 최적상태로 움직이도록 지능적인 제어(Control)를 하는 기능을 갖는다.

스마트팩토리는 내·외부 환경 변화에 유연하게 대응하기 위해 생산거점의 능동적인 선택 및 실행체계를 갖춰, 현재의 운영수준보다 더 효율적인 환경으로 전환시키는 것을 목적으로 한다. 이를 위해서는 첨단 IT 지식이 스마트팩토리를 적용하는 전문분야와 조화롭게 융합하지 않으면 안 된다. 그림 8-12는 융합의 의미를 도식적으로 표현한 것이다. 이 경우 스마트팩토리 적용대상이 되는 분야를 도메인이라고 하는데, 적용대상에 따라 건설업, 유통업, 패션업, 농업 등이 되며 여기서는 철강업이다.

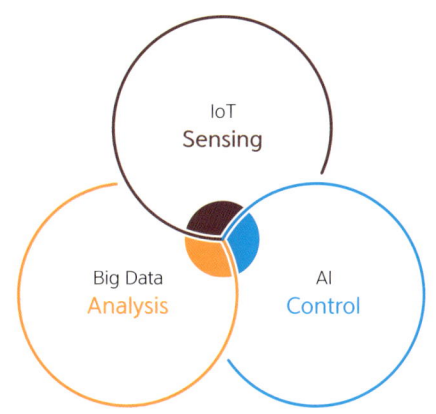

<그림 8-11> 스마트팩토리의 요소 IT 신기술 및 기본 개념

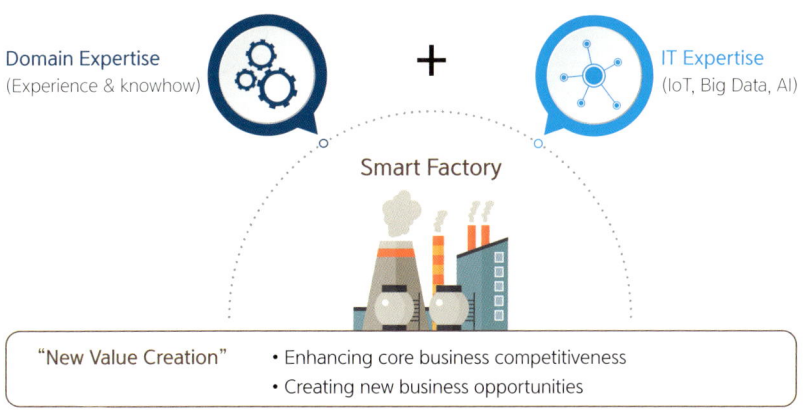

<그림 8-12> 스마트팩토리에서 가치 창출을 위한 융합의 개념

성공적인 스마트팩토리의 구축을 위해서는 첨단 IT 전문지식과 함께 철강업에 관한 전문지식이 조화롭게 융합되어야 한다. 이 때 융합의 주역은

도메인에 해당하는 철강업의 전문가가 되어야 하고 IT 전문가는 조연의 역할을 해야 하는데, 흔히들 현장에서는 주연과 조연이 바뀐 경우가 허다하다. 주종이 바뀌면 심각한 문제가 생길 수 있는데, 이런 경우 가치창출에 대한 구체적인 목표의식 없이 IT 지식 위주로 형식에 치우친 시스템 구축을 하게 되어 도메인 전문가들이 성취감을 잃게 된다. 그러므로 두 분야 전문가가 융합하여 새로운 가치를 찾을 수 있도록 노력하되 도메인 전문가가 주역이 되고 IT 전문가는 지원하는 역할을 담당하여야 한다.

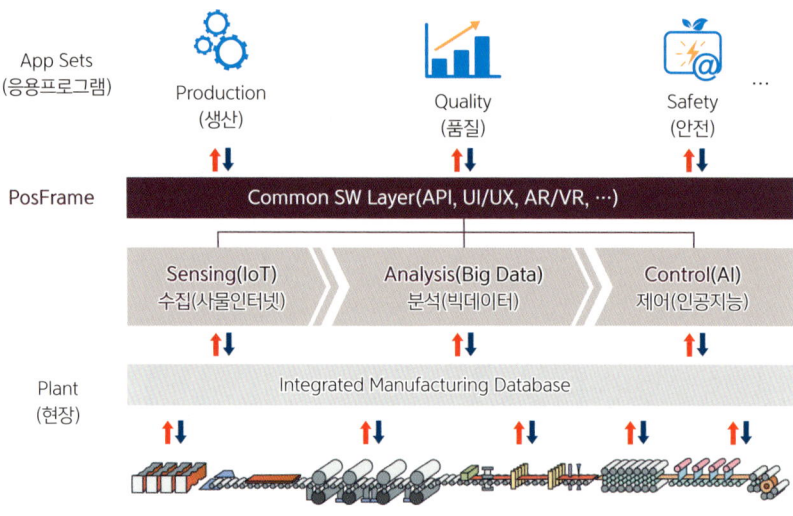

<그림 8-13> POSCO의 연속 철강공정 스마트팩토리 플랫폼인 PosFrame 개요

스마트팩토리의 효용성을 증대시키기 위해서는 플랫폼(Platform)이 필요하다. 플랫폼은 IT 지식이 깊지 않은 현장기술자가 자기가 원하는 방향으로 공장을 스마트하게 운영할 수 있는 기능을 제공한다. 그림 8-13은 POSCO의 연속 철강공정에 적용 중인 스마트팩토리 플랫폼인 PosFrame의 개략적인 구조를 보여주고 있다. 플랫폼은 빅데이터를 감지(Sensing)하고 분석(Analysis)하여 최적치를 도출하며 이 값을 토대로 설비를 제어(Control)하

는 기능이 있다. 그 위에 공통 소프트웨어 층을 두어 여기에서 플랫폼 상에 동작하는 여러 App 형태의 응용 소프트웨어들과의 표준 인터페이스(API : Application Protocol Interface)를 제공한다. 그리고 플랫폼에서 필요한 다른 공통 기능인 UI/UX(User Interface/User Experience)와 AR/VR(Augmented Reality/Virtual Reality) 등도 이 층에서 제공한다.

가령 현장 기술자가 어떤 데이터를 필요로 하는 경우 직접 센서를 연결하여 얻는 것이 아니고 플랫폼 화면의 가상 데이터베이스에서 마우스 클릭만으로 원하는 데이터를 얻어올 수 있다. 그리고 플랫폼에는 스마트팩토리에 필요한 빅데이터와 인공지능 소프트웨어가 내장되어 있어 원하는 알고리즘을 선택해 필요한 분석과 제어도 할 수 있다. 업계에 잘 알려진 플랫폼으로는 GE Predix, Siemens의 Mindsphere가 있으며 그 외 ABB, 보쉬, 히타치, SAP 등 여러 회사도 스마트팩토리 플랫폼을 개발하고 있다.

스마트팩토리는 4차 산업혁명 시대를 맞아 제조업의 경쟁력을 한 단계 올리기 위한 방편으로 제안되었으며, 전 세계의 많은 철강사들이 스마트팩토리를 구축하기 위해 노력하고 있다. 철강업계는 인공지능에 대해선 다른 산업보다 일찍 관심을 보였는데, 1990년 전후에 걸쳐 유행한 인공지능의 한 기법인 전문가시스템(Expert System)을 철강 공정에 적극 도입하여 조업을 자동화하려는 노력이 있었다. 당시의 철강업체는 현장 기술·기능 전문가의 지식을 문서화하고 설비제어의 패턴을 규칙으로 정해서 컴퓨터에 기억시키는 방법으로 전문가시스템의 데이터베이스를 구축하였다. 그러나 데이터베이스에 대한 지속적인 업데이트 노력이 수반되지 않아 시간이 지나면서 그 유용성을 상실해 버렸다. 그 후 인공지능의 활용에 관한 관심은 사라졌는데 2016년 바둑 대국에서 알파고가 이세돌 9단을 압도적으로 이긴 이후 관심이 다시 고조되어 활발히 스마트팩토리 구축을 추진하여 많은 사례를 만들어 내고 있다.

철강사의 스마트팩토리 구축은 대부분 개별회사 차원으로 이루어지고 있으며 이에 대한 관심도 매우 높다. POSCO는 2016년부터 스마트팩토리 구축을 추진해 지금은 생산현장 전 분야에서 크고 작은 성과를 내고 있다. 적용분야를 예로 들자면 IoT만을 활용하는 스마트 안전모를 비롯해 빅데이터와 인공지능까지 활용하는 용광로조업 제어, RH조업 최적화, 후판형상 제어, CGL도금두께 제어, 발전소 NOx발생 제어 등이 있다. 독일의 스마트팩토리는 Siemens가 선도적으로 개발해 시스템을 구축하고 있고 이를 Digitalization 또는 Industry 4.0이라고도 부르는데, ArcelorMittal, TKS, TSE(Tata Steel Europe) 등 철강사는 인공지능 활용을 위주로 적용해 나가고 있다.

독일의 설비업체 SMS는 인공지능업체 Noodle.ai와 파트너십을 맺고 미국 철강사 Big River Steel에 공정최적화 솔루션을 공급한다고 하며, SSAB America는 생산효율 향상을 위해 AI 기술을 도입하고 있다. 미국 최대 철강사 Nucor도 Digitalization을 통해 고객과의 밀착도를 향상시키고 안전에도 디지털화를 추진한다. 일본의 철강사 NSC, JFE 등은 주로 기존의 컴퓨터 모델에 AI 기법을 첨가하여 최적화 기능을 강화하고 있다. NSC는 철강 전 공정에 걸쳐 스마트팩토리를 구축하는 것을 목표로 활동 중이며, 최근에는 '안전 Mimamorikun'이라는 안전모를 개발하여 적용을 확산하고 있다.

중국의 경우는 독일의 Industry 4.0의 개념을 전 산업에 심는 형태로 국가적인 차원의 활동을 하고 있다. 중국 철강업계의 Industry 4.0 활동은 보산강철 등 국영철강사가 주도적인 역할을 수행 중이고 사강, 유주강철 등 다수의 철강사도 참여하고 있다. 보산강철은 '열연 1580'을 시범공장으로 정해 생산 15% 이상 증대 및 재고 50% 감소를 목표로 활동하고 있으며, 스마트팩토리의 개념을 철강공정 뿐만 아니라 기존의 전자상거래업체인 Ouyeel의 활동까지도 융합하는 방향으로 추진 중이다.

스마트팩토리를 구축한다는 관점에서 볼 때 플랫폼 구축에 앞서 인공지능을 단위 시스템에 먼저 활용하려는 시도를 하는 것이 효율적일 것이다.

왜냐하면 스마트팩토리를 구축하기 위해 초기에 플랫폼까지 완성하려 들면 처음부터 많은 투자가 필요하고 전문가가 확보되어야 하는데 이는 쉽지 않기 때문이다. 개량, 개선에 필요한 단위시스템에 적절한 염가의 소프트웨어를 활용하여 현재 보유 중인 데이터를 분석하고 인공지능을 적용함으로 적은 노력으로 높은 부가가치를 먼저 창출할 수 있다. 이렇게 가치 창출이 가능하다는 확신이 들게 되면 다른 분야로 확장해 가면 되고, 또 인공지능 분석에 필요한 데이터의 종류와 용량이 더 필요할 즈음에 IoT 및 빅데이터 설비를 단계적으로 갖춰 나갈 수 있기 때문이다.

인공지능을 갖춘 스마트팩토리의 우선적인 활용은 자동화 시스템을 비교적 잘 갖추고 있는 일관제철소의 경우는 생산관리, 공정설계, 공정제어, 품질관리 등의 분야에서 다양한 최적화(Optimization) 기법을 적용할 수 있다. 최적화는 자동화 공정의 필수로 최소경사법 등 여러 가지 기법이 철강공정의 자동제어에 이용되고 있는데, 여기에 인공지능 기법을 적용하면 광범위한 활용이 가능하다. 예를 들어 강판의 압연 중 압연기 진동에 관한 데이터를 얻게 되면 이 데이터와 강판의 두께나 프로파일 변화와의 상호 관계를 분석하여 압연기 조업을 최적화하는 조업조건을 도출할 수 있으며, 이를 통해 강판의 품질을 향상시키고 불량률을 줄일 수 있다.

위에 언급한 스마트팩토리의 활용은 회사 내부의 혁신을 위한 것인데, 이에 못지않게 중요한 분야는 고객서비스 분야이다. 예를 들어 강판의 강도, 연성 등의 변화를 코일 길이 및 폭 방향으로 측정·예측하거나 표면 상태의 영상 데이터를 얻어 그 위치 정보를 고객사에 제공하면 고객사는 이 데이터를 이용해 강판의 가공공정을 효율화할 수 있다. 기계적 성질의 경우 규격에 미달하는 부위는 잘라낼 수도 있고 아니면 그 특성에 맞도록 가공 방법을 최적화하여 효율성을 향상시킬 수 있다. 표면결함의 경우 결함이 있는 부위는 잘라내어 부품 가공의 효율성을 올릴 수 있고 제품의 품질과 고객의 신뢰성을 향상시킬 수 있다. 코일 전장에 걸친 표면결함은 이미지의 디지털 데이터로 주고받을 수 있는데, 빅데이터 기술 없이는 데이터의 취급 자체가 불가능하기 때문에 스마트팩토리의 구축으로 철강사나 고객사가 얻을 수 있는 혁신은 광범위하다고 하겠다.

스마트팩토리는 제조업뿐만 아니라 경영, 금융, 의료, 복지, 문화 등 모든 분야에 활용될 수 있을 것으로 전망하고 있다. 따라서 활용 분야가 경영이면 스마트매니지먼트(Smart Management), 금융이면 스마트뱅킹(Smart Banking) 등으로 부를 수 있으며 이를 총망라하여 스마트엑스(Smart X)로 표기하기도 한다. 세계적인 경영컨설팅업체인 PwC는 2017년 수행한 연구에서 인공지능은 2030년에는 전 세계 GDP를 15.7조달러 증가시킬 수 있는 잠재력이 있다고 평가했다. 4차 산업혁명이라는 거대한 변화의 시대를 맞아 제조업과 IT 신기술의 융합이 가속화되면서 스마트팩토리 구축을 통해 전통적 산업구조의 혁신이 일어나고 새로운 가치가 창출되고 있다. 지금 겪는 혁신의 규모와 범위, 그리고 그 복잡성은 이전에 인류가 일찍이 경험한 것과는 전혀 다른 것이 될 것이며, 전통적인 방식의 관행과 한계를 과감히 넘어서서 새로운 혁신과 창의로 철강업 경쟁력을 획기적으로 강화해 나가야 할 것이다.

INTERVIEW

포스코의 스마트팩토리 이야기

INTERVIEW

포스코의 스마트팩토리 이야기

　포스코가 이루어낸 여러 가지 최근 성과물 가운데 단연 돋보이는 것은 스마트팩토리의 정착과 성공적 운영일 것이다. 일반인들에게 인공지능 공장이라고 하면 무인화 된 택배창고나 로봇에 의한 자동차 부품조립공장 등을 떠올리기 십상이고, 주로 정보통신산업 정도가 인공지능과 어울린다고 생각하기 쉽다.

　특히 철강업에서 용광로는 규모도 규모지만(아파트 40층 높이), 내부가 고온의 액체와 고체 및 화염으로 가득 차 있고 24시간 불을 끌 수도 그 속을 들여다볼 수도 없는 블랙박스와 같은 거대 압력용기라는 점 때문에 용광로를 인공지능화 한다는 것은 불가능에 가깝다고 생각하기 쉽다. 포스코는 2016년부터 그 불가능에 도전하기 시작해 지금은 글로벌 철강업계에서 가장 선도적인 스마트팩토리를 이루어냈다는 평가를 받고 있다.

　이 프로젝트를 시작하면서 포스코의 철강 전문가들은 용광로 등 제철 설비 상태를 결정하는 주요 변수를 데이터로 만들고, 이를 빅데이터화했다. 그리고 30여 년 숙련자들의 노하우를 모방해 최적의 결과를 뽑아내는 딥러닝을 진행했다. 수작업으로 하던 가동 및 측정 정보 등 데이터 수집은 사물인터넷이 대신할 수 있도록 설비도 꾸준히 개선했다. 그 결과, 이제는 포항 2고로 1기에서 종전 대비 하루 240톤의 쇳물을 더 많이 생산할 수 있게 됐다.

　생산량만 늘어난 게 아니다. 작업자들은 단순 반복 업무에 할애하던 시간을 더욱 창의적인 일을 하는데 쓰고 있다. 포스코는 AI 용광로를 포함해 4년간 321개의 스마트 과제를 수행함으로써 2,500억원의 원가 절감도 이뤄냈다.

중후장대, 장치산업, 재래산업, 굴뚝산업 등 제철소에 씌었던 오래된 프레임을 과감히 탈피하는 도전, 포스코는 스마트팩토리를 통해 그 도전에 성공했다. 포스코의 '딥러닝 인공지능 기반의 고로 조업 자동제어기술'은 대한민국의 국가핵심기술로도 등재(2019년 8월) 되어 보호받고 있다. 포스코는 용광로뿐 아니라 제강, 압연, 도금 라인 전반에 스마트팩토리를 구축하며, 완성도 높은 스마트제철소를 만들어나가는 중이다.

포스코가 얻은 스마트팩토리 사업의 혜택은 포스코 협력사뿐만 아니라 직접 거래가 없는 중소기업과도 나누고 있다. 이 사업으로 2023년까지 1천 개의 중소기업이 스마트팩토리를 구축하는 것을 목표로 하고 있는데, 대상에는 한정을 두지 않기로 했다. 그렇게 해서 중소기업이 경쟁력을 높이면, 생산성 향상은 기본이고 새로운 일자리 창출도 기대해볼 수 있을 것이다.

| 특별기획 |

대 담 권오준 포스코 전임회장
진 행 한양대 국제문화대학 박기현 겸임교수
일 시 2020년 2월

앞에서 포스코가 이루어낸 스마트팩토리를 대략 살펴보았다. 스마트팩토리를 글로 접하고 편집에 들어가면서 권오준 회장이 스마트팩토리를 꿈꾸고 구상했던 배경이 몹시 궁금했다. 이런 궁금증을 풀기 위해 독자들을 위한 특별한 지면을 만들어 보았다. 저자가 스스로 지면상으로 다 이야기하기 어려웠던, 초기 시스템 정착을 위한 노력과 과정들을 이 지면에서 다루었다. 독자 여러분께서 권오준 전 포스코 회장의 깊은 속내를 살필 좋은 기회가 될 것으로 기대한다.(편집자 주)

Q. 연전에 다보스포럼이 포스코의 스마트팩토리가 등대공장으로 한국에선 유일하다면서 세계 10대 등대공장 안에 들어간다는 좋은 평가를 내렸습니다. 회장님이 특별히 스마트팩토리 분야에 주목한 계기가 있으십니까?

A. 언제부터인가 많은 이들이 4차 산업혁명을 언급하기 시작했습니다. 모두들 말은 많이 했지만 논란이 없는 것도 아니었죠. 당장 용어의 정리조차

되어있지 않던 상황이었으니까요. 불분명하고 불확실한 상황이었지만 그럼에도 ICT 기술이 급속도로 발전해 세상을 바꾸고 있는 것은 사실이었습니다. ICT가 3차 산업에 주로 영향을 미치지만 1, 2차 산업에도 큰 영향을 미치고 있는 것은 분명했습니다. 그렇다고 한다면 소위 4차 산업혁명은 철강산업에 어떤 영향을 미칠 것인가? 그 점이 궁금해서 좀 더 파고 들어가 보기로 했습니다.

4차 산업혁명이 거론되던 당시인 2014년 후반에 저는 관련 계열사인 포스코ICT의 CEO를 외부에서 영입했는데, 이 분이 최두환 사장입니다. 최 사장은 KT에서 사장과 KT 종합기술원장도 역임했던 분입니다. 그때까지 포스코ICT의 경영은 철강에서 일하던 인재가 주로 맡아 왔습니다. 그런데 ICT 분야는 급속한 기술 혁신과 함께 변화가 많아지고 불확실성도 커지면서 새로운 전문지식이 필요한 분야라 철강 하던 사람이 맡아서 새로운 무언가를 창출해내는 것은 힘들겠다 싶었죠. 철강만 아는 인재들로는 ICT 분야에서 새로운 모멘텀을 못 만들어 낸다는 점을 생각하게 된 것입니다.

ICT 분야 기술 중 가장 대표적인 것이 AI이었습니다. 따라서 무한한 능력을 가진 AI를 제철공정에도 적용해야겠다는 당위성은 느꼈으며, 이 과제를 최 사장에게 부여했습니다. 그러나, 소위 꿀뚝기업이라는 제철소에 AI를 적용해도 되는지에 대한 확신은 여전히 모자라는 상태이었고, 또 한다면 어떻게 시작을 할 것인가 고민하던 중이었습니다. 바로 이 즈음인 2016년 3월에 알파고와 이세돌이 바둑 대국을 벌인 거예요. 이 소식을 접한 저는 AI가 만능이라고들 하나 알파고가 천재기사인 이세돌을 이길 수는 없을 것으로 생각했습니다.

그러나 저의 예상과는 달리 이 대국에서 알파고가 이세돌 기사를 압도적으로 이기는 것을 보면서 생각을 바꾸지 않을 수 없었지요. 이 정도라면 AI는 어디 어떤 분야에 들어가도 큰 역할을 할 수 있겠다 싶었고, 제철소에 적용해도 효과를 얻을 수 있으리라는 확신을 가질 수 있었습니다. 제철소 현장의 활용을 고민하면서 긍정적인 시각에서 살펴보니 할 수 있는 분야가 많이 있었습니다. 포스코의 스마트팩토리는 이렇게 시작이 되었습니다.

Q. 포스코에 스마트팩토리를 구축하면서 대외적으로는 어떤 협력이 있었나요?

A. 당시 철강업체는 스마트팩토리에 대한 관심이 거의 없는 편이었기 때문에 제조업체 중에 모범적으로 스마트팩토리를 구축하고 있는 업체를 대상으로 협력을 추진하였습니다. 조사 결과 미국의 GE와 독일의 Siemens가 가장 선도적으로 디지탈리제이션(Digitalization) 활동을 통해 스마트팩토리를 구축하고 있다는 것을 파악했고, 2017년 초에는 이 두 업체를 직접 방문하여 협조를 요청하였으며 실무자도 보내어 교류를 시작하였습니다. 이듬해에는 세계최대전자박람회인 CES 2018이 라스베가스에서 열렸습니다. CES는 전 세계 ICT 기술을 선도하여 새로운 산업 트랜드를 만들어가는 학회로 알려져 있는데, 저는 CES에 참가해 글로벌 기업들이 어떻게 ICT 기술을 활용해 디지탈리제이션을 하는지에 대한 동향을 살필 기회를 가졌습니다.

CES에 참석해서 주로 지식을 얻었던 분야가 바로 4차 산업혁명과 디지탈리제이션에 관한 것이었는데, 저희가 놀란 것은 AI가 4차 산업혁명의 핵심으로 세상을 완전히 지배해 나가고 있다는 것이었습니다. 그전과 달리 AI의 중요성이 크게 부각되어 있었습니다. 이리가도 저리가도 온통 AI가 주인공이더군요. 모든 서비스가 AI로 통하게 되고 컨퍼런스의 주제는 거의 모두 AI이었습니다. 그 당시까지만 해도 AI 활용에 대한 개념이 제대로 잡히지도 않던 상황이었으니 놀랄만했죠. 또 실리콘밸리의 벤처기업가 10명과 함께 저녁을 먹으면서 이야기를 나눌 기회가 있었습니다. 참석자들은 이구동성으로 인공지능의 무한한 가능성을 이야기 했으며, 대부분의 벤처기업가들은 실제로 인공지능을 활용한 기술을 개발해 새로운 사업을 추진하고 있었습니다.

Q. 제철업종과 인공지능이 어떻게 어울릴 수 있다고 보신 겁니까?

A. 사람들은 보통 '철강'회사를 굴뚝기업으로 생각합니다. ICT와 거리가 먼 데라고 생각하는데 실상은 그렇지 않습니다. 생각해 봅시다. AI를 통한 지능화 그 전 단계가 뭘까요? 바로 자동화 단계입니다. 자동화 측면에서 보면 철강회사처럼 잘 된 곳이 없습니다. 각종 생산 공정이 가장 빨리, 또 저절로 흘러가지 않으면 생산성이 떨어지고 불량이 속출하니까 자동화 측면에서 최고의 기술을 보유하게 된 것이 철강업입니다. 그 철강사들 중에서도 포스코는 톱 레벨에 있었습니다.

ICT 기술 측면에서 포스코의 자동화는 톱 수준인데 이를 업그레이드하는 방법은 '지능화'가 아닌가 생각하게 된 겁니다. 지능화는 AI를 쓰는 것이고 빅데이터를 활용하는 것이며, 빅데이터를 만들기 위해 IoT(Internet of Things)를 활용합니다. 철강사에서 지능화가 가능한 이유는 지능화 역시 자동화에서 활용하고 있는 '최적화'가 필수이고 같은 개념으로 활용할 수 있기 때문으로 생각됩니다.

자동화 단계에서는 수식모델을 만들어서 조업조건을 도출해 내잖아요. 그 조업조건이 뭐냐 하면 최적화된 값이에요. 이전까지는 옛날 방식으로 최적화 값을 뽑았는데, AI를 쓰면 더 정확도가 높은 최적화 값을 도출할 수 있습니다. 또 이 값은 조업 중에 시시각각으로 나오며 이 값을 이용하면 조업상태를 기계가 자율적으로 판단해 최적 상태가 되게끔 운전을 제어하는 겁니다. 이렇게 자동화에 AI를 보태면 철강공정의 효율이 올라갈 수밖에 없지 않겠어요. 그 부분을 집중적으로 연구하고 추진해 보았습니다.

그 당시에 포스코는 세계 최고 경쟁력의 기업으로 평가받고 있었습니다. 연간 660만톤을 생산하는 열간압연 공장이 4명으로 돌아가고 있었으니까 자동화가 엄청 진행된 거죠. 그래서 AI를 구체적으로 적용하는 방법론을 생각해 보았습니다. 결국 전통적인 자동화에 AI, 빅데이터, IoT 기능을 부가하여 조업을 지능적으로 제어하는 것입니다. 포스코에서는 4차 산업혁명의 정의를 이렇게 나름대로 내린 겁니다. 기존의 자동화에 AI, 빅데이터, IoT 기능을 부가하는 것을 4차 산업혁명이라고 정의하고, 또 스마트팩토리로 불렀습니다. 그래서 '스마트팩토리'라는 개념을 나름대로 정리하게 된 것입니다.

'스마트팩토리란 인공지능의 자율적 최적 컨트롤의 시행이다.'

다시 정리해 보면 '지능화'라는 것은 스스로 자기 결정을 내리는 것인데, AI가 학습해서 최적의 컨트롤을 시시각각으로 시행하니 바로 이것이 지능화입니다. 우리는 지능화된 제철소를 스마트팩토리라고 불렀습니다. 이렇게 정리를 하고 직원들을 독려하였더니 포스코의 어떤 프로세스에도 다 적용이 되는 겁니다. 스마트팩토리는 컴퓨터 있는 곳, 자동화하는 곳에는 다 필요했던 기능이었습니다. 1년 정도 추진하면서 각 단계에서 과제가 진행된 것을 살펴봤더니, 제철소 전체에 무려 130개 정도가 진행되었더군요. 물론 과제별로 성과의 정도에서 편차도 있었지만, 대체로 좋은 방향으로 결실이 맺어졌습니다. 이렇다면 정말 할 만 하다는 생각이 들어서 그 뒤에 적극 추진하게 된 것입니다.

Q. 그런 관점에서 보면 스마트팩토리는 범위를 정하고 혹은 목표를 정하고 추진하는 것입니까, 아니면 추진하다 보니 더 좋은 결과를 내게 된 것입니까?

A. 둘 다의 개념이 합쳐졌다고 하겠습니다. 사람들이 일을 하려다 보면 개념을 가져야 합니다. 목표가 어디 있는지 잘 몰라서 개념화를 시켜준 것이 처음 과정이죠. 우리가 하는 것을 앞으로 '스마트팩토리'라 그러자. 스마트팩토리는 "AI, 빅데이터, IoT를 써서 조업의 효율을 향상시키고 생산성을 향

상시키는 것이다"라고 하니깐 4차 산업혁명에 대한 설명이 이루어지게 되었고, 그것을 바탕으로 현장에서 인공지능을 통한 최적화를 이루어내면서 공정의 효율성이 높아지고 스마트팩토리를 실현하게 된 겁니다.

  포스코에서 스마트팩토리 사업이 순조롭게 진행되자 중소기업부 장관이 포스코에 깊은 관심을 갖게 되었다고 하더군요. 중소기업부와 포스코는 얼핏 보면 관계없어 보입니다. 하지만 사실 기업은 대기업-중견기업-중소기업-영세기업이 모두 어우러져 함께 가치 창출을 하고 그 결실을 공평하게 나누기 위해 필사의 노력을 경주하고 있습니다. 가치 창출을 극대화하기 위해서는 포스코의 계열사, 협력사, 고객사, 그리고 관련된 일반 중소기업까지 포함해서 모두가 스마트팩토리 구축작업을 필요로 하거든요. 그래서 중소기업의 스마트팩토리 실현을 위해 포스코가 선도역할을 해야 한다고 생각하는 것 같습니다.

Q. 플랫폼이라는 관점에서 보면, 스마트팩토리를 쓰는 기본적인 플랫폼이 있을 것 아닙니까? 이 프레임의 특성과 쓰임새에 대해 설명해 주십시오.

  A. 우리는 앞서 말씀드린 고민을 해결하면서 포스프레임(PosFrame)이라는 플랫폼을 만들게 됐습니다. GE사에 갔다 오고 지멘스도 다녀오고 해서 플랫폼의 필요성을 인식하고 글로벌 협력을 시작했어요. 그러나 이들 기업이 개발해 사용하고 있는 플랫폼은 철강사와 같은 고속, 연속조업에는 최적화 되어있질 않았습니다. 그래서 포스코 고유의 플랫폼인 포스프레임을 만들었습니다. 포스프레임은 스마트팩토리를 포스코 각 공정에 적용할 때 제철소의 모든 공정에 다 적용시킬 수 있게끔 만들어 놨습니다. 즉, 제철소에서 빅데이터를 처리하고 AI를 실행하는데 가장 알맞은 환경을 만들어주는 플랫폼이 포스프레임이라고 할 수 있습니다.

포스프레임은 철강에 특화되어 있고 특히 고속연속공정에 최적화되어 있습니다. 그러나 다른 기업, 다른 업종에도 적용이 얼마든지 가능합니다. 예를 들면 종이 만드는 공장에서 포스프레임은 최적의 퍼포먼스를 낼 것으로 생각합니다. 초속 수십m로 빠르게 흘러가는 고속 공정엔 어디든지 큰 수정 없이 쓸 수가 있습니다. 만일 어떤 기업이 원한다면 구축해주고 지원해줄 수 있는 수준까지 이르러 있습니다. 포스프레임은 스마트팩토리를 구축하는 대부분의 공정에 적용될 수 있으며 또 그럴 때 제 역할을 해 줄 수 있습니다.

Q. 포스코는 신사업을 여러 가지 하면서 실패도 했는데, 그런 과정에서 얻은 교훈은 무엇입니까?

A. 4년 4개월 CEO 재임 중 많은 신사업을 구조조정 하였는데 그 과정에 얻은 가장 큰 교훈은 "고유의 기술력이 있어야 신사업에서 성공한다"는 것이었습니다. 제가 느낀 것은 남의 기술 갖고는 절대 사업을 하기는 어렵다는 점이었습니다. 스스로 고유기술을 갖고 있어야 신사업을 시작하기 용이하다는 겁니다. 고유기술이라는 것이 품질이 좋든지, 가격이 싸든지 뭐 하나라도 경쟁력의 우위를 만들 수 있어야 합니다.

판매만 잘해서는 생존 자체가 쉽지 않은 겁니다. 진입장벽이 높은 고유기술을 만들어두면 달라지지요. 남들이 함부로 들어오기 어렵게 되죠. 포스코가 진입장벽이 높은 고유기술을 개발한 신사업 분야의 대표적인 것이 바로 양극재입니다. 양극재라는 고유기술을 개발했기 때문에 신사업으로 나갈 수 있게 된 겁니다. 진입장벽이란 면에서 보자면 판매는 진입장벽이 낮고 판매 노하우를 갖고 있어도 쉽게 뺏기기 마련입니다.

신사업은 핵심자원을 확보해야 더 큰 힘을 갖게 됩니다. 양극재의 핵심자원은 리튬[1]입니다. 리튬은 남미에서 많이 나옵니다. 남미 중에서도 칠레, 아르헨티나, 볼리비아가 만나는 삼국 접경지대에 주로 있어요. 그것 때문에 저는 볼리비아에 다섯 번이나 갔다 왔어요. 볼리비아는 고원국가로 수도인 라파스는 해발 3,600m 고지에 위치하고 있고, 리튬을 함유하고 있는 염호의 대부분은 4,000m 고원에 있습니다. 리튬 프로젝트 담당자들은 거기에서 리튬 자원을 확보하려고 고산병을 겪으면서 부단히 노력했습니다. 그러나 그 나라는 자본주의가 아직 시스템화 되어있지 않아서 공무원들이건 누구건 간에 의욕이 없었습니다. 그래서 아무도 뭔가 해보려고 움직이려 들지를 않아요. 결국 볼리비아에서는 협력을 성사시킬 수 없었으며 철수하였습니다.

칠레는 리튬의 자원 조건은 가장 우수하지만 이미 기득권을 확보한 기업이 너무 많아 일이 진행되기 어려웠습니다. 리튬을 뽑기 위해서는 염수를 증발시켜야 되는데, 비가 거의 오지 않으면 1년, 비가 자주 오면 2년 이상 걸려야 리튬을 추출할 수 있습니다. 칠레의 아타카마 염호는 1년 강수량이 100㎜ 정도에 불과해 1년 정도 증발로 리튬을 뽑아낼 수가 있죠. 아타카마 사막은 남미대륙 서쪽의 태평양 연안과 동쪽의 안데스 산맥 사이에 위치하며, 동서 방향의 폭은 평균 약 100㎞이고, 최대 180㎞로 막대한 리튬 자원을 보유하고 있습니다. 여기에서 생산되는 리튬은 전 세계 수요의 반 이상을 공급하고 있습니다.

우리는 아르헨티나로 방향을 바꿨습니다. 결과적으로 보자면 우리가 아르헨티나로 진출이 가능했던 이유는 우리 기술력이 좋았기 때문입니다. 포스코 기술로 리튬을 뽑아내는 데에는 짧게는 8시간 밖에 걸리지 않고, 공정을 바꿔 원가를 줄이려면 2~3개월 정도 걸립니다. 아르헨티나가 그 기술력을 보고 우리를 인정해 주었습니다. 강수량이 칠레보다 많아 염수를 2년 정도는 증발해야 리튬을 얻을 수 있었던 아르헨티나로서는 포스코 기술을 사용해야만 원가 경쟁력을 가질 수 있을 것으로 판단한 것이지요.

아르헨티나는 염호에서 리튬을 추출할 권리를 포스코에 주었으며, 이에 포스코는 리튬 추출공장을 짓고 있습니다. 전기자동차의 보급이 향후 급속도로 증가할 것이며 이에 따라 이 리튬 사업은 우수한 품질의 제품을 염가로 생산할 수 있다면 틀림없이 성공할 것으로 생각합니다. 리튬 시장이 엄청나게 성장할 전망이라 앞으로 포스코의 신성장 동력이 될 수 있을 것입니다.

　리튬 양극재 사업의 핵심은 포스코의 고유 기술입니다. 8시간에서 길게는 2~3개월 만에 리튬을 뽑을 수 있는 기술 덕분에 높은 품질의 리튬을 낮은 제조원가로 뽑아내는 겁니다. 이 기술은 전임회장 시절 제가 그룹 내 비철강 전문연구소인 RIST에서 원장으로 있을 때 개발을 시작했는데, 뒤에 포스코에 제가 CTO와 CEO로 부임하면서 사업화가 지속적으로 진행되었고, 현재는 후임 회장의 리더십 하에서 추진되어 상업화 단계에 들어가 있습니다.

Q. 포스코는 박태준 회장이 설립하여 지금까지 오면서 상하가 조화롭고 소통이 아주 잘 되는 기업문화가 정착되어 있다는 평을 듣습니다. 그 이유가 어디에 있다고 보십니까?

　A. 제가 회장으로 있으면서 가장 고맙게 생각했던 것 중의 하나가 경영진에서 방침을 세워 "이렇게 가자!"고 하면 직원들이 한 마음이 되어 따라주는 분위기가 있었습니다. 임직원들이 그렇게 따라주지 않았다면 회장하기가 쉽지 않았을 거예요. 왜 그런가를 곰곰이 생각해보니 포스코는 삼성이 아니고, SK도 아니고, 그야말로 포스코 그 자체라는 겁니다. 거기에 해답이 있었어요. 일본 식민지 시절에 선조들이 흘린 피의 대가로 받은 청구권 자금으로 설립한 곳이 포스코입니다. 그래서 국가와 민족에 대한 일종의 마음의 빚, 그리고 의무와 책임감 같은 것이 우리들 모두에겐 다 있습니다. 대부분의 직원들이 그것을 느끼고 있어요.

　포스코를 포함한 대한민국의 많은 대기업들이 기술, 경험, 자본 다 없는 무에서 창립해서 오늘날에는 세계적인 규모로 성장했습니다. 이들 모두가 무에서 유를 창조한 것은 같습니다만 포스코는 특별한 점이 하나 있지요.

포스코는 기업문화의 밑바탕에 정신적인 자산을 하나 가지고 시작했다는 점입니다. 선조들의 피의 대가로 받은 청구권 자금으로 세운 회사라는 감동과 마음의 빚, 그리고 더 잘해야겠다는 사명감 같은 것들이 우리들에게 있었습니다. 그것이 전해져 내려오고 있죠.

그래서 포스코는 직원들의 자긍심 같은 것이 남다를 수밖에 없습니다. 그렇지 않고서야 아직도 경영정책이 정해지면 위에서 아래까지 한마음이 되어 목표를 달성하기 위해 협력하는 분위기가 조성되겠습니까? 그런 측면에서 위기가 닥치면 임직원이나 노사가 한마음으로 협력하는 기업문화가 형성하였으며 지금까지 훌륭하게 자라왔다고 자부합니다.

지금 포스코는 세계 제 1위 기업입니다. 사이즈가 최대는 아니지만. 경쟁력은 1위거든요. WSD(World Steel Dynamics)가 평가한 2019년 기술을 포함한 종합 경쟁력 세계 1위. 10년 연속입니다. 그런 것들이 포스코 직원들에게 자긍심을 주는 것이라고 봅니다. 옛날도 그랬고 지금도, 그리고도 앞으로도 1위가 가능합니다. 그런 정신이 세계 최고이어야 한다는 포스코 정신의 바탕이라고 봅니다. 창업부터 지금까지 전체 임직원들에게 이어져 내려오는 기업 정신과 문화의 바탕이 바로 그것일 것입니다.

정리 : 한양대 국제문화대학 **박기현 겸임교수**

---

[1] 바닷물의 리튬 함유량은 0.17ppm이다. 주 생산국은 미국, 칠레, 호주, 캐나다, 중국 등인데, 최근 중국, 리비아, 체코, 말라위 등에서 상당량의 리튬이 매장되어 있다는 사실이 알려져 전 세계의 관심이 집중되었다.

맺음말

글을 마무리하며

맺음말.
글을 마무리하며 – "철과 함께 한 삶의 궤적"

"철은 신이 인류에게 베풀어준 가장 큰 축복 중 하나이자 인간 사회를 풍요롭게 하는 중요한 유산이다." 나는 기회가 있을 때마다 이 말을 주변 사람들에게 이야기하곤 했다. 이 말을 들은 대부분의 사람들은 '자기가 철강회사에서 평생을 일해 왔으니 당연히 하는 이야기'로 치부했을 것이다. 반도체회사에 다니는 사람은 반도체가 그렇다고 할 터이고, 석유회사에 다니는 사람은 석유가 그렇다고 할 터이니까.

그러나 한 평생을 철과 함께 살아온 저자의 입장에서 좀 더 깊이 그 속을 들여다보면 철은 다른 금속에서는 찾을 수 없는 특별한 점이 여러 개 있다. 그것은 철만이 갖는 고유의 흥미로운 특성인데, 이 특성 때문에 철은 인간의 생활을 윤택하게 하고 문명을 발전시켜 인간에게 부를 만들어주며, 또 독특한 환경을 조성해 인간의 생명을 보호해 준다는 것이다. 이 때문에 철은 인간에게 특별한 의미를 주는, 인간을 위해 신이 베푼 고귀한 유산이라는 것이다. 몇 가지 사례를 들어보자면 다음과 같다.

철은 가장 높은 강도와 우수한 가공성을 지니고 있어 생존에 필요한 도구와 연장, 기계장치, 구조물, 무기 등을 만들게 해준다. 철은 지구상에 가장 많이 존재하는 원소로 이것을 활용하는 인간에게 무제한의 자원을 제공하고 있다. 철은 광석을 정련해 얻는데 인간은 여러 금속 중 가장 저렴한 방법으로 철을 만드는 방법을 알고 있다. 철은 가장 손쉽게 용접을 할 수 있어 건물, 교량, 차량, 선박과 같은 문명의 이기를 인간이 누릴 수 있도록 해준다.

그리고 철은 사람 피 속의 필수 성분으로 허파에서 흡수한 산소를 체내의 여러 기관으로 운반하여 생명의 유지에 필요한 에너지를 만들어낸다. 철은 가장 우수한 자기적 특성을 갖고 있다. 이 특성을 이용해 인간은 정보통신에 의한 상호교류가 가능하고, 각종 모터와 센서를 이용한 장치를 만들어 인간에게 자동화와 모빌리티(Mobility)의 시대를 열어주었다. 철은 지구 주위에 큰 자장을 형성해 태양에서 오는 방사선을 차단하여 인간의 생명을 지킨다. 그리고 무선통신이 가능하도록 하여 방송이나 인터넷을 활용하는 여러 가지 문명의 이기를 인간에게 제공한다.

철이 갖는 다양한 특성으로 인해 철이 인간과 밀접한 관계를 맺고 있다는 사실에 대해서 나는 세월이 흐르면서 조금씩 터득하며 오늘에 이르렀다. 지난날을 돌아보면서 나는 나 자신도 일찍부터 철과 깊은 관계를 맺고 있었음을 최근에야 알아차렸다.

먼저 나의 어린 시절의 이름에 '철'이라는 글자가 들어 있었고, 내가 자라며 뛰놀던 고향마을 뒷산에도 '철'이라는 단어가 나온다. 나에게는 본명과는 별개로 '철우(鐵宇)'라는 이름이 또 하나 더 있다. 이 이름은 내가 태어난 지 얼마 안 되는 갓난아기 시절에 고열로 사경을 헤맨 적이 있었는데 그 때 받은 것이다. 젖먹이의 고열에 걱정이 크셨던 할머니가 무당을 모셔 푸닥거리를 하셨다. 푸닥거리 후 나에게는 새 이름이 하나 지어졌고 새 엄마도 한분 정해졌다. 이 때 받은 이름이 '철우'이고, 이것이 내 별명이 되어 호(號)로도 사용하고 있다.

  그런데 신기하게도 포대기 속에서 며칠 동안 젖도 먹지 않고 힘들게 숨을 내쉬며 잠만 자던 갓난아기가 다음날 아침 꼼지락거리기 시작했다는 것이다. 애기가 꼼지락거림에 따라 포대기가 들썩이게 되었고 이것을 보신 어머님은 얼른 젖을 물려주셨다. 배를 채운 갓난아기는 조금씩 생기를 찾아 건강하게 자랐으며, 급기야는 초등학교 6년간을 조퇴 한번 안 하고 개근상을 받는 기적을 만들기도 했다. 그 뒤 나는 잔병 없이 청·장년기를 건강하게 보냈고, 철강이라는 주제로 학위를 취득하고, 철강회사에서 33년간 근무했으며, 칠십의 나이까지도 별다른 병치레 없이 인생을 살아가고 있다.

  내가 살던 고향마을은 향교골이라고 불리었는데, 마을 뒤에는 철탄산이라는 아담한 야산이 있다. 철탄산의 한자 표기는 鐵吞山으로 철(鐵)을 삼키고(吞) 있다는 뜻이 된다. 미루어 짐작하건대 산을 파고 들어가면 철광석이라도 매장되어 있다는 의미일 것이다. 철탄산의 높이는 해발 276m인데, 우리 형제는 어릴 적에 매일 아침 이 산을 오르내렸으며, 학교를 파하고 돌아오면 이 산에서 전쟁놀이에 시간가는 줄도 모르고 뛰어놀며 지냈다. 아침 등산은 아버지의 기상 명령에 따라 눈을 비비며 마지못해 일어나기가 일쑤였으나 정상에 올라서 한바탕 큰 고함을 지르고 나면 철탄산의 기상이 가슴 속 깊이 스며들어 상쾌함이 이를 데 없었다.

  철탄산은 나의 마음의 고향이다. 지금도 매년 두어 번씩은 고향을 들르는데, 그 때마다 철탄산 자락의 옛집을 둘러보고, 할머니께서 지극 정성으로 손주들의 건강과 행운을 기원하시던 부처님께 공양도 드린다. 하루의 시작을 철탄산과 함께 하고, 철탄산 산자락의 초등학교에서 공부하고, 집에 돌아오면 철탄산 산등성이를 휘젓고 다니며 동네아이들과 뛰어 놀았으니, 어린 시절부터 나의 몸속에는 철의 기상이 깊이 배어들 수밖에 없었으리라.

철탄산의 기운을 마시면서 성장한 나는 무럭무럭 자라서 대학생이 되었다. 대학에 들어가기 전까지는 성적과 입시에 쫓겨 철에 관심을 가질 여유는 없었다. 그러나 고등학교 시절에 종합제철소를 건설한다는 기사가 신문에 보도되면서 철이 국가경제에 매우 중요한 존재임을 알게 되었다. 그 전까지는 대학에서 기계공학을 전공하겠다는 희망이 있었지만 제철소 건설 기사를 보고나서 금속공학으로 전공을 바꿀 결심을 하였다.

그때까지만 해도 이렇게 대부분의 내 인생을 철과 함께 하리라고는 전혀 생각하지 않았다. 그런데도 세월은 나의 의지와 관계없이 흘러가 대학 졸업 후 대부분의 시간을 철과 함께 하는 삶이 되었다. 본격적인 철과의 인연의 시작은 미국의 철강 도시 피츠버그에서 유학 시 학위논문 연구주제를 철로 정한 것이었다.

피츠버그대학에서의 지도교수는 Anthony DeArdo 교수로 철의 가공열처리 분야의 세계적 권위자이었는데, 그 당시 미국에서 철에 대한 연구를 했던 몇 명 안 되는 교수 중의 한 분이다. 이미 철강산업의 주도권을 일본에 넘겨준 그 당시 미국은 철에 대한 국가적인 관심은 거의 없었지만 생산은 여전히 연간 8천만톤 내외를 유지하고 있는 철강대국 중의 하나로 철강사가 주도하는 연구프로젝트는 여러 건이 진행되고 있었다. 이 프로젝트에 DeArdo 교수가 참여하고 있었기에 나도 장학금을 받으면서 피츠버그대학으로 갈 수 있었고 철과 긴 인연을 맺는 계기가 되었다.

DeArdo 교수는 대학에 부임하기 전에 철강사에도 근무한 경험도 있어 이론과 실무를 겸비한 전문가였는데, 이런 분을 지도교수로 모시게 된 것은 나의 행운이었다. 나의 학위논문 주제는 '철의 가공열처리'이었는데, 그 당시 철강업계에서는 첨단기술 분야였고 일본뿐만 아니라 한국에서도 큰 관심을 가지고 있는 분야로 제철소에 설비를 구축할 계획을 갖고 있었다.

내가 학위를 끝내고 포스트닥(Post-doc, 박사후연구원)을 하면서 미국 철강사가 지원하는 프로젝트를 수행하고 있을 당시에 포스코의 기술연구소 소장인 김철우 박사가 피츠버그를 방문하여 함께 저녁식사를 하게 되었다.(김철우 박사의 이름을 한자로 표기하면 金鐵佑로 鐵이라는 글자가 포함되어 있는 것을 보니 그 분도 역시 타고난 철강인이었던 것 같다. 그리고 김 박사의 '철우(鐵佑)'라는 이름이 내가 갓난이 때 받은 별명인 철우(鐵宇)와 한글표기에서 같은 것도 두 사람을 맺은 인연이 아닌가 싶다.)

그런데 이 저녁식사 자리가 전혀 예상치 않게 나의 운명을 바꾸어놓게 되었다. 포스코 창설 후 지속적으로 흑자경영을 해온 박태준 창립회장은 미래의 도약과 사업 다각화를 위해 인재와 기술의 중요성을 새삼스럽게 인식하게 되어 포항공대를 설립하고 연구기관을 확대하기로 결정하였다. 이에 따라 포항에 대학 및 연구 시설을 건설하고, 첨단 연구 장비의 확보에 대규모 투자를 하고, 교수와 연구원으로 일할 인재를 찾던 중이었다.

이에 따라 포항공대의 김호길 학장과 김철우 소장은 각각 팀을 구성해 이 시설에서 일할 전문가를 유치하기 위해 전 세계를 순회 중이었다. 그리고 미국 방문 중에 피츠버그를 비슷한 시기에 방문한 바 있다. 대학 교수직에는 관심이 적었던 나는 김철우 소장과 식사를 하면서 많은 이야기를 나누었다. 저녁식사 중에 나의 전문 연구 분야를 물어 보신 김 소장은 내가 연구하고 있는 분야가 바로 회사에서 전문가를 찾고 있던 분야라고 하시며 포스코 입사를 제안하셨다.

사실 나는 학위를 끝낼 때만 해도 포스코와의 별다른 인연은 없었다. 왜냐하면 유학을 가기 전에 그 전에 근무하던 직장으로부터 학위를 끝내면 돌아간다는 조건으로 급여를 계속 받고 있었기 때문이었다. 학위가 끝났으니 이제 돌아간다는 생각으로 그 당시 나는 귀국 준비 중이었다. 그런 가운데 포스코 입사를 제안 받고 당혹하였으나, 다시 생각해 보니 학위과정에서 익힌 강판의 가공열처리 거동에 관한 경험과 지식을 더 잘 활용하려면 강판을 생산하는 포스코에 가는 것이 개인적으로도 좋을 것이고 또 국가적으로도 더 기여를 할 수 있으리라는 생각도 들었다.

그러나 포스코로 가면 다년간 급여를 준 전 직장에는 갈 수 없게 되어 약속을 저버리는 것이 되고 또 그 동안 받은 월급도 반납해야 하는 어려움도 있었기 때문에 결정이 쉽지 않았다. 이런 곤란한 경우는 모든 것을 털어놓고 이야기하는 것이 좋겠다 싶어 김 소장께 내 사정을 자세히 설명 드렸다. 사정을 들은 김 소장은 귀국 후 박태준 회장과 상의 후에 알려주겠다고 하시며 떠나셨다. 며칠 뒤 연락을 주셨는데 회장께서 모든 것을 해결해줄 것이니 포스코에 오길 원하신다고 하여, 이에 나도 포스코에 가는 것으로 쉽지 않은 결단을 하였다. 이 결단은 지금까지 내가 살아오는데 있어 내린 가장 큰 결단이었으며, 또한 가장 현명한 결단으로 생각된다.

미래에 대한 푸른 꿈과 열정을 가지고 귀국한 후 나는 포스코 기술부문의 연구개발 부서에서 업무를 시작하였는데, 기대하지 않았던 각별한 배려로 포스코에 채용해주신 박태준 회장과 김철우 소장의 기대에 어떻게 보답해야 하나에 대해 늘 신경을 썼다. 첨단 설비를 갖춘 연구소에서 의욕이 충만한 가운데 연구를 수행하였지만 기업연구소 연구개발 업무는 대학의 연구개발 업무와는 괴리가 크다는 것을 느꼈다. 가장 큰 차이는 기업에서는 연구 결과를 적용할 현장이 있는데 비해 대학에서는 꼭 그렇지는 않다는 것이다. 결국 기업에서 기술개발을 제대로 하려면 현장의 설비와 조업을 잘 이해하여 여기에 맞는 기술을 개발하여야 한다는 것이다.

돌이켜보면 그 당시 연구하는 기술은 현장에서 활용되고 있는 기술과는 상당한 차이가 있어 연구가 끝나도 현장 적용을 하는 데는 또 다른 어려움을 겪기도 했다. 많은 경우에 개발된 신기술은 현장에 적용하기에 너무 어렵거나, 아니면 기술을 실용화할 수 있는 체제와 장비에 대한 준비가 현장에 잘 갖추어져 있지 않았다. 결국 이 현장기술과 연구기술의 간격을 좁혀

야만 신기술의 실용화가 원활해지는데, 여기에 이르기까지 10년 이상의 시간이 필요했었다.

제철소 기술자와 연구원 모두의 끈질긴 노력과 협력 끝에 결국은 현장기술과 연구기술의 간격을 줄일 수 있었고, 이 간격이 줄자 신기술의 실용화는 점차적으로 활성화되었다. 신기술의 상용화가 활성화되기 시작한 시기는 2000년 전후였으며 이때부터 포스코의 기술력도 대외적으로 인정을 받기 시작했다. 2019년에 포스코는 미국의 WSD(World Steel Dynamics)가 주관하는 전 세계 철강회사 경쟁력 종합평가에서 처음으로 10년 연속 1위를 하였는데(표 4-2 참조) 그 바탕이 된 것이 포스코의 기술 경쟁력이었다.

연구원 신분으로 포스코에 입사했으나 대부분의 기간은 연구관리직으로 일했다. 연구원, 연구실장을 거쳐 부소장, 소장, 원장을 거치는 동안에 회사 부설 독립 연구기관인 리스트(RIST-Research Institute of Industrial Science & Technolgy)와 회사 내부의 철강 전문연구기관인 기술연구원을 오가며 근무했다. 그 뒤에 기술최고경영자(CTO-Chief Technology Officer)로 보임을 받았는데, 기술자로서는 최고의 책임을 부여받은 직책이었고 최신 철강기술을 제철소에 다양하게 적용할 수 있는 기회가 주어져 기술경영자로서 큰 보람을 느꼈다.

2013년에는 포스코의 회장이 사임을 하게 되었는데, 이사회는 후임을 선임하기 위해 회장선정위원회를 구성하고 일련의 과정을 거쳐 회장 후보자를 선임하였다. 이 과정에서 나는 후보자의 한 사람으로 선임되었고, 뒤에 회장선정위원회의 면접과 심사를 거쳐 최고경영자(CEO-Chief Executive Officer)인 회장으로 선임되었다.

사실 나는 CTO로 근무하면서도 내 자신이 회장이 될 것으로 생각하지는 않았다. 그 이유는 당시 나는 CTO로 회사의 사장직을 맡고 있었으나 이사회의 구성원이 아니었기 때문이었다. 또한 회사에서의 승진은 회사 경영진이 결정해주는 것이지 내가 간여할 사안이 아니라는 나의 평소 소신·철학 때문이기도 하다. 직장인으로 회사에 근무하는 동안에 특정한 책임과 직책이 나에게 주어지면 나는 오직 주어진 역할에 충실해야 한다고 생각해 왔다.

그러나 CTO는 회사의 핵심 직책 중의 하나로 CTO가 주어진 역할을 충실히 수행할 수 있다는 것은 회사 전체를 제대로 파악해서 그 안에서 기술경영을 한다는 의미이다. 따라서 CTO는 맡겨진 책임을 수행하는 동안에 회사의 핵심 업무인 재무, 판매, 생산, 인사 등의 분야도 제대로 현황을 파악하려고 끊임없이 노력하여야 한다. 뿐만 아니라 경영전반에 걸친 회사의 여러 가지 문제점을 정확하게 이해하고 그 해결책을 고민하지 않고는 부여된 CTO 업무를 원활하게 수행해 낼 수 없을 것이다. 결국 훌륭한 CTO는 훌륭한 CEO의 자질을 갖추지 않으면 안 될 것이다.

2014년 3월 회장에 선임이 되자 무거운 책임감이 짓눌러 왔으며 이와 함께 경영진 교체로 어수선한 회사에 활력을 불어넣어 분위기를 살리고 새로운 미래를 향해 힘차게 전진해 나가야 한다는 사명감이 생겼다. 무엇보다도 중요한 것은 과도한 투자로 악화된 재무구조를 개선하는 일이었다. 이를 위해 회사 비전을 새로이 정립하고 비전 달성을 위한 혁신 프로그램을 수립해 시행하였다. 이 때 정립된 비전이 'POSCO the Great'(위대한 포스코의 창조)이었다.

'POSCO the Great'를 비전으로 내세운 이유는 재무구조가 탄탄했던 옛날의 포스코로 돌아가 철강뿐만 아니라 신성장사업의 개발로 새로운 수익원도 충분히 확보한다는 것이다. 아직까지는 회사의 주 수익원이 철강이라 철강의 본원경쟁력 강화를 최우선적으로 실행하였다. 그리고 수익성을 극대화하기 위해서는 고부가가치 WP(World Premium) 제품의 생산과 판매 비율을 도전적으로 증가시켰다. 이와 동시에 부채비율을 감소하기 위해서는 운영하고 있는 신성장 사업의 구조조정을 통해 적자 사업을 매각하고 보유 중인 저수익 부동산과 보유 주식을 매각하여 현금을 확보하였다.

솔루션 마케팅(Solution Marketing)은 철강에서의 수익을 증대하기 위해 그 당시 회사가 채택한 고부가가치 제품의 판매 전략이었다. 솔루션 마케팅 전략이 추진되면서 그 효과가 빠른 속도로 나타나 판매가 확대되고 부가가치가 올라가면서 일차적인 재무구조 개선이 이루어졌다. 솔루션 마케팅 전략은 당시 유럽 철강사가 시행하던 EVI(Early Vendor Involvement) 전략과 유사한 개념인데, 철강 제품을 가공하는데 있어서 고객이 겪는 문제점을 철강사가 직접 해결해주자는 것이다.

새로운 합금과 기능의 고부가가치 신제품이 개발되어 판매가 되면 고객들은 이 신제품을 여러 가지 형태로 가공하면서 갖가지 어려움을 겪게 된다. 예를 들면 강판의 성형성이 낮아 불량가공이 증가한다든지, 용접이 곤란해져 품질이 확보되지 않는다든지, 또는 표면코팅이 잘 안되어 외관불량이 생기는 것 등이다. 이런 문제들에 대한 기술적 어려움을 철강사가 적극적으로 해결해준다는 것이 솔루션 마케팅이다.

기술적인 문제 외에도 고객은 납기, 물량, 지불조건 등에서 충분히 만족을 하지 못하는 경우가 있는데, 이런 고객 불만족을 적시에 파악하여 최대한의 배려로 해결해주는 것도 솔루션 마케팅의 중점 활동이었다. 특히 자금 측면에서 일시적으로 어려움을 겪는 고객들이 회사가 만든 펀드를 활용토록 해왔는데 이는 고객과의 상생을 위한 전향적인 시도라고 하겠다.

경영다각화를 통해 새로운 수익원을 만들어 내기위해서는 신사업들에 투자하게 되는데, 사업 초기에 수익을 창출하기란 매우 어렵다. 그러다보니 투자 사업에서 부실이 다수 발견이 되는데, 좀 더 기다리면 이익을 낼 수도 있겠지만 자금의 압박을 심하게 받는 상태가 되면 정리를 하지 않을 수 없다. 2000년을 전후하는 시점에 포스코는 영업이익률이 두 자리 숫자를 연속적으로 기록하였고 규모 확장을 위한 생산설비의 투자가 거의 완료되어 보유 자금에 여유가 많은 편이었다. 이 때문에 2010년을 전후하여 신사업 발굴을 활발히 하였고 투자도 늘려 나갔는데, 이 투자 사업의 다수가 부실로 평가되어 구조조정이 필요하였다.

구조조정은 선택과 집중의 원칙하에 수익성 위주의 평가를 통해 비핵심 사업 위주로 정리하였다. 저수익 사업은 기준을 정해 과감히 매각하였다. 국가 산업경쟁력 차원의 고려를 통해서 매각하기도 했으며, 중복 기능의 사업은 통합하였다. 또 고위험 프로젝트 파이낸싱(PF-Project Financing) 사업의 지분도 매각하고, 또 무수익 비영업 자산을 매각하는 등의 과제를 과단성 있게 추진하여 현금을 최대한 확보하였다.

총 150건에 대한 구조조정을 시행하여 국내외 계열사를 82개 감축하고 7조원의 추가적인 수익창출을 달성하였는데, 이를 통해 포스코의 재무구조가 현저히 양호해졌다. 2017년에는 취임 전에 비해 영업이익률과 당기순이익이 각각 40%, 56%씩 증가하였고, 시재가 차입금보다 많아졌으며, 부채/에비타(EBITDA) 비율은 60% 가까이 감소하여 비율이 1.0 이하로 떨어졌으며, 부채비율은 17%로 창사 이래 최소치를 기록하는 실적을 보였다.

구조조정을 통해 많은 신사업을 정리하긴 했으나 유망한 신사업은 오히려 투자를 강화하여 육성하였다. 대표적인 것이 2차전지 소재인 양극재 및 음극재 분야인데, 이 분야는 현재도 회사 신성장사업의 주축으로 사업화가 활발히 진행되고 있다. 양극재는 2차전지에서 가장 부가가치가 높은 분야인데, 핵심소재는 리튬(Li)이다. 2차전지에 사용하는 리튬화합물(Li_2CO_3 및 LiOH)은 염수나 리튬광석을 처리하여 추출한다.

제조원가 측면에서 더 유리한 리튬화합물의 원료는 염수인데, 대부분의 염수 자원은 남미의 칠레-아르헨티나-볼리비아 접경 지역에 분포되어 있다. 리튬은 남미 지역에 대한 정부의 자원외교가 추진되면서 2011년부터 국내에 관심이 일기 시작하였고, 탄산리튬 추출기술의 개발도 이를 계기로 추진되었다. 초기에는 볼리비아와 협력하여 우유니(Uyuni) 염호의 자원을 활용하는 것으로 방침을 정하고 추진하였고, 포스코는 산하 연구기관인 리스트에 기술 개발을 맡겼다.

당시 나는 리스트의 원장으로 기술개발의 책임을 부여받게 되었는데, 20여명의 전문가로 팀을 꾸려 밤낮없이 기술개발을 추진하였다. 그 결과 7개월 후에는 첫 단계 개발을 끝내고 볼리비아 현지에서 대통령을 위시한 관련 인사를 모신 가운데 설명회를 가진 후 공동연구 프로젝트를 시작하였다. 그러나 볼리비아와의 협력은 오래가지 못하고 중단이 되었는데, 가장 큰 원인은 볼리비아 정부의 일방적이고 사리에 맞지 않는 요구 때문이었다. 이와 함께 우유니(Uyuni) 호수의 염수가 불순물이 많아 경제성이 그리 좋지 않을 것이라는 것도 공동개발을 그만둔 또 다른 이유였다.

세계 최대 염수 매장량을 가진 볼리비아와의 협력이 중단되었으나 회사는 자원협력 대상을 칠레와 아르헨티나로 바꾸고 지속적으로 개발기술의 향상을 독려하였다. 그 결과 현재 상업화되고 있는 기존의 리튬 추출기술에 비해 제조기간이 짧아 원가를 낮출 수 있을 뿐만 아니라 품질 측면에서도 우수한 고유의 정련기술을 개발할 수 있었다. 칠레와의 협력은 초기부터 원활하지 않았는데, 이는 세계 최대 리튬 원료 생산국으로 이미 리튬 사업을 안정적으로 운영하고 있었던 칠레는 포스코와 같은 신생 기업에 관심을 크게 주지 않았기 때문이다.

칠레와의 협력이 어려워지면서 아르헨티나로 협력 대상을 바꾸었는데, 결국은 각고의 노력 끝에 여기에서 성공적으로 염호를 확보하고 추출공장을 건설하였다. 아르헨티나에서 사업화에 성공할 수 있었던 가장 큰 이유는 포스코 기술의 우수성 때문이다. 일반적으로 염수에서 리튬 원료을 추출하는 공정은 염전에서 소금을 만드는 공정과 유사하다. 따라서 추출 중에 비가 거의 안 오면 1년 정도가 소요되고, 비가 좀 오면 기간이 늘어나고 이와 함께 원가가 올라간다. 아르헨티나는 칠레보다 강수량이 많아 추출에 기간이 더 소요되고 제조원가가 더 높아 경쟁력이 떨어져 리튬 사업이 활성화되지 못한 상태였는데, 포스코 기술을 사용하면 이 문제를 해결할 수 있기 때문에 안착이 용이했다.

전기자동차의 급속한 보급과 모빌리티 시장의 활성화로 2차전지의 수요가 급속도로 증가하고 있어 이 분야는 회사의 새로운 수익원으로 크게 기대가 된다. 포스코는 새로운 성장동력으로 양극재 뿐만 아니라 음극재까지 합해서 2차전지 소재사업을 키워나가고 있다. 장래가 유망한 2차전지 소재 사업을 회사의 핵심 신사업으로 키워나갈 수 있었던 것은 10여 년 동안 3대 회장에 걸쳐 일관된 목표 아래 지속적인 투자와 기술개발로 신성장 사업을 추진한 덕분으로 생각된다.

최근 들어 가장 많이 회자되고 있는 새로운 용어는 4차 산업혁명으로, 급속히 발전하는 ICT 기술을 기존 산업에 적용해 효율을 향상시키자는 개념이다. 제철설비는 고도로 자동화된 공정으로 수 없이 많은 고용량 대형 컴퓨터와 복잡한 수식 계산을 하는 응용 소프트웨어와 아우러져 고속으로 흘러가는 제품의 생산을 제어하고 있다. 회사는 4차 산업혁명 시대에 부응하는 생산 공장을 '스마트팩토리(Smart Factory)'로 결정하고 시스템 구축을 시작하였다. 이런 노력의 일환으로 최신 ICT 분야의 국내 최고 전문가 중의 한 분으로 KT의 사장을 역임한 최두한 사장을 영입하여 포스코ICT의 경영을 맡기고 스마트팩토리 사업의 추진을 맡겼다. 우선적으로 추진할 사업 분야로는 인공지능을 적용해 공정을 효율화할 수 있는 부문을 선정하였고, 프로젝트팀을 구성해 체계적으로 추진하였다. 그 당시 사내에는 인공지능과 관련한 경험이 있는 전문가가 연구소와 현장에 일부 있긴 했으나 모두 다른 일을 담당하고 있어서, 이들 위주로 스마트팩토리 구축 프로젝트를 구성해 책임을 맡겼다. 이와 함께 국내 대학의 이 분야 교수 20여 명을 섭외하여 프로젝트팀에 참여시켰다.

추진할 사업을 '스마트팩토리'로 부르기로 한 이유는 이 용어가 우리가 할 업무의 성격을 잘 규정하고 있기도 하지만, 4차 산업혁명이라는 용어의 타당성에 대한 세간의 논란을 피하려는 것도 또 다른 이유였다. 이 용어는 2015년 3월 스위스 다보스에서 열린 '세계경제포럼(WEF)'에서 포럼 의장 클라우스 슈밥(Klaus Schwab) 박사가 주창한 이래 전 세계 기업과 언론, 학계가 주목해오고 있는 개념이다. 이에 대해 2011년에 3차 산업혁명이라는 용어를 제안한 미래학자 제레미 리프킨은 너무 비약한 개념이라고 하며 이의를 제기하곤 했기 때문에, 당시 우리로서는 4차 산업혁명이라는 용어를 선뜻 채택하기가 머뭇거려진 것이 사실이다.

일단 스마트팩토리 구축작업을 시작은 했으나 과연 이 노력이 좋은 결과를 맺을 수 있을까에 대해서는 의구심이 없지는 않았다. 왜냐하면 1990년대에 인공지능의 한 분야인 전문가 시스템을 제철소의 고로조업에 적용한다는 프로젝트가 포스코를 포함한 세계 주요 제철소에서 시행된 바 있었는데 모두 흐지부지 끝난 바 있기 때문이었다.

2016년 3월 바둑천재 이세돌 기사와 인공지능 알파고가 겨루는 세기의 대결이 있었다. 당시 이 대결의 승부에 대해서 언론에서도 논의가 많았으나, 나는 바둑만큼은 컴퓨터가 인간의 능력을 넘볼 수 있는 영역이 아니라고 굳게 믿고 있었다. 그러나 나의 믿음은 이세돌 기사의 참패로 무참히 깨지고 말았다. 이런 상황에서 고도의 학습능력을 보유한 인공지능의 엄청난 잠재력을 인정하지 않을 수 없었다. 그리고, 회사의 스마트팩토리 프로젝트도 좋은 결과를 낼 수 있을 것이라는 확신을 가지고 더 열심히 추진할 수 있었다.

스마트팩토리 구축 사업은 경쟁 철강사에 비해 한발 앞서 추진하였다. 그리고 제철소 공정의 여러 곳에 동시에 구축하여 좋은 결과를 얻을 수 있었는데, 이는 미래에 대한 확신을 가지고 열심히 일해 준 포스코와 POSCO-ICT에서 참여한 모든 엔지니어 덕분으로 이들의 능력과 헌신적인 노력에 경의를 표하지 않을 수 없다. 그리고 이 프로젝트에 참여하여 수시로 제철소에 내려와 현장 엔지니어와 협력하여 시스템을 구축하고 좋은 결과를 얻어준 인공지능 전문의 참여 교수들의 열정에 무한한 감사를 보낸다.

2018년 1월에 나는 미국 라스베이거스의 국제소비자가전전시회(CES - The International Consumer Electronics Show)에 참가하였다. POSCO-ICT의 최두환 사장, 박미화 전산시스템 담당 임원 등과 같이 갔는데, 참가의 목적은 4차 산업혁명이 세간의 화두가 되면서 제조업에도 영향을 미치게 될 텐데 어떤 기술을 어떻게 적용하여 어떤 효과를 얻을 수 있을 것인가에 대한 지식을 습득하기 위해서였다. 전시회에서 나타난 가장 두드러진 현상은 인공지능(AI) 기술의 적용이 매우 광범위하게 이루어지고 있으며 그 효과 역시 매우 크다는 것이었다. CES의 참가를 통해 우리는 AI를 제철공정에 우선적으로 적용해 스마트팩토리를 구축한다는 회사의 전략이 맞았다는 것을 확인할 수 있었고, 더 강력하게 스마트팩토리 구축 사업에 매진하였다.

자동화 설비의 제어에 필요한 최적치는 인공지능을 이용하여 얻을 수 있으며, 여기에 필요한 데이터가 빅데이터이며, 이 빅데이터를 얻기 위해서는 현장에 IoT(Internet of Things)라는 센서 시스템(Sensor System)을 갖추어야 한다는 것이다. 그리고 ICT에 대한 기본 이해 정도 하고 있는 현장 기술자도 스마트팩토리를 운영할 수 있도록 PosFrame이라는 플랫폼을 구축하여 각종 응용 소프트웨어와 데이터 처리 기능을 탑재하였다. 이러한 컴퓨터 인공지능 체제를 포스코가 어떻게 수용하느냐에 대해 협의를 한 우리 일행이 내린 결론은 현재 구축된 회사의 시스템 내에서 큰 투자 없이 적용할 수 있다는 것이었다. 왜냐하면 회사가 보유하고 있는 철강 생산설비는 대부분이 고도로 자동화가 되어 있고 포항-광양-서울을 모두 감독하는 우수한 전산시스템을 갖추고 있기 때문이었다.

사내외의 총력을 동원한 노력의 결과로 스마트팩토리는 포항과 광양에서, 또 제선공정에서 마지막 도금 공정에 이르기 까지, 제철소의 우선적으로 필요한 곳에 성공적으로 구축하였으며 생산성, 품질 향상의 성과를 거두었다. 현재는 스마트팩토리 구축과 관련된 사실이 주위에도 널리 알려져 국내외 여러 회사와 기관에서 현장을 방문하여 견학하고 있다. 그리고 2019년에는 다보스 포럼을 주최하는 WEF(World Economic Forum)와 세계적 컨설팅사인 멕킨지&컴퍼니가 공동으로 주관하는 '등대공장(Light House)'에 선정되었는데, 이는 한국에서는 처음이고 제철소로도 세계 처음이다. 등대공장은 실사 팀이 현장을 직접 방문해 엄격한 평가를 하였는데, 이를 추진하는데 도움을 주신 울산공대의 김동섭 교수께 감사드린다.

1986년에 포스코에 입사하여 33년간 그 울타리 안에서 일했다. 30대 중반에 포스코에 몸을 담은 이후 말단 직원에서부터 최고경영자인 회장직까지 맡아 일할 수 있는 영예를 안고 2018년 퇴직하게 되었다. 세계 최고의 경쟁력을 보유한 철강사를 맡아 경영을 하려니 어떻게든 최고경영자 직책을 잘 수행해야 할 텐데 하는 무거운 책임감을 느끼지 않을 수 없었다. 이와 함께 한국 산업발전의 초석을 만들어 준 포스코가 지속적으로 그 역할을 담당할 뿐 아니라 새로운 성장동력을 만들어 100년 기업으로 커나가도록 해야 한다는 사명감도 절실히 느꼈다.

선조들 희생의 대가로 받은 대일청구권 자금이 씨앗이 되고, 창업 임직원들과 그 후배들의 땀과 열정과 지혜로 회사를 건설하고 키워 최고의 철강회사로 자리매김하고 있는 포스코를 앞으로 어떻게 경영하여 영원히 경쟁력을 유지하고 사회에 기여하도록 하느냐는 회장에게는 절체절명의 과제였다. 그 무겁고도 영예로운 짐을 내려놓으면서 제일 먼저 드는 생각은 그동안 열과 성을 다해 같이 노력한 그룹 전체 임직원들에 대한 고마움이었다. 내가 이들과 함께 근무하지 않았다면, 미래에 대한 열망을 함께 하지 못했다면, 그리고 위기에 대한 공감을 가지고 함께 노력하지 않았다면, 나는 아무것도 이루지 못한 채 임기를 마칠 수밖에 없었을 것이다. 이와 같이 순수하고 열정적이며 지혜로운 동료들이 한없이 자랑스럽다.

2018년 4월 1일에 창립 50주년을 맞은 포스코는 100년 기업을 향한 비전을 선포하고 힘찬 첫걸음을 내디뎠다. 미래 비전선포식에서 'Unlimit the Limit : Steel and Beyond(한계를 뛰어넘어 : 철강 그 이상으로)'라는 경영 지향점을 담은 슬로건을 선포했다. 여기에는 철강만으로 100년 기업이 될 수 없다는 모든 포스코 가족의 절박함이 스며있다. 철강은 포스코 미래의 기본이다. 일단 최고의 경쟁력을 유지함으로써 현금을 창출하고 튼튼한 재무구조를 만들어야 한다. 이를 위해서는 원가를 절감할 수 있는 공정을 개발하고 고부가가치 제품을 개발해 고객의 미래 수요를 만족시켜주지 않으면 안 된다.

이를 바탕으로 최고의 수익을 창출해 신성장 사업을 육성해 나가야 한다. 창업 100년이 되는 시점에 그룹매출 500조원과 영업이익 70조원의 포스코-100의 목표도 세웠다. 누가 이일을 담당해야 하는가? 당연히 현재 포스코에 재직 중인, 그리고 장래에 포스코에 들어와 일하게 될 임직원이다. 과연 이들이 풍요롭고 희망찬 회사의 미래를 만들어낼 수 있을까? 이 물음에 대해 나는 단언할 수 있는 것이 우리 포스코 임직원이라면 기필코 해낼 수 있으리라는 것이다. 이는 지난 33년을 포스코에서 일하면서, 그리고 마지막 4년 4개월을 최고 경영자로서 포스코 가족과 숱한 애환을 같이 하면서 느끼고 확인한 바이다.

포스코-100의 목표를 달성하는 것은 휘몰아치는 모래바람 속에서 맨손으로 제철소를 건설하여 세계 최고 경쟁력의 철강사로 키운 박태준 회장을 비롯한 초창기 선배들의 '창업정신' 전통을 이어받아 또 하나의 기적을 만드는 것이다. 돌이켜보건대 많은 포스코 임직원들은 아직도 '포스코 맨'의 초창기 DNA인 '창업정신'을 생생하게 기억하고 있을 뿐만 아니라 필요할 때에는 그 정신을 확실히 구현한다는 것이다. 그동안 몇 번의 위기가 있었지만 회사는 이 위기를 슬기롭게 극복하여 오늘의 포스코를 만들었다. 내가 회장으로 취임할 당시의 회사 위기도 심각하긴 마찬가지였다. 과도한 투자로 적자가 누적되는 사업이 다수였고, 재무구조는 악화되고 있었으며, 무엇보다 임직원의 사기가 침체되고 있다는 것이었다.

그러나 회사가 처해진 현실을 정확하게 파악해 위기를 인식한 임직원은 경영혁신 프로그램을 만들어 심기일전하여 강력하게 시행하면서 전 부문에 걸쳐 혁신을 추진해 나갔다. 거대한 조직이 마치 한 몸이 되어 혁신을 추진하는 것을 보면서 나는 초창기의 '창업정신'이 여전히 살아있음을 인식하지 않을 수 없었다. 혁신을 추진하는데 노사의 구분이 없었다. 그리고 나이의 구분도, 상하의 구분도 없었다. 오직 위기를 극복하고 과거의 영광을 되찾아야 한다는 일념에서 희생적으로 일했던 것으로 기억하고 있다.

위기에 대응해 경영혁신 프로그램을 시행하면서, 나는 회사와 국가의 미래를 위해 바람직하고 흥미로운 현상을 보았다. 그것은 소위 밀레니얼(Millennial) 세대에 속하는 20대, 30대 젊은이들의 일하는 방식에 관한 것이다. 흔히들 밀레니얼 세대는 인터넷과 모바일폰(Mobile Phone)에 익숙하며, 개인적 성향이 강하고 이기적이며, 조직생활에 잘 적응하지 못하는 것으로 평가되고 있다.

그러나 포스코의 밀레니얼 세대는 전혀 다른 모습을 보여 주었다. 그것은 스마트팩토리 시스템을 제철소 현장에 적용하는데 있어서 젊은 직원들은 세간의 평가와는 다르게 뛰어난 능력과 적극성을 보여주었다는 것이다. 소위 굴뚝공장으로 불리는 제철소에 스마트팩토리 시스템을 구축하는 것은 이질적인 요소를 융합하는 번거로운 과제로 젊은이들이 즐겨할 것 같지 않은데, 실제로 많은 젊은 직원들이 시스템 구축에 몰입하여 좋은 성과를 내었다. 이 사실은 젊은 세대 직원들도 선배 직원 못지않게 투철한 '창업정신'으로 무장되어 있고, 필요할 때는 함께 힘을 합해 위기 상황에서 벗어나야 한다는데 대해 깊은 공감대가 형성되어 있다는 것을 의미한다.

포스코의 젊은 직원들이 일반적인 밀레니얼 세대와 일하는 방식 측면에서는 왜 이렇게 다른가 하는 이유를 명확히는 알 수 없다. 한 가지 확실한 것은 포스코에 들어오는 신입사원들은 누구나 포스코의 창립이 얼마나 어려운 난관을 뚫고 이루어졌으며 이 과정에서 선배 임직원들이 얼마나 많은 피와 땀을 흘리며 노력하였는가를 듣고 배우고 경험하여 잘 인식하고 있다는 것이다. 그리고 직원 모두가 회사의 미래발전에 대해 책임감을 느끼고 같이 노력해야 한다는 공감대가 형성되어 '포스코 맨'의 DNA인 '창업정신'이 충만한 것으로 생각된다. 이런 가운데 도전적이고 흥미로운 과제가 주어지기만 하면 이 과제의 수행을 통해 회사의 경쟁력을 다시 살려낼 수 있다는 인식을 갖게 되고 과제를 성공시켜야 한다는 사명감도 생겨 능력과 적극성이 발휘되는 것이다. 이런 마음가짐의 젊은 직원들이 있는 한 포스코의 미래는 밝을 것이다.

젊은 직원들과 같이 일하면서 특별히 신경을 쓴 것은 이들이 스스로 사명감을 불러일으켜 열정적으로 업무에 몰입토록 하는 것이었다. 사명감은 맡은 일에 대한 주인의식을 가질 때 생긴다. 이를 위해서는 수행 업무에 대해 상사로부터 가치를 인정받고, 능력에 맞는 책임과 권한을 부여받고, 추진 업무에서 얻은 성과에 대해 합당한 평가를 받을 수 있어야 한다. 이런 차원에서 실시한 제도가 프로젝트 중심 업무수행이었다. 즉 직원들 각자의 추진업무를 프로젝트화 하여, 수행 목표와 방법, 기간, 예산, 인력 등을 분명하게 정한 다음에 업무를 추진하는 방식이다.

프로젝트 중심 업무수행 체제에서는 직원 누구든지 프로젝트를 제안할 수 있다. 프로젝트의 수행 목표는 원가 절감, 생산성 증대, 품질 향상, 고객 창출, 부가가치 창출 등 회사의 경영에 직접적으로 도움이 되는 업무가 장려된다. 제안된 프로젝트의 수행 타당성이 회사의 검토를 거쳐 인정이 되면 그 직원은 자기가 원해서 제안한 일을 직접 수행할 수 있을 뿐 아니라 프로젝트의 책임자가 될 수도 있다. 그리고 일정 기간 동안 예산과 인력의 지원도 받아서 리더십을 가지고 프로젝트를 수행해 성과를 만들어 낼 수 있는 기회를 갖게 된다.

회사에서 인정을 받을 수 있는 프로젝트를 제안하는 것은 쉬운 일이 아니다. 제안된 프로젝트의 수행 타당성이 있으려면 기대되는 효과가 충분히 커야 하는데, 이는 남들과는 다른 독특한 아이디어를 창출하지 않으면 안 된다. 창의성 있는 프로젝트의 제안을 자율적으로 활성화하기 위해서 회사는 아이디어 제안 및 아이디어 굴리기 활동을 장려해 왔다. 누구나 자기가 제안한 아이디어가 프로젝트로 연결되길 바라는데 이는 쉬운 일이 아니다. 보통 개인의 아이디어로는 모자라는 점이 많이 있기 때문에, 아이디어 굴리기의 과정을 거쳐 몇 개의 아이디어를 합치고 수정하면서 완벽성을 추구해 나간다. 여러 사람이 모여 중지를 모으면 처음에 빈약한 아이디어도 큰 성과를 만들어 낼 수 있는 좋은 아이디어로 변화시킬 수 있는 것이다.

대부분의 직원들은 프로젝트의 책임자가 되어 자기 책임 하에 리더십을 발휘하여 성과를 얻어 상사의 인정도 받고 진급의 발판으로 삼고자 한다. 일반적으로 조직 내에서 과장, 팀장, 그룹장, 부장 등 책임직을 맡아 리더십을 발휘할 수 있는 단계에 이르려면 최소 10년의 경력은 필요하며, 그것도 능력을 인정받은 소수만이 기회를 얻게 된다. 프로젝트 중심 업무수행 체제에서는 모든 직원이 리더가 될 수 있는 기회를 가지게 된다. 프로젝트의 수행을 통해 성과를 인정받은 리더는 나중에 보직간부로 발탁될 수 있으며, 원하는 경우에는 전문직으로 임원까지 진급할 수 있도록 제도를 보완하였다.

프로젝트 중심 업무수행 체제를 시행한 지 2년 쯤 지나니 전체 직원의 반 이상이 프로젝트에 참여하게 되었고 수행되는 프로젝트의 수도 400건 이상이 되었다. 이 프로젝트 중에 기대성과가 30억원/년 이상이 되는 프로젝트도 50여 건이나 되었는데, 이런 중요 프로젝트는 본부장 이상 최고경영진이 직접 관리하도록 하였다. 그리고 성과를 거둔 프로젝트에 대해서는 철저히 평가하여 실현이익의 10% 정도에서 현금보상도 해주었는데, 개인별로 보상액이 1억원 넘는 사례도 나왔다. 이 제도의 시행을 통해 열심히 일하는 엘리트 직원의 의욕이 크게 올라가 사명감을 가지고 열정적으로 일하는 분위기가 만들어졌으며, 보직 간부보다는 전문직으로 성장하여 안정적인 직장생활을 영위하겠다는 경향이 나타나기도 했다.

회사에서 전문직 직원이 임원급으로 성장하는 것은 참으로 바람직스러운 현상이다. 특히 첨단기술의 발전으로 전문 분야가 세분화되고 있는 현 시점에서 필요한 분야에서 세계 최고의 식견과 권위를 지닌 전문직 임직원을 양성하고 확보하는 것은 효율적인 경영을 위해 매우 중요하다. 그러나 여러 가지 사정으로 전문직의 활용을 잘하지 못하는 경우가 많이 보인다. 비단 회사뿐만 아니라 행정부와 국회도 마찬가지이다. 최근 코로나19의 대응과정에서 나라별로 그 성과가 천양지차로 나타나고 있는데, 이는 전적으로 그 나라가 보유한 의료 전문 인력을 활용하는 수준의 차이에서 비롯되고 있음은 가장 비근한 사례라고 할 수 있다. 전문가로 구성되어야 할 비례대표 국회의원의 선정도 개선이 필요한 분야이다.

미래의 주역은 밀레니얼 세대를 포함한 젊은이들이다. 이 젊은이들이 자기가 속해 있는 조직과 국가에 어떻게 기여하느냐는 미래의 운명을 결정짓는 중요한 인자이다. 사회학자들이 밀레니얼 세대를 평가할 때 부정적인 측면을 많이 이야기한다. 앞에서 언급한 바와 같이 밀레니얼 세대는 개인적 성향이 강하고 이기적이며, 조직생활에 잘 적응하지 못한다는 것이며, 이외에 사회주의에 대한 호감도가 높으며 그 경향은 나이가 적을수록 증가한다고 추가적으로 지적되고 있다. 이런 경향의 가장 큰 이유는 점점 커지는 젊은 세대의 소득격차이며 여기에 학자금, 주택, 노후자금에 대한 부담 등이 부가적으로 작용하고 있다는 분석이다.

　미래를 짊어지고 있는 젊은 세대의 부정적인 면을 불식시키고 바람직한 방향으로 역할을 하도록 유도하기 위해서는 당연히 소득격차, 학자금 부담 등을 줄여줘야 하는데, 이는 온전히 기성세대의 몫이다. 그러나 이와 더불어 중요한 것은 젊은 세대들이 스스로의 역할에 대한 사명감을 깊게 인식하며 열정을 불태울 수 있는 분위기를 만들어 주는 것이다. 이는 쉽지 않은 일이겠으나 포스코의 사례를 보면 반드시 불가능한 것은 아니라고 여겨진다. 우리 선조들이 얼마나 많은 피와 땀을 흘려 국가를 건설하고 발전시켰으며, 우리의 미래 사회와 국가 운명이 순전히 젊은이의 역할에 달려 있다는 점을 잘 인식시켜 주면, 우리의 젊은 세대는 사명감을 가지고 열정적으로 헌신할 것으로 믿는다.

　기성세대는 그 동안의 발전과정 중에 있었던 많은 시행착오에 대한 책임을 솔직히 인정하고 건설적인 방향으로 미래를 창조할 수 있게끔 젊은이들을 잘 격려하고 지도해야 한다. 이를 통해 기성세대와 젊은 세대가 공감대를 형성할 수 있을 것이고, 공감대를 가지고 함께 노력하게 되면 국가의 밝은 미래가 보장될 수 있으리라 믿는다. 포스코의 미래를 만들어가는 젊은 직원과 같은 마음가짐을 갖는 젊은 세대가 우리 사회에 많이 있는 한 한국 철강산업의 앞날도, 국가 산업발전의 미래도 밝을 것이다.

권오준
2020년 4월

| 삶 속에 철을 녹여낸 멋진 이야기 |

개인사와 문명사의 교차로에서

송호근
(포스텍 석좌교수 / 중앙일보 칼럼니스트)

　부드러운 표정에 섬세한 감각의 소유자 권오준 전(前) 포스코회장이 거친 이미지 철(鐵)과 함께 한평생을 보낸 사실은 역설적이다. 아니, 오히려 궁합이 맞다고 해야 할까, 알고 보면 철은 연금술사가 가장 좋아하는 소재다. 변성과 변형이 무궁무진하다. 철이 문명사, 전쟁사, 산업사, 사상사의 중심소재가 된 까닭이다. 독자들은 과장된 표현이라 하겠지만 지구촌에서 펼쳐진 수백 만 년의 인류사가 그 사실을 입증한다. 철은 거칠고 무서운 것으로 느껴지는 게 일반적이지만, 그 본질과 본성을 관찰하면 한없이 부드럽고 친밀하고 필수적인 인간생활의 동반자였음을 금세 깨닫는다.
　한국산업화의 일등공신인 포스코(포항제철)의 외양은 압도적이고 장엄하다. 24시간 작동하는 철강공장의 생산 공정은 수천 킬로미터 파이프로 연결된 강(江)이다. 원소(元素)와 지식이 융합작용을 일으켜 불꽃을 생성하고 불꽃이 튀어 오른 자리 끝에 철물이 폭포처럼 쏟아진다. 옛날 대장간의 이미지가 워낙 강렬해서 철강공장은 소란하고 어수선한 작업장으로 인식되겠지만, 엄격하게 말하면 '상상력 발전소'다. 20세기 프랑스의 철학자 바슐라르(Gaston Bachelard)가 인간 상상력의 네 가지 원소를 물, 불, 흙, 공기라 했는데, 철이야말로 네 원소가 융합된 신기(神技)의 창조물이다. 물, 불, 철광석, 산소와 질소. 인간의 상상력과 철의 창조공간이 상동(相同)구조라는 뜻이다.

　이 책이 바로 그런 관점에서 쓰인 철강인의 융합적 체험 저술이다. 금속공학 박사인 저자의 철에 관한 지식과 이해는, 감히 말하건대, 세기적 수준에 도달해 있다. 여기에 작업 현장에서 체득한 역사학적, 인문학적 시선(視線)이 그 단호한 강철의 위용을 부드럽게 담금질하고, 지적 관찰력에 용해된 철을 사상사적, 철학적 이해 공간으로 끌어들여 인류문명의 본질과 맞닿게 만드는 저자의 분석력과 관조능력은 가히 베세머 고로의 혁신적 경이로움에 비견할 것이다.

　저자에게 철은 그냥 철이 아니다. 세기의 문명을 조각하고 부조하고 인류 생활의 기저를 견고하게 만드는 신(神)의 선물이다. 경륜(經綸)이란 이토록 깊고 부드럽다. 독자들은 이 책의 저자가 세계 최고 철강기업의 CEO라는 사실을 일단 접어두고 읽기를 권한다. 그것을 염두에 두면 책의 진가를 놓친다. 이 책은 철강의 내면을 탐사하는 철강 과학자의 여행기이자, 인류문명사와의 끊임없는 연관성을 발굴하는 철강 고고학자의 탐사기이고, 생산 공정과 작업 현장에서 목도한 수많은 감동적 장면들의 증언기록이다. 한 컷도 그냥 스치는 법이 없이 저자의 세밀한 해석의 손길에 의해 새로운 장면으로 다시 태어난다.

　철과 보낸 평생의 의미는 무엇인가? 이 질문이야말로 한 개인의 인생사를 인류 문명사로 안내하는 문(門)이다. 생산 현장에서 떠난 저자는 과감하게 출구를 나서 철이 만든 문명의 경로를 걷는다. 수천 년 전에 이뤄진 철과 인간의 만남, 그것은 경이로운 조우였음을 새삼 느낀다. 문명학자 재레드 다이아몬드(J. Diamond)는 아주 평범한 질문을 받고 대륙문명사를 집필했다. 어떻게 백인은 원주민보다 우월한 삶을 살았는가? 세계의 베스트셀러 『총. 균. 쇠』가 그렇게 탄생했다. 그런데 총. 균. 쇠의 공통 원소는 철이다. 총과 쇠는 철, 균의 원소 중 중요한 것도 철이다. 철은 '생명의 기원'을 관장하는 절대적 요소이기도 하다. 세상에서 가장 신비로운 생명체인 DNA는 탄소, 수소, 질소, 탄소의 복합적 화학작용에 의해 생명이 발현되는데, 그 과정에 황, 인, 칼슘, 철이 개입한다. 철은 생명의 기원에도 스며있다.

저자 권오준 전회장의 시선은 지구 생명체와 철의 관계로부터 시작해서 우주의 생성원리로 유영한다. 저자가 태어나기 이전, 저자에게 생명의 입김을 불어넣은 신비의 기원에 철이 있다. 어릴 적 고향마을 뒷산 이름은 철탄산(鐵呑山), 아명도 철우(鐵宇)였으니 철은 그의 평생 벗이자 운명이었던 셈이다. 철은 그 자체 자연이자 자연과 노동을 결합해 인간생활의 풍요를 창출해주는 지렛대였다. 개인사로부터 시작된 저자의 여행은 철의 문명사로 향한다. 잉여생산물이 발생하고 가족제도가 정착하고 사유재산이라는 생소한 문명이 만들어진 배경에 철과 철기가 놓여 있음은 새삼스러울 것은 없지만, 그것이 평생 직업과 연결되는 순간 저자의 존재이유는 새로운 의미를 획득한다. 철은 자본주의를 탄생시켰고, 그것에 대한 비판적 대안체제로 사회주의를 태동시키기도 했다. 철은 그 자체 예술이고 무기였다. 철과 평생을 보낸 최고과학자이자 철강기업 CEO에게 포착된 이런 양면성이 글의 행간에 덫처럼 놓여 독자를 사로잡는다.

CEO로서 저자의 공적을 덧붙일 필요는 없다. 기술 경영을 책임지고 있으면서 세계 최초로 혁신 철강기술인 파이넥스를 상업화하였고 탄소제로 공정의 개념을 세웠다. 그리고 리튬의 중요성에 착목해 이차전지 소재산업을 포스코의 신성장 동력으로 만들었다. 스마트팩토리(Smart Factory)는 어떤가? 독자들은 반문할 것이다. 철강기업이 스마트하다고? 답은 '그렇다'다. 필자인 내가 직접 목격했다. 스마타이제이션(Smartization), 아마 옥스퍼드 사전에는 등록돼 있지 않은 이 단어가 포스코 철강공장에는 현실로 작동한다. 2019년 포스코는 세계경제포럼(WEF)이 선정하는 등대공장(Lighthouse Factory)에 선정됐다. 등대공장, 멋지지 않은가? 그 저간의 스토리 공간으로 독자를 초대한다.

철강기업의 CEO가 철강문명사에 대한 과학적 역사적 관찰을 거쳐 한국 철강사의 눈물겨운 스토리로 이어지는 이렇게 진솔한 책을 집필했다는 사실은 감동적이다. 저자는 문명사가(家)도 역사가도 아니다. 이 책은 자서전도 아니다. 그런데 문명사이자 자전적 경험, 과학적 탐구와 세대적 관심을 아우르는 폭넓은 시선이 이렇게 큰 울림으로 다가오는 이유를 잘 헤아릴 수 없다. 책의 말미에 밀레니얼세대를 위해 격려를 잊지 않는 저자의 배려는 따뜻하다. 개인사와 문명사의 교차로에서 독자들이 잘 짚어주기를 고대한다.

| 참고자료 |

- 강창훈, 『철의 시대-철과 함께 한 인류의 역사』, 창비, 2015
- 국립중앙박물관, 특별전 도록 『쇠·철·강-철의 문화사』, 2017
- 권혁상·김희산·박찬진·장희진, 『스테인리스강의 理解』, 한국철강협회 STS클럽, 2007
- 김상욱, 김진혁 그림, 『빅 히스토리로 시작하는 물리 공부-빅뱅 여행을 시작해!』, 아이들은자연이다, 2018
- 김서형, 『김서형의 빅히스토리-Fe연대기』, 동아시아, 2017
- 김석동, 『김석동의 한민족 DNA를 찾아서』, 김영사, 2018
- 김시덕, 『그림이 된 임진왜란』, 학고재, 2014
- 김태식, 『사국시대의 가야사 연구』, 서경문화사, 2014
- 김현구, 『백제는 일본의 기원인가』, 창비, 2002
- 노태환, 『자성재료학』, 두양사, 2017
- 대한금속재료학회 & POSCO 기술부문, 『한반도 철의 역사』, 2013
- 대한용접·접합학회, 『용접·접합 편람- I 철강 및 비철재료』, 2008
- 데보라 캐드버리, 박신현 옮김, 『강철혁명』, 생각의 나무, 2011
- 라인하르트 오스테로트, 이수영 옮김, 『세상의 금속-주기율표에서 스마트폰까지, 금속의 모든 것』, 돌베개, 2016
- 『로마경제의 고고학(The Archaeology of the Roman Economy)』 (Kevin Greene; University of California Press;1990)
- 뫼비우스 TIME LIFE WiseUp Library, 『우주』, 뫼비우스, 2002
- 뫼비우스 TIME LIFE WiseUp Library, 『행성 지구』, 뫼비우스, 2002

- 민동준, 발표 자료,『Fe?』, 연세대학교 신소재공학과.
- 박용진,『철강의 역사와 인간』, 한국철강신문, 2002
- 박재광,『화염 조선』, 글항아리, 2009
- 백덕현,『近代 韓國 鐵鋼産業 成長史-인천 50톤 평로제강에서 광양제철소까지』, 한국철강신문, 2007
- 버트런드 레셀, 최민홍 옮김,『서양철학사』, 집문당, 2017
- 서정헌,『한국 철강산업을 바라보는 새로운 시각』, 스틸앤스틸, 2010
- 세이무어 마틴 립셋, 강정인·문지영·하상복·이지윤 옮김,『미국 예외주의』, 후마니타스, 2006
- 송호근,『혁신의 용광로-벅찬 미래를 달구는 포스코 스토리』, 나남, 2018
- 신경환,『역사에 나타난 鐵 이야기』, 한국철강신문, 2008
- 신용하,『고조선 문명의 사회사』, 지식산업사, 2018
- 신채호, 박기봉 옮김,『조선상고사』, 비봉출판사, 2006
- 알레산드로 지로도, 송기형 옮김,『철이 금보다 비쌌을 때 : 충격과 망각의 경제사 이야기』, 까치, 2016
- 여주박물관, 여주의 도검장 특별전 도록『전통제철, 도검과 만나다』, 2013
- 요시다 유타카, 최혜주 옮김,『아시아 태평양 전쟁』, 어문학사, 2012
- 유석현·구남훈·이종석·유영수·이중형·홍대근·최윤석,『재료과학자 및 엔지니어를 위한 재료와 인공지능』, 대한금속·재료학회, 2019
- 위텐런, 박윤식 옮김,『대본영의 참모들』, 나남출판, 2014

- 이상현, State of the art technology in slab continuous casting : A casting speed point of view in POSCO, Presentation at ECCC 2017, Vienna, Austria, June 26-29, 2017
- 이종민,『우리가 몰랐던 철 이야기』, 포스코경영연구소, 2012
- 재레드 다이아몬드, 김진준 옮김,『총, 균, 쇠』, ㈜문학사상, 1998
- 제프리 주크스, 알라스테어 핀란, 폴 콜리어, 마크 J. 그로브, 필립 D. 그로브, 러셀 A. 하트, 스티븐 A. 하트, 로빈 하버스, 데이비드 호너, 강민수 옮김,『제2차 세계대전-탐욕의 끝, 사상 최악의 전쟁』, 플래닛미디어, 2008
- 존 다우어, 최은석 옮김,『패배를 껴안고』, 민음사, 2009
- 존 스틸 고든, 안진환 외 옮김,『부의 제국-미국은 어떻게 세계 최강대국이 되었나』, 황금가지, 2007
- 존 카터 코벨, 김유경 옮김,『한국문화의 뿌리를 찾아』, 학고재, 1999
- 최두환,『스마트팩토리로 경영하라』, 허클베리북스, 2019
- 크리스 헤지스, 황현덕 옮김,『당신도 전쟁을 알아야 한다』, 수린재, 2013
- 토마스 R. 마틴, 이종인 옮김,『고대 로마사-로물루스에서 유스티니아누스까지』, 책과함께, 2015
- 포스코,『포스코 50년사 : 1968-2018 통사』, 2019
- 포스코 1% 나눔재단, '세대를 잇는 작업 이음 2017' 전시회 도록『철공예와 식문화』, 2017
- 포스코경영연구소 연구원 35명,『포스리 컬럼(1)-鐵鋼産業의 기회와 위기』, 한국철강신문, 2005

- 포스코 기술연구소 STS 연구그룹, 『STS 제조기술 및 제품이용기술』, 포스코 기술연구소, 2007
- 피터 자이한, 홍지수 옮김, 『셰일 혁명과 미국 없는 세계』, 김앤김북스, 2019
- 한국철강신문, 『세계 철강업체들의 리스트럭처링-설비 신예화·자동화, 인원합리화, 조직간소화, 재무구조개선 추진사례』, 한국철강신문, 1997
- 호사카 마사야스, 정선태 옮김, 『쇼와 육군』, 글항아리, 2016
- 홍대한, 『재미있는 우리나라 철 이야기』, 한국철강협회, 2002
- 홍원탁, 『百濟倭-고대 한일 관계사』, 일지사, 2003
- 황태연·김종록, 『공자, 잠든 유럽을 깨우다』, 김영사, 2015
- 후지타 아키오·오토코자와 이치로·오우 켄 코우·모리와키 츠구토, 『시리즈 기업·경영의 현장에서3 - 일본철강업의 빛과 그림자』, 미토시로 연구회, 2014
- Allen, H.C. *Britain and the United States*, New York : St. Martin's Press, 1955
- Beddows, Rod, *STEEL 2050-How Steel Transformed the World and Now Must Transform Itself*, Devonian Ventures, 2014
- Burbidge, Geoffrey, Burbidge, Margaret, Fowler, William, Hoyler, Fred, B2FH 논문, 1957
- Chikazumi, Sōshin. Translated by Graham, C. D. JR. *Physics of Ferromagnetism*, Oxford Science Publications, 1997
- Dieter, George E. *Mechanical Metallurgy*, Mc-Graw Hill, 1991
- Gabriel, Richard A. *A short history of war : The evolution of warfare and weapons*, Strategic Studies Institute, U. S. Army War College, 1992

- Gordon, Paul. *PRINCIPLES OF PHASE DIAGRAMS IN MATERIALS SYSTEMS*, Mc-Graw Hill, 1983

- Greene, Kevin, *The Archaeology of the Roman Economy*, University of California Press,1990)

- Gruhl, Werner. *Imperial Japan's World War Two: 1931-1945*, New Jersey : Transaction Publishers, 2011

- Hasegawa, Harukiyu. *The Steel Industry in Japan-A Comparison with Britain*, London and New York, 1996

- Hayman, Richard. & Horton, Wendy. *Iron Bridge*, Gloucestershire: The History Press, 1999

- Herman, Arthur. *Freedom's Forge : How American Business Produced Victory in World War II*, New York : Random House, 2013

- Hogan, William T. & S.J. *The POSCO Strategy-A blueprint for World Steel's Future*, Lexington Books, 2001

- Kawasaki, Tsutomu. *Japan's Steel Industry*, Tekko Shimbun Sha, 1988

- Krauss, George. *STEELS-Processing, Structure, and Performance*, ASM Internation, 2005

- Leslie, William C. *The Physical Metallurgy of Steels*, Mc-Graw Hill, 1981

- Lyman, Taylor (Editor). *METALS HANDBOOK 8th Edition VOL.8 Metallography, Structures and Phase Diagrams*, American Society for Metals, 1972

- McGannon, Harold E. *The Making, Shaping and Treating of Steel*, United States Steel, 1971
- McLaughlin, Raoul. *Rome and the Distant East : Trade Routes to the ancient lands of Arabia, India and China*, New York : Continuum, 2010
- Pickering, F.B. *PHYSICAL METALLURGY AND THE DESIGN OF STEELS*, Applied Science Publishers, 1978
- Siebert, Clarence A. & Doane, Douglas V. & Breen, Dale H. *THE HARDENABILITY OF STEELS-Concepts, Metallurgical Influences, and Industrial Applications*, American Society for Metals, 1977
- Shewmon, Paul G. *Transformations in Metals*, Mc-Graw Hill, 1969
- Stoddard, Brook C. *STEEL : FROM MINE TO MILL, THE METAL THAT MADE AMERICA*, Minneapolis: Zenith Press, 2015
- Tylecote, R.F. *A HISTORY OF METALLURGY*, London : The Metals Society, 1979

| 이미지 출처 및 제공처 |

이 책은 다음의 단체 및 저작권자의 허가 절차를 밟았습니다
이미지를 제공해주신 분들께 진심으로 감사드립니다.
수록된 사진은 대부분 저작권자의 사용 허가를 받았으나,
일부 저작권자를 찾지 못한 경우는 확인되는 대로 허가 절차를 밟겠습니다.

제2장 2.1. 우주에서 쏟아지는 별들의 잔해, 운석(隕石)
- 고대 이집트 목걸이 제작에 사용된 운철
- '기자의 대피라미드'에서 발견된 단검(아래)과 황금 칼

제4장 4.1. 청동기시대에서 철기시대로 - 고대의 제철
- 손잡이가 옥과 황금으로 만들어진 중국의 단검

제6장 6.5. 예술적 가치를 구현하는 철 조형물
- 당(唐)대의 철조미륵여래의좌상

제7장 7.1. 고대 전쟁과 철
- 히타이트 전차
- 이집트 전차